U0141977

張靜語法論文集

漢語語法疑難探解

張　　靜著

文史哲學集成
文史哲出版社印行

國家圖書館出版品預行編目資料

漢語語法疑難探解 / 張靜著. -- 初版. -- 臺北市：
　　文史哲,民 89 修訂重版印刷
　　　面；　公分. -- (文史哲學集成；313)
　　含參考書目
　　ISBN 957-549-297-8 (平裝)

　　1.中國語言 - 文法

802.6　　　　　　　　　　　　　　　89009498

文史哲學集成 ㉛

漢語語法疑難探解

著　　者：張　　　　　　　　　　靜
出 版 者：文　史　哲　出　版　社
登記證字號：行政院新聞局版臺業字五三三七號
發 行 人：彭　　　　正　　　　　雄
發 行 所：文　史　哲　出　版　社
印 刷 者：文　史　哲　出　版　社
　　　　臺北市羅斯福路一段七十二巷四號
　　　　郵政劃撥帳號：一六一八〇一七五
　　　　電話 886-2-23511028・傳眞 886-2-23965656

實價新臺幣 六五〇元

中 華 民 國 八 十 三 年 四 月 初 版
中 華 民 國 八 十 九 年 七 月 修 訂 重 版

　　張　靜教授　男　漢族　河北省樂亭縣人　1929年7月生國家級專家，著名語言學家。1953年畢業於東北師範大學中國語言文學系，畢業後任教於鄭州師範學院。1956年晉升為講師。1957年—1959年就讀於北京大學語言進修班。1959年—1983年一直在鄭州大學任教，曾任中文系語言教研室主任、中文系主任，鄭州大學學術委員會副主任、鄭州大學學位委員會副主席，1978年晉升為教授。1983年至今先後任信陽師範學院院長、河南廣播電視大學校長兼《語文知識》雜誌總編輯，河南師範大學名譽教授。

　　學術團體任職：中國修辭學會會長，全國高等師範院校現代漢語教學研究會會長，中國教育國際交流協會河南分會會長，河南省高等教育學會副會長，中國老教授協會理事，河南省老教授協會會長，河南省社會科學聯合會副主席，河南省教育書法協會會長。

　　學術著作：出版專著22本，約500萬字，代表作是《語言簡論》、《語言的學習和運用》、《文學的語言》、《漢語語法問題》；主編《大學語文叢書》（四種）、《漢語論叢》、《修辭學論文集》等14本，約400萬字，代表作是《通用寫作》、《新編大學語文》；發表論文140多篇，約100萬字，代表作是《語法學的方法論和特殊方法》、《論漢語副詞的範圍》、《從對應性特點看漢語句法結構的基本類型》、《談北京話的音位》。

漢語語法疑難探解

目　　錄

前　言

　　我從事大學語言教學與研究工作整整四十個春秋。四十年來，我教過「語言學概論」課，教過「古代漢語」課，但更多的時間是教「現代漢語」課和本科高年級的選修課和研究生的必修課「文學的語言」、「語言的運用」、「語法研究」、「修辭學」等。結合教學我撰寫並出版了語言、語法、語音、詞彙、修辭等方面的著作二十二本，約五百萬字，主編了大學語文叢書、漢語論叢、修辭學論文集等十四本教材和文集，約四百萬字，發表了語言學和教育方面的論文一百四十多篇，約一百萬字。在長期的教學與研究工作中，有過成功的經驗，而更多的是失敗的教訓。經驗也罷，教訓也罷，總起來說，我覺得我始終未能衝出語言教學與研究的困惑，尤其是漢語語法教學與研究方面的困惑。

　　漢語語法的研究，在我國發軔很早，兩千多年前的春秋戰國時代就有人研究過許多跟訓詁有關的語法現象。只是由於他們研究的對象、目的、範圍和方法的局限性，未能使這種研究成為有系統的漢語語法學，只能說這種研究是科學的漢語語法學的醞釀階段，或者說是「前科學」階段。我國第一部系統研究漢語語法的著作《馬氏文通》，只是一八九八年才出版的，到現在只有不足百年的歷史，比起印度班尼尼（西元前四世紀）、希臘亞里斯多德（西元前三世紀）等人的語法著作，要年輕得多。可以說漢語語法學還是一門新興的、發展中的學科。過去我們對這門學科的研究不是多，而是太少了。雖然在三十年代後期，五十年代中期開展過有關漢語語法問題的大辯論，但應該承認直到現在我們還沒有建立起多數人滿意的、完善的科學和教學語法體系來。因

而無論是語法的應用，還是大中學校的語法教學，仍處在深深的困惑之中。

語法體系，一般的理解是指語法學者對客觀存在的語法現象解說的系統。在我國，由於各語法學者對漢語語法現象持有不同的認識，採用了不同的方法，得出了不同的結論，因而形成了不同的語法體系。這種關於語法體系的研究，一般都有兩個目的：一是語法研究本身的目的——確立科學的解釋漢語語法現象的基本理論和對於漢語語法現象的具體描寫方法；一是爲學校教學語法提供精要、好懂、管用的教學語法體系。目前，在我國「科學語法」（專家語法）和「教學語法」（學校語法）尚未明確分開的情況下，關於語法體系的討論目的往往也混雜在一起，很難劃清科學語法和教學語法的界限。科學語法衆說紛紜，教學語法也不得安寧。一個發展中的學科出現這種現象雖說是很自然的，但必然要給廣大語文教師帶來困惑，並嚴重影嚮語文教學效果。

本書集選了我六十年代初至九十年代初三十年間先後發表過的語法論文二十六篇，並附錄了與語法有關的語言、語文方面的論文三篇。在集選過程中，又根據新的認識或多或少都做了修改。我所以要選彙這些論文，是因爲這些論文所討論的問題至今仍是有爭議的、懸而未決的老大難問題，比如語法學方法論和特殊方法，各種語法單位的定義，詞根和詞綴的界限，劃分詞類的標準，詞的跨類現象，句法結構的基本類型，詞組和合成詞的界限，析句方法，連動式和兼語式的範圍，單句和複句的劃界，等等。這些問題不解決，科學的語法體系就很難建立，學校的教學語法體系也會因缺乏科學根據陷入不能自圓其說的困境。

書中彙集的論文，都是圍繞著建立科學的漢語語法體系問題，比較和研究我國語法學史上一些有影響的語法學說的來龍去脈、長短利弊之後，按著語法意義和語法形式相結合的方法論原則，提出了我個人不同於他人的意見。這些論文，雖然發表的年

代不同，但在方法和結論上是一致的，沒有前後牴牾之處。不過由於有的文章所論範圍有交叉現象，涉及同一問題的部分，雖然繁簡不同，深淺有別，角度各異，仍難免有前後重複之嫌。

　　限於水平，加之書中的文章都是在長期的學術困惑中寫成的，缺點、錯誤和在某些疑難問題上的困惑情緒的自然流露是難免的，殷切期望廣大讀者和專家批評指正。

張　靜

1999年4月於鄭州

漢語語法學簡史

漢語語法學的歷史，可以分爲四個時期：一、前科學時期（西元前475年——西元1897年），二、創始時期（西元1897年——西元1919年），三、發展時期（西元1919年——西元1949年），四、普及和提高時期（1949年至今）。

一　前科學時期

（戰國時代——晚清時期）

語法學是系統地研究語言的結構規則的科學，專門研究語言的結構規則的科學叫語法學。但不能說任何有關語法現象的研究都叫語法學。因爲任何一門科學都不是突然建立起來的，總要有一個醞釀階段。語法學也不能例外。

漢語語法現象的研究，雖然發軔很早，從戰國時代（西元前475年）算起，也有兩千幾百年的歷史了，但科學的漢語語法學的形成只不過八九十年的歷史。從戰國時代到晚清鴉片戰爭前後，兩千多年中有關漢語語法現象的研究成果豐碩，由於研究的對象、目的、範圍和方法的限制，沒有使這種研究成爲有系統的漢語語法學，只能算作漢語語法學的醞釀階段——前科學時期。

前科學時期的漢語法的研究，內容是豐富多彩的，而且其中有許多很有價值的論述。

戰國時代的哲學家墨翟、荀況、公孫龍、尹文等人，都在他們的著作中對漢語語法現象作過一些闡述。其中較突出的是荀況，他在《荀子·正名》裡就論述了詞、詞組和句子的性質：

　　名聞而實喻，名之用也。累而成文，名之麗也。用麗俱

> 得，謂之知名。名也者，所以期累實也。辭也者，兼異
> 實之名以論一意也。……彼正其名，當其辭，以務白其
> 志義者也。足以相通則舍之矣；苟之，奸也。故名足以
> 指實，辭足以見極，則舍之矣。

這段話用現代漢語來說，大意是：「聽了詞就知道實物，這是詞的作用。組詞而成句，這是詞的組合功能。懂得了詞的運用和組合功能，這才算掌握了詞。詞是人們根據許多實物的共同特點約定而成的。語句是組合代表不同實物的詞來表達一個意思的。……正確地用詞，恰當地造句，都是為了表明自己的思想。詞和語句，是用來表達思想的，能夠交流思想就行了。如果濫用詞句，那就是邪說。詞足以表明事物，語句足以表達思想，就不要濫用亂用。」

　　荀況在這裡不僅論述了詞（名）、語句（辭）的定義和功能，而且也提出了運用詞和語句的要求。這些雖然都是從邏輯思維的論述出發的，但跟語法的關係卻是很密切的。

　　墨翟在《墨子·經上》裡說：

> 白馬，馬也；乘白馬，乘馬也。驪馬，馬也，乘驪馬，乘
> 馬也。

這句話雖然也是一種邏輯思維的分析，但也可以說是語法問題的分析：「白馬」、「驪馬」都是偏正詞組，它們的中心詞都是『馬』；「乘白馬」、「乘驪馬」都是動賓詞組，它們的主幹成分都是「乘馬」。雖然文中沒用「偏正詞組」、「中心詞」、「動賓詞組」、「主幹成分」等術語，但墨翟的認識是明確的，他的分析也是正確的。

　　戰國時代流傳於口頭、西漢時代才成書的《公羊傳》和《穀梁傳》，是兩部解釋魯國編年史《春秋》的訓詁書，其中有許多地方也涉及到語法問題。

　　《春秋·僖公元年》中的「夏六月，邢遷於陳儀」，《公羊傳》

解釋說：

> 「遷」者何？其意也。「遷之」者何？非其意也。

把「遷」和「遷之」互相對比，說明『遷』是出於己意,，「遷之」不是出於己意。這實際上是對自動詞和他動詞的辨別，也是對「主──動──補」句式和「主──動──賓」句式的辨別。

《春秋‧僖公十六年》中的「春王正月戊申朔，隕石於宋五」；「是月，六鷁退飛過宋都」，《穀梁傳》解釋時注意到「於宋五」是「後數」，「六鷁」是「先數」，是值得重視的。這實際上也是對漢語語法結構中詞序問題的初步認識。

兩漢時代的訓詁學家在訓釋詞義的工作中，感到「實字易訓，虛字難釋」，遇到位於句首、句末的沒有實在意義的虛詞，就只能說明它們在句中的語法作用。

漢初學者編輯的《爾雅》把先秦古籍中的詞分為十九篇，其中前三篇（釋詁、釋言、釋訓）裡，就有不少是解釋虛詞的。例如：

> 逮、及、暨，與也。（釋詁）
>
> 庶幾、尚也。（釋言）
>
> 暨，不及也。（釋訓）

《詩毛傳》中所說的『辭』，就是「語辭」、「語助」的意思，是指沒有實在意義的虛詞；對一些表示感情的感嘆詞，就直接解釋成「嘆辭」。例如：

《詩‧大雅‧文王》「思王多士，生此王國」和《詩‧周南‧漢廣》「南有喬木，不可休思」中的「思」，《毛傳》的解釋是：「思，辭也。」《詩‧周南‧麟之趾》中的「于嗟，麟兮」，《毛傳》解釋說：「于嗟，嘆辭。」

東漢許慎的《說文解字》進一步明確了實詞和虛詞的概念，它把意義實在的實詞叫「字」，把沒有實在意義的虛詞叫「××詞」或「××語」，有時也拿作用相同或相近的虛詞互相訓解。例如：

只，語已詞也。　　者，別事詞也。

矣，語已詞也。　　吁，驚語也。

　　南北朝和唐宋時代，不僅對虛詞的研究已由對單個字解釋的方法，發展成分類總括說明的方法，而且提出了不少有關句法的問題。如南朝劉勰在《文心雕龍·章句篇》中就把虛詞分為發端、札句、送末三類。他說：

　　　　夫、惟、蓋、故者，發端之首唱；之、而、於、以者，乃

　　　　札句之舊體；乎，哉、矣、也，亦送末之常科。

在談到句法問題時，劉勰還提出了「置言有位」，「位言曰句」，「句之清英，字不妄也」等觀點，說明詞在句子裡是有一定位置的，按照一定順序排列起來就能構成句子；要想把句子造得好，不能亂用或濫用。

　　唐代柳宗元的《復杜溫夫書》也說：

　　　　乎、歟、耶、哉、夫者，疑辭也。耳、矣、焉、也者，決

　　　　辭也。

這是把語氣詞分成了疑問語氣詞和陳述語氣詞兩小類。後來的《馬氏文通》把助字分為「傳信」、「傳疑」兩小類，可能就是以此為根據的。

　　唐代孔穎達在《春秋左傳正義》裡不僅進一步發揮了《文心雕龍》的觀點，而且提出了「語法」這個名稱，雖然當時是指書面語的習慣用法，但跟現代所說的作為語言的結構規則的「語法」也是很相近的。他在駁服虔注時說：

　　　　服意「相從」，使員從其言也。語法，兩人交互乃得稱

　　　　『相』，獨使員從己語，不得謂「相從」也。

宋代張炎在《詞源》中把字明確地分為「實字」和「虛字」兩大類。他說：

　　　　詞之句語有二字、三字、四字至六字、七八字者，若堆疊

　　　　實字，讀且不通，況付之雪兒乎？合用虛字呼喚，單字如

> 正、但、甚、任之類，兩字如草是、還是、那堪之類，此
> 類虛字卻要用之得其所，若使盡用虛字，句語又俗，必不
> 質實，恐不無掩卷之誚。

把詞分爲實詞和虛詞兩大類，這是漢語語法研究的一大進步。《馬氏文通》裡的「實字」、「虛字」也是從這兒承繼過來的。

到了清代，不僅出現了大量的研究虛詞的專書，如袁仁林的《虛字說》，劉淇的《助字辨略》，王引之的《經傳釋詞》，都對漢語的虛詞進行了比較系統的研究，而且在朱駿聲的《說文通訓定聲》、俞樾的《古書疑義舉例》等著作裡還提出了「動字」、「靜字」等實詞的分類。這也是《馬氏文通》裡「動字」、「靜字」等術語的濫觴。

俞樾在《古書疑義舉例》中不僅提出了句法上的「蒙上而省」、「探下文而省」的規律，而且也歸納出了「倒句」的規律。他說：

> 古人多有以倒句成文章，順讀之則失其解矣。

總之，從戰國直到晚清有關漢語語法的研究，歷史雖然是漫長的，內容雖然是多樣的，但是由於這些研究不是爲了語法本身，而是把它作爲文獻學研究的一種手段，是爲了了解古代文學遺產、典籍文獻和風俗習慣；同時，這種研究的範圍也是有限的，不是研究全部語法問題，而是局限於訓詁學的範圍之內，研究一些零零碎碎的有關語法的問題，所以未能使這種研究成爲有明確目的、有科學方法的系統的漢語語法學。只能說，這種研究是前科學的研究，是漢語語法學的醞釀階段，或者說，這種研究爲科學的漢語語法學的形成奠定了基礎，創造了條件，沒有這種前科學階段的研究，也是不會有後來的科學的漢語語法學的。

二　創始時期

（鴉片戰爭以後——「五四」運動）

　　1840年鴉片戰爭失敗以後，中國人民開始覺醒了。許多有識之士認識到，要救國，只有維新；要維新，只有學外國。他們經過千辛萬苦，向西方國家尋找救國的眞理。這樣，研究西方語言文字的人也漸漸多起來了，並有些人仿效西方研究語言的辦法來研究漢語。這就爲我國語法學的正式建立開闢了一條新的道路。我國第一部系統地研究古代漢語語法的著作——馬建忠的《馬氏文通》，就是在這個歷史時期出現的。這部著作是在承繼我國語法研究成果的基礎上，仿效拉丁語法著作的通則編寫而成的。可以說，這是一部集傳統語法研究之大成，廣泛比較中西語法的異同，匯中西語法學說爲一體的力作。繼《馬氏文通》之後，我國又出版了許多有關漢語語法的著作。所以，我們稱《馬氏文通》是我國語法學著作的鼻祖，從《馬氏文通》成書的前前後後到「五四」運動是漢語語法學的創始時期。

　　《馬氏文通》出版於1898年，全書共分十卷：卷一是正名，是概說的性質，簡要地解釋了各種語法術語；卷二——卷六系統地講述了各類實詞；卷七——卷九用大量篇幅系統地講述了各類虛詞的用法；卷十是句讀，著重講述了句子的種類。書中材料大都出自《四書》、《三傳》、《史記》、《漢書》、《莊子》和古文家韓愈的文章。從篇幅上說，十之八九是講字類（詞類）。在字類中也附帶地講述了構詞法的一些問題，如在卷二實字（名字）裡說：「按古籍中諸名，往往取雙字同義者，或兩字對待者，較單辭隻字，其辭氣稍覺渾厚。」①所舉的例子有「規模」、「典章」、「制度」、「性命」等。在某些詞中也附帶地講述了類似詞綴的語法單位，如在「名字」裡說：「名有一字不成詞，間加『有』字以配之者，《詩》《書》習用之。若所加『有』字，無實義之可指，而爲有無之解，亦散見於他書。」（上冊，31頁）所舉的例子有『有夏』、『有政』、『有北』、『有帝』等。可見作者比較重視古代漢語複音詞的研究。對於各類詞的再分類，講得也比較細緻，

如名字分爲公名（即普通名詞）、本名（即專有名詞），公名之下又分群名和通名；代字分爲指名代字、接讀代字、詢問代字、指示代字，等等。全書雖然是以詞法爲中心，但並沒有完全拋開句法，在詞法裡實際上也有大量篇幅是講句法問題的，如卷三實字裡所講的主次、偏次、賓次、同次，實際上是類似句子成分的問題。

《馬氏文通》出版八十多年來，不斷地受到批評和指責。但我們不能忘記，這本書是第一部系統的漢語語法書，它標誌著漢語語法研究由不自覺到自覺，標志著漢語語法學的正式形成，並爲後來的漢語語法學奠定了發展基礎。《馬氏文通》的歷史價值是毋庸置疑的；馬建忠爲了編寫這部語法書，曾費了十幾年的「力索之功」，他的勞績也是不能抹殺的。《馬氏文通》的可取之處很多，比較重要的有以下幾點：

第一，在語法學方面開創了吸收外國文化的先例。《馬氏文通》是仿效著泰西的「葛郎瑪」（Grammar）寫成的，該書的《後序》說：「斯書也，因西文已有之規矩，於經籍中求其所同所不同者，曲證繁引以確知華文義例之所在，而後童蒙入塾能循是而學文焉，其成就之速必無遜於西人。然後及其年力富強之時，以學道而明理焉，微特中國之書籍其理道可知，將由是而求西文之所載之道，所明之理，亦不難精求而會通焉。則是書也，不特可群吾古今同文之心思，將舉夫字下之凡以口舌點畫以達其心中之意者，將大群焉。夫如是，胥吾京陔億兆之人民而群其材力，群其心思，以求夫實用，而後能自群，不爲他群所群。則爲此書者，正可謂識當時之務。」（上冊，9 冊）可見，作者之所以吸收外國文化，正是爲了繁榮自己祖國的文化，是從愛國主義出發的。儘管他在吸收外國文化的時候有生搬硬套現象，但借鏡於外國的研究成果開創中國的語法學，無論如何是做對了，而且是有貢獻的。

　　第二，比較適當地繼承了祖國的文化遺產。如上述，《馬氏文通》的成書，除了主要是仿效西方語法著作，也適尚地繼承了前人對於語法研究的成果，如把助字（語氣詞）分為傳信和傳疑兩類，把字（詞）分為實字和虛字兩類，把實字又分為動字、靜字、名字等。更重要的是，他不是消極地承受古代遺產，而是勇邁地跳出了腐舊的「小學」的窠臼，開闢了新的研究途徑，由對詞的一個一個地各別解釋，轉為從詞在句子結構中的作用來分門別類地解釋，這是使漢語語法學成為獨立科學的關鍵。

　　第三，確定了科學的實踐方向。作者認為：「童蒙入塾，先學切音而後授以葛郎瑪，凡字之分類與所以配用成句之式具在。明於此，無不文從字順，而後進學格致數度，旁及輿圖史乘，綽有餘力，未及弱冠，已斐然有成矣。此書係仿葛郎瑪而作，後先次序皆有定程；觀是書者，稍一凌躐，必至無從領悟。如能自始至終，循序漸進，將逐條詳加體味，不惟執筆學中國古文詞即有左宜右有之妙，其於學泰西古今之一切文字，以視自來學西文者，蓋事半功倍矣。」（《例言》，10——11頁）也就是說，作者認為語法可以在語文教育中起重大作用，學會了語法可以縮短學習語文的年限，以便抽出更多的時間去學習別的科學。這種認識是正確的。雖然由於觀點和方法的限制，沒有完全達到他預期的目的（有人說完全沒有達到預期的目的，這不公平），但他從實用角度進行科學研究的精神，是應該贊揚的。

　　第四，提出一些漢語特有的語法事實。例如：

　　1）印歐語言的語法著作不講助詞，而《馬氏文通》則把助詞算作一個獨立的詞類；並且對前人解釋不清的助詞問題，作了明確的解釋。如「也」、「矣」兩字，在古籍中經常並用，但不能互換，如「吾聞其語矣，未見其人也」，前人雖然也知道有這種差別，但不知為什麼有這種差別。《馬氏文通》解釋說：「助字中惟『也』『矣』兩字最習用，而為用各別。『也』字所以助論斷之

辭氣；『矣』字惟以助叙說之辭氣。故凡句意之爲當然者，『也』字結之；已然者，『矣』字結之。所謂當然者，決是非，斷可否耳。所謂已然者，陳其事，必其效而已。」（下冊，413頁）

2）印歐語言的語法著作認爲形容詞跟名詞相近，《馬氏文通》則認爲漢語的形容詞跟動詞相近。作者在解釋「而」字連接一動一形（如「敏而好學」、「不遠千里而來」的「敏」和「好」，「遠」和「來」）作句子的謂語時說：「上引諸句，皆一靜一動，而以『而』字爲轉折者。可知動靜兩類字，古人於遣詞造句，視同一律，並無偏重也。」（下冊，365頁）

3）在講到「句讀」的「起詞」（主詞）時說：「『道千乘之國，敬事而信，節用而愛人，使民以時』四單句，皆無起詞。蓋泛論治國，起詞即治國之人也。……大抵論議句讀皆泛指，故無起詞。此則華文所獨也。泰西古今方言，凡句讀未有無起詞者。」（下冊，492頁）

諸如此類，無疑都符合漢語的實際情況。應該說，這是《馬氏文通》的創見。

當然，由於種種原因，《馬氏文通》也有不少缺點。它的主要缺點大致如下：

第一，機械模仿或生搬硬套，這是《馬氏文通》的嚴重缺點，在當時的條件下，也是不可避免的。在馬建忠看來，「各國皆有本國之葛郎瑪，大旨相似；所異者音與字形耳。」（《例言》，10頁）他從這種各國語法「大旨相似」的觀點出發，在全書裡出現穿孔裁鬚、忽視漢語語法特點的現象，是必然的。舉例來看：

1）西方語法書裡認爲一個句子必須有主語和謂語兩部分，《馬氏文通》也認爲「凡句讀必有起語兩詞」，「蓋句非兩端不明，而句非兩語不成。」（上冊，10頁）儘管該書也提出過，「大抵論議句讀皆泛指，故無起詞」的符合漢語實際的看法，但這個範圍是很窄狹的，而且削足適履，說這是省略了起詞（主詞）。

　　2）西方語言裡名詞有「格」的變化，《馬氏文通》也牽強附會地硬給漢語的名詞套上類似「格」的「次」，如：「凡名代諸字為句讀之起詞者，其所處位曰『主次』。」「凡名代諸字為止詞者，其所處位曰『賓次』。」「凡數名連用而意有偏正者，則偏者居先，謂之『偏次』。」（上冊，14——15頁）

　　3）西方語言裡沒有量詞，因而西方的語法書裡也不講量詞；但漢語裡有構成漢語語法特徵之一的大批量詞（或叫數量詞素）。《馬氏文通》卻不講這種語法單位，而是把量詞算作名詞的一部分。

　　4）西方語言的詞形變化比較豐富，也比較重要，因而西方的語法書多以詞法為重點；漢語的詞形變化不豐富，詞法並不比句法重要，而《馬氏文通》雖然提出「此書主旨，專論句讀」，並且沒有講詞形變化，卻仍把詞法（詞類）當作重點。

　　第二，完全從意義方面來研究語法，這是《馬氏文通》在方法論上存在的根本缺點。這種方法論在劃分詞類的問題上表現得非常突出。它說：「字各有義，而一字有不止一義者，古人所謂『望文生義』者此也。義不同而其類亦別焉，故字類者，亦類其義焉耳。」（上冊，8頁）光憑意義，而且是詞彙意義，無論如何也解決不了語法上的詞類問題。事實上，《馬氏文通》也並沒有把這種方法論貫徹到底。比如「蒼蒼」、「昏昏」、「昭昭」等詞，從意義上說，都應該是形容詞，但它卻叫副詞（狀字）。顯然這是自相矛盾的。

　　第三，《馬氏文通》認為詞無定類，說：「字無定義，故無定類，而欲知其類，當先知上下之文義何如耳。」（上冊，9頁）例如：「人」字作主語、賓語時是名詞，作狀語時是副詞，作定語時是形容詞，作謂語時又是動詞，因而「人」字沒有一定的類屬。這種說法，一方面跟該書所說的「字各有義」，「義不同而其類亦別焉」有矛盾，一方面也不符合漢語「詞有定類」的實際情

況。

　　第四，把詞和字混同起來，把語法現象和修辭現象混同起來，把上古語法和中古語法混同起來，這是《馬氏文通》的另一個缺點。古代漢語雖然大多數詞是由一個字構成的，但也有不少詞是由兩個字甚至三個字構成的。作者自己也承認這一點，但仍未跳出「字」的圈子。因此，在同一本書裡，一會兒把「字」當作造句單位的「詞」，一會兒又當作書寫單位的「字」。語法和修辭雖然有密切的關係，但畢竟是兩回事，馬建忠沒有看出這個問題。比如講名詞時，認爲「有用地之公名指人者」，「更有以地之本名指人者」（上冊，24頁），這實際上是修辭上的「借代」問題，並非語法現象；在講繁句的種類時，把繁句分爲四類，其中有「排句」和「疊句」兩類，這實際上也是修辭上的「排比」和「重疊」，不是語法上的分類。把上古和中古相差一千多年的語言材料放在一起，不加區別地進行分析，也不可能確切地揭示語法發展的事實。比如該書在講到「受動字」的時候，就是把上古時期用「爲」、「見」、「可」構成的被動式跟漢代以後用「被」、「爲…所…」構成的被動式平列在一起。（上冊，203——211頁）

　　《馬氏文通》出版以後，許多人模仿它的體例，並參照西洋語法書，相繼編寫了不少以古代漢語爲對象的語法書。如：「五四」以前出版的來裕恂的《漢文典》（1906年，其中大量篇幅是講語法），章士釗的《中等國文典》（1907年），周善培的《中學文法要略》（1914年）；「五四」以後出版的金兆梓的《國文法之研究》（1922年），陳承澤的《國文法草創》（1922年）；再往後還有楊樹達的《高等國文法》（1930年）②等。這些語法書，雖說沒有脫離《馬氏文通》的格局，但或多或少都對《馬氏文通》作了補充，其中補充較多、影響較大的是《中等國文典》、《國文法草創》和《高等國文法》。

　　《中等國文典》最值得注意的地方是：它區別了「字」和

「詞」，明確了「詞」的概念。說：「是一字可爲一詞，如『見』字爲動詞，『於』字爲前置介詞之類；而一詞不必爲一字，如『齊宣王』三字，『孟子』兩字，始爲一名詞之類。泛論之則爲『字』，而以文法規定之則爲『詞』。此『字』與『詞』之區別也。」③此外，它不僅把《馬氏文通》的「字類」改爲「詞類」，而且也把「靜字」改爲今天通用的「形容詞」，把「狀字」改爲今天通用的「副詞」。在句子的分類方面也提出了比較合理的意見：把句子分爲敘述句、疑問句、命令句、感嘆句四類，這也是今天比較通用的分類。

《國文法草創》是一本偏重於語法理論的著作。它值得注意的地方是在研究方法上。書中提出了研究漢語語法的三個原則：「其一、說明的非創造的，其二，獨立的非模仿的，其三、實用的非裝飾的」④這三個原則，呂叔湘先生在《重印國文法草創序》裡拿現在的用語解釋說：「第一，語法規律應該從語法現象歸納，不能憑語法學家的主觀來制定；第二，一種語言有一種語言的語法，研究漢語的語法不可拿西方的語法來硬套；第三，理論必須聯繫實際──在這方面，陳氏特別指出幾點：『㈠不用語源的說明來代替語法的說明；㈡不把修辭上的特殊當作語法上的通例；㈢不作無用的分類；㈣不以例外否定規律』。」（同上，5頁）此外，在詞類系統問題上，該書提出了代詞不是獨立的詞類；助動詞跟副詞沒有區別，應劃歸副詞；把「有」、「無」、「似」、「在」等詞都由《馬氏文通》的同動詞劃歸自動詞；在肯定詞有定類的前提下，提出了詞類的本用和活用問題，等等。這些意見都值得重視。

《高等國文法》，就體系說，雖然不如《馬氏文通》完整──取消了句法，完全講詞法；但所講的詞法部分，卻比《馬氏文通》詳盡。該書很重視訓釋，並且在訓釋的正確性以及材料的豐富性方面遠遠勝過《馬氏文通》。比如講介詞，《馬氏文通》只

講了九個，《高等國文法》卻講了五十多個。

　　總之，從鴉片戰爭前後到「五四」前後，是漢語語法學的創始時期，《馬氏文通》是開路先鋒，它在漢語語法學史上是有重大作用的。其它著作，都對《馬氏文通》作了一些修改和補充，在漢語語法學史上，也起了一定的推動作用。但由於它們未能突破《馬氏文通》的格局，開創漢語語法學的新局面，對於西方語法書的模仿性很強，所用的材料又都是古代漢語的，所以仍屬於創始階段的語法著作。

三　發展時期

（「五四」運動──1949年）

㈠前　期

　　「五四」運動以後，隨著國語運動和新文學運動的發展，漢語語法學也進入了一個發展的新階段。自1920年起，陸續出版了大量的以「國語」為對象的語法著作，如陳浚介的《白話文文法綱要》（1920年），劉復的《中國文法通論》（1920年），吳庚鑫的《國語文典》（1920年），楊樹達的《中國語法綱要》（1920年），王應偉的《實用國語文法》（1920年），李直的《語體文法》（1920年），馬繼貞的《國語典》（1920年），孫俍工的《中國語法講義》（1921年），爾梅的《國語文法講義》（1921年），許地山的《語體文法大要》（1920年），黎明的《國語文法》（1922年），後覺的《國語法》（1923年），黎錦熙的《新著國語文法》（1924年），易作霖的《國語文法四講》（1924年），鄒熾昌的《國語文法講義》（1925年）、《國語文法概要》（1928年年）和《國語文法嚮》（1930年），汪震的《國語文法》（1930年），等等。其中最有代表性而且影響最大的是黎錦熙的《新著國語文法》。其它著作，雖然有許多是在《新著國語文法》以前出版的，實際上也都或多或少地受了黎錦熙的影響，是根據黎錦熙先生多次講課的講義寫

成的。如黎明的《國語文法》就承認是根據黎錦熙的《語法通論》編成的。至於從《新著國語文法》出版後直到抗日戰爭前出版的語法著作，更是如此。如汪震的《國語文法・序》說：「這本書是黎錦熙老師的《新著國語文法》的一個入門。」可見，從「五四」運動到抗戰前出版的白話文語法著作，雖然很多（大約二十多種），但都沒有脫離《新著國語文法》的體系。因此，這個時期的代表著作應該是《新著國語文法》。

《新著國語文法》比起《馬氏文通》來，有相同的地方，也有不同的地方。相同的地方是：

第一，《馬氏文通》把詞分爲九類，《新著國語文法》也分九類，只是在小類的劃分上有所不同。

第二，《馬氏文通》是仿效西方的語法著作寫成的，《新著國語文法》比它有過之無不及。

第三，《馬氏文通》主張「字無定類」，《新著國語文法》也主張，「詞無定類」。

第四，《馬氏文通》從意義出發劃分詞類，《新著國語文法》也是。

不同的地方是：

第一，《馬氏文通》是以古代漢語爲對象的古代漢語語法書，《新著國語文法》是以現代漢語爲對象的現代漢語語法書。

第二，《馬氏文通》是以詞類爲綱的「詞本位」語法，《新著國語文法》是以句法爲綱的「句本位」語法。換言之，前者重視詞法，以詞法控制句法；後者重視句法，以句法控制詞法。

第三，《馬氏文通》仿效西語名詞的「格」把名詞、代名詞分爲主次、賓次、偏次（對「正次」而言）、同次四五個「次」，《新著國語文法》卻把名詞、代名詞分爲主位、賓位、補位、領位、副位、同位、呼位七個「位」。

第四，《馬氏文通》把句子成分分爲起詞、語詞、止詞、加

詞，《新著國語文法》分爲主語、述語、賓語、補足語、形容的附加語、副詞的附加語，並且在分析句子成分時採用了圖解法。

第五，《馬氏文通》按照句子語氣把句子分爲傳信、傳疑兩類，《新著國語文法》分爲決定句、商榷句、疑問句、驚嘆句四類。

毫無疑問，《新著國語文法》不同於《馬氏文通》的地方，正是漢語語法學發展的一個標志。它在漢語語法學的歷史上是有重大作用的。首先，它把語法研究的對象從古代漢語轉移到現代漢語方面來，這不僅適應了當時「五四」運動進步潮流的需要，而且也爲語法研究找出了正確的發展道路。無數事實證明，只有把研究的鋒芒指向現代漢語，才能發現漢語語法的特點和演變規律。其次，它打破了「詞本位」的傳統體系，提出了比較符合漢語語法特點的「句本位」的語法體系，雖然這種提法也有一定片面性，但對漢語語法學來說，是一次革命，再次，從教學的角度說，它開創了把語法研究成果用於教學的比較有效的先例，全書的編排是合乎循序漸進的教學原則的。所以在它出版以後的幾十年間，各類學校的語法教材都是根據它的體系編寫或乾脆以它爲教本的。流傳之廣，影響之大，是任何語法著作無法比擬的。《新著國語文法》從出版的時間上說，雖然不是第一部現代漢語語法書，但如上所述，在它以前出版的語法書都或多或少地受過它的原稿的影響，而且它在篇幅的巨大、材料的豐富、組織的完整、解說的詳盡方面，都遠遠超過它以前的任何一部語法書。因此在它出版以後，那些語法書便大多絕版了。

不可否認，《新著國語文法》是有許多缺點的。除了上面說過的跟《馬氏文通》一樣模仿西方語法、憑意義劃分詞類、詞無定類等缺點之外，還有：

第一，濫用「倒裝」。例如：

　　茶棚裡坐著許多的工人。⑤

　　　　前面來了一個和尚。(47頁)

　　　　我對於這篇文章，已經解說清楚。(37頁)

　　　　這本書，我就把它送給你罷。(41頁)

這些句子，黎錦熙都當作倒裝句 (變式句)。第一句是：「許多的工人在茶棚裡坐著」的倒裝，主語仍是「工人」；第二句是「一個和尚到前面來了」的倒裝，；主語仍是「和尚」。至於「在」和「到」的有無，他說是由於倒裝而省略了，「正裝」過來以後必須補上。第三句是「我已經解說清楚這篇文章」的倒裝，賓語仍是「文章」；第四句是「我就送這本書──它給你罷」的倒裝，「書」和「它」是同位賓語。至於「對於」和「把」的有無，他說也是由於倒裝而加上的，「正裝」過來以後就用不著了。不僅如此，有些句子根本不能改成「正裝」句，如「東面有一道松樹林子」(49頁)，他也認為是倒裝句，那麼它的「正裝」句是什麼呢？說不出來。其實，這些所謂倒裝句，都是幾千年來就已經形成的通例，跟所謂「正裝」句不僅結構形式不同，語法意義也有區別。這種缺點顯然是從邏輯意義出發分析句法結構的結果。遇到不合邏輯次序的句子，就一律看成倒裝句。

　　第二，濫用省略。例如：

　　　　這棵楓樹的葉子〔　〕都紅了。(92頁)

　　　　這座鐵橋，〔　〕今年秋季完工。(47頁)

　　　　〔　〕不許〔　〕喧嘩！(73頁)

　　　　我的心〔　〕像水似的。(93頁)

這些句子，他認為都是省略了某個成分的句子。第一句「實在是說『……葉子的顏色都紅了』。」有括號的地方省略了「顏色」。第二句「若是冬季說的，就屬過去，有括號的地方可以說是省了一個介詞『當』字 (應該是『在』字──引者)；若是春夏季說的，就屬將來，〔　〕中也可以說是省了一介詞『到』字」。第一句的「不許」前面省略了「我」或「我們」；「喧嘩」前面，可以

說省略了「你」或者「你們」，也可以說「喧嘩」是「不許」的賓語。第四句有括號的地方可以說省略了主位名詞「乾淨」，補出來應該是「我的心的乾淨像水似的」，又可以說「似的」前後也省略了「乾淨」，補出來應該是「我的心的乾淨像水的乾淨似的」，或作「我的心的乾淨像水一般地（或『一樣地』）乾淨」。其實，第一句的「葉子」可以綠，可以黃，爲什麼不能紅呢？在實際語言中並不需要加上個「顏色」。第二句的介詞可有可無，介詞不能作句子成分，只是一種語法手段，有時實詞需要它，有時不需要，根本談不上省略不省略。正像不能說「你好？」省略了語氣詞「嗎」一樣。第三句根本就沒有主語，更無所謂省略。第四句更不是什麼省略的問題，「心」就是主語。只有剛剛學習寫作的小學生才有可能說出「我的心的乾淨像水的乾淨似的」。作者爲什麼要這樣濫用省略呢？無非也是因爲他混淆了邏輯規律和語法規律，並以邏輯規律代替了語法規律。

㈡後　期

　　在漢語語法學界，一般都認爲從《馬氏文通》到《新著國語文法》，在漢語語法學史上都算模仿時期，而眞正的締造時期則是從1938年的中國文法革新討論開始的。《中國文法革新論叢》說：「從中國文法和西洋文法學術接觸之後到最近十年前爲第二個時期（即我們所說的創始時期和發展時間的前期——引者）。在這個時期中雖然也有過自立的研究的主張，大多以模仿西洋文法教科書的體制爲能事，可以稱爲模仿時期；模仿時期的著作特別多，當以《馬氏文通》爲代表。最近十年來則因中國文法的特殊事實漸漸的發見了，模仿體制的根本已經不能不動搖，……於是……出現了根據中國文法事實，借鏡外來新知，參照前人成說，以科學的方法謹嚴的態度締造中國文法體系的動議。這個時期我們可以稱爲締造時期。」⑥把以《馬氏文通》爲代表的漢語語法學說成是模仿時期的著作，這沒問題，但把「五四」以後以

《新著國語文法》爲代表的漢語語法學也包括在模仿時期裡，這值得討論。《新著國語文法》固然存在著模仿的缺點，但也有不少「自立的研究的主張」，應該承認這種發展。至於把從1938年開始的中國文法革新討論叫做締造時期，這「革新」和「締造」的含義多少是有矛盾的。既然是「參照前人成說」，那就必須承認前人爲漢語語法學的締造或創造已經做了不少工作。因此我們認爲還是把這一時期包括在發展時期的後期裡更恰當些。

　　1938年的中國文法革新討論，是由陳望道發表在《語文周刊》第15期上的一篇《談動詞和形容詞的分別》的文章引起的。這次討論在探索漢語語法特點和語法學的方法論，建立漢語語法的新體系方面作出了巨大成績，對漢語語法學的發展起了莫大的促進作用，使漢語語法學進入了發展時期的第二階段——革新的階段。參加這次討論的學者，主要是陳望道、傅東華、方光燾、張世祿等十來個人。辯論最激烈的是「一線制」和「兩軸制」，語法研究的對象是句子的意義、詞序，還是廣義的形態等問題。討論的主要精神是反對在語法學上機械地模仿外國的風習，並提出了許多直到今天仍有現實意義的問題——從具體詞的歸類到方法論問題。比如：傅東華在《怎樣處置同動詞》⑦一文中，認爲動詞、形容詞前的「是」字是「語詞」（近似助詞或副詞），跟「實」、「正」等詞作用相同，跟英文的 verb to be 作用不同。雖然他處理同動詞的意見並不完全合適，但把動詞、形容詞前的「是」當作近于助詞或副詞的詞，是有幾分道理的。方光燾在《體系與方法》⑧一文中說：「現代中國語，一天一天地向著多音節發展，是不容否認的事實。現代中國語裏，不特有許許多多複合語（Compounds），而且還有不少的派生語（Derivatives）。……我以爲中國單語的形態，並不能說是全無，不過所有不多，不足以區分詞類罷了。……我以爲詞性卻不必一定要在句中才能辨別得出來。從詞與詞的互相關係上，詞與詞的結合上（結合不

必一定是句子），也可以認清詞的性質。譬如說：『一塊墨』，『一塊鐵』，『墨』與『鐵』既然都可以和『一塊』相結合，當然可以列入同一範疇。」這都是至今仍有價值的學說。

不過，由於參加討論的學者受觀點和方法的限制，這次討論雖然有積極意義，但並未得出預期的成果。

在中國文法革新討論的後期和討論結束之後，又有不少新的語法著作陸續出版。如：陸志韋的《國語單音詞詞彙》的《序論》部分（1938年），何容的《中國文法論》（1942年），其中影響較大、有代表性的是王力的《中國現代語法》（1943──1944年）和《中國語法理論》（1945年），呂淑湘的《中國文法要略》（1942──1944年），高名凱的《漢語語法論》（1948年）。這些著作雖然也沒有完全擺脫西方語法著作的影響，但已不再是簡單地模仿西方語法，而是比較多地注意了漢語語法的特點。

《中國現代語法》和《中國語法理論》，正像作者所說，「本來是由一部書發展而來的。原是一九四〇年度我在昆明西南聯合大學所編的一部講義，那時就叫做《中國現代語法》。」⑨除了所講內容不盡相同之外，體系和方法是一致的。這兩部書都是以《紅樓夢》的語言為研究對象的接近現代漢語的語法著作。在這部書裡，作者重視漢語語法特點，提出了許多不同於前人的問題，建立了一個新的語法體系。其中較重要的幾點是：

第一，全書以句法為重點，並專章講述了各種語法成分、特殊形式、歐化句法。作者在《中國語法理論·導言》中說：「這二三十年來，中國語法學家所爭論的全是詞的分類問題（Classification of words）和術語的問題（Terminology）。……這樣，所爭論的只是語法的皮毛，不是語法的主要部分。……須知所謂語法，就是族語的法則，主要的部分乃在於其結構的方式，並不在於人們對語言成分的稱謂如何。」這種認識，無疑是非常正確的。

第二，在造句法（上）裡最大的特色是採用了丹麥語言學家

葉斯泊森的「三品說」，把詞在句中占居的地位分爲首品、次品、末品。它們的界說是：「凡詞在句中，居於首要的地位者，叫做首品」；「凡詞在句中，地位次於首品者，叫做次品」；「凡詞在句中，地位不及次品者，叫做末品。」⑩例如：　「獵人打飛鳥」，「人」和「鳥」居於主語和賓語的地位，都是首品；「打」居於謂語的地位，是次品；「獵」和「飛」居於定語的地位，也是次品。如果「打」前面還有狀語，那就是末品。關於這一點，後來作者曾作過自我批評，說：「現在看來，三品說不但不是盡善盡美的，而且是錯誤的、唯心的學說。」「我把詞品和詞類分割開來，一方面讓詞類去代表概念的範疇，那固然是不對的；另一方面把句中的詞分成三品，那也是唯心的觀點。詞分品級，假使可以分的話，那也是形而上學，因爲品級的分法幾乎可以適用於現代和古代的全世界的語言，那就可以不論時間，不論地點，不論條件。必須知道，凡表面上像是古今中外都可以適用的語法概念，那一定是唯心的。」（《中國語法理論·新版自序》，5頁、11頁）

　　第三，在造句法（下）裡提出了「能願式」、「使成式」、「處置式」、「被動式」、「遞繫式」、「緊縮式」等術語。這也是構成整個語法體系的很重要的一個方面。其中影響最大的是「遞繫式」，近幾十年來差不多所有的語法著作都採用了這個術語（也有人改爲「兼語式」）。

　　第四，拋棄了西方語法著作裡的「名句」、「動句」，把漢語的單句分成「叙述句」、「描寫句」、「判斷句」三類。這是直到現在還爲人們所採用的分類法。

　　第五，以詞彙意義（或概念）爲劃分詞類的標準。他說：「至於中國的詞呢，它們完全沒有詞類標記，正好讓咱們純然從概念的範疇上分類，不受形式拘束。」（《中國語法理論》，上冊33頁）把詞類當作純概念的範疇，這種理論用來實踐時肯定是行不通的。關於這一點，作者自己也作過說明：「我在我的書裡，當

我區分漢語詞類的時候，並沒有依照我自己的話去做，換句話說，就是我並沒有，『純然從概念的範疇上分類，不受形式的約束』。相反地，我在某些地方是從詞和詞的結合來區別詞類的。」（《中國語法理論·新版自序》，12頁）

《中國文法要略》是古今漢語對照的語法著作。全書共分三卷：上卷是詞句論，其中有十分之八的篇幅是講句法，包括詞的配合關係、敘事句、表態句、判斷句、有無句、句子和詞組的轉換、繁句、句法變化；中卷（1956年修訂本爲下卷之上）是表達論：範疇，包括數量、指稱、方所、時間、正反·虛實、傳信、傳疑、行動·感情等範疇；下卷（修訂本爲下卷之下）是表達論：關係，包括離合·背向、異同·高下、同時·先後、釋因·紀效、假設·推論、擒縱、襯托等關係。所謂「表達」，就是表情達意，把句子表現的內容從邏輯和修辭上加以分析。

該書雖然有不少跟《中國現代語法》不約而同的見解，但從整個體系來說，還是有別於《中國現代語法》的，更不同於《新著國語文法》和《馬氏文通》，是一部有特色的語法著作。其中比較突出的是：

第一，材料比較豐富，論述比較全面，分類比較細緻。突出漢語語法的特點和規律的具體描寫，不拘泥於現成的概念和定義。

第二，對詞類活用的處理比較恰當。指出了古代漢語詞類活用的範圍大，現代漢語詞類活用的範圍小。

第三，把「有人敲門」和「晚飯有了」的「有」字分別處理，前者當作無定性的指稱詞，後者當作動詞。把前者叫指稱詞雖然同意的人不多，但把它跟後者分開，是有一定道理的。

第四，把《中國現代語法》的敘述句、判斷句、描寫句改爲敘事句、表態句、判斷句、有無句，也就是把有無句從敘述句裡分出來。這也是有道理的。

　　第五，作者自己說，「在詞類問題上以及句法問題上我還犯了一個很大的錯誤，就是無批判地採用了葉斯丕孫的詞級說（三品說）和詞組、詞結說。」⑪關於詞級說，比起《中國現代語法》和《中國語法理論》來不那麼明顯，因此給讀者的影響也不是很大；關於詞組、詞結說，卻貫穿全篇：把詞和詞之間的關係分為聯合關係、組合關係、結合關係，「把動詞和賓語的關係勉強塞在結合關係裡邊（今刪），至於動詞或形容詞和補語的關係就根本沒有提到」。（《修訂本序》，3頁）

　　第六，濫用省略。例如：

請坐。（29頁）

不登高山，不見平地。（29頁）

本校歡迎參觀。（30頁）

第一句作者認為是「我請你坐」的省略；第二句也是省略了起詞（主語），這個起詞可以是「任何人」；第三句是「本校歡迎××參觀」的省略。這些說法都是不切實際的。因為在實際語言中誰也沒有說過「我請你坐」或「人們不登高山，人們不見平地」，至於「本校歡迎××參觀」雖然可以說，但結構不同。顯然，在這個問題上作者也是用邏輯的眼光來看待語法的。

　　第七，書中使用的某些術語，如起詞、止詞、受詞、補詞等，有些陳舊，而且概念不很準確。特別是補詞，含義有些混亂，如「你拿毛筆寫字」的「毛筆」不知為什麼要叫補詞。

　　《漢語語法論》也是一部古今漢語對照的語法書。全書初版共分緒論、句法論、範疇論、句型論四部分。形成了不同於前人的語法體系。它的主要特點是：

　　第一，對詞和詞之間的各種關係描寫比較全面、深刻，在造句論裡就是以規定關係、引導關係、並列關係、聯絡關係為綱來分析句子的構造的。

　　第二，從句子的感情表達方面把句子歸納成否定、詢問、疑

惑、命令、感嘆等五種句型，這樣把句子的其它分類跟句子的語氣分類區別開來，是有好處的。

第三，重視詞法和句法的比例。初版的範疇論，修訂版的構詞論和範疇論，都是專講詞法的。顯然這比《新著國語文法》、《中國現代語法》、《中國文法要略》等只注重句法，比《馬氏文通》、《高等國文法》等只注重詞法，是有所有不同的。

第四，全書的體系基本上是建立在法國語言學家房德利耶斯和馬伯樂的理論基礎上的。房德利耶斯認爲名詞句和動詞句的分別是一切語言共有的，他也根據這一理論把漢語分成名詞句和動詞句兩類，形容詞作謂語的歸在名詞句裡（修訂本分爲名句、動句、形容句三類）。馬伯樂認爲漢語是純粹單音節的語言，他也認爲漢語是單音綴的（修訂本已放棄這種意見）。馬伯樂認爲漢語無詞類，他在初版裡雖然認爲漢語有詞類，但在修訂本裡卻認爲漢語無詞類（即實詞不能分類）。

第五，把漢語的詞分爲二十三類（修訂本分爲二十四類），顯得瑣碎、零亂，使人無法掌握。比如：把一般所說的數量詞就分爲數詞、數位詞、次數詞，此外還有體詞（「了」、「著」、「過」）、態詞（「給」、「被」）、欲詞（「要」、「願意」）、能詞（「能」）、量詞（「都」）等，雖是新的見解，但這不是根據語法特點來講詞類。

綜上所述，從「五四」運動到1949年的三十年間，是漢語語法學由較多地機械模仿西方語法轉到注重漢語語法特點的時期。在這個時期裡，不僅出現了大量的現代漢語語法著作，提出了不少現代漢語語法學的新體系，並且也出現了一些古今漢語比較語法，如楊伯峻的《中國文法語文通解》（1936年），譚正璧的《國語文法與國文文法》（1938年），黎錦熙的《比較文法》（1944年），把漢語語法學推進到了一個發展的新階段。

四　普及和提高時期

（1949年以後）

㈠前　期

　　1949年以後，漢語語法學進入了一個新的歷史時期——普及和提高的昌盛時期。這一時期是由語法知識的普及工作開始的，而語法學的提高也是建築在紮實可靠的語法知識的普及基礎之上。

　　《人民日報》於1950年 5 月21日發表了《請大家注意文法》的短評，1951年 6 月 6 日發表了《正確地使用祖國語言，爲語言的純潔和健康而鬥爭》的社論，接著又連載了呂叔湘、朱德熙合寫的《語法修辭講話》（1953年印單行合訂本），這是語法知識普及工作的序幕。自此以後，各級政府機關、人民團體、各部隊、各級學校都很重視語法的學習，並做了許多組織和宣傳工作，在全國掀起了一個學習語法知識的高潮，使語法學的普及工作得到了蓬勃的開展。

　　在語法知識的普及過程中，先後出現了大量的語法著作。如1951年 1 月——10月《開明少年》雜志（後並到《進步青年》雜志）連載了呂叔湘的《語法學習》（1953年印單行本），1952年 1 月——1953年 6 月《語文學習》雜志連載了張志公的《漢語語法常識》（1953年印單行本），1952年 7 月——1953年11月《中國語文》雜志連載了中國科學院語言研究所語法小組集體編寫的《語法講話》（1961年印單行本，改名《現代漢語語法講話》），1953年出版了曹伯韓的《語法初步》，1954年出版了黎錦熙、劉世儒的《語法十八講》和《中國語法教材》（1957年修訂本改名爲《漢語語法教材》），1955年出版了陸宗達、俞敏的《現代漢語語法》（上冊），1955年出版了胡附、文煉合寫的《現代漢語語法探索》，1956年出版了《暫擬漢語敎學語法系統簡述》和初中《漢

語》課本，等等，共計一百多種，此外，還有包括語法部分的
《現代漢語》、《古代漢語》和《語言學概論》等公開發行的大專
院校教材二三十種，各報刊雜志上發表的單篇語法論文更是無計
其數。

　　在這一百多種語法著作中，影響較大的有：《語法修辭講
話》、《語法學習》、《漢語語法常識》、《現代漢語語法講話》、《暫
擬漢語教學語法系統簡述》、初中《漢語》和《漢語語法教材》。
這些著作，雖然大都以普及爲目的，但都是自成體系，各有特
點，有力地衝擊了1949年以前出版的各種語法著作的體系，因此
都有或多或少的學術價值。下面僅從語法體系的角度把這些著作
作一簡單介紹。

　　《語法修辭講話》是一部「幫助大家糾正語言文字中的缺
點」的兼談語法和修辭的通俗讀物。共分六講，只有第一講「語
法基本知識」是系統地講述語法的部分。這一講雖然只有35頁，
但自成體系，並有不少新穎的見解，所以許多大中學校都把它作
爲敎學大綱或重要參考材料。它的語法體系特點，跟《語法學
習》基本相同，下面我們把它跟《語法學習》放在一塊兒來談。

　　《語法學習》實際上是《語法修辭講話》第一講的詳解（只
有個別地方不盡相同），因而在體系上顯得更完整，更周嚴。這
個體系的特點是：

　　第一，在詞類的區分和一詞多類的範圍上，作者提出了「區
分詞類，最好能維持一個原則：一個詞的意義不變的時候，儘可
能讓它所屬的類也不變。這樣，詞類的分別才有意義。這並不等
於說，沒有一個詞能屬於兩類或三類，只是說，不應該完全根據
它在句子裡的地位來決定罷了。」⑫「例如『他的臉紅』的『紅』
是形容詞，『他的臉紅了』的『紅』還是形容詞，可是，『他從來
沒跟人紅過臉』的『紅』就得算動詞，因爲一般形容詞不能支配
一個名詞（賓語）。」⑬其它像「釘了三根釘」裡的兩個「釘」，

不是一詞多類，而是兩類不同的詞；「木頭房子」的「木頭」跟「一根木頭」的「木頭」是一個詞，而且都是名詞。這個特點，可以說是這兩本書裡最突出的優點，是值得肯定的。

第二，提出了詞的附類，即名詞的附類——副名詞，動詞的附類——副動詞，形容詞的附類——數詞。這是後來許多語法著作所接受的意見。但漢語裡是否眞有附類詞，也就是說，副名詞（即量詞）是否應該附在名詞裡，副動詞（即介詞）是否應該附在動詞裏，數詞是否應該附在形容詞裡，都很值得研究。

第三，對「是」字的處理比較恰當，它拋棄了「是」字是繫詞或同動詞的說法，而乾脆把它當作動詞。至於放在動詞、形容詞前面的，如「我是不去」的「是」，雖然沒明確它的詞性，但指出了它表示強調的作用。「是」字後面的成分，作者叫表語。這個術語也曾爲許多人所採用。但有沒有必要把它跟賓語區別開，值得研究。一方面，「有」、「在」等動詞也是特殊動詞，爲什麼它們後面的成分可以叫賓語呢？另一方面，作者在採用這個術語的同時，又把形容詞謂語叫表語。這就把「是」字後面的表語和形容詞作謂語的表語等同起來了，而且又否定了「是」字的動詞性和謂語性。這是受了西方語法的影響，對於幫助讀者分淸作者所說的「三種謂語和三種句子」是沒有好處的。

第四，作者沒有採用「助動詞」（能願動詞）這個術語，而是把助動詞後面的成分都當作賓語。這的確是一種新的見解。但這樣分析語法，問題也不少。比如，「他們會打仗」的「打仗」是「會」的賓語，那麼遇到「他能夠而且一定完成任務」，豈不是助動詞「能夠」和副詞「一定」共有一個賓語了嗎？這跟副詞不能帶賓語的規律是矛盾的。

第五，把「中國的解放」之類結構算主謂仂語。這是從意義出發的，忽視了結構特點和虛詞的作用。「的」字是確定它前面的詞語爲附加成分的虛詞，這幾乎是衆所公認的，因而「中國的

解放」應該是偏正結構。

　　《漢語語法常識》也是一本注重實用的語法書。就體系而言，雖然是兼採各家所長，但不是簡單的折衷，而是對一些不同的學說有所抉擇，形成了自己的獨特性。全書初版共分六部分：一、詞和句，二、單句的基本結構，三、幾類實詞的用法，四、句子成分的擴充，五、句子成分的變化，六、疑問句、祈使句、感嘆句。改訂本改為九部分，比初版多了「名詞、動詞、形容詞」，「幾類虛詞的用法」和「複句」三部分。本書的特點是：

　　第一，重視詞法的講解。如構詞法問題，各類實詞，特別是各類虛詞的用法，都占有相當的分量。對於常用詞，如「是」和「有」列專章講述。

　　第二，在劃分詞類和確定句子成分時，拋開了前人全憑意義的缺點，比較注意意義和形式相結合的原則。

　　第三，肯定了無主句，比較恰當地處理了句子成分的省略和倒裝問題。也就是比較多地照顧了漢語的實際情況。

　　第四，在講構詞法和詞性的關係以及句子的用途時，都跟語音聯繫起來，這應該說是語法研究的一個方向，在講到一種句子時，能夠把標點符號跟句法聯繫起來，這樣，既講述了句子的書面形式，又把「句讀法」貫串在裡邊了，因而實用價值更大。

　　第五，跟《中國現代語法》和《漢語語法論》一樣，也把「是」字算獨立的繫詞（改訂本算動詞的附類），把「來」、「去」、「起來」、「下去」等從一般動詞裡分出來，跟「能」、「會」、「必須」等放在一起，都叫助動詞。這樣處理是否妥當，都值得討論。

　　第六，把句首的方位詞都當主詞（改訂本叫「準主語」）。這是受了趙元任的《國語入門》的影響，是把主語和謂語的關係簡單化了，或者說只注意了語法形式，沒有照顧語法意義。

　　第七，一種結構裡有兩個或兩個以上動詞的，叫「動詞連

用」，並且專章講述。從結構分析的角度看，這一章很籠統，而且顯得多餘。如果連用的動詞有聯合關係，不如乾脆放在聯合結構裡講述；如果連用的動詞有動賓關係，不如放在動賓結構裡去講。即便想保留「連動式」，也不應該讓「連動式」跟聯合式、動賓式混在一起。

第八，有些語法現象，作者採取了模棱兩可的處理辦法。如「我看見一個人走進院子裡去了」（初版，221頁），作者認為是「近於主謂仿語作賓語的遞繫式」；「對於這種戲，我沒有什麼興趣」（212頁），作者認為是介於單句和複句之間的句子。這樣處理不但不能解決主謂詞組作賓語和「遞繫式」（兼語式）的劃界問題及單句和複句的划界問題，反而更模糊了它們的界限，對語法分析沒有什麼好處。

《現代漢語語法講話》（《語法講話》）是一本別具風格的、比較通俗的語法書。該書的作者，受西方結構主義語言學的影響較大，該書的寫成，在很多地方是接受了趙元任的《國語入門》和蘇聯龍果夫的《現代漢語語法研究》的影響。它的特點非常多，其中最主要的是：

第一，分析句子採用的是層次分析法。如「帝國主義的侵略打破了中國人學西方的迷夢」⑭，主語是「帝國主義的侵略」，謂語是「打破了中國人學西方的迷夢」。主語是偏正結構，「帝國主義的」是修飾語，「侵略」是中心語。謂語是動賓結構，「打破了」是動補結構作謂語中心語，「中國人學西方的迷夢」是偏正結構作賓語。

第二，特別重視詞序。作者認為主語在前，謂語在後，賓語在動詞謂語後，並根據這個原則推論出：凡是放在句首的方位詞都是主詞，凡是放在動詞前面的名詞也都是主語。重視詞序，是應該的，說主語在前，謂語在後，賓語在動詞謂語後，一般說來也並不錯；但把句首的方位詞、動詞前面的名詞都叫主語，卻值

得考慮。

　　第三, 根據謂語的形式（所用的詞類）把句子分爲體詞謂語句、形容詞謂語句、動詞謂語句、主謂謂語句四類。這跟《中國現代語法》根據謂語的意義把句子分爲敘述句、判斷句、描寫句三類是不同的。哪一種分類法更合適, 也值得討論。

　　第四, 對「連動式」和「兼語式」講述得很詳細, 它們的範圍, 特別是「連動式」的範圍比任何其它語法書都大。別的語法書認爲是「偏正式」的「介——名——動」結構, 如「（李琳）拿眼直瞅他」（116頁）,「（我）從前天就肚子痛」（117頁）,「拿」和「從」也算「連動」裡的一「動」。這是不是合適, 也值得研究。

　　第五, 肯定了無主句, 並擴大了它的範圍; 認爲「是」字是動詞, 它後面的的成分是賓語。這都是比較合適的。

　　第六, 許多語法術語沒有明確的定義。爲了通俗的緣故, 這也許是合適的。但從語法學的角度來說, 不能不算一個缺陷。

　　《暫擬漢語教學語法系統簡述》是初中《漢語》語法部分的大綱。因此我們把這兩本書放在一塊兒來談。這兩本書是由人民教育出版社組織全國各地專家集體寫成的, 它們取捨了《馬氏文通》以來各家有影響的學說, 因此其中包含著許多語法學者的研究成果, 是集體智慧的結晶。其中最突出的特點如下:

　　第一, 劃分詞類採用的是「詞彙·語法範疇」標準。這在當前是比較受歡迎的標準。但是, 詞類是詞的語法分類,「詞彙·語法範疇」裡的「詞彙」標準似乎是不倫不類的。因此這個標準也不是沒有問題的。

　　第二, 把詞分爲十一類, 並明確了各類詞的語法形式特點。把方位詞算名詞的附類, 把能願動詞、趨向動詞、判斷詞算動詞的附類。把「的、地、得、所」叫結構助詞, 把「了、著、過」叫時態助詞。把數詞和量詞算作兩個獨立的詞類。把副詞算作虛

詞的一種，把「又…又…」、「越…越…」、「旣…又…」都算有關聯作用的副詞。這些意見雖然曾爲許多人所接受，但也都值得討論。

第三，提出了動詞、形容詞名物化的學說，即動詞、形容詞作主語時，特別是再帶上定語和狀語時，它們既有動詞、形容詞的特點，又有名詞的特點。這種學說雖然比較新穎，並且曾爲許多人所接受，但存在的問題也不少，因此有人提出過不同的意見。

第四，把句子成分分爲主語、謂語、賓語、定語、狀語、補語六種，此外還有兩種特殊成分——獨立成分和複指成分。這也是爲許多人所採用的分類法。它比較恰當地處理了成分的倒裝和省略以及無主句、獨詞句等。

第五，取消了句子按謂語性質的分類，即沒有叙述句、描寫句、判斷句等術語，也沒有體詞謂語句、動詞謂語句、形容詞謂語句、主謂謂語句等術語。

《漢語語法敎材》（《中國語法敎材》），這是在《新著國語文法》的基礎上修訂而成的帶有提高性質的語法著作。全書共1，526頁⑮，是目前我國最大的一部語法書。共分三冊（初版分七冊）。第一冊是「基本規律」，第二冊是「詞類和構詞法」，第三冊是「複式句和篇章結構」。這部著作比起《新著國語文法》來，雖然有不少相同之處，但也有許多不同之點。下面我們只簡單介紹它跟《新著國語文法》的不同之點。

第一，除了講述基本規律，還用很多篇幅分析討論了當前漢語語法學中許多懸而未決的問題。例如在第一編(四)裡的「附論詞組」，(五)裡的「代名詞性別簡論」，「『主語性的領位』的引端和辨惑」，(六)裡的「附談漢語動詞的『不定人稱』」、「論時空名詞可作主語（描寫句）」、「論『是』字的無主句」，(七)裏的「總論詞義和詞的轉換」、「論『存在』」，(二)裡的「論『說明句』」，(六)裡的「再

論『副位』和『主位』的活看法」等等。這些分析論斷有許多是值得肯定的，但也有不少是值得商榷的。

第二，重視了詞法的講述。第二編「詞類和構詞法」共597頁，占全書三分之一強。

第三，提出了「四級形態論」。所謂「四級形態」是：

1）最狹義的形態，如「好」，形容詞讀 hǎo（上聲），動詞讀 hào（去聲），重疊的副詞第二音節讀 hāor（陰平）。

2）狹義的形態，如形尾「地」，代尾和名尾「們」等。

3）廣義的形態，如名詞前可加形容詞等「形附」，不可加副詞等「副附」；動詞前後都可加副詞等「副附」，不可加形容詞等「形附」，等等。

4）最廣義的形態，就是從詞在句中的功能來看詞性，如「你們參加生產」、「他們討厭虛僞」的「生產」和「虛僞」，因爲作了賓語，所以都成了名詞。

第四，劃分詞類的標準是「詞彙·語法範疇」，也就是說，比起《新著國語文法》來，更多地注意了詞的語法特點。

在語法知識的普及工作中，語法學本身必然要適應這種需要而不斷地提高自己。因爲普及工作和提高工作是不能截然分開的。提高是在普及基礎上的提高；普及是在提高指導下的普及。

我們的語法學者，批判地繼承了祖國的語法學遺產和有分寸地吸取了外國有用的東西，奮發圖強，刻苦鑽研，使漢語語法研究起了轉折性的變化。如：王力先生在《中國語法理論·新版自序》裡主動地批判了自己搬用葉斯泊森的「三品說」的錯誤觀點；呂叔湘先生在《中國文法要略·修訂本序》裡也批判了自己的錯誤觀點，並刪補了有關的章節；黎錦熙先生除修訂了《新著國語文法》，還跟劉世儒先生合寫了《漢語語法教材》，高名凱先生也修訂了《漢語語法論》，刪改了有錯誤的章節。這些現象爲

漢語語法學的發展提供了思想方法的基礎。1953——1955年關於詞類問題的討論，1955——1956年關於主語、賓語問題的討論，就是在這種基礎上開展的。

關於詞類問題的討論，第一階段是由高名凱先生發表在《中國語文》上的《關於漢語的詞類分別》一文開始的。他的意見是：劃分詞類必須憑形態，漢語沒有這種形態，因此漢語沒有詞類。後來許多語法學者紛紛發表文章，反對高名凱先生的意見。大家認爲漢語詞類的分別是客觀存在，不能用西方語言劃分詞類的標準來劃分漢語的詞類。關於這一點差不多是有了定論。討論的第二階段是如何劃分詞類的問題。關於這個問題直到現在還沒有一致意見，但有一點卻是公認的：劃分詞類，不能單憑意義，也不能單憑形態。在這次討論中共發表了論文三十七篇，1955年和1956年先後彙集成兩冊，名爲《漢語的詞類問題》，由中華書局出版。

關於主語、賓語問題的討論，是《語文學習》編輯部於1955年7月發起的，這次討論的中心問題是倒裝句和省略句，其次也討論到語法和邏輯的關係、語法和修辭的關係、時間詞和方位詞能否作主語、主謂詞組作謂語的範圍以及分析句子的方法等問題。在討論中，有人認爲可以憑施受關係確定句子的主語和賓語，如「自行車騎出去了」，「自行車」是受事，因而是賓語；有人認爲不能憑施受關係，應該憑詞序確定主詞和賓語，上例的「自行車」放在句首，應該是主語。有人認爲時間詞、方位詞放在句首是狀語，有人認爲是主語，等等。這次討論雖然沒有得出一致的結論，但通過討論大家都明確了這樣一個問題：分析句子、確定主語和賓語，不能單憑意義，也不能單憑形式，應該把二者結合起來；同時明確了邏輯上的主語、賓語，不等於語法上的主語、賓語，應該分別對待；修辭現象跟語法結構也不完全相同，不能混爲一談。在這次討論中共發表了論文三十篇，1956年

彙集成冊，名爲《漢語的主語、賓語問題》，由中華書局出版。

　　詞類問題是詞法部分的中心問題，主語、賓語問題是句法部分的中心問題。這兩次討論雖然沒有得出一致的結論，但通過討論，對於建立一個全新的漢語語法體系，是有很大幫助的。

　　在這一階段，漢語語法學的另一進展，還表現在語法學者以爲詞法和句法應該並重方面。前面說過，1949年以前我國語法學者因受西方學者的影響，大都把漢語看作單音節的孤立語，所以沒有詞法可談。如黎錦熙先生的「句本位」學說，王力、高名凱先生的漢語沒有形態的理論，等等。後來語法學者們認識到，任何語言都有詞法和句法兩部分。漢語雖然不像印歐語言那樣具有豐富的形態變化，但總還是有形態的，有自己的構詞法的。特別是五十年代提出「漢字必須改革」的口號以後，構詞法和分詞連寫的研究也密切地結合起來了。因此絕大部分語法著作，都設構詞法一章。1949年以前出版的著作，在修訂重版時也都加進了構詞法。最突出的是黎錦熙先生在1949年以前的著作裡根本不提構詞法，但在1949年以後的《漢語語法教材》裡卻用七十二頁的篇幅講構詞法。中國科學院語言研究所陸志韋等先生，集中精力，花了幾年時間，搜集了豐富的材料，寫出《漢語的構詞法》一書，成爲構詞法研究的重要著作。

　　六十年代初，漢語語法學的中心問題是語法學的方法論問題。關於語法學的方法論問題，雖然沒有一致的意見，但多數人認爲研究語法不能單憑意義，也不能單憑形式，應該採用意義和形式相結合的方法，少數人則偏重於描寫語言學裡的形式分析法。陸志韋先生在《中國語文》1961年6月號上發表了一篇《試談漢語語法學上的「形式與意義相結合」》的文章，不大同意意義和形式相結合，而是同意從形式出發，然後歸結到意義上來。朱德熙先生在《中國語文》1961年12月號上發表了《說「的」》一文，提出了詞法分析的方法應該是描寫語言學裡的分布分析

法，又在《中國語文》1962年8──9月號上發表了《句法結構》一文，提出了句法分析的方法也應該是描寫語言學裡的層次分析法、分布分析法、轉換分析法等。呂叔湘先生在《中國語文》1962年11月號上發表了《關於「語言單位的同一性」等等》一文，基本上支持朱德熙先生的意見。關於語法學方法論的討論，主要集中於是採用意義和形式相結合的分析方法，還是採用描寫語言學的結構主義分析方法，當然也要涉及到每一種方法的具體運用問題。這場討論剛剛開了個頭，就遇到了「左」的風浪，在「批判語言學研究中的資產階級學術思想」的口號中，結構主義語言學的分析法被看成是以邏輯實證主義、唯心主義為基礎的純形式主義的資產階級的方法，而主張適當吸收結構主義和美國描寫語言學裡的層次分析法來研究漢語語法學的文章和作者，也被指責為「為結構主義方法論捧場」，是「走上了反歷史主義的道路」，等等。形勢壓人，這場討論未能進行下去。漢語語法學的研究也開始冷落了。1966年5月至1976年10月的「文化大革命」，給我們國家帶來了災難性的破壞，這一時期的漢語語法研究也陷於停滯狀態。

（二）十年動亂後

十年動亂之後，隨著全民族的科學文化事業的復興，隨著語言科學的突飛猛進，漢語語法學也有了極大的發展。大量的語法論文相繼發表，不少語法專著先後出版。這一時期漢語語法學的發展，突出地表現在兩個方面：一是語法知識的普及工作異常活躍，各級各類學校的語文課或語言課都把語法知識當作一個重要的組成部分，社會青年為參加高等教育自學考試，也都要認真學習語法知識；一是教學語法體系的研究和科學語法理論的研究正在向縱深發展。

由鄭州大學等十一所高等學校發起的，「現代漢語」教材協作會議，於1978年3月在鄭州召開第一次會議，參加的有二十三

所院校和人民教育出版社、《中國語文》雜志社共五十多位學者；第二次會議於1978年 8 月在昆明召開，參加的有八十五所院校以及中國文字改革委員會、上海教育出版社、《中國語文》雜志社等共一百六十多位學者。在這兩次會議上除認真總結了「現代漢語」課的經驗教訓、製定了教材編寫計劃外，還針對《暫擬漢語教學語法系統簡述》集中討論了教學語法體系問題。涉及到的主要問題是：

　　1）實詞的「附類」是取消還是保留？

　　2）象聲詞要不要自成一類？

　　3）數詞和量詞是分立兩個詞類還是合為一個詞類？

　　4）三種助詞有沒有合為一個詞類的共同特點？

　　5）副詞是實詞還是虛詞？

　　6）「合成謂語」是否取消？

　　7）「複雜謂語」的名稱是否取消，兩種「複雜謂語──連動式、兼語式，是縮小範圍還是劃歸別的的結構類型？」

　　8）「複指成分」能否劃入聯合詞組或別的結構？

　　9）賓語提到句首或動詞前，是倒裝的賓語還是一律看成主語？

　　10）詞組分多少類合適？

　　11）分析句法結構是用中心詞（句子成分）分析法還是用層次（直接組成成分）分析法？

　　12）語法知識如何聯繫語言運用的實際？

　　這次討論雖然意見很不一致，卻提出了教學語法體系中極待解決的問題。會議之後受教育部委託，由張靜主編《新編現代漢語》（1980年上海教育出版社出版），黃伯榮、廖序東主編《現代漢語》（1980年甘肅人民出版社出版），作為全國高等學校文科統編教材。與此同時，1962年初版的胡裕樹主編的《現代漢語》也於1979年修訂重版。三部教材的語法體系雖然不盡相同，但都沒

有超出傳統語法學的格局，這也是由「教材」的性質決定的。

　　爲了統一中學的教學語法體系，1981年夏人民教育出版社在哈爾濱召開了全國語法和語法教學討論會，參加會議的有大專院校、科研單位、中學和其它方面的語法工作者共130人左右。

　　會議第一階段集中討論了教學語法體系和科學語法體系的區別，中心詞分析法和層次分析法的利弊，以及高等學校教材協作會議所提出的那些語法問題。第二階段對如何修改《暫擬漢語教學語法系統簡述》提出了各種意見。會議委託人民教育出版社張志公先生和中學語文編輯室根據各方面的意見，綜合出一個新的中學教學語法體系方案。這個方案幾經修改之後定名爲《中學教學語法系統提要》（試用），已於1984年1月正式發表。

　　科學語法理論的討論主要是圍繞著傳統語法學和結構主義語法學（主要是美國描寫語法學）的方法論和析句方法進行的，也討論了詞組、句型、語言事實的調查研究以及把語法與修辭、邏輯結合起來進行研究的問題。

　　傳統語法學強調從意義方面來研究語法，分析句法結構採用中心詞分析法；結構主義語法學（包括轉換生成語法學）強調從形式方面來研究語法，分析句法結構採用層次分析法。這是兩種相互對立的方法。在討論中有人主張以意義爲主，兼顧形式，基本採用中心詞分析法，適當吸收層次分析法；有人主張以形式爲主，兼顧意義，基本採用層次分析法，適當照顧中心詞分析法；有人主張不偏不倚，意義和形式是統一的，應該採用語法意義和語法形式相結合、中心詞分析法和層次分析法相結合的分析方法。《中國語文》雜志社編輯的《語法研究和探索》1、2集，(1983年、1984年北京大學出版社出版）和《漢語析句方法討論集》(1984年上海教育出版社出版），就是這次討論的成果。通過討論，雖然對科學的語法體系的建立意見極爲分歧，但多數人都認爲適當吸收結構主義語法學（包括轉換生成語法學）的方法來

分析漢語語法問題是應該的。

這一時期出版的語法專著有：

陳望道《文法簡論》，1978年上海教育出版社；

呂叔湘《漢語語法分析問題》，1979年商務印書館；

郭紹虞《漢語語法修辭新探》，1979年商務印書館；

朱　星《漢語語法學的若干問題》，1979年河北人民出版社；

張　靜、張桁《古今漢語比較語法》，1979年修訂本，河南人民出版社；

趙元任《漢語口語語法》，1979年商務印書館，呂叔湘譯；

史存直《語法三論》，1980年上海教育出版社；

朱德熙《現代漢語語法研究》，1980年商務印書館；

鄧福南《漢語語法專題十講》，1980年湖南人民出版社；

江　天《現代漢語語法通解》，1980年遼寧人民出版社；

王維賢、盧曼雲《現代漢語語法》，1980年浙江人民出版社；

邢福義《現代漢語語法知識》，1980年湖北人民出版社；

徐思益《描寫語法學初探》，1981年新疆人民出版社；

宋玉柱《現代漢語語法論集》，1981年天津人民出版社；

潘允中《漢語語法史概要》，1982年中州書畫社；

鄧福南等《漢語語法新編》，1983年湖南教育出版社；

呂冀平《漢語語法基礎》，1983年黑龍江人民出版社；

張　靜《詞‧詞組‧句子》，1984年黑龍江人民出版社；

這些著作對普及語法知識和探索漢語語法理論問題，都有程度不同的積極作用。其中影響較大的是1979年由商務印書館出版的呂叔湘《漢語語法分析問題》。這是一本有關漢語語法分析問題的總結。正像作者在《引言》中所說：「本文試圖對漢語語法體系中存在的問題做一番檢討，看看這些問題何以成爲問題，何以有不同意見，這些不同意見，這些不同的處理法的利弊得失又如何。」（9頁）本書的篇幅雖然不長，卻涉及到了漢語語法研究

中的各種主要問題。作者在《序》裡說：「本文的宗旨是擺問題。
問題擺出來了，有時候只提幾種看法加以比較；有時候提出自己
的意見，也只是聊備一說，以供參考。」（7頁）更確切地說，作
者把漢語語法分析中有爭論的問題，不僅客觀地擺出來，而且還
提出問題的來龍去脈和癥結所在，並儘可能提出解決問題的意見
和新的設想。比如在談到主語和賓語的糾紛時說：

> 主語賓語問題的癥結在哪兒呢？在於位置先後（動詞之
> 前，動詞之後）和施受關係的矛盾。……優先考慮施受關
> 係的人，遇到施事在後的句子，比如<u>門口站著解放軍</u>，就
> 說這是「主居謂後」，通俗點兒就叫做「倒裝」；遇到受事
> 在前的句子，比如<u>這個會我沒參加</u>，就說這是「賓踞句
> 首」，也是「倒裝」。可是遇到像<u>信已經寫好了</u>這樣的句
> 子，就貫徹不下去了，不得不妥協一下，說這是「被動
> 句」，信是受事作主語。
>
> 優先考慮位置先後的人，同樣遇到這種種情況，可是難不
> 住他。照他的辦法，凡是動詞之前的名詞都是主語，凡是
> 動詞之後的名詞都是賓語。乾脆倒是乾脆，只是有一個缺
> 點：「主語」和「賓語」成了兩個毫無意義的名稱。稍微
> 給點意義就要出問題，比如說「主語是一句話的主題」
> 吧，有些句子的「主語」就不像個主語。例如<u>前天有人從
> 太原來</u>，能說這句話的主語是前天嗎？<u>一會兒下起雨來</u>，
> 能說這句話的主題是一會兒嗎？
> …………
>
> 我們的意見簡單點說是：如果代表事物的「賓語」跑到原
> 來的主語的前頭，就得承認它是主語，原來的主語退居第
> 二（這個句子變成主謂謂語句）；不合乎這個條件的，原
> 來是什麼還是什麼，位置的變動不改變它的身分。（70
> ——74頁）

　　總之，近三四十多年來，由於語言工作者的不斷努力，無論是語法知識的普及工作，或是語法學的提高工作，成績都是巨大的。在老學者的幫助帶動下，青年語法學者正在迅速成長，已經形成了一支老中青相結合的可觀的科學工作者隊伍。瞻望未來，漢語語法學的發展必然會達到新的高峰。

（原載《漢語語法問題》，中國社會科學出版社，1987年）

【註　釋】

①中華書局，1954年校注本，上冊第30頁，下引書同。

②《高等國文法》從成書的時間上說，應該算漢語語法學發展時期的著作。但是由於它沒有脫離《馬氏文通》的格局，並且也是以古代漢語為對象的語法書，我們暫且把它放在創始時期裡，以便有別於發展時期以現代漢語為對象的語法書。

③商務印書館，1907年，1頁。下引書同。

④商務印書館，1957年重印本，11頁。下引書同。

⑤商務印書館，1955年二十二版校訂本，47頁，下引書同。

⑥《中國文法革新論叢·序言》，1頁，中華書局，1958年。下引書同。

⑦載《中國文法革新論叢》29——34頁。

⑧同上書，47——52頁。

⑨《中國語法理論·新版自序》，1頁，中華書局，1954年，下引書同。

⑩《中國現代語法》，上冊42——43頁。中華書局，1954年。下引書同。

⑪《中國文法要略·修訂本序》，2頁，商務印書館，1956年。下引書同。

⑫《語法修辭講話》，12——13頁，開明書店，1952年。下引書同。

⑬《語法學習》，7頁，中國青年出版社，1953年。下引書同。

⑭《現代漢語語法講話》，17頁，商務印書館，1961年。下引書同。

⑮商務印書館，1957年。下引書同。

語法學的方法論和特殊方法

在語法分析中，尤其是在漢語語法分析中，一直存在著嚴重的分歧，形成了各種不同的語法體系。分歧的原因雖然是多方面的，但最根本的還是語法學者們所遵循的方法論和所採用的特殊方法不同。如果能夠有一個比較統一的語法學的方法論原則和一整套具體的分析方法，語法分析中的分歧就會大大減少。本文即試圖針對這個問題提出一點不成熟的意見，就教於各位專家學者。

一　語法學方法論的總原則

語法學的方法論，是語法學裡所採用的研究方式、方法的總和，也是關於語法研究的方式、方法的學說。這種「總和」和「學說」是同一定的世界觀密切聯繫著的。

我們認為，任何一種事物和現象都有區別於其他事物和現象的特殊的內容和形式。要想正確認識事物和現象，必須從內容和形式兩個方面進行分析。

語言是語義和語音的統一體，語義是語言的內容，語音是語言的形式。語言的語法構造是語言的結構成分之一（另一個結構成分是詞彙），當然也有內容和形式兩個方面。語法意義是語法的內容，是事物、現象之間的關係在人們意識中概括的和間接的反映；語法形式是表達語法意義的聲音結構。因此，研究語法必須從語法意義和語法形式兩個方面進行分析，才有可能得出正確的結論。

語法意義有兩個對立面：一是語法外部的詞彙意義，一是語

法內部的語法形式。語法意義同詞彙意義相比較，詞彙意義是個別的、具體的，它表示的是思維中的個別概念。這種意義只是某個詞獨有的，不能用別的詞來代替。例如「身體」的具體意義是「人或動物的生理組織整體」，「合格」的具體意義是「符合標準」：二者意義各不相同，並且從語言中找不出任何一個詞來代替它們。而語法意義則是一般的、抽象的，它表示的是思維中個別概念之間的關係。這種意義不是某一個詞獨有的，至少是某一類詞共有的，因而可以用別的詞語來代指。例如「身體合格」這個結構，「身體」和「合格」除了它們獨有的詞彙意義之外，還有一種彼此之間的關係意義（包括各個詞的功能意義）：「主語——謂語」的關係。這種關係意義不只是這兩個詞獨有的，別的許多詞結合在一起也可以產生這種關係，如「科學發達」、「頭腦冷靜」、「思想進步」、「場地寬闊」等。語法意義所以能夠存在，因為它有語法形式作為物質外殼。比如我們說「工人們」的「們」有複數的語法意義（不是詞彙意義），因為它是由詞內部的語法形式——詞綴來表示的；而「三個工人」的「三個」雖然也是複數，但它不是詞內部的語法形式，而是獨立的詞，表示的是複數的詞彙意義，不是複數的語法意義。又如「工人和農民」是個聯合關係的語法結構，所謂「聯合關係」就是一種語法意義，而這種語法意義是由「和」（或可能加上「和」）這個虛詞來表示的。虛詞雖然也是詞外部的東西，但它沒有詞彙意義，不能獨立，只能依附於別的實詞，在實詞和實詞之間表示語法意義，因而也是一種語法形式。把語法意義的這兩個對立面結合起來，我們可以得出這樣一個定義：語法意義是由語法形式表達的事物和現象之間的關係在人們意識中概括的間接的反映。

　　語法形式也有兩個對立面：一個是語法外部的詞彙形式，一個是語法內部的語法意義。詞彙和語法之所以有區別，除了意義不同，形式也不一樣。詞彙形式是表達詞彙意義的聲音結構，可

以獨立地表達概念；語法形式是表達語法意義的聲音結構（包括詞綴、虛詞、詞序等），它的特點是不能獨立，必須同別的聲音結構結合起來才能表達語法意義，比如漢語的「了」、「著」、「把」、「嗎」、「和」等在語言中永遠不能單獨使用，只有同別的詞語結合成「來了」、「說著」、「把門開開」、「好嗎」、「我和你」等才能看出它們所表示的語法意義。即便是實詞，如果永遠讓它們孤立，除了部分詞的詞類意義，也不表示其他語法意義，如「人」只有同別的詞結合成「人來了」，才能看出它是名詞主語的意義。另一方面，比起詞彙形式來，語法形式的位置是固定的，如「了」、「著」等永遠放在動詞後面，「把」、「向」等永遠放在名詞或名詞性詞組前面，「嗎」、「吧」等永遠放在句子末尾（或句中停頓的地方），「和」、「或」等永遠放在它們所連接的詞語之間。即使是實詞構成的語法形式，它們的次序也是固定的，如主語在前，謂語在後，賓語在動詞謂語後等。語法形式之所以成為語法形式，因為它是表達語法意義的聲音結構，沒有語法意義，根本談不上語法形式。把語法形式的這兩個方面結合起來，我們可以得到這樣一個定義：語法形式是依附於別的詞語、具有固定位置的表達語法意義的聲音結構。

語法意義和語法形式是語法成分的兩個不可分割的組成部分，在分析某種語法成分時，語法意義和語法形式相結合的原則，應該作為語學方法論的總原則。

傳統語法學派，包括我國的馬建忠、黎錦熙學派，強調從意義方面研究語法，而且這種「意義」主要是指詞彙意義和邏輯意義。這種方法論的弊病在於它不是完全根據語法本身的特點來研究語法，而是在很大程度上借助於詞彙和邏輯的外力來控制語法分析，因此很多語法現象未能獲得真正語法學的解釋。這在劃分詞類的問題上表現得非常突出。如馬建忠《馬氏文通》說：「字各有義，而一字有不止一義者，古人所謂『望文生義』者此也。

義不同而其類亦別焉，故字類者，亦類其義焉耳。」（中華書局1954年校注本，上冊8頁）光憑意義，而且只是詞彙意義，無論如何也解決不了語法上的詞類劃分問題。事實上，連《馬氏文通》也沒有把這種方法論貫徹到底。例如「蒼蒼」、「昏昏」、「昭昭」等詞，從意義上看都應該是形容詞（靜字），但他卻叫副詞（狀字），顯然自相矛盾。又如，剛剛說完「字各有義」，「義不同而其類亦別焉」，接著又說「字無定義，故無定類，而欲知其類，當先知上下之文義何如耳。」（上冊9頁）一個「人」字，作主語、賓語時是名詞，作狀語時是副詞，作定語時是形容詞，作謂語時又是動詞，因而這個字沒有一定的類屬。突然又把詞彙標準換成了語法功能標準，前後牴牾。這種方法論在劃分句子成分時的缺點表現得也很明顯。如黎錦熙《新著國語文法》把「茶棚裡坐著許多工人」、「我對於這篇文章，已經解說清楚」，都看成倒裝句：前一句的「工人」是後置主語；後一句的「文章」是前置賓語。這顯然是憑邏輯上的施受關係來確定語法上的主語、賓語的。用邏輯意義來控制語法分析，得出的結論往往是違背客觀存在的語法事實的。

在語法研究中，對語法意義的分析是必不可少的。但單純的意義分析法不能成為語法學方法論的總原則，這不僅僅因為在意義分析裡研究者主觀性、片面性的東西太多，更重要的是這種分析方法不能揭示語法現象的全貌。比如只憑意義，說意義實在的是實詞，意義空靈的是虛詞，那麼代詞、量詞、副詞、象聲詞、判斷詞是實是虛，就可以得出不同的結論，而且誰也說服不了誰。

結構主義語法學派，強調語言是能指和所指的相互關係構成的一種形式，而不是實體，所以他們原則上拒絕研究意義，並反對傳統語法學派從意義上作就事論事的說明。他們給語法單位下定義，極力迴避意義。如布龍菲爾德（L. Bloomfield）認為詞素

（morpheme）是最小的語言形式，這個語言形式跟其他任何形式都沒有任何語音、語義的相似點。而他所說的「語義」（或「義素」）只不過是語言外部的東西，是「客觀世界的某些特徵」（《Language》161頁、162頁）。他們對語法單位進行結構分析，採取直接組成成分分析法，即層次分析法，按一定手續對語法單位不斷切分，至於切分出來的兩個直接成分是什麼關係，代表什麼語法意義，他們不管，至少是不感興趣的。按照這種方法進行結構分析，任何語言中同一個平面上就都只有一種結構。例如漢語的「他們勇敢」、「完成任務」、「偉大發現」、「工廠學校」，都是具有「1」、「2」兩個部分的相同的模式，「他們非常地努力」、「一個英勇的戰士」，也都是具有相同層次的結構。他們認為每個語法單位的意義方面都有不確定性，對意義實體作描寫是沒有必要的，充其量只能作為輔助手段。因此正像美國結構主構主義語言學派代表人物之一的哈里斯（Z. Harris）所說：「在確定詞素的時候，著眼點是地位的分布，而不是意義。」（《From Morphemeto Utterance》，載美國《Language》雜誌1951年22期）結構主義語法學派所採用的這種方法論，雖然改進和完善了語法分析的手續，對整個語法研究起了一定的促進作用，但由於他們完全拋開意義不管，只憑形式和分布來對語言作煩瑣的描寫，結果是把語法研究帶進了另一條死胡同。

在語法研究中，對形式（表達語法意義的語法形式）的分析是不能缺少的。但是單純的形式分析法也不能成為語法學方法論的總原則。因為語法單位都是音義統一體，在語法分析中不指明某種語法形式表達什麼語法意義，既不能揭示語法的本質特徵。也不符合語法分析的目的。

傳統語法學派和結構主義語法學派雖然都為語法研究開闢了新路，而且都取得了值得珍視的成績，但由於方法論的局限，他們都鑽進了牛角尖，因而都未能達到語法研究的預期目的。後來

的許多語法學者發現了他們的弊端，試圖在意義和形式兼顧的道路上把語法研究推向新生，於是又形成了一些傳統語法學新學派和結構主義語法學新學派。這兩種新學派雖然出發點和歸宿點各不相同，但都程度不同地、或明或暗地強調意義和形式兼顧的原則，因而使得兩個各執一端的學派向一起靠攏了一大步。只是他們所說的「意義」並不完全是語法意義，所以沒有、也不可能把語法意義和語法形式相結合作爲語法學方法論的總原則。

傳統語法學新學派，在我國可以拿《暫擬漢語教學語法系統簡述》作代表，它比較認眞地貫徹了意義和形式兼顧的原則。不足的是他們所理解的「意義」是詞彙意義、邏輯意義和語法意義的混合體。比如在詞類劃分中提出的「詞彙‧語法範疇」標準，既有詞彙意義，又有語法意義。這種多標準的分類原則，違反了邏輯學的標準一致的分類原則，分類的結果難免前後矛盾。因爲詞彙意義和語法意義並沒有全面對當的關係，總會遇到詞彙意義和語法意義發生衝突的現象。如「國防鞏固」和「鞏固國防」，兩個「鞏固」從詞彙意義上說都是「堅穩」的意思，但從語法意義上說，一個是形容詞，一個是動詞，怎麼辦？又如實詞和虛詞的劃分，如果憑詞彙意義，副詞、代詞、象聲詞、判斷詞意義不實在，應該劃歸虛詞；如果憑語法意義（結合語法形式），這幾種詞都能作句子成分（結構實體），都能同別的詞語結合成詞組，又應該劃歸實詞。如果說副詞、象聲詞等的歸屬一直是有分歧的，根子就在這種多標準的分類原則上。在確定句法結構類型和劃分句子成分時，有的憑語法關係，如主謂結構、動賓結構、偏正結構、聯合結構，有的憑特定的名詞或動詞，如方位結構、能願合成謂語結構、趨向合成謂語結構、判斷合成謂語結構、謂語的連續（連動結構）、謂語的延伸（兼語結構），有的又憑特定的虛詞，如介詞結構、的字結構、所字結構。標準不一致，在結構分析中難免遇到交叉現象。傳統語法學新學派雖然把語法研究推

到了新的階段，但由於方法論的局限，也沒有圓滿地解決語法分析中的關鍵性問題。

　　結構主義語法學新學派，可以拿美國喬姆斯基（N.Chomsky）的轉換生成語法作代表，這個新學派是在結構主義語法學走進了死胡同的歷史背景中應運而生的。「起初，他嘗試拋開語義，單純從形式著眼去建立語法，後來他發現，排除意義而單純從形式的角度去考慮問題，無法解釋紛繁多樣的語言現象，所以在後來發表的一系列著作中，也談語義問題。」（邢公畹等譯《句法結構》一書的譯者前言）他認為每個句子結構都有「表層結構」（Surface structure）和「深層結構」（deep structure）。他所說的「表層結構」是句子的結構實體，是真正的語法結構，而「深層結構」主要是邏輯意義，或者說是語法結構之外的意義。可見，他所說的「語義」並不是語法意義。這種理論不僅混淆了語法和邏輯，而且更嚴重的是割裂了意義和形式。一個句子結構就是一個結構，一個結構有一個結構的意義和形式，怎麼這一個結構同時又可分裂成兩個結構——表層結構和深層結構呢？顯然在喬姆斯基心目中每個語法單位並不是音義統一體，而是有一定模型的音位組合。這種既要抱住結構主義不放，又要從社會功能和邏輯意義上來研究語法的作法，雖然是一種新的嘗試，但未必會開闢出語法研究的陽關大道。

　　總之，單純的意義分析法和單純的形式分析法，都未能解決語法研究中的關鍵性問題，後來的意義和形式兼顧的方法，雖然把語法研究推向了新階段，但由於他們所理解的「意義」並不完全是語法意義，而是語法、詞彙、邏輯三種意義的混合體，用這種混合體來分析語法構造，也決不會把語法研究帶入新的境界。那麼研究語法是不是不管詞彙和邏輯呢？不是。我們認為詞彙意義和邏輯意義是語法意義的基礎，沒有詞彙意義和邏輯意義的基礎，語法意義就是空中樓閣。但是，基礎畢竟只是基礎，不是語

法意義本身，更不能代替語法意義，因而詞彙上和邏輯上的分類也不能成爲語法上的分類。要想正確認爲語法現象，只能從語法內部著眼，採用眞正的語法意義和語法形式相結合的方法。

二　語法學的特殊方法

　　語法學的特殊方法，是根據語法學方法論的要求，服務於研究目的的一個一個的具體方法。對方法論的總原則來說，特殊方法應處於從屬地位，而不應跟它衝突。換句話說，研究語法，不管採用什麼具體方法，都應該由方法論來決定。只有這樣，這種具體方法才能形成一套完整的體係，才能更深入、更明確地揭示各種語法現象的實質，認識語法的基本範疇。

　　一種語言有一種語言的語法，如果說語法學的方法論總原則對各種語言的語法研究是共同的，那麼語法學的特殊方法則是由不同語言的語法特點決定的，因而某種特殊方法往往只適用於某一種或某幾種語言的語法。漢語語法有漢語語法的特點，如漢語是缺乏形態變化的語言，詞素和詞素，特別是詞和詞的組合關係是靠詞序和虛詞來表示的，研究漢語語法必須針對這種特點歸納出一套適用於漢語語法的特殊方法。

　　㈠語法意義方面的特殊方法

　　語法意義多種多樣，可以概括成「詞式」、「詞類」、「句子成分」、「句型」、「句類」幾個類型。但從方法的角度概括成「關係意義」、「功能意義」、「抽象意義」倒更方便。作爲語法意義方面的特殊方法，也可以相應地分爲三種。

　　⑴關係意義分析法

　　關係意義，是各語法單位結合以後所發生的結構關係。這是語法意義裡最典型、最重要的一類，它既適用於詞法結構（合成詞），也適用於句法結構（詞組、單句、複句）。比如「火車」，「火」修飾「車」，是偏正關係的合成詞；「看畫報」，「看」支配

「畫報」，是動賓關係的詞組。單句的各種句子成分，如主語、謂語、賓語、定語、狀語、補語，都是關係意義上命名的。複句的各種類型，如並列、遞進、選擇、承接、讓轉、因果、條件、目的等，也都是根據分句之間的關係概括出來的。許多語言中名詞的「格」的語法範疇，動詞的「時」、「態」和「人稱」等語法範疇，也都是就關係意義說的。

　　作為一種特殊方法，關係意義分析法在語法學裡，尤其是在漢語語法學裡是一種非常有用的特殊方法，可以用來確定詞和詞組的結構類型，可以用來切分句子成分和給單句進行結構分類，也可以用來辨別複句的類型。例如：「美麗」，根據兩個詞素的關係可以確定為聯合式合成詞；「今天是星期日」的「今天」，憑它是一句話的話題，是謂語的表述對象，就可以確定它是主語，整個句子是「主＋謂＋賓」型；「我有事，不能看電影」，根據兩個分句之間的關係，就可以確定為因果複句。

　　關係意義分析法在漢語語法分析中本來是很早就採用的一種特殊方法，不管自覺不自覺，大家運用這種方法確定了一些最基本的語法範疇。只是由於許多語法論著對「關係意義」的理解不純粹是語法學的，而是摻雜了邏輯學甚至心理學的成分，才使漢語語法的研究出現了許多分歧。比如，在確定主語和賓語時，有的根據邏輯上的施受關係──施事者都是主語，受事者都是賓語。在他們看來，「來了人」和「人來了」，兩個「人」都是主語；「碗打了」和「打了碗」，兩個「碗」都是賓語。這麼一來，「關係意義」就成了一種模糊概念，失去了實用價值。

　　但關係意義分析法並不是唯一的和萬能的特殊方法。有一些結構，詞素和詞素、詞和詞、分句和分句之間究竟是什麼關係，有時會因人而異，得出不同的結論。比如「台上坐著主席團」，「台上」跟「坐著」有人說是偏正關係，有人說是主謂關係，「坐著」跟「主席團」有人說是動賓關係，有人認為是主謂關係

（「主席團」是倒裝的主語）；「應該回去」，有人認為是偏正關係，有人認為是動賓關係，還有人認為說不清是什麼關係，只好叫「合成謂語」或「能願詞組」；「你有困難，我幫助你」，究竟是因果複句，還有條件複句？可見，要想得出正確結論，還必須同語法形式方面的特殊方法結合起來考慮。

(2)功能意義分析法

「功能」是結構主義語法學常用的術語。它的含義竟究是什麼？在結構主義語言學裡有不同的理解：美國學派（描寫語言學）把「功能」歸結為「分布」，是語法形式方面的問題；丹麥學派（語言單位論）把「功能」看作兩個「功能體」之間的內部聯繫，跟美國學派大體相同；布拉格學派（功能語言學）則認為「功能」是跟「用途」或「用法」的概念相聯繫的，也是語法形式方面的問題。本文所說的「功能」是指某種語法單位能充當什麼成分，能回答什麼問題。但不是把它看作語法形式，而是當作語法意義的一個方面跟「分布」區別開來。能充當什麼成分，能回答什麼問題，廣義地說，也是一種關係意義，但由於它所顯示的關係不那麼直接，把它從關係意義裡分化出來會更方便些。

功能意義分析法可以用來切分各種語法單位，可以用來劃分詞類，也可以用來確定句子成分。例如：詞和詞素在功能上的區別是：詞可以直接造句，詞素只能直接構詞。實詞和虛詞在功能上的區別是：實詞能作句子成分，虛詞不能。名詞和動詞在功能上的區別是：名詞一般不能作謂語，動詞可以。副詞和別的實詞在功能上的區別是：副詞只能作附加成分，不能作基本成分，別的實詞可以作基本成分。主詞和謂語的功能也不一樣：主語能回答「誰」、「什麼」所提出的問題，謂語能回答「幹什麼」、「怎麼樣」或「是不是」、「有沒有」等問題。

布拉格學派把功能分析當作主要的分析方法，或者說當作語法學方法論的總原則，我們採用這一分析法，只是作為一種特殊

方法，而且必須跟別的特殊方法配合使用。因為它的使用範圍是有限的，尤其是在漢語裡，有不少詞只靠功能意義還不容易確定類屬，比如一般都說形容詞能作謂語，也能作定語，但也有人指出還有不少「非謂形容詞」，鑒別這種詞究竟是不是形容詞，就不能只憑功能。至於「的、地、得」，「了、著、過」和「嗎、呢、吧」功能是否相同，能不能劃歸一類，更需要借助別的分析方法。

(3)抽象意義分析法

抽象意義，也可以叫類別意義，是從具體的詞義、句義中按照語法範疇概括或改造而成的一種語法意義。比如「學生」、「學校」、「北京」、「星期日」都有具體的、不同的詞彙意義，在語法裡認為這些詞都是事物範疇（包括人、物、時、地），都可以稱數，都有共同的形式特點，便在具體的詞彙意義基礎上把它們概括成「名詞」這種抽象化了的語法意義。各類實詞的定義，如動詞是表示動作、趨向、存在、判斷的，形容詞是表示性狀的，數量詞是表示數量的，等等，都是就它們的抽象意義命名的。又如「你是學生嗎?」「誰在唱歌?」「咱們還去不去?」都有具體的、不同的句義，在語法裡認為這些句子都是提出問題的，便在具體的句義基礎上把它們概括成「疑問句」這種抽象化了語法意義。其他幾種按照句子語氣劃分的陳述句、祈使句、感嘆句，也都是按抽象意義命名的。

作為一種特殊方法，抽象意義分析法適用於劃分各類實詞和各類實詞的再分類，也適用於按照語氣劃分的句類。根據謂語性質劃分的動作句、判斷句、存在的、形容句，主要也是按抽象意義命名的。

抽象意義分析法是語法學裡，特別是漢語語法學裡有傳統性的分析方法。不過許多語法論著對於「抽象意義」的理解往往不是語法學的，而是詞彙學或邏輯學的。比如劃分詞類時提出的詞

義標準和「詞彙‧語法範疇」標準，就是這種理解的反映。我們
所說的抽象意義不僅是在具體的詞義、句義基礎上按照語法範疇
抽象出來的意義，而且都是有一定語法形式來表達的。如動詞都
能和副詞結合成偏正結構，一般可以帶賓語，後面可以帶「了、
著、過」等；疑問句都有一個高升語調或者再帶表示疑問的語氣
詞等。語言中雖然有許多詞的詞匯意義和語法意義是對當的——
某些詞的詞彙意義是指具體的事物，它的語法意義往往是名詞，
詞彙意義是指具體的動作，它的語法意義往往是動詞，但這種詞
彙意義並不永遠同語法意義相一致，如「鎖」是動詞還是名詞？
「鬼」是名詞還是形容詞？「是」、「有」爲什麼算動詞？遇到這些
問題，詞彙意義又必須服從語法意義，從語法特點上尋求答案。

　　抽象意義分析法雖然不是很普遍、很有效的特殊方法，在語
法分析中還需要借助關係意關、功能意義以及各種語法形式方面
的分析方法，但正像呂叔湘先生在《漢語語法分析問題》中所
說：「它有時有『速記』的作用，例如在辨認一般的（不是疑難
的）名詞、動詞、形容詞的時候。有時候它又有「啓發」的作
用，例如在調查哪些形容詞能受程度狀語修飾的時候，又如在區
別不同種類的賓語的時候。至於一個『語法實體』（一個詞類，
一種句子成分））歸納出來之後，不能光有一個名目，不給它一
點意義內容，那就更不用說了。傳統語法在一定程度上利用意
義，可是對於如何利用，又如何控制，沒有很好的論述，這是它
在理論方面的弱點。但是跟結構主義語法的拼命回避意義、一頭
鑽進死胡同比起來，不失爲聰明；跟轉換語法的明明從意義出
發，卻矢口否認比起來，不失爲老實。」（12頁）

　　㈡語法形式方面的特殊方法

　　語法形式也是多種多樣，可以概括成「詞綴」、「疊詞」、「詞
序」、「虛詞」、「語調」等類型。但從方法的角度說，把語法形式
概括成同語法意義的類型相對待的「結合形式」、「轉換形式」、

「增補形式」三種類型，並把它們作爲語法形式方面的三種特殊方法，也是比較方便實用的。

　⑴結合形式分析法

　　結合形式也叫搭配能力，是指某一語法單位能在哪些語言環境中出現和不能在哪些語言環境中出現的差別的總和。這是語法形式裡最典型、最重要的一種。它既適用於詞法結構，也適用於句法結構。別的語法形式，嚴格說來，也都是從結合形式分化出來的。比如，「了、著、過」等詞素可以出現在動詞後面，而「們、子、頭」等詞素可以出現在名詞後面：因爲這兩類詞素各有不同的詞法結合形式，所以它們性質不同；而動詞和名詞也因爲各有不同的詞法結合形式，所以也屬於兩個不同的詞類。又如「牛」、「牧場」、「農民」等詞前面可以搭配上「一頭」、「兩塊」、「三個」等數量詞，而「聰明」、「高尚」、「健康」等詞前面可以搭配上「很」、「非常」、「最」等副詞：因爲它們各有不同的句法結合形式，也劃爲兩類。

　　結合形式也包括詞綴、虛詞的出現位置和詞序。比如「了、著、過、們、子、頭」等作爲詞綴只能出現在別的詞素後面，而「第、老、非、可」等作爲詞綴只能出現在別的詞素前面；「嗎、吧、呢」等作爲虛詞只能出現在句子末尾（或句中停頓的地方），而「和、或、的」等則只能出現在兩個詞語之間：因爲出現的位置不同，所表示的語法意義也互有區別。詞序是詞的排列次序，是用來表示詞和詞之間的關係意義的。詞序不同，詞和詞在結構裡的作用以及同別的語法單位的關係也就不同。一般地說，主語在謂語前，賓語在動詞謂語後，定語、狀語在中心語前，補語在中心語後。

　　結合形式作爲一種特殊方法，可以用來給詞素和詞分類，也可以用來劃分句子成分和給句子分類。這種方法是從結構主義語言學裡的「分布分析法」吸收過來的。分布分析法在結構主義語

言學裡，特別是在美國描寫語言學裡是一種被廣泛使用的分析方法，差不多成了結構主義語言學方法論的總原則了。我們吸收這種分析方法，只是把它看作語法形式方面的特殊方法之一，而不是一切特殊方法的出發點。因爲這種方法在形態較豐富的語言中尚且未能形成一套完整的、行之有效的體系，在缺乏形態的漢語中，恐怕更難成爲方法論的總原則。在對漢語語法進行分析時，還必須結合其他特殊方法，特別是語法意義方面的特殊方法。比如，要是只根據分布特徵把可以同程度副詞結合的都看作形容詞，那就必須把「想」、「願意」、「希望」等也定爲形容詞；要是把可以同「了、著、過」結合的都看作動詞，那就必須承認「紅」、「健康」、「聰明」等也是動詞。

　　(2)增補形式分析法

　　增補形式，是指某一語法單位在某種結構裡可能增加上的詞法形式或句法形式，或者說是可能有的結合形式。這種形式在結構主義語法學裡算「分布」的一種，是當某一語法單位在某種情況下看不出明顯的分布特徵時，就可以看它前面或後面可能增補上哪些能證明它身分的特徵。

　　作爲一種分析方法，在形態不豐富的漢語裡用處比較大，所以我們把它從結合形式裡分化出來，獨立成一種特殊方法。這種方法在漢語裡可以用來劃分詞類和句子成分，也可以用來劃分句類（包括按結構劃分的單句、複句和按語氣劃分的陳述句、疑問句、祈使句、感嘆句等）。例如：「報告寫了一天」和「報告一天」，兩個「報告」是不是屬於同一個詞類？除了其他方法，也可以用可能增補上的形式來鑒別：前一個「報告」在不改變原意的情況下可以在前面增補上「一份」、「這個」等，這是名詞特有的形式；後一個「報告」在不改變原意的情況下後面可以增補上「了」或「過」，前面可以增補上「已經」、「昨天」等，這是動詞特有的形式。又如：「南方來了一個人」和「南方很潮濕」，兩個

「南方」在句子裡是不是同樣的成分？直到現在大家的意見還很分歧。如果用其他方法不容易鑒別，能不能用增補法來鑒別？前一個「南方」在不改變原意的情況下可以增補上介詞「從」、「打」等，證明它是狀語；後一個「南方」沒有這樣的增補形式，可以證明它不是狀語，而是主語。再如，「他學習一向很努力，今年已經考上了清華大學」，這個複句只能增加上「因為」和「所以」，證明它是個因果複句，而「你有困難，我幫助你」是什麼複句，就要看它在一定上下文中的增補形式了：要是能增加上「因為」和「所以」，就是因果複句；要是能增加上「如果」，就是條件複句。

增補形式分析法也不是萬能的，在作語法分析時不僅要同語法意義分析法結合起來考慮，還要跟其他語法形式分析法結合起來考慮。因為有些語法單位能否增補某種形式，往往是由語法意義決定的。

(3)轉換形式分析法

轉換形式，是指某一語法結構在不改變基本語義的情況下可能轉換成的結構形式。能按同一種結構形式轉換的屬於同一種結構類型，不能按同一種結構形式轉換的屬於不同的結構類型。

轉換形式多種多樣，在漢語裡常用的有倒裝轉換式和主動被動轉換式。

轉換形式作為一種分析方法，也是美國結構主義語言學常用的分析方法。把它引到漢語語法分析中來，有助於區分某些外型相同而結構關係不同的語法單位，尤其有助於區分多義結構（歧義結構）。例如：

　　1）南方來了一位客人。　　2）牆上挂著一張照片。

　　3）區裡支持這些群眾。　　4）家裡同意這門親事。

這四個句子外型相同，都是「方位名詞──動詞──名詞性詞組」。它們是不是同類結構？除了其他方法，也可以用倒裝轉換

法來分析。1) 2) 兩句有相同的轉換形式:「南方來了一位客人
——一位客人從南方來了」,「牆上掛著一張照片——一張照片在
上掛著」。可以證明它們都是沒有主語的動賓結構,「南方」、「牆
上」都是狀語。

　　3) 4) 兩句不能按 1) 2) 兩句的形式轉換,但可以按另一
種形式轉換:「區裡支持這些群衆——這些群衆區裡支持」,「家
裡同意這門親事——這門親事家裡同意」。可以證明它們是另一
類主謂賓結構,「區裡」、「家裡」都是主語。又如:

　　　　1) 雞已經吃完了。　　　2) 車已經騎走了。

　　　　3) 他已經寫好了。

這三個句子所表示的語法意義是否相同? 用主動被動轉換法也可
以得到驗證: 1) 句有兩種轉換形式: 一是可以轉換成表示被動
意義的「雞已經被 (人) 吃完了」或「已經吃完了雞」,一是可
以轉換成主動意義的「雞已經把食兒吃完了」(同時又有增補成
分)。可見這是個多義句, 代表兩種不同的結構。2) 句只有被動
意義, 只能轉換成「車已經被 (人) 騎走了」或「已經騎走了
車」, 不可能有主動形式, 因此它只跟 1) 句表示被動意義的結
構相同。3) 句只有主動意義, 不能轉換成被動形式, 因此它只
跟 1) 句表示主動意義的結構相同。

　　轉換形式也可以包括「替代形式」。替代是在不改變原來結
構形式的前提下, 用另一個語法單位來替代原來結構中的一個語
法單位。能否替代, 可以證明替代者和被代者是否具有相同 (或
大體相同) 的功能, 或者是否屬於一類。例如:

　　　　1) 我們要求回去。　　　2) 我們應該回去。

1) 句的「要求」可以用「希望」、「知道」等詞來替代, 結構意
義不變, 仍是「主謂賓」關係,「要求」是謂語。2) 句的「應
該」可以用「必須」、「一定」等詞來替代, 結構意義也不變。可
以證明這是個「主謂」結構,「應該」是狀語。又如:

　　　　1）我們是學生。　　2）我們是回去。

1）句的「是」可以用「像」、「當」來替代，整個結構仍是「主謂賓」關係。2）句的「是」只能用「的確」、「一定」、「確實」、「應該」等來替代，可以證明整個結構是「主謂」關係，「是」字是近於副詞或能願動詞的狀語。

　　轉換形式分析法，嚴格說來，也可以包括在結合形式分析法裡，因爲轉換是在一定的結合形式內部的轉換，而且轉換過程中往往還要伴隨著增補形式。但爲了突出「轉換」的方法，也可以獨立成一種特殊方法。轉換分析法在美國結構主義語言學裡雖然風行一時，卻未能成爲一套完整的分析方法。由於這種分析方法的人爲性，或者說研究者的「語感性」很強，許多轉換方法往往是由研究者隨意製訂的，並憑主觀認識來決定這一語法單位和那一語法單位的異同，又由於有的語法單位雖然不是同類的，但它們在某種情況下是同功能的，如副詞和形容詞都可以作狀語，動詞和形容詞都可以作謂語等，因此，在很多語法現象面前，這種分析方法往往帶有主觀性和不肯定性等缺點。把它引用到漢語語法分析中來更是如此。比如「牆上挂著一張照片」和「心裡惦念著這個孩子」是結構相同的句子，但它們的轉換形式不完全相同：前一句可以轉換成「一張照片挂在牆上」，後一句卻不能說成「這個孩子惦念在心裡」。因此在辨別某些語法單位的異同時，還必須借助於別的特殊方法。

三　語法意義和語法形式怎樣結合

　　任何一種語法單位都有意義和形式兩個相輔相成的方面。在語法分析中採用意義和形式相結合的方法，既可以使語法單位的意義和形式相互印證，又能比較順利地達到語法分析的目的。但語法意義和語法形式究竟應該怎樣結合，還是一個需要深入探討的複雜問題。本文只是提出一種初步的設想方案。

　　前面所概括的語法意義和語法形式的幾個方面，並不是每一種語法單位都完全具備的。有的只有意義和形式一個方面的特點，如各類虛詞只有功能意義和結合形式；有的可能具有意義和形式方面的全部特點，如各類實詞就有關係意義、功能意義、抽象意義、結合形式、增補形式、轉換形式。因此，所謂意義和形式相結合，不是說在分析某種語法現象時必須把意義和形式幾個方面的特點都給合上，只要指出能證明這種語法現象的類屬的意義和形式的一兩個方面就可以。

　　語法分析的基本問題，概括地說，是如何辨別語法單位的同一性和差異性問題。具體點說就是：⑴根據一定的標準和原則切分語法單位，並給各語法單位下個恰當的定義，揭示它們的本質特徵；⑵在各語法單位內部進行分類，揭示這一類同那一類不同的語法特點；⑶分析各語法單位是如何聯繫起來的，找出它們的結構規律。

　　切分語法單位，給各語法單位下定義，應該而且必須體現意義和形式相結合的原則。例如：詞的定義如果可以是「語言中有固定聲音和特定意義的最小造句單位」，那麼其中的「造句」就是指詞的功能意義，是語法意義標準，其中的「最小」就是指詞的結合形式，是語法形式標準。由於詞同時又是詞彙單位，其中的「特定意義」主要是指詞彙意義；其中的「固定聲音」既是指詞彙形式，也是指語法形式。句子的定義如果可以是「具有一個說明語調、表達一個完整意思的語法單位」，那麼其中的「表達一個完整的意思」，就是指能簡單地肯定或否定一件事，或是提出一個問題、一種請求，或是發抒一種感情，這是句子在語法意義方面最本質的特點，可算功能意義；其中的「具有一個說明語調」，是指句子獨有的、能表示一定語氣的平直語調、高升語調、曲折語調或低降語調，這是句子在語法形式方面最本質的特點，可算結合形式。

在各語法單位內部進行分類，也應該而且必須用意義和形式相結合的標準。劃分詞類的標準應該是語法意義和語法形式相結合的特點。例如：名詞的語法意義特點是表示事物或時地，能作主語、賓語，但不能作謂語；語法形式特點是能同事物數量詞結合成偏正結構，能用介詞介紹附加於動詞或形容詞，一般不能重疊，指人名詞後面可以加「們」表示複數。給句子分類的標準也不能例外。例如：按語氣劃分的疑問句的語法意義特點是表示疑問，語法形式特點是具有一個高升語調。

分析各語法單位之間的聯繫，也就是分析結構成分，更應該而且必須用意義和形式相結合的方法。例如：「發揚優點」、「看電影」，從語法意義上說，這些結構裡的兩個語法單位都是動詞和賓語的關係，；從語法形式說，「發揚」、「看」後面都可以帶「了、著、過」，在不改變基本語義的情況下都可以重疊，而「優點」、「電影」前面都可以加數量詞定語。「人民的財產」、「聰明孩子」，從語法意義上說，這些結構裡詞和詞之間都是修飾和被修飾的偏正關係；從語法形式上說，有的使用了表示偏正關係的虛詞「的」，有的雖然沒有「的」字，但一般都可以增補上。如果再算上詞序，它們的語法特點就更明顯了。

各種語法現象的意義和形式之間的關係在人們的認識中是錯綜複雜的：有的意義和形式是協調一致的；有的意義比較明顯，形式是模棱兩可的；有的正相反，形式比較明顯，意義是模棱兩可的。因而同一種語法現象，人們往往有不同的認識，得出不同的結論。在這些錯綜複雜的語法現象面前，怎樣運用語法意義和語法形式相結合的分析方法？如果意義和形式之間的關係在人們的認識中是協調一致的，即甲種語法意義是用甲種語法形式表達的，可以同時指明它們的意義和形式，也可以先從意義入手，然後印證形式，或者先從形式入手，然後歸結到意義上來。如果意義比較明顯，形式難於分辨時，可以先從意義入手，然後印證形

式。例如：

　　　　1）這本書是我的。　　　2）他走路是很穩的。

這兩個句子是不是同類句？其中的「是」和「的」是不是同類詞？單從形式上看，可以得出截然不同的結論。但它們的意義比較明顯。第一句的謂語是說明主語是什麼的判斷句，因而也可以印證它的形式是判斷句的形式，「是」字可以肯定否定相疊，前面可以加副詞，在整個結構中是必不可少的動詞，「的」字本是定語的標志，只是由於習慣或由於中心語在主語位置上已經出現，而在賓語位置上又沒有重複的必要，所以略去不用。這樣「的」就同「我」構成了名詞性的「的字詞組」（特殊的偏正結構）。第二句的謂語是說明主語怎麼樣的形容句，因而也可以印證它的形式是形容句的形式（謂語中心語是「穩」），「是」字具有一般副詞或能願動詞的修飾功能，可以用「的確」來替代，在結構中可有可無，「的」字是表示「一定或已然」的語氣詞，不跟前面的成分發生結構關係，可以用別的語氣詞來替代，也可以不用。如果形式比較明顯，意義難於琢磨時，可以先從形式入手，然後歸結到意義上來。例如：

　　　　1）我回來，他正看書。　　　2）我回來的時候，他正看
　　　　　　　　　　　　　　　　　　書。

這兩個句子結構是否相同？只就意義看，也會得出不同的結論。但它們的形式比較明顯：第一句有兩套結構中心（兩個單句形式），共有一個說明語調（平直語調），肯定是複句的形式，因而也可以證明它是複句的語法意義——表示一個複雜的表述關係，兩個分句彼此不作句子成分。第二句只有一套結構中心，「我回來的時候」是一個以「時候」為中心的偏正詞組，可以肯定這是個單句的語法形式，那麼它所表達的必然也是單句的語法意義——表示一個簡單的表述關係，其中的詞或詞組彼此作句子成分，「我回來的時候」是放在句首的時間狀語。

恰相反，這種解釋是從這樣一個前提出發的：語法意義和語法形式是絕對統一的。一種絕對相同的語法意義只能用一種語法形式來表達，一種絕對相同的語法形式只能表達一種語法意義。因爲語法規則都是成套的，而且在任何一種語言裡都是有限的，每一種規則都概括著無數個具體的語言事實，這跟詞彙意義的具體性和詞彙形式的個體性是很不相同的。所以在語法裡決不允許一種語法意義可以有幾種不同的語法形式來表達，也決不允許一種語法形式表達幾種不同的語法意義，也就是不允許這一套規則跟那一套規則所表示的意義絕對相同或所使用的形式絕對相同。如果眞有這種「一對多」或「多對一」的現象，其中準有一套規則是多餘的。如果說這種「相同」只是「大體相同」，那就無可非議了。這種解釋，其至可以完全適用於語言中大量存在的「同義結構」和「多義結構」。就是說，在分析「同義結構」的「同義性」和分析「多義結構」的「多義性」時，也應該而且必須從語法意義和語法形式絕對統一的觀點出發。

所謂「同義結構」，就是「同義異形」結構，是指兩種以上截然不同的語法形式可以表達大體相同的語法意義，這兩種以上截然不同的語法形式互爲「同義結構」。例如：

　　1）他騎走了自行車——自行車他騎走了
　　2）我們消滅了敵人——敵人被我們消滅了

這是兩組同義結構。許多人都說這是一種相同的語法意義用兩種不同的語法形式來表達的，意義和形式是「一對多」的。每一組的語法意義眞的相同嗎？不，只是基本相同或是大體相同，並不完全相同或絕對相同。因此不能說這是兩種不同的語法形式表達了一種語法意義，而是兩種不同的語法形式表達了兩種相近或大體相同的語法意義。第一組「他騎走了自行車」，「他」是表述對象，是語意的重點，整個結構是「主謂賓」的關係；「自行車他騎走了」，「自行車」是表述對象，是語意重點，整個結構是「主

騎走了」，「自行車」是表述對象，是語意重點，整個結構是「主
〔主謂〕」的關係。「關係」本身就是一種重要的語法意義（關係
意義），關係不同就是語法意義不同。第二組「我們消滅了敵人」
是主動句，整個結構是「主謂賓」關係；「敵人被我們消滅了」
是被動句，整個結構是「主謂」關係。「主動」和「被動」就是
不同的語法意義，再加上結構關係的不同，更能證明這兩個句子
並不真正「同義」。

　　所謂「多義結構」，就是「同形異義」結構，是表面上相同
的結構形式可以表達兩種以上截然不同的語法意義。例如

　　　　　　1）保護人民的軍隊。　　2）家裡等著我們。

這是兩個多義結構。每一種結構形式至少代表兩種不同的語法意
義。因此許多人認為意義和形式並不是永遠統一的，可以是「多
對一」的。其實這些代表兩種不同意義的結構形式並不是一種絕
對相同的結構形式，而是兩種不同的結構形式——它們的轉換形
式和增補形式不同。第一句「保護人民的軍隊」有兩種意義：一
是動賓關係，「保護」是動詞，「人民的軍隊」是賓語；一是偏正
關係，「保護人民」是定語，「軍隊」是中心語。表示動賓關係時
可以轉換成被動形式——「人民的軍隊（受）保護」，表示偏正
關係時可以轉換成「軍隊（是）保護人民（的）」。轉換形式不
同，就是語法形式不同。第二句「家裡等著我們」，可以是主謂
關系，「家裡」（指「家裡的人」）是主語；也可以是動賓關係，
「家裡」是「等著」的狀語。表示主謂關係時，「家裡」前面不能
再增補名詞或代詞主語，也不能增加介詞；表示動賓關係時，
「家裡」前面可以增補上名詞或代詞主語，也可以增加一個介詞，
如「你在家裡等著我們」。增補形式不同，就是語法形式不同。

結束語

　　語法意義和語法形式相結合的語法學方法論的總原則，是建

立在對語法現象正確認識的基礎上的——語法現象是音義統一體，都有意義和形式兩個相輔相成的方面。而語法分析的目的正是要揭示各種語法現象的這種意義和形式方面的特點。

語法學的特殊方法，是針對各種語言的語法特點提出來的、服務於方法論的一個一個的具體方法。沒有這些具體方法，方法論就是空的。一種語言的語法意義和語法形式是錯綜複雜的。漢語語法裡究竟有多少種意義和形式方面的類型，即有多少種意義和形式方面的特殊方法，會有不同的認識。認識不同，語法分析的結論就不一樣。這個問題是很值得認眞研究的。

在具體的語法分析過程中，語法意義和語法形式方面的特殊方法怎樣結合運用，也會因人而異，你這樣結合，他那樣結合。結合的辦法不同，語法分析的結論也不會完全相同。而目前在漢語語法研究中存在的語法體系的分歧，除了對方法論總原則有不同的認識和對特殊方法的類型有不同認識外，主要是在意義和形式怎樣結合上有分歧，因而這個問題也需要群策群力，共同研究，才有可能建立起一套符合漢語實際的，具有科學性、實用性、簡明性特色的語法體系來。

（原載《信陽師範學院學報》〔哲學社會科學版〕1983年第3期）

論幾種重要語法術語的定義問題

　　語法分析的基本內容，概括起來，不外三個方面：一是切分語法單位，劃清各種語法單位之間的界限；二是在各種語法單位內部進行分類，指出這一類與那一類不同的語法特點；三是分析各種語法單位的結構成分，綜合各種語法單位的結構規律。切分出來的語法單位，劃分出來的語法類別，分析出來的結構成分和綜合出來的結構規律，都需要給予術語性的名稱，也都需要給予恰當的定義，這是體現語法體系的科學性的一個重要方面。因為定義是研究成果的總結，是把研究對象的主要屬性用簡明的語言形式固定下來，便於教學，便於理解、便於記憶。在漢語語法的教學和研究中，雖然每個語法術語都有定義，但許多定義往往經不起推敲，甚至有的是被看作可有可無的「擺設」。任何一門學科都有數量不等的術語，既然有術語，就應該有定義；既然有定義，就應該劃定該術語所代表的對象的範圍，指出界限，縮小術語概念的內函，使之具有科學性和實用性。本文試圖以幾種重要或常用的語法術語為例，談談定義的科學性和實用性問題。

一　「語法」的定義

　　語法學家們給語法下過許多定義，其中影響較大的有以下幾種：

　　有人說：「語法（詞法、句法）是詞的變化規則和用詞造句的規則的匯集」。有人說：「語法指用詞造句的規則」。有人說：「語法就是造句用詞的方式」。也有人說：「語法就是族語的結構方式」，或「語法是語言的結構規律」。

　　說語法是「詞的變化規則和用詞造句規則的匯集」，這個定義雖然比較全面，但主要是針對俄語和其他有詞形變化的印歐語言說的，不完全適用於漢語和其他缺乏詞形變化的語言。說語法是「指用詞造句的規則」，定義雖然簡單，但含義不夠明確：可以理解爲「用詞來造句的規則」，如果是這樣理解，語法就是指句法了，顯然是不夠全面的；也可以理解爲「用詞和造句的規則」，如果是這樣理解，似乎包括了詞法和句法兩部分，但僅僅是「用詞」二字還包括不了詞的結構和詞形變化規則，更包括不了詞組的結構規則。簡而不明的定義不是好的定義。說語法「是族語的結構方式」或「是語言的結構規律」，都是概括性較強的定義，既可以包括詞法結構，又可以包括句法結構；既適用於缺乏詞形變化的語言，又適用於富於詞形變化的語言。但這種定義的外延太寬，缺乏排他性，因爲「語言的結構」這個概念的含義可大可小：詞、詞組、句子固然都是一種結構，可是音節、音段、語段、篇章也都可以說是一種結構。這些不同性質的「結構」都是屬於「語言」的，都可以叫作「語言的結構」。如果可以這樣理解，說語法是「語言的結構規則」，就跟語法學實際研究的對象有很大出入。因此，對這個定義還需要作一些限制性說明——「語言的結構」專指語言單位——詞、詞組、句子等的結構，不包括音節、音段、語段、篇章。

　　能不能乾脆就說：「語法是語言單位的結構規則」，或者更直接一些說：語法是詞、詞組、句子的結構和運用法則。這樣的定義，比起「用詞造句的規則」來，對內更有普遍性——包括了詞和詞組的結構規則，比起「語言的結構規則」來，對外更有排他性——排除了音節、音段、語段、篇章等非語法結構。

二　「詞」的定義

　　詞是語言學裡最重要、最複雜的概念之一，它跟語言的各個

部門，如語音、詞彙、修辭以及文字等都有密切的聯繫。但究竟什麼是一個詞，雖然有幾十種定義，但還沒有一種是大家公認的。甚至同一人在不同的著作中往往也有兩三種不同的定義。目前影響較大的有以下幾種：

有人說：「詞是意義單位」，或「「語言的最小（或簡單）的意義單位」。有人說：「詞是最小的、能夠自由運用（或自由活動）的語言單位」。有人說：「詞是能夠獨立運用的最小的語言單位」。有人說：「詞是最小的、能夠獨立運用的、有意義的語言單位」。有人說：詞是「表示一個概念的，或是具有語法作用的一個小的語言單位」。有人說：詞是「有意義的能夠自由運用的最小造句單位」。也有人說：「詞在語言中是具有一定意義的語音形式，它是最小的能夠獨立運用的語言單位」。還有人說：「詞是代表一定的意義、具有固定的語音形式、可以獨立運用的最小的結構單位」。

這些標準不同的定義，都有可取之點，但哪一個更具有科學性呢？說「詞是意義單位」，沒有排他性，因為一個有意義而不成詞的詞素，或者由兩個以上的詞構成的詞組，甚至句子也都可以是「意義單位」。說詞是「最小（或簡單）的意義單位」，可以排除詞組，但不能排除詞素，因為詞素才是真正的最小的意義單位。說「詞是最小的、能夠自由運用（或自由活動）的語言單位」，不能把詞素排除在外，如「民」可以用在「人民」、「公民」、「市民」、「民主」、「民間」、「民歌」等詞裡；「言」可以用在「語言」、「方言」、「謊言」、「言談」、「言論」、「言語」等詞裡：都夠「自由」的了！但它們不是詞，只是自由構詞的詞素（能自由構詞的詞素，也算能「自由運用」的語言單位）。那麼把「自由運用」改為「獨立運用」好不好呢？什麼叫「獨立運用」？含義並不清楚，是指獨立構詞呢？還是指獨立造句？如果是指獨立構詞，那就跟「自由運用」一樣，不能把詞素排除出去；如果

是指獨立造句，一大批虛詞就取消了詞的資格，因為虛詞永遠依附於實詞或句子，不能獨立使用。說「詞是最小的、能夠獨立運用的、有意義的語言單位」，我們看到的只是實詞，因為虛詞必須跟別的實詞一起運用才能顯示它的意義。說詞是「表示一個概念的，或者具有語法作用的一個小的語言單位」，意思是，實詞代表概念，虛詞具有語法作用。但一個概念不一定用一個詞來表達，而具有語法作用的，除了虛詞，還有詞素和詞組，因而同樣劃不清詞跟別的語法單位的界限。說詞是「有意義的能夠自由運用的最小的造句單位」，是個比較好的定義，但也有一些問題：第一，「有意義的」幾個字似乎是多餘的，因為任何一種語言單位都是有意義的，應指明詞的意義跟詞素、詞組的意義有什麼不同；第二，「能夠自由運用」跟「造句」語義重複——能用來「造句」的單位必然都是「能夠自由運用」的，不能自由運用的就不能用來造句；第三，語音是詞的表現形式，在詞的定義裡缺少語音方面的因素，就不能全面揭示詞的本質特徵，而且遇到「東西」、「炒肉片」、「臭豆腐」等孤立存在的多義單位時，不用語音方面的特點作標準，很難說清它們在什麼情況下是詞，在什麼情況下是詞組。說「詞在語言中是具有一定意義的語音形式，它是最小的能夠獨立運用的語言單位」，或者說「詞是代表一定意義、具有固定的語音形式、可以獨立運用的最小的結構單位」，會碰上幾個問題：第一，「有一定意義」的語音形式沒有排他性，從這裡看不出詞跟詞素、詞組有什麼意義上的區別；第二，虛詞都不能「獨立運用」，算不算詞？第三，有些合成詞，如「鐵路」、「香菜」等可以再行分析，分析成「鐵」、「路」、「香」、「菜」之後，各個單位也能獨立運用，不從詞義特點上加以限制說明，「最小的能夠獨立運用」的語言單位，就不能排除這樣的詞素。

　　給詞下定義，應該從詞在語言系統中的屬性和作用出發。詞

在語言系統中有兩種屬性：一種是作為詞彙單位的個體性——有自己特定的詞彙意義；一種是作為語法單位的結合性——經常跟別的詞語結合起來顯示它的語法意義。另外，詞在語言系統中又是音義統一體，詞的「義」包括詞的詞彙意義和語法意義，詞的「音」就是表達詞彙意義和語法意義的語音形式。可見，語音因素、詞彙意義因素、語法意義因素在詞裡是得到統一的。給詞下定義，應該把語音、詞義、語法三種因素結合起來。但所謂結合，決不是不分主次。給詞下定義的目的，是縮小詞的內涵，揭示出詞區別於詞素、詞組的本質特徵。詞跟詞素、詞組的區別主要表現在語法功能上，因此，語法標準應該是主要的，其次是詞義標準，再次是語音標準。根據這個原則，綜合上述許多定義的長處，能不能給詞下這樣一個定義：詞是有固定聲音和特定意義的最小造句單位。作為通俗語法教材，也可以簡單地說：詞是語言中最小的造句單位。

　　其中的「最小」和「造句」單位都是語法標準。用「造句」二字是為了把小於詞的詞素排除在外，因為詞素是構詞單位，不能直接造句。造句單位的造句功能表現在三個方面：一是作句子（包括詞組）成分，一是表示成分和成分（詞和詞）之間的結構關係，一是表示句子的語氣或說話人的強烈感情。有了「造句」功能的這三個方面，不僅可以包括「自由運用」的含義，而且可以排除自由構詞的詞素。「最小」二字是為了把大於詞的詞組排除在外，因為詞組可以再行分析，並且分析了之後各個詞的意義不變。用語法標準可以把大部分詞跟詞素、詞組區別開。因為語言中所有的詞都是從更大的語法單位（詞組或句子）裡分析出來的，都有語法意義，所以語法標準要比詞義標準重要得多。

　　其中的「特定意義」是詞義標準。這一項除了適用於一般有特定意義的詞，主要是用來劃清合成詞和詞組的界限。前面說過，合成詞都可以再行分析，有些合成詞分析之後各個單位還能

作最小的造句單位，這種合成詞跟詞組似乎是沒有區別了。但合成詞有特定的詞彙意義，換句話說，合成詞裡的兩個以上的單位都失去自己的獨立性，凝固在一起才表示一個特定的意義。如「鐵路」是指專門行駛火車的路，不是指一切「用鐵築成的路」；「大學」是指一種高等學校，不是指一切「大的學校」。有一些多義單位，可以是詞，可以是詞組，如「臭豆腐」、「幹事」、「加油」等，在什麼情況下是詞，在什麼情況下是詞組，除了語音不同，主要是看它們有沒有特定意義。「臭豆腐」如果是指把豆腐發酵後製成的又香又臭的小菜，就有特定意義，就是詞；如果是指有了臭味的不能吃的腐爛豆腐，就沒有特定意義，就是詞組。詞義標準雖然不如語法標準重要，但也是不可缺少的，特別是對於合成詞占優勢的現代漢語，沒有這一項標準，將會遇到很多問題。

其中的「固定聲音」是語音標準。每個詞都有相對固定的、不因情況不同而改變的語音形式。如「人」作為一個詞，在任何情況下都讀 rén（陽平），而作為詞素，有時讀陽平，有時往往讀輕聲，如「商人」、「男人」等。另外為了揭示詞是音義統一體這個特徵，加上語音因素，詞的定義才算是完整的，而且可以不再用「語言中」幾個字了。

有了這樣一個關於詞的定義，是不是就可以輕而易舉地完全劃清詞跟詞素、詞跟詞組的界限呢？問題還不那麼簡單。因為語言是發展的，在發展過程中，總會或多或少地存在著一些邊緣現象。遇到這種現象，還需要針對具體情況，經過權衡，確定一些特殊的劃界辦法。

三　「詞組」的定義

詞組，有人也叫短語或仂語。詞組的定義是什麼？各種語法著作意見也是各不相同的。有人說：「兩個以上的詞組合起來，

還沒有成句的，叫做『短語』」，或者說：「凡是兩個以上詞類不同的詞之組合，而不成句的，都可以稱『語』（即「短語」的簡稱）」。有人說：「短語，就是兩個或兩個以上的詞組合起來，表示一個意思，但不能表示思想中一個完全的意思，不是沒有謂語，就是沒有主語」。有人說：「把兩個以上的詞造成一種複合的意義單位；我們把這種意義單位叫做仂語」，或者說：「凡兩個以上的實詞相聯結，構成一個複合的意義單位，叫仂語」。有人說：「詞和詞結合在一起，可是還不成為句子，我們稱它是仂語」。有人說：「按一定的方式組合起來的一組詞，叫作詞組」。也有人說：「按照一定的方式組合起來、表示一定的關係的一組詞叫作詞組」。還有人說：「實詞和實詞按照一定的方式組織起來，作為句子裡的一個成分的，叫作詞組」。

　　這些不同的定義，反映了語法學者們對詞組的認識是很不一致的。就詞組和句子的關係來看，有的認為詞組是詞和詞在句子之外的組合，有的認為詞組是詞和詞在句之內的組合。就詞組的範圍來說，有的只指偏正詞組、動賓詞組；有的指偏正詞組、動賓詞組、聯合詞組；有的只指偏正詞組和聯合詞組；有的包括聯合、偏正、動賓、主謂；有的除了以上四種，還包括同位詞組、連動詞組、兼語詞組、的字詞組、方位詞組、能願詞組、趨向詞組等等。

　　給詞組下定義，主要是為了劃清詞組同句子、詞的界限，揭示詞組的本質特徵。上述定義都有可取之處，但也都有偏寬或偏窄的缺點。說詞組是「兩個以上的詞組合起來，還沒有成句的」，或者說「詞和詞結合在一起，可是還不成為句子」的，是比較含糊的定義。「你呀，（該回去了）」，「或去（或不去）」，都是詞和詞結合在一起，還不成為句子的，為什麼不算詞組？這裡所謂「句」實際是指有主語和謂語兩部分的。但「我買的書很好」，「我買」也有主語和謂語兩部分，能說它是一個獨立的句子嗎？

不是句子爲什麼不算詞組？說詞組是「兩個以上的詞」所造成的「一種複合的意義單位」，外延太寬，一個句子也都可以說是一種複合的意義單位。可見僅僅用「複合」二字來區分詞組和句子是很不夠的。說詞組是「按一定方式組合起來的一組詞」或「按一定方式組合起來、表示一定的關係的一組詞」，都是前進了一大步的定義。有了「一定方式」和「一定關係」，雖然這些話也比較含糊，至少可以把不符合規則的組合和意義上不發生聯繫的組合排除在詞組之外。但這些定義仍然沒有揭示出詞組和句子的本質差別來，因爲除了獨詞句，許多句子都是按一定方式組合起來、表示一定的關係的一組詞。說詞組是「實詞和實詞按照一定的方式組織起來，作爲句子裡的一個成分的」，是當前最好的定義。其中的「實詞和實詞按照一定方式組織起來」，可以排除「實詞＋虛詞」的組合，如「你呀」、「或去」等；其中的「作爲句子裡的一個成分」，可以把獨立的句子排除出去。不足的是同時也把半獨立的分句排除出去了。分句不是獨立的句子，也不是句子的一個成分，這種語言單位如果排除在詞組之外，那它應該歸在什麼單位裡呢？更遺憾的是採用這種定義的著作並沒有按這種定義來劃定詞組的範圍，而是又把大量的「實詞＋虛詞」的組合收容到詞組裡去了，如「介詞結構」、「所字結構」等，有的乾脆就叫「介詞詞組」、「所字詞組」。理論和實踐脫節。

　　綜合各家意見，我們認爲比較合理的定義應該是：詞組是兩個以上意義有聯繫的實詞按照一定規則組合而成的句子內部的語法單位。作爲教材，也可以簡單地說：詞組是實詞和實詞組合而成的造句單位。這個定義是從以下幾個命題出發的

　　(1)詞組裡至少要有兩個實詞。這樣既可以把單詞排除出去，也可以把「實詞＋虛詞」的組合排除出去。如「火車」、「香菜」等是單詞，不是詞組；「我呢」、「因爲你」、「向生活」、「所說」等，雖然都有兩個詞，但都不是詞組。爲什麼詞組必須是實詞和

實詞的組合呢？從詞義上說，詞組是表示一個可以再行分解的複雜概念的，虛詞不表示概念，當然不能跟另一個實詞構成表示複雜概念的詞組。從語法上說，虛詞不能作句子成分（包括詞組成分），只表示成分和成分（實詞和實詞）之間的語法關係，如果承認「實詞＋虛詞」是詞組，就等於承認虛詞可以作句子成分（詞組成分）。另一方面，如果承認有「介詞詞組」、「所字詞組」等，也應該承認「我呢」是語氣詞詞組，「或去」是連詞詞組。從詞組裡把「的字詞組」、「所字詞組」、「介詞詞組」排斥出去，在習慣上，在感情上很難得行通，怎麼辦？「的字詞組」實際上是一種由於習慣而省略中心語的特殊偏正詞組，這個被省略的中心語隨時隨地都可以補出來。有中心語和省略中心語，除了有實指和泛指的差別，基本語意相同，「的」字的詞性不變。比較：「這是我的鋼筆──這是我的」，不能說有中心語時「的」字是結構助詞，沒有中心語時「的」字就變成名詞性的語法單位了。「所字詞組」可以看成一種詞法結構，即「所」字是動詞前綴，「所＋動詞」構成的是合成詞，或者把「所」字看作介詞或連詞，是動詞作定語的偏正詞組的一種語法標志。「介詞詞組」實際上是一種沒有完成組合任務的語言片段，它本身是不完整的，只有再加上實詞才組成一個完整的偏正結構。如果一定要照顧習慣，可以暫時把「介詞＋名詞」的組合合併在動賓詞組裡，因為介詞是從動詞裡虛化出來的，許多還保留著動詞的性質。

　　(2)詞組裡的兩個以上的實詞必須在意義上有聯繫，並且是按照一定語法規則組織起來的。這是針對不合規範的組合說的。因為兩個實詞不一定都能構成詞組，如「已經工廠」、「學校聰明」、「回來已經」、「很得聰明」，雖然都有兩個實詞（我們把副詞也算實詞），但有的意義不能搭配，有的詞序排列不當。不規範的組合不能叫詞組。

　　(3)詞組必須是句子內部的語法單位。這是針對著獨立的句子

說的。就是說，兩個以上意義有聯繫的實詞按照一定規則組合起來，也可以構成獨立的句子，加上「句子內部」，一方面從詞組裡排除了獨立的句子，一方面也指出了詞組是從句子裡分析出來的造句材料單位，在句子裡詞組可以充當任何一種句子成分，也可以充當一個分句。

四　「句子」的定義

什麼是一個句子？語言學家們也沒有一致的認識。在漢語語法著作中，關於句子的定義至少有幾十種，幾乎是一家一說，甚至一家數說。其中影響較大的有以下幾種。

從意義出發的定義最多。有人說：「就一種事物述說它的動作，或情形，或性質、種類，能夠表示思想中一個完全意思的，叫做『句子』，通稱『句』」。有人說：「句子是用詞構成的能夠表示完整的意思的語言單位」。有人說：「一個句子就是可能讓聽話人聽得懂而且覺得滿意的一個最小的語言結構單位」，或者說：「凡是能夠代表一個判斷或完整的意思的，不論其用那一種方式表達出來，我們都可以叫它句子」。有人說：「句子是能夠表達一個相對完整的意思的語言單位」。從功能出發的定義也很有影響。有人說：「『句子』是語言的通常的獨立表現單位」，或者說：「句子是語言的一般運用單位」。有人說：「句子是語言的基本運用單位」。還有一種從語音出發的定義，說：「一個句子是兩頭被停頓限定的一截話」。意義和功能相結合的定義也不少。有人說：「凡完整而獨立的語言單位，叫做句子」。有人說：「句子是說話的單位。只要單獨站得住，能夠向對方傳達一定意思的話，不論長短，都是一個句子」。有人說：「句子是表達完整意思的、語言運用的單位」。

這些不同類型的定義，哪一種更能揭示句子的本質特徵呢？

把「意思完整」作為句子定義的一個方面，是不成問題，但

把它作爲句子的唯一的特徵，而不管其他特徵，未必合適。什麼叫意思完整？從上述定義裡都得不到答案。從傳統語法學的解釋來看，大概都是指能夠表達一個邏輯上的判斷的，意思才算完整，才叫句子。邏輯上的判斷是由兩個概念構成的：一個概念是判斷的主語，一個概念是判斷的謂語。這種判斷的表達形式就是句子，因而，能夠表達完整意思的句子也必須有主語和謂語。如果是這樣的話，把邏輯學裡的概念移植到語法學裡來，用邏輯裡的判斷代替語法裡的句子，那是不恰當的。所謂判斷是肯定或否定某一事物的思維形式。這種思維形式必須借助於句子的形式來表達，如「我是學生」，是一個判斷，也是一個句子。這是判斷和句子密切相關的一面。但另一面，一個句子不一定是邏輯上的一個判斷。就是說，不是每個句子都包含著肯定和否定，如疑問句「你是學生嗎？」旣不肯定什麼，也不否定什麼，只是通過它提出有待回答的問題。祈使句「快走吧！」也不包含判斷，雖然它是以判斷爲基礎。句子一般都有主語和謂語，但也有些句子永遠沒有主語或者謂語，如無主句「下雨了！」無謂句（獨詞句）「火！」，而具備主語和謂語的語言結構也不一定都是句子，如主謂詞組、分句。因此不能在句子和判斷之間劃等號，即使拋棄邏輯判斷，只從語法結構出發，也不能拿是否具備主語和謂語作爲衡量意思完整不完整的標準。

　　從功能上把「獨立運用」作爲句子定義的一個方面，也不成問題，但僅僅用這麼一個特徵來概括句子的全部語法特點，是很不夠的。再者，究竟什麼叫「獨立」，從上述定義裡也得不到答案。一般地理解，所謂「獨立」是指有主語、謂語的語言單位。這就同從意義出發的定義不謀而合了，因爲從意義出發的定義認爲一個完整的意思就是邏輯裡的一個判斷，而一個判斷必須有個主語、有個謂語。但大量的語言事實卻證明了這種理解沒有抓位句子的本質特徵。如「我知道他來了」。「他來了，我們走吧。」

這兩個句子中的「他來了」具備了主語和謂語，但不能說是可以獨立表達思想的；而「出太陽了。」「我的帽子呢？」雖然都缺少主語或謂語，但可以獨立地表達完整的意思，別人聽了，不會再就這個句子提出問題。

把語音停頓作爲句子的共同特徵，雖然是一種很新穎，也很有趣味的定義，但不僅一般人劃不清句子跟詞和詞組的界限，恐怕連語言學家也不能作到心中有數。因爲語言中有幾種長短不同的停頓。這種停頓跟句子的停頓有什麼本質差別？說句子的停頓是說話人有意作出的，其他停頓，除了爲了調節呼吸的長句子，一般也都是說話人有意作出的，不管是句法停頓還是強調停頓，都是爲了分清單位，語意鮮明。說句子的停頓比較長，其他停頓比較短，也不是本質的差別。因爲停頓的長短沒有絕對的音長標準，除了表意的需要，還有語言進行的速度問題。

把意義和功能結合起來給句子下定義，比單從意義或單從功能一個方面來給句子下定義要全面些。但這種定義仍然不能概括句子的全部本質特徵。如果說從意義出發的定義和從功能出發的定義是不謀而合的，或者說本質是相同的，那麼把意義和功能結合起來的定義同單從意義出發或單從功能出發的定義也就不會有什麼本質上的差別了。更重要的是，在這類定義裡對於什麼是「完整」，什麼是「獨立」，也都沒有明確的解釋。比如，一個詞或一個詞組也都能「單獨站得住，能夠向對方傳達一定意思」；同樣，一個詞或一個詞組也可以「是表達完整意思的、語言運用的單位」，那麼句子跟詞和詞組有什麼不同呢？從定義本身看不出來。

總之，上述關於句子的定義，都沒有全面地從語法形式方面揭示出句子的本質特徵，特別是語法形式方面的語調這一特徵，都沒有包括在定義裡。

句子是純粹的語法單位，給句子下定義應該從它的語法意義

和語法形式兩方面的本質特徵出發。從這兩個方面出發，是不是可以給句子下這樣一個定義：句子是由詞或詞組按照一定語法規則構成的具有一個語調、表達一個完整意思的獨立的語法單位。或者再簡單點說：句子是具有一個語調、表達一個完整意思的語言單位。這個定義是從以下幾個命題出發的：

(1)句子必須是獨立的語法單位

詞素、詞、詞組都是語法單位：詞素是詞內部的語法單位，永遠沒有獨立性；詞和詞組是從句子裡分析出來的句子內部的語法單位，雖然作爲建築材料來說具有相對的獨立性，表示簡單的或複雜的概念，但對於整個建築物來說，仍然是不獨立的，也就是不能直接擔負交際使命。而句子則是不包括在任何其他語法單位之內的、能夠獨立擔負交際使命的語法單位。像複句裡的分句，單句裡的「小句」（主謂詞組），儘管都有個「句」字，但都不是眞正的句子。語法分析的範圍，一般不超出句子，像段落、篇章都不是語法研究的對象，至於「句群」（或叫「句組」），因爲那是複句的擴展，而且往往使用複句所用的連詞，是否可以包括在語法研究的對象裡，還值得討論。句子所以能成爲獨立的語法單位，是因爲有以下幾個特徵作基礎。

(2)句子必須是表達完整意思的

句子具有表達思想的功能，交際是借助於句子進行的。因此一個句子必須能夠表達一個完整的意思。這是句子在語法意義方面最本質的特徵。什麼是「完整的意思」？是能夠簡單地肯定或否定一件事情，或是提出一個問題，或是發出一種請求，或是發抒一種感情，並能叫聽的人明白。也就是能客觀地反映出說話人對客觀部分實現的態度，起到交際作用。

(3)句子必須有一個語調

一個語言片段的意思完整不完整，有時很難捉摸，如有的單句可以變成複句的一個分句；有的分句也可以上升爲獨立的句

子，基本語意不變。因此還必須從語法形式方面加以判斷。句子的語法形式特點是各式各樣的，其中最本質的特點就是語調（包括停頓在內）。

語調是千變萬化的，但歸納起來不外四種：平直語調、高升語調、曲折語調、低降語調。這些語調都是表達完整意思的，都伴隨著比較長的停頓，所以又叫說明語調。語調是句子獨有的，一個孤立的詞或詞組，如果不當作句子來使用，是沒有語調的。一個語言片段，有一個詞也罷，有幾個乃至幾十個詞也罷，如果它有一個說明語調，就是一個句子；沒有，就不是句子。可見語調是判斷句子的一個重要手段。

⑷句子必須是由詞或詞組按照一定語法規則組織起來的

說句子必須是由詞或詞組構成的，這個道理很簡單，正像建築物是由建築材料構成的一樣。正因為道理簡單，不說大家也知道，所以這一項在句子的定義裡可以不用。但在語言學史上曾經有人把「手勢」也當作語言，叫「手勢語」，當然也就是把一種手勢當作句子了。那麼這個所謂句子就只有詞或詞組所表示的內容，而沒有詞或詞組的語音外殼。另外，交叉路口紅綠燈的明滅，以及人們在交談時的點頭和搖頭，也能表達完整的意思，但是不能把這些也當作句子。

有了詞或詞組不一定都能構成句子，如「供求正確的需要信息農民」或「信息供求正確的需要農民」，雖然都是由詞或詞組構成的，但不是句子，因為它們不是按照一定語法規則組織起來的。只有說成「農民需要正確的供求信息」或「正確的供求信息農民需要」，才合乎語法規則，才是句子。

五　「定語」、「狀語」和「補語」的定義

定語、狀語、補語都是句子的附加成分，如果可以把詞組成分和句子成分的名稱統一起來，附加成分也是偏正詞組的「偏」

項。各種附加成分的定義是什麼？雖然各種語法著作提法都不一樣，但歸納起來，不外兩大類：一類是從詞性出發的定義，說定語是修飾或限制名詞的，狀語是修飾或限制動詞、形容詞的，補語是補充動詞和形容詞的。這一類定義，在目前占多數。一類是從成分出發的定義，說定語是修飾或限制主語或賓語的，狀語是修飾或限制謂語的，補語是補充謂語的。這一類定義比較少，而且只限於採用中心詞分析法的語法著作。這兩類定義，哪一類好呢？不管是採用層次分析法，或者是採用中心詞分析法，這兩類定義都不夠周嚴，都有漏洞。

　　採用「詞性決定論」的著作，在講句子的基本成分時採用的都是「成分決定論」，即主語是對謂語說的，謂語是表述主語的，而講附加成分時卻又換成了「詞性決定論」，標準不統一，觸犯了邏輯上的同一律，混淆了句子成分和詞性的概念。一個句子成分是與另一個句子成分發生結構關係的，講句子成分為什麼又冒出個詞性來，說定語是由名詞決定的，狀語、補語是由動詞、形容詞決定的呢？採用層次分析法的著作也許會說，句子只有兩個成分——主語和謂語，所謂定語、狀語、補語都不是句子成分，而是詞組成分，在詞組裡當然可以說定語是由名詞決定的，狀語、補語是由動詞、形容語決定的。說句子只有主語、謂語兩個成分，簡單倒是簡單了，但在理論上還是站不住腳。你說一般句子只有主語和謂語兩個成分，賓語、定語、狀語、補語都是詞組成分，別人就可以根據層次分析法的理論把你推向極端，說句子去掉語調和語氣詞剩下的往住是一個主謂詞組，你所說的主語、謂語，也正是這個主謂詞組的主語和謂語。這樣一來，連一個句子成分也沒有了，還得回到「無句子成分論」的老路上去，而且這個極端非走不可。等你一走到極端，還得在詞組這種單位裡承認有六個句法成分：主謂詞組裡有主語、謂語，動賓詞組裡有賓語，偏正詞組裡有定語、狀語、補語。這個圈子兜得太大。退一

步說，定語、狀語、補語就算是詞組成分，一個詞組成分也是與另一個詞組成分發生結構關係的，即定語、狀語、補語都是與中心語構成一對矛盾的，這個中心語不一定是某一類詞，也不一定是一個詞，因而也不應該把詞性拉出來，讓某一類詞決定附加成分。至於中心詞分析法似乎更沒有理由把附加成分的定義落到詞性上去。

近些年來，不少語法論著看出了「詞性決定論」的缺點，不少人又試圖用「成分決定論」改變各種成分的定義，說定語是修飾或限制主語、賓語的，狀語是修飾和限制謂語的，補語是補充謂語的。這種定義完全不適用於層次分析法，因為層次分析法認為主語、賓語都包括定語在內，謂語也包括狀語、補語在內；這種定義也並不完全適用於中心詞分析法，因為中心詞分析法認為定語、狀語、補語也都可以再帶附加成分，附加成分的附加成分顯然不是附加於主語、賓語或謂語的。

不管採用什麼樣的析句方法，各種附加成分的定義都應該落腳到與之相對立的句子成分（或句法成分）上。如果這個原則可以成立，是不是可以給各種附加成分下這樣的定義：定語是限定或修飾名詞性中心詞的，狀語是摹狀或修飾動詞、形容詞性中心語的，補語是補充或說明動詞、形容詞性中心語的。

「中心語」是句子成分（或句法成分）的概念，與附加成分構成一對矛盾，包括主語、謂語、賓語的中心語，也包括各種附加成分的中心語。

總之，給語法術語下定義是一種語法範圍內的邏輯活動，其目的是揭示術語的本質特徵。給語法術語下定義的過程，是對語法現象認識和再認識的過程。只有用正確的觀點和方法對語法現象進行深入的觀察，才能揭示出術語的本質特徵。

當然，研究語法和學習語法，僅僅知道某些語法術語的定義是很不夠的，因為定義不可能把現象的一切本質特徵都揭示出

來，要想全面認識某種語法現象，還需要結合這種現象在實際語言中的特點進行具體的分析和綜合。

（原載《語文研究》1983年第 4 期、1984年第 1 期）

現代漢語的詞根和詞綴①

　　在合成詞裡，詞根和詞綴是相對的，詞根以外的都是詞綴，詞綴以外的都是詞根。充當詞根的一般都是實詞素，充當詞綴的都是虛詞素。在任何語言中，作詞根的詞素都占絕大多數，作詞綴的詞素是有限的：一個詞裡可以沒有詞綴，卻不能沒有詞根。但究竟什麼是詞根，特別是什麼叫詞綴，直到現在還沒有一個明確的界說。在專講漢語語法的著作裡很少有人涉及這個問題；在講一般語言學的著作裡雖然都要講講什麼是詞根，什麼是詞綴的問題，但不解決現代漢語的詞根和詞綴的實際劃界問題。例如：

　　上海外國語學院、哈爾濱外國語學院《語言學引論》說：「詞根表示實在的意義，是詞中詞彙意義的基礎。……詞中除詞根以外的其它詞素都是詞綴。詞綴表示附加意義或語法意義。」（247頁）

　　北京大學語言學教研究《語言學基礎》說：「詞根是詞中的主要詞素，是詞中表示詞彙意義的最基本的部分。……附加成分（即構詞詞綴——引者）都有一些附加在詞根意義上的詞彙意義，它也可以表達語法意義。……詞尾（即構形詞綴——引者）在詞根或後加成分之後，它只表示同一個詞的語法意義的變化。」②

　　高名凱《普通語言學》說：「詞根是詞的最根本的部分，表示詞的最基本的詞彙意義或基本意義，也就是附加成分和詞尾除外的詞的最根本的含義部分。」③

　　以上各種關於詞根和詞綴的不盡相同的定義，在一般語言學裡是比較通行的。但是把這些定義拿到漢語裡來區別現代漢語的詞根和詞綴卻有很多困難。因為一般語言學主要是在印歐語言的

基礎上建立起來的，而漢語有著跟印歐語言迥然不同的特殊的內部發展規律。所以，在漢語語法學的著作中，在分析具體的詞時，哪是詞根，哪是詞綴，意見異常分歧。下面只就詞綴的範圍作一簡單比較：

《新著國語文法》正式承認的詞綴（語尾）只有形容詞語尾「的」和副詞語尾「地」。

《中國現代語法》裡的詞綴（記號）共13個：「所（所說）、打（打扮）、第、阿、老（老張）、兒、子、頭、們、麼、得、了、著」。

《中國文法要略》裡的現代漢語的正式詞綴（詞尾）共4個：「子、兒、頭、的（聰明的孩子、輕輕的說）」。近似詞尾的有：「士、生、師、人、者、丁（園丁）、夫（車夫）、匠、工（石工）、員、店、廠、園、館、院、房（藥房）、臺（天文臺）、作（洗衣作）、廳（跳舞廳）」。

《漢語語法論》裡的詞綴（附加成分）共6個：「阿、老、頭、子、兒、者」。

《語法修辭講話》和《語法學習》裡的詞綴（詞尾）共10個：「子、頭、兒、們、家（小孩子家）、麼、著、了、的、地」。

《漢語語法常識》裡的詞綴（詞頭和詞尾）共20個：「老、兒、子、頭、者、員、家、師、性、度、法兒、頭兒、手（坦克手）、人（詩人）、處（辦事處）、所（診療所）、室（教室）、站（車站）、臺（電臺）、館（圖書館）」。

《現代漢語語法講話》裡的詞綴（類似詞頭和詞尾的附加成分）共18個：「第、老（老大、老虎）、打（打扮）、自（自動）、相（相信）、反（反革命）、兒、子、頭、著、家（作家、女人家）、們、性、化、於（在於、對於）、了、著、的」。

初中《漢語》裡的詞綴（構詞輔助成分）共19個：「子、兒、頭、者、家、員、手、性、化、巴巴（乾巴巴）、花花（毒花

花)、悄悄（靜悄悄）、烘烘（暖烘烘）、光光（亮光光）、茫茫（灰茫茫）、颸颸（冷颸颸）、汪汪（水汪汪）、沖沖（氣沖沖）、咧咧（哭咧咧）」。

《漢語語法教材》裡的詞綴（詞頭和詞尾）有四五十個：「子、兒、頭、們、家、巴、性、式、化、著、了、起、來、下去、來著、過、的、地、者（或者）、其、（極其）、然（顯然）、則（否則）、爾（偶爾）、阿、老、小（小三）、不（不滿）、無（無數）、反（反封建）、第、初（初一）、總、全、本、支、分、該、貴（貴姓）、大（大名）、高（高論）、敝（敝人）愚、拙、所、相（相請）、可、被、也（也似）、兀（兀的不）、裡（慌裡慌張）」。

A.A. 龍果夫《現代漢語語法研究》裡的詞綴（語頭、語尾、語尾·類別詞）有：「兒、子、的、們、了、過、來著、著、著呢、的呢、第、給（給放了）、被（被打了）、得（看得見）、不（看不見）、個、把、條、張、枝、根、株、架、眼、處（一處）、所（一所）、座、柄、面、口、房（一房）、門子、伙子、頂、隻（一隻）、位」。

林曦《從一種統計看漢語詞彙》裡的詞綴（詞頭、詞尾、詞嵌）有：「的、階級、主義、地、性、著、者、了、得、到、家、觀、化、人、心、論、黨、界、鬥爭、史、派、見、來、成、作、出、不、半（半無政府主義）、本、非、反、各、可、自、只（只願）、超、所、隨、相、小、大、每、一（一到）、有、無、唯」。(見《中國語文》1954年4月號)

陸志韋等《漢語的構詞法》裡的詞綴（後置成分、前置成分）有：「兒、子、頭、們、的、著、了、過、者、家、化、個（昨兒個）、價（不價）、拉（扒拉）、騰（搗騰）、巴、來（後來）、然、乎、第、老、小」。

除此之外，有的語法著作還把「品、般、機、器、親、將、

曾、沒、好、動、成功、定、住、完」以及「來、起來」等趨向
動詞都當作詞綴④，把「上、下、前、後、裡、外、中」等方位
詞當作詞綴⑤。

　　以上被認爲是詞綴的語言單位，有一些確是詞綴，但另一
些，如「鬥爭」、「將」、「沒」、「人」、「工」等，要說它們是詞
綴，不僅模糊了詞綴和詞根的界限，而且也混淆了詞綴和詞的界
限。這種現象足以說明一般語言學裡關於詞根和詞綴的定義是不
適用於漢語的。在漢語裡要想劃清詞根和詞綴的界限，必須結合
現代漢語的實際情況，找出一些具體特點來。下面咱們分開來討
論。

一　詞根的特點和範圍

　　根據上面的介紹，一般語言學著作都說詞根是表示詞的詞彙
意義的基礎，或者說是詞的最基本的詞匯意義部分。這並不算
錯，但是太籠統。什麼叫詞的詞彙意義的基礎？什麼叫詞的最基
本的詞彙意義部分？是就詞素的歷史來源說呢，還是就詞素在詞
裡意義的主次說？要是就歷史來源說，「車子」的「車」可以說
是最根本的詞匯意義部分，但「學者」的「者」並不比「學」的
歷史短，哪一個是詞根？難於分辨。要是就詞素在詞裡意義的主
次說，「學者」一詞可以說「學」是主，「者」是次，但「火車」
的「火」和「車」不是也有主次之分嗎？爲什麼兩個詞素都是詞
根呢？這仍然劃不清詞根和詞綴的界限。

　　我們認爲具有下列條件之一的詞素才是詞根：

　　1）能表明直接的物質意義的。這種詞素在古代漢語裡往往
是獨用的實詞，在現代漢語裡雖然不能獨立成詞，但仍保留著原
意。例如：「人民」的「民」，「言語」的「言」和「語」，「身體」
的「身」和「體」等。

　　這一條算是意義標準。如上所說，單從意義上看，除了那些

意義非常實在的詞素一看就知道是詞根之外，有些詞素，如「者」、「員」、「業」，意義實在不實在，有時難於捉摸。你可以說意義實在，他可以說意義已經不實在了。在這種情況下，還必須從詞素的功能和構詞形式方面找出路。

2）在合成詞裡雖然不獨立，但能以同樣意義獨立成詞的。例如：「工人」的「人」，「看見」的「見」，「資產階級」的「階級」等。

3）簡稱時可以代替全詞的。例如：「師生」、「師徒」的「師」可以代替「教師」、「老師」、「技師」、「師傅」，「生」可以代替「學生」，「徒」可以代替「徒弟」、「學徒」。

4）構詞時位置自由的——既可以以同樣意義放在別的詞素之前，又可以放在別的詞素之後的。這是語法形式方面的特點，也是詞根的最重要的特點。例如：「觀」可以跟別的詞素構成「人生觀」、「世界觀」、「宇宙觀」，位置在後；也可以構成「觀點」、「觀念」、「觀察」，位置在前。「機」可以跟別的詞素構成「打字機」、「拖拉機」、「發電機」，位置在後；也可以構成「機器」、「機械」、「機件」，位置在前。

根據上述標準，我們認為下列語言單位不是詞綴，而是詞根（有的甚至是獨立的詞）：

1.被當作前綴的

一、只、將、曾、不（不願）、沒、被、給、各、每、親、有、無、反、全、大、小、自、超、相、半、高、貴、敝、愚、拙、兀

其中的「一」到「沒」，都有副詞的特點，應該劃歸副詞。「一看就會」裡的「一」經常跟「就」連用，起關聯作用，表示迅速，這是任何詞綴都沒有的特點（有人叫副詞，但不如叫連詞）。「只願」、「將去」、「曾住過」、「不吃」、「沒買」都可以在中間加上別的成分，說成「只是願自己」、「將要去」、「曾經在那兒

住過」、「不想吃」、「沒從那兒買」等，任何一個帶詞綴的詞都不可能這麼隨便地拆開。從另一方面看，如果把這些語言單位當作詞綴，那麼所有的副詞（至少是單音的副詞），豈不都成爲詞綴了嗎？把句法上詞和詞的結合跟構詞法混爲一談，顯然是不合適的。這些詞即使有時只作爲構詞詞素，如「不滿」的「不」，那也是偏正式合成詞的一個詞根，不是詞綴。

「被」和「給」，許多人都當作介詞，也有不少人當作助動詞。它們跟一般介詞不同的地方是後面可以不帶被動行爲的主體，如：「被批評了」、「給吵了一頓」。但不能因此說它們是詞綴（說它們是助動詞也不太妥當）：因爲它們後面隨時都可以補上這個被動行爲的主體，如：「被大家批評了」、「給媽媽吵了一頓」，「被」和「給」的意義不變。加與不加這個主體，只看有沒有必要。當作介詞是說得過去的。

「各」和「每」，跟一般所說的指示代詞「這」、「那」、「某」等性質相同（或相近）。都能跟量詞組合，也可以直接跟名詞組合。如：

> 各個、每次、各種、每天、各人、每村
> 這個、那個、某種、這馬、那人、某村

可見，「各個」、「每村」等都不是詞，而是詞組。既然是詞組，從詞組裡分析出來的應該是詞，而不是詞綴。即使把「每戶」、「各處」等當作詞，它們也只能是偏正式合成詞裡的一個詞根。

「親」、「有」、「無」、「反」，經常作動詞用：「親法西斯」的「親」跟「親媽媽不親爸爸」的「親」意義和作用相同；「有計劃」是個動賓詞組，「有機」的「有」雖然不是動詞，但也是個動詞性詞素；「無條件」的「無」跟「無計劃」、「無目的」的「無」一樣，是個文言詞，在口語裡總是說成「沒（沒有）條件」、「沒（沒有）計劃」，「無機」的「無」跟「有機」的「有」一樣，是動賓式合成詞的一個詞根；「反作用」、「反革命」的

「反」雖然失去了獨立性，但仍然保留了動詞原意，而且有時還可以用同樣意義獨立成詞，如「我們必須反帝反封建」，可見它也不是詞綴。

「全」、「大」、「小」，在「全村」、「大兒子」、「小兒子」等詞裡，雖然變成了詞素，但也保留著原意。「全」是「整個」（或「完全」）的意思。「大兒子」的「大」雖然有「排行第一」的意思，可是排行第一的兒子，一定是他最大的兒子；正因為它增加了「排行第一」的意思，我們才說它是合成詞的一個詞根，而不是獨立的形容詞了。把「小兒子」的「小」當作表示「排行最末」的詞綴，是由「大兒子」的「大」類推出來的。「大兒子」的「大」除保留了原意外，還表示「第一個」的意思，我們沒把它當作詞綴；而「小兒子」的「小」，只有原意，並不確指第幾個兒子，更不能叫詞綴。至於用在小孩兒名字前的「小」字，如「小三兒」等，原意就更明顯，也不能算詞綴。但用在姓前面的「小」，如「小王」、「小李」等，跟「老王」、「老李」的「老」作用大體相同，表示愛稱，可以看作詞綴。

「自」、「超」、「相」、「半」，都是詞根。「自理」、「自動」是「自己料理」、「自己活動」的意思，是主謂式合成詞，「自」的意義很實在。「超人」、「超音速」是「超過別人」、「超過音速」的意思，是動賓式合成詞，「超」仍保留著動詞性。「相助」、「相好」是「相互幫助」、「相互友好」的意思，是偏正式合成詞，「相」仍保留著「相互」或「互相」的意思。不過在「相信」、「相煩」、「相托」裡的「相」已失去「互相」的意思，即動作是由一方來的，雖然有一定的對象，還是可以考慮它的詞綴資格的。「半」是個特殊的數詞：可以作為系數詞放在量詞或某些名詞之前，如「半個」、「半斤」、「半車」；也可以作為位數詞放在其它系數詞之後，如「一半」、「兩半」；還可以以其引申意義放在動詞或形容詞之前，如：「半懂半不懂」、「半黑半白」。如果我

們承認上面這些「半」是數詞（或數詞性詞素），那就應該承認「半工人階級」裡的「半」也是數詞性詞素（詞根）。

「高」、「貴」、「敝」、「愚」、「拙」，都是表示尊稱或謙稱的文言詞，都保留著原意：「高」是「高超」的意思，「拙」是「笨拙」的意思，而且在現代漢語裡，特別是口語裡是很少用的。因此它們也不是詞綴。

「兀」在現代漢語裡已經不用，在近代漢語，如元人小說戲曲中，也只是作語首助詞，經常跟「的」連用，說成「兀的」，表示「這」或「如何」的意思，跟「那」連用成「兀那」時，也是「那」的意思。無論如何也不能把它拉到現代漢語的詞綴裡來。

2.被當作中綴的

得（看得懂）、不（看不懂）

這兩個語言單位是不是詞綴，大家意見很分歧：有人認為「得」是結構助詞或後附助動詞，「不」是副詞；有人認為它們都是詞綴。這個問題同「吃完」、「咬破」、「修好」等是詞還是詞組的問題有關，詳細情況，我將另寫「詞組和合成詞的界限」一文專題討論。這裡只談個結論：「得」是偏正連詞，專門連接中心語和補語，「不」是副詞。

3.被當作後綴的

好、成、死、到、動、見、完、定、了（liǎo）、著（zháo）、上、下、回、過、進、出、起、開、來、去、上來、下來、回來、起來、過來、進來、出來、上去、下去、回去、過去、進去、出去、個、把、條、張、件、枝、根、架、株、面、眼、所、口、上（桌子上）、下（樹下）、前、後、裡、外、中、鬥爭、階級、史、主義、人、心、工、丁、店、廠、園、館、院、房、作（洗衣作）、廳、所（診療所）、室（教室）、站、臺、

機、學、派、論、觀、品、師、生、來著、的（地）

這一組情形比較複雜，下面分六類來談：

第一類：「好」到「著」。這一類語言單位，一般都認爲是使成式（中補詞組）裡表示結果的形容詞或動詞，也有人認爲是結果動詞（合成動詞）裡表示結果的詞素（詞根），只有個別人認爲是詞綴。這些語言單位，意義都很實在，如「作好」、「走到」、「打完」的「好」、「到」、「完」，跟「好了」、「到了」、「完了」的「好」、「到」、「完」意義完全相同；當它們跟別的動詞結合時，有的中間能加「得」和「不」，有的能再加別的詞。沒有理由把它們放在詞綴裡，起碼也是個詞根。

第二類：「上」到「出去」。這一類語言單位，許多人都說是趨向動詞，只有少數人說是詞綴。說它們是詞綴的理由是：「它們跟動詞連用的機會特別多，就是說，它們的常用性很大，可以說它們已經發展而爲動詞的詞尾了。」⑥這個理由是站不住腳的。「一下」、「一趟」、「能夠」、「應該」、「突然」、「匆匆」等，跟動詞連用的機會也特別多，常用性也很大，能說它們是詞綴嗎？這些語言單位，一般都可以以同樣意義單獨作謂語或其它成分，也能單獨回答問題。當它們跟在動詞後面時，表示動作的趨向，雖然不像單獨作謂語時的意義那樣實在，但也仍有動詞性。更重要的是：當它們跟動詞結合時，中間可以插入「得」或「不」，有的還能插進別的成分，例如：「拿得來」、「拿不來」、「拿了來」、「拿書來」、「拿不出一點眞貨色來」等等。這不僅是任何詞綴所沒有的形式，而且也是任何合成詞的詞根所沒有的形式。因此我們必須承認它們是獨立的詞。不過有一種情況則須分別對待，即「上」和「下」這兩個語言單位，可以具有更爲抽象的意義而不表示趨向或其它實在意義，並且在它們和動詞之間不能插進「得」、「不」和其它成分時，如「恨上」、「愛上」、「找下」、「說下」等。在這種情況下，它們的詞綴資格是可以考慮的。

　　第三類：「個」到「口」。這一類語言單位，中國的語法學家都當作獨立的詞（量詞或副名詞或單位名詞等），把它們當作詞綴的，只是蘇聯的龍果夫，他叫「語尾‧類別詞」，有時也乾脆叫語尾。這些語言單位都是表示事物類別的，跟「尺」、「斤」、「斗」、「雙」等表示事物計量的所謂「度量詞」是有區別；但這種區別只是詞彙意義方面的，在語法特點方面則完全相同：都是事物的單位，前面都可以加數詞，後面都可以有名詞，而且都可以重疊。要是把「尺」、「斤」等叫量詞，而把「個」、「條」等叫詞綴（大概是數詞詞綴），這對於掌握漢語詞類，是有害無益的。

　　第四類：「上（桌子上）」到「中」。這一類語言單位，一般都叫方位詞，只有少數人叫詞綴。把它們叫詞綴是不恰當的：第一，它們意義實在，如「桌子上」的「上」就是「上面」的意思，「屋裡」的「裡」就是「裏面」的意思；第二，它們可以以同樣意義放在別的詞根前面，如「上游」、「下級」、「前門」、「後方」、「裡屋」、「外衣」、「中原」等。（至於「領導上」、「組織上」、「區上」的「上」，意義已經不實在，而且是指人的，可以承認它的詞綴資格。「早上」、「晚上」、「節下」、「眼下」的「上」和「下」也都是另外的意義，也可以考慮它們的詞綴資格。）值得討論的是它們究竟是獨立的詞呢，還是不獨立的詞根？我們的意見，它們跟合成方位名詞「上邊」、「中間」等不同，永遠不能單獨造句，應該算詞根。

　　第五類：「鬥爭」到「生」。這一類語言單位，也是少數人認爲是詞綴，多數人則認爲是詞根。我們同意後一種意見。其中的「鬥爭」和「階級」經常作句子成分，獨立成詞，如「這個階級」、「兩種鬥爭」。如果把它們當作詞綴，那麼，「戰鬥」、「運動」、「車」、「馬」等豈不都成詞綴了嗎？因爲它們跟「鬥爭」、「階級」沒有任何語法特點上的差別。其中的「史」、「主義」、「人」、「心」、「店」、「廠」、「院」、「房」、「館」、「園」、「站」等，

也可以以其原意獨立成詞，或者作爲詞的簡稱形式，如「史的知識太少」、「我的心是良心，不是狼心」、「進廠以後」、「開館」、「火車到站了」等；當然它們的構詞位置也是自由的，差不多都能放在別的詞根前面，如「史料」、「人工」、「心地」、「廠長」、「院長」、「房間」、「站臺」等，很明顯都是詞根。其中的「臺」、「機」、「學」、「派」、「論」、「觀」、「品」，雖然不能以其在合成詞裡的意義獨立成詞，甚至有的意義不十分實在，但構詞時位置自由，可以以同樣意義放在別的詞根前面，如「臺長」、「機器」、「學科」、「派別」、「論點」、「觀念」、「品種」等。其中的「師」、「生」，都可以用作簡稱詞，如「師生（教師學生）聯歡會」。

　　第六類：「來著」和「的」（地）。先說「來著」。這個語言單位是詞綴還是虛詞？大家也有不同的意見。說它是詞綴的，把它跟「了」、「著」、「過」放在一類裡，說是表示「已行完成體」；說它是虛詞的，把它放在語氣詞裡。我們同意後一種意見。因爲它可以用同樣的意義出現在詞組或句子後面，如「昨天下雨來著」、「他看電影來著」。另外，動詞加上「了」、「著」、「過」以後，有時還能帶語，如「買了一本書」、「看過電影」，但動詞加上「來著」卻不能再帶賓語。再說「的」（地）。這個語言單位，究竟是詞綴還是虛詞？更是一個非常複雜的問題。在現代漢語裡讀輕聲 de 的字，至少有以下九種用法：

　　的$_1$：紅紅的臉、胖胖的小手兒、新新的衣服

　　的$_2$：偉大的祖國、白的紙、美麗的花園

　　的$_3$：我的書、你們的學校、國家的東西

　　的$_4$：喜歡的東西、看戲的人、買的票

　　的$_5$：我的、白的、買來的、又紅又大的

　　的$_6$：熱熱的喝一碗、釅釅的沏壺茶

　　的$_7$：漸漸的升起來、熱烈的鼓掌、好好的說

　　的$_8$：他會來的、我昨天到的、你可以成功的

的₉：說的完、打的很好、紅的很

這九種「的」除了「的₉」（一般都寫成「得」）有人叫中綴之外，其餘的都曾有人叫後綴（或後附成分）。至於叫什麼後綴，意見也是異常分歧的。黎錦熙《新著國語文法》把「的₁」、「的₂」、「的₄」叫形容詞語尾，把「的₆」、「的₇」叫副詞語尾；丁聲樹等《現代漢語語法講話》只把「的₅」和「的₈」叫名詞詞尾；陸宗達、俞敏《現代漢語語法》（上冊）只把「的₅」叫名詞詞尾；朱德熙《說「的」》⑦把「的₁」、「的₆」叫形容詞性後附成分，把「的₂」、「的₃」、「的₄」、「的₅」、「的₈」叫名詞性後附成分，把「的₇」叫副詞性後附成分。

如果按照《新著國語文法》的意見，把「的₄」當作形容詞語尾，必然得出這樣一個結論：所有的動詞作了定語以後都變成形容詞；把「的₆」、「的₇」當作副詞語尾，也必然得出所有的形容詞作了狀語以後都變成副詞的結論來。在這種結論的背後，是詞無定類。

把「的₅」當作名詞詞尾的理由是比較充分的。如陸宗達、俞敏的《現代漢語語法》所說：動詞、形容詞「加上『的』以後前頭就可以加數量詞來數數兒，像『一個紅紅的』，『三個跳的』，『五個坐著的』，可是沒轉成名詞的形容詞（動詞）前頭不許加數量詞來數數兒，比方『一個骯髒』，『兩個瘦』，『三個貴』。那麼一來，不是數數兒，成了獨立的句子了」。⑧這確是一種新的見解，而且也很能迎合一些人的主觀願望。但在語法分析中也會遇到難以解決的問題：如果承認「紅的」、「跳的」、「坐著的」都是名詞，遇到「非常紅的」、「能夠跳的」、「向南坐著的」結構時，就必須承認「非常」、「能夠」、「向南」是修飾這些名詞。但是他們卻說這些副詞、能願動詞、介詞結構不可以直接修飾名詞。這顯然是一種矛盾。可能有人說，「的」字不是後附於「紅」、「跳」、「坐著」，而是後附於「非常紅」、「能夠跳」、「向南坐著」。

這麼解釋也有一些不能自圓其說的問題：詞尾的特點之一是只能附加在詞的後面，而「的」字卻經常附加在各種詞組後面，這不成了「詞組尾」了嗎？漢語裡真有這種「詞組尾」嗎？它究竟是造句單位，還是構詞單位？《說「的」》一文看出了這個問題，因此它避開了「詞尾」這個名稱，採取了模棱兩可的辦法，把「的」叫「後附成分」，並說「我們不肯定『的』是詞尾，還是獨立的虛詞」。但這樣處理並沒有解決語法分析的問題：「的」字在整個語法體系裡應占什麼位置？能不能為這一個字另立一種介於詞和詞素之間的語法單位？

　　把「的8」當名詞詞尾或名詞性後附成分的理由是：「『我昨天到』，『你從哪裡來？』，都是動詞謂語句。在句尾加上『的』字，謂語就變成體詞結構，全句就成了體詞謂語句。這兩個句子裡頭有動詞，看起來好像不是體詞謂語句。實際上這兩句同上述甲組（即『今天星期幾』，『你哪裡人』等——引者）一樣，主語是屬於謂語那一類的，所以也都可以加『是』字。」（《現代漢語語法講話》，22頁）《說「的」》一文有同樣的意見，認為「我會寫的」、「他會來的」、「他不抽煙的」跟「這所房子木頭的」、「我昨天寫的（詩）」都是同類句子，「的」字都是同類語素，因為「的」字都可以跟「是」字相配，說成「我是會寫的」、「他是會來的」、「他是不抽煙的」等。完全拋開現有結構的意義和「的」字本身的功能以及跟別的詞的結合關係，只用能不能加「是」字來斷定這些結構和其中的「的」字是不是同類，這種方法是值得研究的。因為1）這些可能加上的「是」字並不是同類的，它沒有資格證明「的」字是同類的；2）即使這些可能加上的「是」字是同類的，它也到處都能鑽進去，只能作為斷定「的」字是否同類的參考條件，而不是唯一的標準，正像前面能加副詞或能願動詞的不一定都是動詞一樣。《說「的」》一文是很注重語法單位的「功能」（包括「分布」）的，一再強調：它「所採用的方法是

把帶『的』的格式功能上的異或同歸結爲後附成分『的』的異或同」。那麼咱們就看看它所舉的這些結構裡帶「的」的格式和「的」字的功能（分布）是否相同？「我會寫的」，「會寫」前面可以加副詞，說成「我不會寫的」，後面可以加名詞賓語，說成「我會寫詩的」；「的」字可以用語氣詞「了」、「嗎」、「呢」等來替換。但「這所房子木頭的」，「木頭」前面不可以加副詞，後面不可以帶名詞賓語；「的」字也不可以用「了」、「嗎」、「呢」等語氣詞來替換。這種功能（分布）上的區別是十分明顯的。如果把意義上的區別再加進去，那就更沒有理由把「的₈」當成作名詞詞尾或名詞性後附成分了。

　　如果按照《說「的」》一文的意見，把「的₁」——「的₈」分別當作形容詞性後附成分、名詞性後附成分、副詞性後附成分，「的」字就成了萬能的東西了，它不僅可以把所有的動詞、形容詞都變成名詞性的，而且也可以把所有的形容詞變成副詞性的。因爲它們後面經常可以加「的」字。這麼一變，就回到了漢語的實詞不能分類的老路上去了。或者至少要得出這樣一個結論來：動詞、形容詞只有在不加「的」字的情況下才能作定語，因爲一加上「的」字就變成名詞了；而動詞、形容詞，特別是動詞作定語時在很多情況下必須加「的」，所以這實際上是否認了動詞能作定語。形容詞也只有在不加「的」字的情況下才能作狀語，帶「的」字的形容詞是不能作狀語的，因爲一加上「的」字就變成副詞了（如「慢慢的走」）。這種結論跟漢語的實際情況是格格不入的。

　　那麼，把「的₈」叫語氣詞，把其它「的」字都叫結構助詞好不好呢？把「的₈」叫語氣詞，這是多數人所能同意的，也是比較符合漢語實際的；把其它的「的」字都叫結構助詞，承認了它們的詞的資格，這值得肯定；但把它跟「嗎」、「呢」、「吧」等詞放在同一個詞類裡，都叫助詞，是不合適的。它們沒有合併爲

一類的語法特點：一般助詞（語氣詞）只放在句末（或句中停頓的地方），表示句子的語氣，不表示詞和詞之間的關係；而「的」字，不表示句子的語氣，只用來表示詞和詞之間的修飾和被修飾的關係。因此，我們同意把它叫偏正連詞，連接定語和中心語。在一定的語言環境中中心語省略時，「的」字的詞性不變，還是偏正連詞。

二　詞綴的特點和範圍

　　根據前面的介紹，一般語言學著作都認為詞綴表示附加意義或語法意義。這也不算錯，但是更籠統。什麼叫附加意義？「鉤子」的「子」可以說給予「鉤」以附加意義，使「鉤」由動詞意義變成名詞意義，那麼「白菜」的「白」不是也可以說「白」給予「菜」以附加意義嗎？可是沒有人說「白」是詞綴。至於什麼叫語法意義，理解起來倒比較容易，但也可以有不同的認識：詞根在詞的結構裡有沒有語法意義？因此還必須從其它方面尋求問題的答案。在漢語語法研究中，曾經有人這樣做過。如陸宗達、俞敏《現代漢語語法》（上冊）在解釋什麼是詞頭（前綴）的時候說：「什麼樣的語言單位有資格叫詞頭呢？有下列幾類：A. 他自己沒有獨立意義。他永遠跟著別的單位，不能獨立使用。B. 重音在詞根上，他不能帶重音。C. 咱能用他造出新詞來。」（55頁）中綴和後綴的特點是什麼？他們沒有說。只拿前綴來說，這些條件的確是前綴所具有的，但具有這些條件的不一定都是前綴。另外，他們沒說明，是具備三個條件的才算詞頭呢，還是只有一個條件就可以。所以根據這些條件仍然劃不清漢語的詞根和詞頭的界限。下面咱們逐條加以分析。

　　所謂「他自己沒有獨立意義」，是指什麼說的？須要猜一猜：根據後面的「他永遠跟著別的單位，不能獨立使用」來看，大概是指不能獨立成詞。如果是這樣的話，現代漢語裡許多合成詞的

詞根也沒有獨立意義——不能獨立成詞，如「語法」的「語」、「民族」的「民」、「述說」的「述」、「實在」的「實」等等，不勝枚舉，而且也都符合其它條件。但沒有一個人說它們是詞頭。

看是否讀重音，也不可靠。不能帶重音的詞根也很多，如上面說的「語法」的「語」，其它像「身體」、「部隊」、「草稿」、「馬褂」、「國家」等，第一個音節都不讀重音，跟他們認為是詞頭的「老趙」、「小二兒」的「老」、「小」一樣，都讀中音。可是誰也不會說上面這些讀中音的都是詞頭。也曾有人拿讀輕音作為辨認後綴的標準，這同樣行不通：雖然大多數後綴都讀輕音，但讀輕音的不一定都是後綴，如「毛病」、「和尚」、「經濟」等詞的第二音節都讀輕音，但不是後綴。

能用來造新詞的算不算詞頭呢？詞頭絕大多數都能用來造新詞，這是事實；但不能顛倒過來說，能用來造新詞的都是詞頭。因為許多詞根的構詞能力也很強。如「語」可以構成「語言」、「語法」、「語文」、「語病」、「語序」，「軍」可以構成「軍人」、「軍隊」、「軍紀」、「軍長」、「軍齡」；同時這種詞根有很多不讀重音，不能獨立成詞，也沒有一個人說它們是詞頭。

我們認為完全具備下面幾個條件的才是詞綴：

1) 意義比詞根抽象、概括，不是指獨一無二的直接的物質意義的詞素。其中有的只是一兩個音節，如「乾巴」的「巴」，「酸溜溜兒」的「溜溜兒」。有的雖然在古代漢語是獨用的實詞，但現在已失去了原意，再也不能以原意構詞，如：「子」原來是「兒子」的意思，現在是事物範疇的標識，像「椅子」、「筐子」、「刀子」等；「士」原來是讀書人——知識分子，現在一般都表示對某種人的尊稱，像「護士」、「志士」、「戰士」、「勇士」等，失去了原來的意義。

這也是個意義標準。在不能確定某個詞素的意義虛實的時候，必須結合下面的功能和構詞形式標準。

2）永遠不能以其在合成詞裡的意義獨立成詞的。如：「啞巴」、「尾巴」的「巴」，「這麼」、「那麼」的「麼」，「第一」、「第二」的「第」，「打聽」、「打扮」的「打」（「打水」的「打」是獨立的詞，跟詞綴「打」只是同音同形而已，在意義上毫無聯繫，不能混爲一談）。

3）不能用作簡稱詞的。在任何語言裡帶詞綴的詞，用詞綴作爲簡稱形式出現在句子裡都是罕見的，漢語更是如此。這是詞綴本身的性質所決定的。換句話說，在簡稱時可以用詞根代替全詞，而不能用詞綴代替全詞。如：「刀子」、「斧頭」可以簡稱爲「刀」、「斧」，但不能簡稱爲「子」、「頭」。

4）構詞時位置固定的。如「第一」、「第十」的「第」作爲詞綴只能放在詞根之前，「女人家」、「畫家」的「家」作爲詞綴只能放在詞根之後，決不能以同樣意義既可放在詞根前，又可放在詞根後。有人可能會問：「家」不是也可以放在詞根前構成「家庭」、「家長」、「家族」嗎？大家都承認在任何一種語言裡，詞都有同音的，詞素也不能例外。尤其在漢語裡，同音詞素更多。也就是說，大部分詞綴，都還有與其有歷史聯繫的詞或詞根，如「木頭」的「頭」和「頭腦」的「頭」，「孩子氣」的「氣」和「水蒸氣」的「氣」，「老王」的「老」和「老人」的「老」，等等。這種現象咱們必須承認它們是同音詞素，在現代漢語裡已失去了意義上的聯繫。不僅如此，甚至像「老虎」的「老」和「老王」的「老」，「石頭」的「頭」和「上頭」的「頭」，也都可以說是同音詞素，雖然它們都是詞綴。

以上四個條件只是和詞根相對著說的。和詞根不同的是：詞根只要具有那四個條件裡的一個就可以，而詞綴必須完全具備這四個條件，缺一不可。如果只具備其中的三個或兩個條件，必定有一個或兩個條件符合詞根的特點。

爲了辨認方便，在上述四個條件的基礎上，針對詞綴的性

質，再提出下面三個參考條件：

1）大多數詞綴具有較強的能產性。例如：「頭」可以用相同的意義和形式構成「石頭、木頭、鎖頭、鋤頭」等，「界」可以用相同的意義和形式構成「藝術界、文學界、政界、報界、各界」等。只有一些意義非常空靈的形容詞疊音後綴沒有能產性，如「笑吟吟」的「吟吟」。

2）大多數詞綴不讀重音。即前綴一律讀中音，中綴一律讀輕音，後綴大多數也讀輕音，只有少數例外（像形容詞疊音後綴的第二音節；「懶洋洋」、「陰森森」）。

3）大多數詞綴是一定詞類的標識。就是說，同一個詞綴，往往不可能以同樣的意義和形式構成不同詞類的詞。如：由「者」構成的只能是名詞，由「第」構成的只能是數詞。當然少數詞綴也能構成兩個不同詞類的詞，如：「巴」既是形容詞詞綴（如「乾巴」），又是動詞詞綴（如「搓巴」），不過它們的意義各不相同；「然」可以是副詞詞綴（如「忽然」），也可以是形容詞詞綴（如「很自然」），不過這兩類詞性質很相近。

總之，在確定某個詞素是不是詞綴時，不能只用其中的一個或兩個條件，特別是不能只用最後三個參考條件，應該把幾個條件結合起來，甚至應該跟確定詞根的條件結合起來一起考慮。

根據上述標準，我們認爲下列語言單位應該是詞綴：

1.前綴

　　阿、老、非、總、分、本、該、初、第、打、所、可

　　「阿」　阿姨、阿爹、阿哥、阿妹、阿毛、阿李、阿王

這個前綴帶有方言性質，表示愛稱，在北京話裡，只有「阿姨」一詞是常用的，而且詞義有所改變：不是指親屬關係中的「姨媽」，而是指看顧兒童的保育員或保姆，有時也用於小孩子對母輩婦女的稱呼。從發展趨勢上看，這是一個處在消亡過程中的前綴，就連「阿姨」一詞也在逐漸爲「姨姨」所代替。

「老」　　A. 老王、老張、老鄉、老弟

　　　　　B. 老鼠、老鴰、老虎、老鷹

　　　　　C. 老婆、老道、老娘們兒、老爺們兒

　　　　　D. 老大、老二、老三、老幾

這個前綴有四個不同的意義：A. 用於對同輩人的稱呼，表示親切或不外道的感情；B. 用於一般動物，表示憎惡感情或表示動物的凶猛；C. 用在俗稱中，帶有輕視的感情；D. 表示排行。這四個「老」，跟「老人」、「老街坊」、「老頭兒」的「老」是同音詞素，不能混爲一談。

「非」　　非黨員、非會員、非金屬、非導體、非生物體、非無產階級

這個詞素，在古代漢語裡是個否定意義的判斷動詞，有「不是」的意思。在現代漢語裡雖然保留了原意，但已不能獨立成詞，只是作爲構詞詞素。這跟「無計劃」的「無」很不一樣：「無」可以以文言詞的身份代替「沒」或「沒有」自由造句，如「他沒計劃，也沒目標」，可以說成「他無計劃，也無目標」。「非」卻不能以文言詞的身份代替「不是」自由造句，如「她不是學生」，不能說成「他非學生」；同樣，「非」也不能換成「不是」，如「他是非會員」，不能說成「他是不是會員」。從構詞上說，「非」的位置是固定的，只能放在詞根前面。因此還是可以勉強把它算作名詞前綴，表示否定意義。它跟起連詞作用的「非去不可」、「非你不行」的「非」作用不同，跟「非得」、「非難」等動詞裡的「非」意義正相反，跟「是非」、「非但」的「非」作用也不一樣，應看作不同的詞素。

「總」　　總工程師、總經理、總指揮、總司令、總行、總辦事處、總機關

漢語裡的「總」字，意義有好幾個，但作爲前綴的「總」字，只是加到名詞前表示「爲首的」或「主要的」意義，不包含「總

吃」、「總括」的「總」。

　　「分」　　分局、分行、分公司、分會、分校、分店、分廠
這個詞素，作爲前綴是跟「總」相對的，是「所屬的」或「整體
的一部份」的意思。不包括「分析」、「分別」、「分辨」、「十分」、
「千分之一」的「分」。

　　「本」　　A. 本人、本國、本省、本村、本校、本地
　　　　　　　B. 本年、本月份、本學期
這個前綴有兩個意義: A. 表示自稱, B. 表示現今或「這」的意
義。跟「根本」、「本錢」、「本著」、「一本書」的「本」意義不
同。

　　「該」　　該地、該處、該書、該省、該員、該同學
這個前綴，原是個文言指示詞，在現代漢語裡常見於書面語，有
「那」的意思。所以要叫它前綴，是因爲在現代漢語裡，它已失
去了指示詞的特點。比如「那」附加於名詞時，可以在後面加上
別的成分，如「那人」，可以說成「那一個人」；而「該同學」卻
不能說成「該一個同學」。另外「該」並不是獨立的，如「該
處」、「該地」，顯然都是一個詞，因而「該」也不能換成「那」。
⑨這個「該」跟「該做」、「該錢」的「該」都是同音詞素。

　　有人把「總」、「本」、「該」跟「每」、「各」、「某」、「全」、
「滿」、「同」一樣看待，都叫形容詞性詞素。我們認爲還是分別
對待好些。「每」、「各」、「某」加到名詞前面時，後邊往往能加
上別的成分，如:「每天」，可以說成「每一天」，「各學校」可以
說成「各個學校」，「某公司」可以說成「某個公司」，肯定是獨
用的詞；「全」可以以同樣意義獨立成詞，如「人全了」；「滿」
可以重疊，如「滿滿兒一地」；「同」後面往往可以加「一」，如
「同一天」。可見，它們跟「總」、「本」、「該」作用不同。

　　「初」　　初一、初二、初五、初六、初九、初十、初幾
這個前綴只用於一至十共十個數詞和「幾」前面，表示農曆每月

上旬各天。跟引申爲「初遇」、「初次」和成語「初無不可」的「初」已經不是同一詞素。

　　「第」　　第一、第二、第十、第二十五、第四十一、第一百二十五

這是個常用的數詞前綴，它可以加於任何基數詞之前，表示序數。但基數詞是「百」、「千」、「萬」、「億」等位數詞時，必須在前面加系數詞，說成「第一百」、「第二十五萬」等。

　　有人不同意把「第」當前綴，唯一的理由是「第」字可以有「第九萬九千九百九十九個」，「第一、二、三組」這種格式。⑩我們認爲這個理由是不充分的。「九萬九千九百九十九」，是一個合成詞呢，還是由九個詞（或五個詞）組成的詞組？如果把它寫成 99999 時，是一個合成詞呢，還是由五個 9 構成的詞組？在實際語言中有沒有說「九個萬加九個千加九個百加九個十再加九」？如果不是在上算術課，這種說法是永遠聽不到的。因爲這是一個合成詞，「第」正是前加於這個合成詞的。至於「第一、二、三組」的格式，也說明不了「第」是附加於「一、二、三」的。我們可以單說「二組、三組」，省掉了或乾脆說沒有「第」，爲什麼「一組」前有「第」時，「二組」、「三組」就不可以說是省掉了或沒有「第」呢？或許可以說這種用法正是漢語簡練的特點之一。其它像「初一、二」也是這種格式。

　　　　「打」　　打聽、打扮、打磨、打點、打掃、打量、打發

這個前綴，專門放在動詞前面：有的表示一種輕微（或主觀上認爲輕微）的動作，如「打磨」、「打點」；有的改變詞義，如「打量」、「打發」；有的沒有什麼意義，如「打掃」。漢語的「打」字，有二十多種意義，如「打球」、「打人」、「打魚」、「打水」、「打電報」、「打哈欠」、「打雜兒」、「打毛衣」等等。這些「打」都有一個共同點——放在名詞前面，跟名詞構成動賓詞組，跟作前綴的「打」顯然不同。

「所」　所說、所住、所買、所想、所批評、所喜歡、所
　　　　有、所在

這是個標識動詞作定語的前綴，表示被動意義。不過在現代漢語
裡是可有可無的，特別是在口語裡幾乎是不用的。把它當作前
綴，可能有人不同意。理由是「所」和動詞之間可以插進別的成
分，如「所不懂的事情」、「所要做的工作」等。我們認爲這種現
象是極個別的，即便是單個動詞作定語時，「所」字都是可有可
無的，或者說是多餘的，那麼詞組作定語（即動詞前面再加別的
成分）時，再加「所」字，究竟合不合乎規範，還值得討論。至
少在口語裡是不這麼說的。

「可」　可愛、可憐、可惡、可恨、可惱、可氣、可惜、
　　　　可觀

這個詞素，作爲前綴主要是加在表示內心活動的動詞前，使之變
成形容詞，表示「值得」（應該）的意思。這個「可」跟加在其
它動詞前的「可」，如「可吃」、「可看」、「可去可不去」，意義和
作用都不一樣：「可吃」之類的「可」是「可以」的意思，並且
都能換成「可以」，如「可以吃」、「可以看」、「可以去可以不
去」，只是比起「可以」來文言味濃一些；但「可愛」、「可憐」、
「可惱」的「可」卻不是「可以愛」、「可以憐」、「可以惱」的意
思，如「這孩子眞可愛」、「他很可憐」都不能說成「這孩子眞可
以愛」、「他很可以憐」（「可以愛」是動詞性詞組，「可愛」是形
容詞；「可以憐」不成話，「可憐」是形容詞）。作前綴的「可」
跟「可多呢」、「那可不成」、「你可知道」、「年可三十許」的
「可」更不是一回事。

2.中綴

一、了、裡、來、數

「一」　買一買、做一做、要一要、看一看、走一走、說
　　　　一說

作爲中綴的「一」，嵌在疊音的動詞之間，加強原來疊音動詞所表示的「試試」或「時間短暫」的意思。有時只是個嵌音，去掉以後，原意不變。有人說「一看」、「一說」是「看」、「說」的補語，「一」是數詞，它後頭的「看」、「說」都是動量詞，因爲還可以說成「看他一看」、「說他一說」。⑪這種說法不可取。從意義上說，「一看」、「一說」不是「看」、「說」的數量；從語法結構上說，不能有「看兩看」、「說三說」的格式。顯然「一」已失去了數詞的特點。至於「看他一看」、「說他一說」的說法是否規範還值得考慮，因爲「買他一買」、「做他一做」、「要他一要」等格式，從來沒有人用過。即使是規範的說法，也是很個別的，可以當作特殊現象。

　　「了」　　買了買、做了做、要了要、看了看、走了走、說了說

作中綴的「了」跟作後綴的「了」意義基本相同。「了」在這裡表示「試試」或「時間短暫」的動作的完成。它在詞裡不是可有可無的，這跟「一」的作用有些不同。

　　「了」和「一」可以合起來嵌在疊音動詞之間，如：「買了一買」、「看了一看」、「走了一走」。所表示的意義等於「了」和「一」的總合。因爲它們都讀輕音，在口語中往往合成一個音節，說成 lei。

　　「裡」　　糊裡糊塗、傻裡傻氣、囉裡囉嗦、小裡小氣、流裡流氣

這個中綴，嵌在不完全重疊的形容詞中間，表示厭惡感情。在口語裡常說成 le。這個「裡」跟「屋裡」、「這裡」、「高下裡」的「裡」作用不同。

　　「來」　　十來個、一百來個、兩千來張、二十來萬、二百來億、十來天

這個中綴，多用於位數詞和量詞之間，表示約數。如果把量詞當

作獨立的詞，「來」也可以看作數詞後綴。

　　「數」　　百數個、千數張、萬數條

這個中綴，在口語裡讀 she，也是用在位數詞「百」、「千」、「萬」和量詞之間，表示約數。位數詞後面用上「數」以後，前面不能再加系數詞，如「一百數個」不成話。這個詞素有人寫成「十」，這容易跟位數詞「十」混淆。

3.後綴

　　兒、子、頭、者、家、士、界、夫、氏、員、巴、手兒、法兒、處、率、性、式、下裡、們、個、麼、樣、裡、於、了、著、過、化、得、騰、拉、達、然、價、是、來、氣、的慌、乎，以及大量的形容詞疊音後綴，如：呼呼、烘烘、虛虛等。

　　　　「兒」　A. 事兒、窟窿兒、小貓兒、小孩兒、臉蛋兒、
　　　　　　　　　寶貝兒、小偷兒、秦檜兒

　　　　　　　　B. 鼻兒、口兒、地兒、眼兒、信兒、面兒

　　　　　　　　C. 畫兒、吃兒、唱兒、刺兒、亮兒、好兒、熱
　　　　　　　　　鬧兒、零碎兒

　　　　　　　　D. 平兒、寶兒、青兒、巧兒

　　　　　　　　E. 坐坐兒、歇歇兒、走走兒、玩玩兒

　　　　　　　　F. 高高兒、大大兒、紅紅兒、好好兒

　　　　　　　　G. 這兒、那兒、哪兒

作為後綴的「兒」，所表示的附加意義是很多的，這裡大體上分為七種：A. 裡的「兒」都是增加感情色彩的：有的表示微小的感情，如「事兒」；有的表示嬌愛感情，如「小孩兒」、「臉蛋兒」；有的則完全相反，表示輕蔑感情，如「小偷兒」。B. 裡的「兒」都是用來改變詞義的，如「鼻」原是起呼吸作用的鼻腔，加「兒」以後專指物件的孔兒，像「針鼻兒」。C. 裡的「兒」是用來改變詞性的，如「畫」原是動詞，「熱鬧」原是形容詞，加「兒」以後都變成名詞。D. 裡的「兒」都是用於兒女乳名的，從

父母對兒女的稱呼來看，也應該算表示嬌愛感情的，但因它是專名的不可缺少的部分，即使人們討厭或輕視，還是可以叫他平兒、寶兒的；另一方面，這一類「兒」與前三類在讀音上也不相同：前三類的「兒」都不是獨立的音節，而是卷舌的韻尾，這一類的「兒」都是獨立的音節。E. 裡的「兒」是動詞後綴，表示時間短或輕鬆的意思。F. 裡的「兒」是形容詞後綴，表示輕微或喜愛。G. 裡的「兒」表示方位，跟「這裡」的「裡」作用相同。

把「兒」字當作後綴，可以說已成天經地義的事了，因為直到現在還沒有人提出不同的看法。不怕見笑，我們也是因為大家都說它是後綴，才把它列到後綴裏來的。其實，我們還有一個問題沒弄懂，這個問題牽涉到「兒」有沒有資格作後綴。那就是：所有講北京語音的著作中都說「兒」是韻尾 (-r)，不是獨立的音節 (D. 裡的「兒」例外)。既然是韻尾，那就同-n、-ng 等韻尾一樣，只是構成韻母的一個音素 (或音位了)，也就是說，「事兒」是一個音節，這個音節是由聲母 sh 和捲舌韻母 er 構成的，正像「生」是由聲母 sh 和鼻韻母 eng 構成的一樣。那麼為什麼不可以說尾-ng 是詞的後綴呢？這就使人懷疑，不能自成音節的韻尾，到底是構成韻母 (或音節) 的音素 (音位) 呢，還是構詞詞素？不能自成音節的韻尾，有沒有資格作構詞後綴？有沒有韻尾兼後綴的現象？

「子」　A. 毛驢子、小貓子、老頭子、鬼子、猴子、兔崽子

　　　　B. 刀子、斧子、筐子、網子、鞋子、褲子、帽子、桌子

　　　　C. 扳子、鉤子、叉子、鑿子、傻子、瘋子、聾子、瞎子

　　　　D. 蘭子、芬子、虎子、巧子

這個後綴，所表示的意義大體上分爲四種：A. 表示討厭或憎惡感情。B. 表示用具或衣物。C. 將動詞、形容詞變成名詞，動詞變成名詞的多表示用具，形容詞變成名詞的多表示討厭或憎惡感情。D. 表示人名。這些「子」已經失去了「子孫」中「子」的意義。

「頭」　A. 石頭、木頭、鎖頭、鋤頭

　　　　B. 口頭兒、水頭兒、火頭兒

　　　　C. 上頭、下頭、裡頭、前頭

　　　　D. 想頭、看頭、苦頭、好頭

這個後綴，所表示的意義也有四種，A. 表示成塊兒的物體。B. 表示事物的品質，如「口頭兒不錯」是「味道不錯」的意思。C. 加在方位詞之後構成方位名詞。D. 加在動詞、形容詞後，改變詞性，表示抽象事物。這些「頭」跟「頭腦」、「領頭兒」、「煙頭兒」、「頭兩年」、「在頭裡走」、「這頭親事」的「頭」只是同音而已，沒有任何意義聯繫。

「者」　A. 作者、讀者、編者、學者、記者、無政府主義者、拜金主義者

　　　　B. 前者、後者、二者

這個後綴，在古代漢語裡是個獨立的代名詞，如「有牽牛而過堂下者」，在現代漢語裡主要是加在動詞後，使之成爲指人的名詞，也有一些是加在名詞後，使之成爲有某種信仰的指人名詞，A. 裡各例就是。但也有極少數是加在方位詞「前」或「後」和數詞「二」或「三」之後，使之成爲指物名詞，B. 裡各例就是。不過這種說法仍有文言氣，口語裡不用。

「家」　A. 老人家、孩子家、女人家、姑娘家、老爺們兒家

　　　　B. 作家、畫家、音樂家、科學家、政治家、理論家

C. 吃家兒、説家兒、看家兒、幹家兒、跑家兒、
唱家兒

A. 裡的「家」表示按年齡或性別劃分的一類人。B. 裡的「家」表示有專門學識或技能的人。C. 裡的「家」必須兒化加於動詞之後，帶有方言性質，表示能做某種事情的人。這三個「家」跟「家庭」、「家族」的「家」意義不同。

「士」　護士、戰士、騎士、醫士、勇士、博士、志士、大力士

這個後綴，表示從事某種工作或具有某種品質的人，一般帶有尊敬意味。它跟軍銜裏的「上士」、「中士」的「士」不是一回事。

「界」　文化界、教育界、藝術界、政治界、工商界、學術界

這個後綴，經常加在名詞後頭，表示職業相同的組織或一類人，跟「國界」、「管界」的「界」意義不同。

「夫」　車夫、馬夫、漁夫、農夫、伙夫、船夫、更夫、轎夫

這個詞素，在古代漢語裡是成年男子的通稱，在封建社會的末期，專用於勞動人民，也可以說是統治階級對勞動人民的輕視稱呼。作為後綴，它跟「丈夫」的「夫」和舊時稱老師為「夫子」的「夫」以及較早的官職「大夫」的「夫」意義都不同。在現代漢語裡，除了「車夫」還常常使用，其它都在消失中，即「農夫」、「漁夫」為「農民」、「漁民」所代替，「伙夫」、「馬夫」為「炊事員」、「飼養員」所代替，等等。

「氏」　李氏、劉趙氏、章氏、馬氏

這個詞素，在古代漢語裡和「姓」有關，「姓」是總的，「氏」是分支。在現代漢語裡，用在姓的後頭，表示尊稱。尊稱的對象有二：一是對婦人，如「張門李氏」；一是對專家或有名望的人，如：「章氏叢書」。這個「氏」跟「氏族」的「氏」雖然同出一

源，但在現代漢語裡已是兩種不同的意義。

　　　　「員」　　A. 教員、學員、演員、職員、店員、通訊員、
　　　　　　　　指揮員
　　　　　　　　B. 會員、隊員、組員、黨員、團員

這個詞素，最早的意義是指官數，即設官若干人說成若干員；後來指「官員」；最後才演變成 A. 工作或學習的「人員」，B. 團體或組織中的「成員」。但也有不同於其它詞綴之處，即在現代漢語裡偶爾可以用作簡稱，如「師生員工」，還可以以同樣意義構成「定員」、滿員」等少量合成詞。根據前面說的詞綴的特點，本不應劃歸詞綴，但由於虛化用法頻率很高，構詞能力很強，作爲特例把它暫時劃歸詞綴也說得過去。不過這個詞素同用作量詞的，如「一員猛將」的「員」，意義和作用不盡相同，應視爲兩個不同的詞素。

　　　　「巴」　　A. 啞巴、結吧、磕吧、尾巴、力巴、泥巴、鹽
　　　　　　　　巴
　　　　　　　　B. 捆巴捆巴、撕巴撕巴、揉巴揉巴、擰巴、貶
　　　　　　　　巴
　　　　　　　　C. 乾巴、濕巴、僵巴、薄巴、瘦巴、糊巴（饅
　　　　　　　　頭）

這個詞素，作爲後綴有三種不同的意義：A. 是名詞後綴，主要是放在形容詞或名詞後面構成新的名詞，一般表示不尊重或厭惡情緒，「鹽巴」是個方言詞，不表示感情色彩。B. 是動詞後綴，加在動詞後面，表示草率從事或輕而易舉的動作，在口語裡經常跟著重疊的動詞重疊。C. 是形容詞後綴，加在形容詞後，表示厭惡情緒。其中有的形容詞按照動詞的方式重疊以後，可以活用成動詞，如「放在水裡濕巴濕巴」，重疊以後，「巴」就失去表示厭惡情感的作用，變成動詞後綴，表示一種輕而易舉的動作。這三個「巴」跟「巴結」、「飯巴鍋了」的「巴」不是相同的詞素。

「手兒」　拖拉機手兒、調度手兒、射擊手兒、坦克手兒、水手兒

這個詞素，作爲詞綴是表示有操縱某種器械的技能的人，在口語裡一般都讀兒化音，跟「手腳」的「手」意義不同。

「法兒」　看法兒、説法兒、想法兒、亮法兒、好法兒、樂法兒

這個詞素，作爲後綴只是放在動詞、形容詞後頭，使之變爲抽象的名詞。跟「想個法兒」的「法兒」已經失去了聯繫，跟「書法」、「效法」、「法律」的「法」更不相同。

「處」　好處、壞處、害處、益處、長處、短處、難處、苦處

這個後綴，雖然是由「住處」的「處」引申出來的，但當它用到形容詞後頭時，已失去了「處所」的意義，只表示抽象的名詞。跟「辦事處」的「處」意義更不相同。

「率」　生產率、速率、頻率、周率、效率、使用率、死亡率

這個後綴，讀 lù，表示一定的標準或限度，同「率領」的「率」(shuài) 不是一回事。

「性」　線性、個性、目的性、適應性、戰鬥性、嚴重性、靈活性、共同性

這個詞素，作爲後綴是從「性質」的「性」發展來的，表示人或事物本身所包含的特質、作用等。有人不承認它的後綴資格，理由是它保留了原來的意義，並且能構成「性質」和「性能」兩個詞。這種意見是值得重視的。不過「個性」、「戰鬥性」的「性」到底是不是「性質」、「性能」的意思，是不是變得更爲抽象了，還是可以研究的。即使在某些詞裡是「性質」、「性能」的意思，從它在現代漢語裡的使用情況和發展前途來考慮，還是可以勉強把它放在詞綴裡的。因爲，一方面在許多詞裡已看不出它的原

意，如「靈活性」、「目的性」、「共同性」，一方面它放在別的詞根前面構成的只有「性質」和「性能」這兩個詞。這個「性」跟「性別」、「性質」、「兩性」的「性」不是一回事，應分別對待。

　　「式」　　同志式、朋友式、李寧式、中國式、戰鬥式、游擊式、噴氣式

這個詞素，作為後綴是從「方式」、「樣式」的「式」發展來的。除保留了一部分原意，有的還增加了「一樣」的意思，如「同志式」意思跟「同志般」相同。跟「性」一樣把它當作後綴也是很勉強的，特別是在「新式」、「舊式」、「方式」、「樣式」等詞裡，「式」是不是後綴，更值得研究。

　　「下裡」　　高下裡、長下裡、寬下裡、私下裡

這個詞素，不是「下」和「裡」的結合，而是一個單義素。主要是用在某些表示狀態的形容詞後，使形容詞變成表示計算數量的名詞。

　　「們」　　學生們、工人們、教師們、堂・吉訶德們、牛們、狗們、我們、你們、他們、咱們、它們

這個詞綴是用在指人名詞（包括代名詞）後面，表示複數的。像「堂・吉訶德們」雖然不是說有許多堂・吉訶德，但也是指跟堂・吉訶德一類的人，還是有複數的意思。「牛們」、「狗們」，雖然不是指人，但也是把它們人格化了。只有「它們」不是指人，如：「動詞、形容詞，它們的特點之一是作謂語。」

　　這個詞素，一般都承認是後綴，而且是表示詞形變化的後綴（詞尾）。但也有人認為它不是後綴，而是獨立的詞。唯一的理由，也是因為「們」可以有「請老師、同學們指教」這種格式。這就是說，「們」是加在詞組之後了。⑫我們認為這跟前面說過的「第」一樣，是漢語在簡稱中所運用的一種特有形式。這句話可以說成「請老師們、同學們指教」，為了節省但又不影響語義的明確性，把前一個「們」略去不說。這跟「大、中、小學校」，

情形相似，不能說「學校」是「大」、「中」、「小」的公有詞根。詞根尚且能省，後綴爲什麼不能省？漢語的特點在這裡只表明「們」不同於印歐語言中表示「數」的語法範疇的後綴（詞尾），而不表明「們」不是後綴。

　　「個」　昨兒個、今兒個、前兒個、後兒個

這個後綴，用在表示日期的兒化名詞之後，使之口語化，沒有什麼特殊意義。跟「一個」的「個」不是同一詞素。

　　「麼」　這麼、那麼、怎麼、什麼、多麼

這個後綴，加在「這」、「那」後面是用來改變詞性——把名詞（代名詞）變成副詞的；加在「怎」、「什」後面是用來構詞的，因爲「怎」、「什」不能單獨成詞，加上「麼」以後才是個詞；在加「多」後面只是加強語勢，因爲「多」本來也是個副詞。

　　「樣」　這樣、那樣、怎樣、這麼樣、那麼樣、怎麼樣、
　　　　　多麼樣

這個後綴的作用，有時是改變詞性，如「這樣」、「那樣」，把代名詞變成動詞或副詞；有時是構成新詞，如「怎樣」；有時只是加強語勢，如「這麼樣」、「那麼樣」、「怎麼樣」，這時「樣」字可有可無。這個「樣」，跟表示形狀或標準的「樣子」、「樣本」的「樣」意義不同，跟表示數量的「一樣」、「兩樣」的「樣」也不是一回事。也就是說，「這樣做」不是「照這個樣子做」；「這樣東西我沒有」跟「我這樣說」的「這樣」雖然讀音相同，但意義不同。前者是「這一樣」的變讀，隨時可以加上「一」，後者根本就沒有也不許有「一」。

　　「裡」　這裡、那裡、哪裡

這個後綴是使一般代名詞變成表示方位的代名詞的。這個「裡」跟「屋子裡」的「裡」不同，「屋子裡」的「裡」有「裡頭」的的意思，這個「裡」沒有。如果想讓代名詞後的「裡」也表示「裡頭」的意思時，必須說成「這裡頭」、「那裡頭」等。

「於」　　A. 大於、小於、難於、紅於、高於、長於

　　　　　B. 宜於、善於、便於、滿足於、適用於

　　　　　C. 等於、屬於、在於、流於、相當於

這個詞素，是從古代漢語的介詞「於」發展來的。作爲現代漢語的詞綴，至少有三種意義：A. 用於形容詞之後，使形容詞變成表示有差比意義的動詞，「大於」是「比……大」意思；B. 用在形容詞或動詞之後，使之變成必帶賓詞的動詞，表示「對」的意義，「宜於」是「對……宜」的意思；C. 用於動詞之後，跟這個動詞構成表示判斷的動詞，跟用在介詞「對於」、「關於」和連詞「至於」裡的「於」一樣，很難說表示什麼比較明顯的意義。至於像「立於」、「生於」、「產於」的「於」似乎都是古代漢語介詞的借用，都可以用現代漢語的「在」來替代，是不是變成詞綴了，還值得考慮。

「了」　（le）　吃了、寫了、看了、騎了、唱了、紅了
　　　　　　　　（臉）

這個詞素，經常加在動詞或形容詞後面，表示完成體。

「著」　（zhe）　吃著、寫著、看著、騎著、唱著、紅著
　　　　　　　　（臉）

這個詞素，經常加在動詞後面，表示進行體。

「過」　（guo）　吃過、寫過、看過、騎過、唱過、紅過
　　　　　　　　（臉）

這個詞素，也是經常加在動詞後面，表示過去完成體或表示經驗、閱歷。

「化」　　A. 綠化、美化、惡化、明朗化

　　　　　B. 名物化、園林化、藝術化、工人化

這個後綴是由動詞「冰化了」的「化」發展來的，因此仍然保留一些「變化」的意思。但比起動詞「化」來，意義還是空靈得多。

「得」(de)　懂得、覺得、曉得

這個詞素，作爲後綴總是附在某些動詞後面表示內心活動有了成效的意思，中間不能插入「不」或其它成分。有人說過這個詞素不算後綴，只有「開得」、「吃得」等中間能加「不」的，才算後綴。我們認爲應該顚倒過來，中間能加「不」的不算後綴，不能加「不」的才算。但「好得很」、「講得明白」的「得」，都是獨立的虛詞，跟作後綴的「得」只是讀音相同而已。

「騰」　搗騰、折騰、鬧騰、撲騰、翻騰、鼓騰、搧騰

這個詞素，專門加到動詞後面，表示亂七八糟的動作，跟「奔騰」、「霧氣騰騰」的「騰」意義不同。

「拉」　撲拉撲拉、撥拉撥拉、吸拉、劃拉、劐拉、數拉

這個後綴，在口語裡念 le，加在動詞後面，表示零亂或輕鬆的動作，不是動詞「拉」的意思。

「達」　踢達踢達、摔達摔達、跳達跳達、扭達、敲達、數達

這個後綴，在口語裡念 de，附在動詞後面，表示零亂或非沈重的動作。這個詞素，在書面語言中一直被寫成「躂」和「打」兩個字。寫成「躂」的像「蹓躂」，甚至有人說這是聯綿詞；寫成「打」的像「敲打」（「打」讀輕音），被認作合成詞，都不叫後綴。我們認爲這兩個字是完全相同的詞素，而且都是後綴。至於在書面上寫成「達」、「躂」或是寫成「打」，或是寫成其它樣子，如「吥」，那只是漢字問題。當動詞改變重疊形式活用成形容詞時，這個後綴也跟著重疊，如「踢踢達達」，這時「達達」就跟「乾乾巴巴」的「巴巴」一樣，是形容詞後綴了。

「然」　忽然、當然、顯然、驟然、坦然、自然、安然、誠然

這個後綴主要是用來構成副詞的，有的由於可以作謂語，也可以按形容詞的格式重疊，應看作形容詞，如「態度很自然」、「心地

很坦然」、「自自然然的樣子」。

　　　　「價」　　不價、沒價、整天價

這也是個非能產型的後綴，而且在北京話裡正處於消亡的過程
中，或者說，在民族共同語的形成過程中，它是個不被吸引的方
言字。這個字也有人寫成「家」。

　　　　「是」　　還是、就是、可是、確是、總是……

「是」在漢語裡是個很特別的字，它的不同用法和意義，細分起
來不下十幾種。只有放在別的副詞後面，並跟該副詞構成一個詞
時，才是後綴。例如：「他還是不肯走」，「你就是不聽這些勸
告」，「我可是不行」，「同學們確是很累了」，「我總是不會」。在
這些句子裡，「是」字大都可有可無，前頭不能插入別的副詞，
而且永遠讀輕音。但在下列句子中，「是」字都是判斷動詞：「他
還是科長」，「他就是老師」，「你可是這裡的主人」，「我確是河南
人」，「好人總是好人」。在這些句子裡「是」字去掉以後，句子
就殘缺不全，「是」字前面可以插入別的副詞，如「他還不是科
長」，「他就不是老師」；強調時，「是」字可以讀重音。其中有的
還可以是連詞，例如：「是你去，還是我去」，「不是你去，就是
我去」，「你說了半天，可是我一句也不懂」。可見，「是」作為後
綴，也是比較特殊的。

　　　　「來」　　A. 向來、本來、近來、歷來、從來
　　　　　　　　B. 一來、二來、三來、四來

A. 用以構成副詞，表示時間。B. 加在個數詞「一、二、三、
四」後面（「五」以上個數詞後面不加「來」），表示作插入語或
連詞用的序數，它的作用跟「一則」、「二則」相同，不過「則」
是個文言成分。

　　　　「氣」　　孩子氣、大人氣（兒）、官僚氣（兒）、土氣、神
　　　　　　　　氣、和氣、驕氣、闊氣、暮氣

這個後綴，加到名詞或形容詞後面，表示人或事物所具有的神情

或態勢。跟「氣體」、「氣人」、「氣勢」、「胡說一氣」、「腳氣」的「氣」是同音異義詞素。「土氣」的「氣」讀輕音時是後綴，讀重音時是詞。

　　「的慌」　悶的慌、癢的慌、氣的慌、累的慌、渴的慌
這個詞素，在口語裡念 deheng 或 dehong，加在表示感覺的形容詞或少數動詞後面，表示不爽快、不舒適的情緒。有人說「悶的慌」跟「悶的很」格式相同，即「慌」是「悶」的補語。這個說法值得懷疑。因為「慌」本身在這裡沒有任何意義，不是「慌忙」的「慌」，跟「的」合起來才是一個有意義的詞素。

　　「乎」　軟乎、爛乎、熱乎、近乎、淳乎、醬乎、潮乎、
　　　　　　溫乎
這個後綴，也是加在形容詞後面，跟「巴」的意思正相反，一般表示喜愛感情。此外像「幾乎」、「幾幾乎」、「確乎」的「乎」都是副詞後綴，「於是乎」的「乎」是連詞後綴，不表示喜愛感情，因構詞能力很弱，不另分立。

　　形容詞後綴，最多的是下面這一類：
　　「乎乎」（黑乎乎）、「烘烘」（臭烘烘）、「絲絲兒」（甜絲絲兒）、「虛虛」（青虛虛）、「登登」（黃登登）、「巴巴」（乾巴巴）、「花花」（白花花）、「颼颼」（冷颼颼）、「汪汪」（水汪汪）、「沖沖」（氣沖沖）、「巍巍」（顫巍巍）、「甸甸」（沈甸甸）、「糟糟」（亂糟糟）、「英英」（藍英英）、「油油」（綠油油）、「魆魆」（黑魆魆）、「通通」（紅通通）、「騰騰」（慢騰騰）、「悠悠」（慢悠悠）、「溜溜」（酸溜溜）、「洋洋」（懶洋洋）、「吟吟」（笑吟吟）、「辣辣」（熱辣辣）、「森森」、（陰森森）、「蒙蒙」（灰蒙蒙）、「淋淋」（血淋淋）、「滴滴」（嬌滴滴）、「生生」（活生生）、「咪咪」（笑咪咪）、「葷葷」（油葷葷）、「巴唧」（苦吧唧）、「咕隆咚」（黑咕隆咚）、「不濟濟」（苦不濟濟）、「不溜秋」（灰不溜秋）、「不呲列」（白不呲列）、「裡呱唧」（傻裡呱唧）、「裡咕唧」（暈裡咕唧）、

「裡胡梢」（花裡胡梢）……

　　這種後綴在漢語是很多的，而且幾乎是無限定的，隨時都可以用這種形式創造出其它後綴來。但每個後綴所創造的新詞卻不多，有的甚至只能跟在一個形容詞的後面。其中有的只是兩三個音節，沒有具體意義，像「苦巴唧」、「傻裡呱唧」、「黑乎乎」；有的意義比較具體，像「油葷葷」、「活生生」。雙音重疊的後綴，有的含有加重的意思，像「熱騰騰」、「白花花」；有的表示減輕的意思，像「酸溜溜」、「懶洋洋」（是不很酸、不很懶的意思）；有的含有憎惡、輕視的意思，像「臭烘烘」、「油葷葷」；有的含有喜愛的意思，如「笑咪咪」、「粉乎乎」。不是疊音的，都含有憎惡、輕視的意思，像「傻里呱唧」、「白不呲列」。

　　此外還有一些正向著後綴發展，但又不完全是後綴的，像「嘻嘻」、「噴噴」、「邦邦」、「光光」等，它們可以構成「笑嘻嘻」、「香噴噴」、「硬邦邦」、「亮光光」，但也可以用同樣意義構成「嘻嘻笑」、「噴噴香」、「邦邦硬」、「光光亮」等。可見它們的後綴性質還不確定。

　　漢語裡的詞綴究竟有多少？因未作全面研究，不敢肯定，不過這裡所舉的絕不是所有詞綴中的一小部分，而是一大部份，就是說，沒舉出來的，不會很多了。

三　辨識詞綴的意義

　　最後附帶談談正確確定漢語詞綴的意義。

(一)有助於進一步認識漢語的性質

　　有的語言學家，如高本漢、馬伯樂等，一向認為漢語是單音節語，就是說，漢語裡每一個詞都只有一個音節，如「人」、「車」、「打」、「好」等。其實他們完全說錯了。這正說明了他們是有意或無意地把漢字當成漢語的詞了，或者是他們沒有看到漢語的發展，把古代漢語當成現代漢語了。古已有之的聯綿詞（如

「葡萄」、「蘿蔔」等）和合成詞（如「人民」、「草創」等），且不算數，光拿由詞綴構成的複音詞就可以駁倒這種論斷。不錯，現代漢語裡仍然有不少單音詞，這正像俄語、英語裡也有不少單音詞一樣。但硬說單音節是漢語的特性，則是無稽之談。這種理論實際上是帶著輕蔑的意思，即漢語是落後的、不發達的：因為漢語只有420個左右的音節，加上聲調和兒化，也不過代表2000個左右的詞。詞彙這樣貧乏的語言，當然是世界上最落後的語言了。但是，這樣的語言在世界上是找不到的。在漢語裡光是由名詞後綴構成的複音詞豈止兩千個？再加上其它詞綴構成的複音詞，數目是相當可觀的，而且這種構詞形式正處於飛速發展的過程中。另一方面，因為一個詞只有一個音節，就不可能有形態變化，沒形態變化，就沒有語法，因而漢語是原始的。這種理論正好作了下面要談的漢語是詞根語之說的注腳。

形態學分類法，把世界語言分為兩個基本類型：1）沒有詞綴的，這種語言叫詞根語（或孤立語）；2）有詞綴的，其中又分粘著語、屈折語、多式綜合語。他們說漢語是詞根語。⑬這種說法，未免武斷，對於正確認識漢語的性質有害無益。語言中的現象是錯綜複雜的，它包含的成分絕非單一的。說漢語沒有詞綴，就是沒有理解語言中這種錯綜複雜性。前邊我們列出的為數不少的詞綴，足以證明漢語不完全是詞根語。換句話說，雖然漢語中詞的孤立現象是不少的，但它已經有了不少的粘著語成分（即詞綴），也有了屈折語成分（如動詞、形容詞的重疊形式），甚至還可找出多式綜合語的成分。漢語在遙遠的過去，曾經是詞根語，這從上古漢語的文獻中可以看出。可是自中古往後，尤其是近一二百年來又發展了許多詞綴，向著粘著語發展。到了現代，粘著語成分顯著增多，並且今後還會不斷增多。因此我們可以說現代漢語是處在由詞根語向粘著語過渡的階段。話再說回來，形態學分類所分出的詞根語、粘著語、屈折語、多式綜合語，本來是沒

有褒貶之意的，即沒有先進與落後之分的，因為先進與落後的標尺是某種語言能否很好地充當交際和交流思想的工具。不過當某些語言學家說漢語是詞根語的時候，也跟說漢語是單音節語一樣，帶著輕蔑的意思。他們認為這種語言沒有形態，沒有語法，要是按照施萊赫爾與馬爾的語言發展階段論來說，當然就是原始的，落後的了。這種理論不值一駁，且不去管它。更主要的是漢語明明有自己的十分嚴密的語法構造，也有一些形態變化，偏要說沒有語法、沒有形態（現在說漢語沒有語法的人是絕無僅有了），這對於正確認識漢語的性質是有害的。如果真的把漢語當作單音節語、詞根語，對於漢語詞彙、語法等方面的研究，也就不可能得出正確的結論。說得嚴重些，我們的詞典將無法編纂，我們的語法體系將無法建立。

但我們也決不能因此而走另一個極端，硬說漢語的詞綴很多，形態變化很豐富。有些好心腸的人，為了使漢語擺脫單音節語和詞根語的「不光彩」的稱號，正在作這方面的努力，甚至把不少獨立的詞也當作詞綴。這些人的主觀願望是可以理解的。但是語言的發展不是以人們的主觀意願為轉移的，何況詞根語並沒有光彩與不光彩，即先進與落後的意思。漢語研究的主要任務是發現漢語發展的內部規律，如果硬說漢語的形態變化很豐富，在漢語研究中也同樣不能抓住它的真諦。

㈡有助於研究漢語詞彙的發展和構詞法

語言詞彙之所以發展、變化，是由於新詞經常充實現有詞彙而引起的。新詞之所以不斷產生是由於人們的生活方式、社會關係以及自然環境的變化所引起的，但跟語言的構詞法也有直接關係。就是說，構詞法是跟語言的詞彙密切聯繫著，因為構詞過程是由語言的詞彙變化直接引起的。可見，要想正確了解某種語言詞彙的發展變化情況，必須先了解它的構詞法。詞根加詞綴的構詞方式在漢語裡是豐富詞彙的主要方式之一，是詞彙不斷豐富的

源泉。因此，只有正確確定漢語詞綴，對於掌握詞的意義才會有莫大的幫助。比如，掌握了詞綴「者」的含義，那麼由「者」構成的許多新詞的意義，就等於理解了一半——從事某種活動的人。這對於學習漢語的外國朋友，尤其是一條捷徑。

㈢有助於漢語教學

在漢語教學中，無論是詞彙部分，或是語法部分，或是語音文字部分，都要提到詞綴，而且每一部分都迫切需要弄清漢語的詞綴是什麼，有多少。在詞彙教學中，分析詞的結構時，有人說：「有條件」是屬於造句類型，即動賓詞組，有人說是「屬於形態學構詞法的派生詞，「有」是前綴；有人說：「酸性」是屬於結構學構詞法的偏正式合成詞，「性」是中心詞根，有人說這也是屬於形態學構詞法的派生詞，「性」是後綴，「酸」才是詞根。這都是相反的解釋。也有不少人把同一種構詞類型，在甲處解釋成形態學構詞類型，在乙處解釋成結構學構詞類型，使初學者摸不著頭腦。在語法教學中，如果把「曾去過」的「曾」當前綴，那麼「曾去過」就是一個詞，如果把「曾」當成獨立的詞，那麼「曾去過」就是偏正詞組，如果把「出來」當後綴，「走出來」就是一個單根詞，如果當趨向動詞，「走出來」就是詞組；如果把「來著」當後綴，那麼就得承認放在句尾的「了」和「的」也是後綴，如果承認了句尾的「了」和「的」都是後綴，那麼虛詞和詞綴的界限就更劃不清了。在語言教學中，講到讀輕音的規律時，一般都說後綴、中綴都讀輕音，前綴讀中音。可是什麼叫後綴、中綴、前綴還弄不清，這一規律就是空洞的。在漢語拼音教學中，講到詞兒連寫的問題時，也要談到詞綴和詞根連寫。如果把「打掃出來」、「製造成功」的「出來」、「成功」當作獨立的詞，就不一定要連寫了。總之，什麼是詞綴這個問題不解決，在漢語教學中將會遇到很多困難。

（原載北京大學《語言學論叢》第四輯，上海教育出版社，1960年）

【註　釋】

①詞綴，也叫詞的附加成分，在許多語言學著作中，只是指構詞詞綴，不包括構形詞綴（即詞尾），但也有人說詞綴可以包括構形詞綴。這裡所說的詞綴，就是構詞和構形兩種詞綴的合稱。

②高等教育出版社，1959年，102頁。下引書同。

③增訂本，新知識出版社，1957年，430頁。下引書同。

④見梁達《俄漢語法對比研究》，林漢達《動詞的連寫問題》，載《中國語文》1953年10月號，下引同。

⑤見伊三克等《華語課本》，俄文版。

⑥林漢達《動詞的連寫問題》。

⑦載《中國語文》，1961年12月號，其中的「後附成分」並不跟「詞尾」完全相同，但是很相近。下引同。

⑧群眾書店，1954年，63頁。下引書同。

⑨那麼「此處」的「此」算不算前綴呢？從漢語的現有情況和發展趨勢來看，這是一個正在消亡中的文言詞，許多用「此」的地方，都用「本」或「這」來代替，如「此地」、「此書」、「此時」、「此次」都不如「本地」、「本書」、「這時」、「這次」常見。因此就不必說它是前綴了。

⑩呂叔湘、孫德宣《助詞說略》，載《語法和語法教學》。下引同。

⑪見龍果夫《現代漢語語法研究》，101頁，科學出版社，1958年。

⑫見高名凱《漢語語法論》，89頁；呂叔湘、孫德宣《助詞說略》；呂叔湘《中國文法要略》，143頁。

⑬見契克巴瓦《語言學概念》，下冊17頁，高等教育出版社，1956年中譯本。

「疊字」和「疊詞」

　　最近接到幾位中學語言教師來信提出現代漢語用重疊形式構成的詞，如「媽媽」、「人人」、「剛剛」、「慢慢」，許多語法著作都算合成詞，而鄭州大學等十七院校合寫張靜敎授主編的高校統編敎材《新編現代漢語》卻分爲兩類：「媽媽」、「剛剛」算疊音的單純詞，「人人」、「慢慢」算重疊式合成詞，爲什麼？它們之間的界限是什麼？現以《「疊字」和「疊詞」》爲題，作一簡單答覆。

　　先看下面兩組詞：

(一)

名詞	爸爸	媽媽	哥哥	弟弟	婆婆
	猩猩	蛐蛐兒	蟈蟈兒	星星	
動詞—	嚷嚷	吵吵	叨叨	唸唸	咧咧
副詞	剛剛	常常	僅僅	稍稍	偏偏
	往往	紛紛	微微	耿耿	依依

(二)

名詞	人人	事事	夜夜	山山	村村
	坑坑洼洼	風風雨雨	日日夜夜		
量詞—	個個	件件	張張	回回	遍遍
動詞	試試	看看	想想	走走	摸摸
	打聽打聽	收拾收拾	批評批評		
	吹吹拍拍	打打鬧鬧	搖搖擺擺		
形容詞	高高	大大	黑黑	寬寬	亮亮
	乾乾淨淨	大大方方	清清楚楚		

　　這兩組詞都是用重疊形式構成的。我們認爲這是兩組性質不同的重疊形式，應該區別對待。第一組，可以叫「疊字」，是單純詞的一種；第二組，可以叫「疊詞」，是合成詞的一種。

　　這兩種重疊形式中，四個音的都屬於重疊式合成詞，而兩個音節的疊音的單純詞和兩個音節的重疊式合成詞，外形相同，它們之間的明細界限是什麼呢？本文試圖從詞義、語法特點、語音形式等方面著重說明這兩種重疊形式的差別。

　　總的來說，「疊字」——疊音的單純詞，是一個有意義但不能獨立成詞的音節（字）的重疊，重疊以後才能構成一個合乎現代漢語習慣的、不可再分析的單純詞，或者表示一個跟原詞不同的新意義。這種單純詞的共同特點是：不疊音就不是詞，或者是同疊音詞毫不相干的另一個詞；疊音以後第二音節一般都讀輕音。這種疊音詞在現代漢語裡爲數不多，除了幾個動詞、副詞，主要是一些表示親屬稱呼的名詞。

　　「疊詞」——重疊式合成詞，是一個可以獨立的詞的重疊，重疊以後既保留著原詞的基本意義，又增加了新的附加意義，而且或多或少地改變了原詞的語法功能。這種附加意義和新的語法功能是靠重疊形式表達的，因而這種重疊代表的不是一個詞素的意義，而是兩個詞素的意義。根據這種複雜的意義，可以把它劃歸合成詞。兩個音節的「疊詞」，除了動詞的第二音節讀輕聲，名詞、量詞、形容詞的第二音節都讀重音。「疊詞」在現代漢語裡是非常能產的一種形式。按照這種形式產生的新詞是無計其數的。

　　下面再按詞性對這兩種重疊形式進行具體的比較：

1.名詞

　　「疊字」的名詞有兩種情形：一種是疊音和不疊音除了有方言習慣的不同，意義和作用完全一樣，如「媽——媽媽」、「哥——哥哥」、「星——星星」。這種情形的疊音在現代漢語裡只有

調整音節的作用，因而仍是單純詞，不是合成詞。一種是必須重疊才能成詞的，如「弟」、「妹」、「蛐」、「婆」、「蟈」雖然都有一定的意義（多數是古漢語的詞），但在現代漢語裡一般不這麼說，只有說成「弟弟」、「妹妹」、「蛐蛐」、「婆婆」、「蟈蟈兒」才能成詞。這種情形的疊音，跟聯綿詞「蜘蛛」、「枇杷」和象聲詞「呼呼」、「嘩嘩」一樣，只是一種產生新詞的手段，並沒有別的附加意義，當然也是一個詞素，應該看作單純詞。這兩種疊音的名詞有一個共同的語法特點：前面都能加數量詞，指人名詞後面都可以帶「們」字表示複數，如「兩個弟弟」、「三個哥哥」、「媽媽們」、「婆婆們」。

　　「疊詞」的名詞有兩種形式：

　　單音名詞重疊成兩個音節的，大都表示統指，是「每一個都包括在內」的意思，如「人人都說江南好」、「家家有餘糧」。也有少數是表「小」的。如「上有個洞洞」、「別在紙上劃道道兒」。這種形式的疊詞也有一個共同的語法特點：前面都不能加數量詞，後面都不能帶「們」字。

　　雙音名詞重疊成四個音節的，是「疊詞」特有的形式。這種形式一般是表「多」，如「男男女女上戰場」、「裡裡外外都是人」。也有表「小」和表「雜」的，如「填平了路上的坑坑洼洼」、「櫃子上罈罈罐罐放了一大堆」。還有少數除了表「多」，還有更豐富的引申意義。如「經歷了半個世紀的風風雨雨」，「風風雨雨」有很多次風、很多次雨的意思，也比喻迅速變化的、激烈的鬥爭形勢。此外還有一些雙音名詞重疊以後具有形容詞性質，也可以說是帶有特殊感情色彩的造詞活動，如「你不要成天婆婆媽媽的」、「他老是這麼風風火火的」。「婆婆媽媽」和「風風火火」在這裡都可以受副詞修飾，也都表示厭惡情緒。單說「婆媽」不是現成的詞，只有重疊成「婆婆媽媽」才是一個新詞；單說「風火」是兩個獨立的詞，重疊以後才構成一個新詞。

2.量詞

量詞重疊都屬於「疊詞」，都算重疊式合成詞，所表示的附加意義跟單音名詞重疊一樣，也是「每一」的意思，如「個個都是英雄漢」、「回回有收穫」。重疊的量詞前面只能加「一」，說成「一個個」、「一回回」，因此也可以看作省略數字的數量詞。

3.動詞

「疊字」的動詞完全是一種造詞活動的產物，是利用疊音改變原詞的意義，另創造的一個新詞。如「嚷」是「喊叫」的意思，重疊成「嚷嚷」，是「吵鬧或聲張」的意思；「吵」是「爭吵或聲音雜亂擾人」的意思，重疊成「吵吵」是「許多人亂說話」的意思。這種詞在現代漢語裡寥寥無幾。它們的語法特點是：後面可以帶「了」、「著」、「過」等後綴，但中間不能嵌進「一」和「了」等中綴。

「疊詞」的動詞有單音重疊和雙音重疊兩種：

單音動詞重疊成兩個音節的，表示輕巧或短暫的附加意義。如「我來看看你」、「你進坐坐吧」。因爲這種重疊詞不是表示動量，即不是「看一次」、「坐一下」的意義，所以構成的不是詞組，而是詞；又因爲這種重疊詞都有附加意義，重疊和不重疊意義不完全相同，所以構成的不是疊音的單純詞，而是重疊式合成詞。這種重疊詞的語法特點是：後面不能帶「了」、「著」、「過」等後綴，但中間可以嵌進「一」、「了」或「了一」等中綴，如「看一看」、「坐了坐」、「想了一想」。

雙音動詞重疊成四個音節的，有三種形式：一種是 ABAB 式。這種形式的重疊動詞所表示的附加意義跟單音動詞重疊相同，也是表示輕巧、輕鬆或短暫，如「你應該幫助幫助他」、「咱們快收拾收拾吧」。這種雙音重疊的動詞後面也不能帶「了」、「著」、「過」，但中間可以加「了」，如「有幾個人出去走動了走動」。一種是 AABB 式。這種形式的重疊動詞大都表示動作的反

覆或連續，有的也表示動作的輕佻和雜亂。這種重疊形式，因為跟雙音形容詞的重疊形式相同，所以也都帶有形容詞的性質，如「人們進進出出，忙個不停」、「那個人搖搖晃晃地下了樓」。後面一般不能帶「了」、「著」，在少數情況下可以帶「過」字，如「他也從這裡進進出出過」。一種是Ａ著Ａ著或Ａ了Ａ了式。這種形式的重疊動詞表示的是「時」的附加意義，「Ａ著Ａ著」是「正在Ａ著」，「Ａ了Ａ了」是「已經Ａ了」的意思，如「說著說著哭了起來」、「老了老了還讓敵人打了一槍」。這種形式的重疊動詞，後面不能帶後綴，中間也不能嵌中綴。

4.形容詞

形容詞重疊都屬於「疊詞」，都是重疊式合成詞（現代漢語裡的「微微」、「紛紛」可看作疊字的副詞）。

單音形容詞重疊成兩個音節的，大都表示程度的加重，如「長長的汽車隊」、「高高地挂起來」，「長長」是「很長很長」的意思，「高高」是「很高很高」的意思。也有一些表示程度的減輕，如「彎彎的眉毛，大大的眼睛」，「彎彎」是「有點彎」的意思，「大大」是「比較大」的意思。

雙音形容詞重疊成四個音節的，都表示程度的加重，重疊形式是AABB式，如「這個人大大方方、爽爽快快」、「他走上了平平坦坦的大路」。

此外，雙音形容詞還有兩種比較特殊的重疊形式：一種是ABB式，是雙音形容詞第二音節重疊。這種形式，除了能增加語言的音樂美，還能描聲繪色、摹形擬狀，表示程度的加重或減輕，並表示附加的愛憎感情，如「他在雪地裡啃了一個硬梆梆的饅頭」、「樹上開滿了紅嫣嫣的桃花」、「腿有點麻酥酥的」。一種是Ａ裡AB式，是雙音形容詞第一音節重疊加「裡」的形式。這種形式，除了表示厭惡情緒，還都表示程度的加重，如「這個人小裡小氣」、「你不要慌裡慌張的」。

5.副詞

　　副詞重疊有兩種情形：一種是不疊音就不能獨立成詞的，或者是另外一個詞。如「紛紛」、「往往」、「依依」。只說「紛」不是現代漢語的詞，只說「往」是現代漢語的介詞（往東走），只說「依」在現代漢語裡是「答應、順從」的意思，跟疊音詞意義不大相同。這種重疊形式顯然是一種純粹的造詞活動，構成的是一個單純詞。一種是重疊和不重疊都可以獨立成詞，而且意義相同，如「剛——剛剛」、「常——常常」、「偏——偏偏」，使用哪一個，往往受音節形式的限制：跟單音動詞連用，多用單音形式，跟雙音動詞連用，多用疊音形式。如「剛走——剛剛回來」、「常去——常常出去」。這種重疊形式跟「媽媽」、「爸爸」一樣，正因為可疊可不疊，並且重疊以後設有任何附加意義，只有調整詞形的作用，應該看作一個詞素，是「疊字」的單純詞。

（原載《語文學習》1980年第11期）

論漢語動詞的重疊形式

下列語言單位算不算動詞的重疊形式?

　1.AA: 說說　收拾收拾

　2.A 了 A: 說了說　收拾了收拾

　3.A 一 A: 說一說　看一看

　4.A 了一 A: 說了一說　看了一看

　5.A 著 A 著: 說著說著　看著看著

　6.AABB: 說說笑笑　啼啼哭哭

有人認爲這些語言單位都不是動詞的重疊形式;多數人只承認「AA」是動詞的重疊形式。本文打算論證上述六種語言單位都是動詞的重疊形式。

　所謂動詞的重疊形式,是指詞法範圍內一個動詞的不同語法形式,不是句法範圍內兩個動詞的疊用。上述語言單位算不算動詞的重疊形式的問題,實質上就是這些語言單位是詞還是詞組的問題,因此,咱們不妨先把問題扯遠一點。

　在漢語語法分析中,詞和詞組的界限是不很清楚的。但是有沒有一個確定詞和詞組的大致通行的標準呢? 應該說有。這個標準就是: 詞的意義是特定的,是代表簡單概念的;詞的形式是固定的,哪個音節重讀,哪個音節輕讀,不能隨意變更,兩個或幾個音節不能自由拆開在中間插入別的成分。詞組的意義不是特定的,是代表複雜概念的;詞組的形式不是固定的,重讀音節可以變更,兩個或幾個音節可以自由拆開在中間插入別的成分。誰都承認,這個標準不夠準,但又比較準,或者說是目前區分詞和詞組的的權宜標準。這話是什麼意思呢? 因爲在實際語言中有一些

被公認是詞的單位，往往也能拆開插入別的成份，例如「睡覺」、「鞠躬」、「革命」，可以說成「睡上一覺」、「鞠了一個大躬」、「革他們的命」；而有些被公認是詞組的單位卻不能拆開插入別的成分，例如「北京大學」、「百貨公司」、「實事求是」。詞和詞組的劃界問題所以久懸不決，這是個主要緣故。但也正是這個緣故，向我們提示了另一條出路：對於一些難於決裁的單位，應該採取一分爲二的辦法，承認它們的兩面性：在一種情況下是詞，在另一種情況下是詞組，如「睡覺」是一個詞，要是說「睡了一覺」就是詞組，這個「覺」是當作量詞來使用的。或者說應該分清一般的和特殊的：某種單位如果經常具有詞的特點，不能拆開插入別的成分，只是偶而被拆開插入有限的一些別的成分，那就應該承認，在一般情況下是詞，被拆開插入別的成分時是臨時當作詞組來使用的。這些話聽起來是老生常談，但錯綜複雜的語言事實在逼迫我們不得不這樣談。本文就是從這個原則出發，來討論漢語動詞的重疊形式的。下面就上舉六類語言單位分別討論。

　　1.　**AA**。這種單位，許多人都認爲是動詞的重疊形式。但也有人不承認是動詞的重疊形式，而是動量結構（即動量詞組，下同）。理由是：這種格式是「A－A」的變體（省略了「一」），「A－A」是表示一次體的動量結構，所以「AA」也是表示一次體的動量結構。

　　關於「A－A」是不是動量結構，後面再詳細討論，這裡只就「AA」本身的特點來證明它不是動量結構，而是動詞的重疊形式。

　　從意義上說，「AA」表示的是不可分割的簡單概念，即「AA」不是「A（一）下」或「A（一）次」的意思。請看：

　　　　像你這樣年紀多歌歌也是應該的。

　　　　誰不會唱唱高調？

　　　　郭軍搖搖頭，說……

醒醒！到參謀處去看看！

我們照顧照顧生產隊的果木樹，再不就推著小車出來走走，幫人家磨磨刀，鑽鑽磨眼兒。

就沒有人敢出來管教管教她？

這些「AA」所表示的都不是動量結構的複雜概念，「歇歇」決不是只歇一次，「唱唱」、「搖搖」也決不限於唱一次、搖一下，「照顧照顧」、「走走」、「磨磨」、「鑽鑽」更不會是只照顧一次、走一次、磨一次、鑽一次。

從形式上說，第一，「AA」中間除了能加「了」和「一」之外，不能自由插入別的成分，如上面的例子都不能說成「歇他歇」、「走三走」、「磨過磨」等。至於有的人所舉的例子，如「好歹救我救兒」、「你帶我帶兒」、「陪他們陪」、「理我理兒」等，都不合乎現代漢語的規範，不能反證。而動量結構則可以自由插入別的成分，如「看次（電影）」、「回趟（家）」，中間除了可以插入「了」和「一」，還可以插入「三」、「一百」、「過」、「他」等。第二，雙音動詞重疊，中間連「一」也不能加，至於像有的人所舉的「請品題一品題花如何」，也不合乎現代漢語的規範。而動量結構的動詞則可以是雙音的，而且後面一般都要有一個數量詞（數字一般都是「一」或「幾」）。

也許她肯再斟酌一番……

大概是老梁想叫我深入一下蜜蜂的生活。

黎青的眼睛迷糊了一陣。

沈新看了幾遍，思量一下……

這些形式上的特點，都可以證明「AA」跟動量結構截然不同。

說「AA」是一個詞，把重疊當作一種形態，它是構詞形態呢，還是構形形態？衆說不一。下面咱們結合這種語法形式所表示的語法意義來討論這個問題。

大家都承認，構詞法是由一個詞根或幾個詞根構成另一個新

詞的方法，構詞形態是專門用來構成新詞的形態，如「鈎」是一個動詞，加「子」以後構成「鈎子」，跟原來的「鈎」是兩個不同的詞，因而「子」是個構詞形態。構形法是構成同一個詞（不是詞根）的不同語法形式的方法，構形形態是專門用來表示同一個詞的不同語法形式的形態，構形的結果不是產生另一個新詞，如「鈎」加「了」以後構成「鈎了」，二者仍是同一個詞，只是語法形式不同而已：前者是原形，後者是它的完成體。從這個原則出發，我們同意把動詞重疊當作構形法形態，「AA」是「A」的另一種語法形式。

「AA」作為構形形態，它表示什麼語法意義呢？有人認為它表示「不定量」，有人認為表示「短時」或「減弱」。我們認為它表示的是動詞的「輕微體」。「輕」是輕巧或輕鬆的意思，「微」是微少或短暫的意思。

有的具有「輕」和「微」兩種意義。例如：

秦守本點點頭。

把我們的工事，再加加工。

我寫寫試試看。

有空到我家來，也來接觸接觸我的靈魂怎樣？

你聞聞，多好聞啊

有的只有「輕」的意義。例如：

他不想娶她，他只要玩玩。

一會把情況談談，你幫我想想辦法。

閒著聽聽鼓書……

打打鄉公所，救救火災、水災，徵徵糧食什麼的。

有的只有「微」的意義。例如：

給你另外找一個用用就是了。

你等等，我給你拿水去。

我來送送你。

你上這兒來住幾天，躲避躲避。

有些「AA」乍看起來似乎不是表示「輕微」，而是表示「重多」，如「打打鄉公所、救救火災……」、「想想辦法」。但仔細分析起來，說「打打鄉公所，救救火災」的時候，說話人並不是側重在「經常」或「反覆」的多量意義上，而是側重在動作的「輕而易舉」或「輕鬆隨意」上；「想想辦法」雖然有時不是「輕而易舉」或「輕鬆隨意」的，而是沈重或嚴肅的，但比起「想辦法」來，說話人還是想把這種動作說得輕鬆一些。

根據語法和語法術語的概括性特點，根據「輕」和「微」的相近性，用「輕微體」來概括「AA」所表示的語法意義，是比較全面的，既能包括「不定量」（不定少量），又能包括「短時」、「減弱」。

2.　**A 了 A**。這種單位，許多人都認為是動量結構。理由各不相同：有的認為「A 了一 A」是動量結構，「A 了 A」是它的變體（省略形式），因而也是動量結構；有的認為「AA」是動量結構，「A 了 A」是它的變體，因而也是動量結構；還有的認為，如果把「A 了 A」當作動詞重疊，必得說「了」是詞嵌，這是不必要的割裂。

「A 了一 A」是不是動量結構，後面再詳細討論，這裏只簡單地說，「A 了一 A」不是代表一種單位（是多義單位），用它來證明「A 了 A」是動量結構，在方法上是有問題的。「AA」的形式，上面已經討論過，應該算動詞的重疊形式，不能用以佐證「A 了 A」不是動詞的重疊形式。因此前兩種理由是不能成立的。下面只討論第三種理由——「了」算不算詞嵌。在討論「了」是不是詞嵌之前，先簡單討論一下跟在一般動詞後頭的「了」，是不是詞尾。跟在一般動詞後頭的「了」，有人叫虛詞，有人叫詞尾。我們同意後一種意見。因為當我們說「吃了飯」「看了報紙」的時候，「了」不是被當作造句單位用來表示「吃」和「飯」，

「看」和「報紙」之間的句法關係，而是表示「吃」和「看」等動詞的「體」，是動詞的一部分，是不能離開詞而獨立存在的。至於「我吃飯了」和「下雨了」的「了」，那都是語氣詞，可以用「啦」、「嗎」、「啊」、「呢」等來替換，跟詞尾「了」只是同音同形而已，並不是同一個詞素，不能用以反證跟在動詞後頭的「了」不是詞尾。如果「了」是詞尾（後綴），是構形形態，如果「AA」是一個詞，那麼把嵌在一個動詞中間的構形形態根據位置的不同稱為「詞嵌」（中綴），又有什麼不可以呢？這樣稱叫，並沒有完全改變「了」的性質，仍是構形形態。我們不能因為數量少就認為沒有必要從詞尾裡再分割出「詞嵌」來。

　　「了」是詞嵌，「A了A」是「AA」的完成體，也應該是動詞的重疊形式。

　　從意義上看，它所表示的也是不可分割的簡單概念，即「A了A」不是「A了（一）下」「A了（一）次」的意思。請看：

　　　　郭松搖了搖頭，說……。
　　　　郭松眼珠轉了轉，忽然想起來了。
　　　　我想了想，也是，就擱下這樁心思。
　　　　我特意跑到北口看了看。
　　　　春英用毛巾擦了擦眼睛和鼻子。
　　　　他在窗外聽了聽，更使他茫然。
　　　　她硬了硬心，咬著牙走了出去。
　　　　有幾個人出去走動了走動。

　　「搖了搖」不一定是「搖了一回」，可以是幾個來回兒；「轉了轉」不一定是「轉了一次」，可以是幾次；「擦了擦」也不一定是「擦了一下」，又擦眼睛又擦鼻子，一下子怎麼能擦乾淨呢？「走動了走動」更不會「走了一下」，從時間上說，倒有「走動了一會兒」的意思，可這「一會兒」的時間是可以走動幾個來回兒的。即使有一些重疊形式包含著「A了一下」的意思，如「劉玉

賢走進去, 拍了拍兩人的肩膀……。」, 「他拾起錢, 吹了吹, 放在耳旁聽聽」, 但語意重點不是在計量上, 而是在「輕巧」或「輕鬆」上。

從形式上說, 動量結構中間可以插入的成分很多, 如「搖了下」, 可以說成「搖了三下」、「搖了幾十下」、「搖了大樹幾下」等。而「A了A」, 除了中間能加「一」, 一般都不能插入別的成分, 如「搖了搖頭」不能說成「搖了幾十搖頭」、「搖過兩搖頭」、「搖了頭一搖」。這也能證明「A了A」不同於「A了下」之類的動量結構。

3. **A一A**。這種單位, 許多人認爲是動量結構。理由是: 它跟別的動量結構有很多共同點, 譬如: 1) 中間可以加名詞賓語, 如「碰它一碰」、「考你一考」; 2)「一」可以換成別的數字, 因而也不能算詞嵌, 如「看三看」、「蹭兩蹭」; 3) 可以跟別的動量結構對應, 如「走幾步, 停一停」。

這些事實是客觀存在, 無可置疑。問題是應該怎樣認識和分析它。我們覺得這種單位應該一分爲二: 一小部分:「A一A」是動量結構, 大部分是動詞重疊形式。它們的界限是: 屬於動量結構的「A一A」,「一A」都讀重音,「一」是數詞, 可以換成「兩」、「三」, 甚至「一百」、「三百」, 它後頭的「A」是動詞活用爲量詞, 表示計量單位。例如:

看一看兩毛半, 看兩看加一番。

咱們要把生產翻一翻 (番)。

回一回 (次) 家得三四天才能回來。

「看兩看」、「一看也不能看」、「看那麼一看」、「看上一看」、「看它一看」等, 都是從動量結構的「A一A」類推或擴展出來的。這種結構裡的「一」不能去掉, 後一個「A」可以換成相應的動量詞,「一A」不能讀輕音。與之相反, 屬於動詞重疊的「A一A」,「一A」都讀輕音,「一」是詞嵌, 可以去掉, 但不能任意

換成別的數字，它後面的「A」不能換成動量詞。例如：

> 我要來考一考你。
>
> 我很想和夏廉談一談。
>
> 蹲一蹲才舒服。
>
> 穆米埃……揚一揚手高聲說……
>
> 我想把話頭稍微往後拉一拉。
>
> 你坐一坐吧。

這些「A一A」都不是表示「一次體」:「考一考」不等於「考一次」，「談一談」也不是「談一次」，「蹲一蹲」更不是「蹲一下」，因而「一A」不能換成「一次」、「一下」等。即令是最合適的數量詞跟「一A」也是有區別的。因為說話人使用這些形式時，著意點不是計量，而是表示動作的「輕微」。

把這種單位一分為二，跟把「大學」、「心疼」等一分為二的情形是相似的。當我們說「大學深圳」、「我的心疼」時，它們是詞組，說「一所大學」、「我心疼他」時，它們是詞。這種一分為二的辦法可能有人不同意，那麼咱們再退一步說，不用這個辦法，而用辨別一般和特殊的辦法，同樣可以證明「A一A」是代表兩種單位的，正像「革命」、「睡覺」等是詞，但說成「革他的命」、「睡了一天覺」就是詞組一樣。這樣，說「A一A」都是動量結構的第一個理由就不能成立了。

「A一A」中間雖然能加賓語，但只限於少數幾個代名詞。許多可以加在動量結構中間的名詞賓語，都不能加到「A一A」裡來，如「看電影一看」、「去北京一去」都不成話。可以根據一般和特殊的原則，說中間不加賓語時是詞，加賓語時是臨時用作詞組。不能因為有少數「A一A」中間能加賓語，就把所有的「A一A」都當作詞組。

「A一A」中間的「一」雖然能換成別的數詞，但不僅為數很少，而且局限性更大。許多「A一A」裡的「一」不能換成別

的數詞，如「考一考你」、「揚一揚手」、「坐一坐」都不能說成
「考兩考你」、「揚三揚手」、「坐幾坐」。而眞正的動量結構裡的數
詞是很活動的，可以任意更換，如「考一次」可以說成「考兩
次」、「考一百次」。因此遇到「看三看」、「晃幾晃」等單位時，
也可以說是變用的詞組。

　　至於拿能跟動量結構對應來證明「A一A」也是動量結構，
就更沒道理。漢語裡的這種對應，在很大程度上是爲了音節的勻
稱，不一定都是結構相同。這無須多說。

　　作爲動詞重疊形式的「A一A」，是構詞形態呢，還是構形
形態？這也應該從它所表示的語法意義來看。我們同意把它當作
「AA」的變體，如果說「AA」多用於口語，「A一A」便是它的
書面形式。因此它所表示的語法意義跟「AA」基本相同，也是
表示動詞的「輕微體」。比較：

> 我們一起談一談吧！
> 我們一起談談吧！
> 只要你點一點頭，這東西便是你的了。
> 只要你點點頭，這東西便是你的了。
> 老梁搖一搖頭説……
> 老梁搖搖頭説……
> 郭松想聽一聽這些議論。
> 郭松想聽聽這些議論。

　　4.　**A了一A**。這種單位被當作動量結構的理由是：「A了
A」和「A一A」都是動量結構，「A了一A」是它們的變體，因
而也是動量結構。

　　前面已經說過，「A了A」是動詞的重疊形式，「A一A」是
一種多義形式，代表動量結構和動詞重疊兩種意義，不能用它們
來證明「A了一A」是動量結構。下面咱們就這種形式本身的特
點來看看它是哪種單位。

　　這種形式，跟「A一A」一樣，也是一種多義形式，應該一分為二：一小部分是動量結構，大部分是動詞重疊。什麼樣的算動量結構？我們認為「一A」必須重讀的、「一」不能去掉而且可以換成別的數詞的、「A」可以換成相應的動詞的，都是動量結構。例如：

　　　　我的戲法只變了一變就被他看穿了。

　　　　難已經叫了一叫了。

　　　　生產才翻了一翻，應該爭取翻兩翻。

　　　　他一年只回了一回家。

很明顯，這些都是屬於動量結構的「A一A」的變體。從這些結構裡還可以類推或擴展出「看了幾看」、「變了三變」、「晃了兩晃」、「看了他一看」、「說了他那麼一說」等。這些結構裡不僅「一A」必須重讀，數字不能去掉，而且後頭的「A」可以換成相應的「次」、「遍」、「番」、「趟」等。如果大家不同意一分為二的辦法，說它們是動詞的重疊形式臨時當動量結構來使用也可以。

　　什麼樣的算動詞重疊呢？我們認為「一A」讀輕音，「一」可有可無但不能換成別的數字的，都是動詞重疊。例如：

　　　　他把日記翻了一翻，覺得今天可記的印象很多……

　　　　他……在夏春生身上摸了一摸，覺得確是有人睡著，才放下心來。

　　　　張華峰想了一想，又抬頭望望天空……

　　　　他笑了一笑。……

　　　　他定了一定神……

這些重疊形式的動詞都不是表示一次的意思，而是表示輕微動作的完成體。在口語裡，中間的「了」和「一」往往連讀成輕音lei。我們應該承認它是重疊動詞「A一A」的完成體，是「A了A」的書面形式（口語裡很少帶「一」字）。反過來說，如果「A

了一 A」是動詞重疊，那麼「A 了 A」和「A 一 A」當然也都是動詞重疊。

　5. **A 著 A 著**。這種單位，許多語法學者都不承認是動詞的重疊形式，即不承認這是一個詞，而是動詞連用，即「連動詞組」。理由是什麼？有人說：1）兩個「A 著」後頭都能帶賓語，如「大成咬著牙咬著牙，淚水滾到嘴裡……」；2）如果承認這是動詞重疊，那麼這個動詞裡就有兩個詞尾，既然有兩個詞尾，它就是兩個詞。我們覺得這兩個理由證明不了這種單位不是動詞的重疊形式。

　從語法意義上說，這種單位既不是表示兩種有先有後的動作，也不是表示兩種並行的動作，跟「進來坐」、「說了又說」、「說著笑著」等沒有任何共同特點，決不是什麼動詞連用。重疊的形式所表示的是「時」的語法意義，「A 著 A 著」是「正在 A 著」的意思，是「現在時」進行體。例如：

　　春英摘下頭上的毛巾只是擦淚，擦著擦著，哇的一聲摀著臉撲到維忠身上。
　　可是走著走著他想起剛才的事來……
　　玩著玩著，天賜慢慢地把愁事都忘了……
　　看著看著，我心中忽然一動。
　　咦，你怎麼打著打著不打啦！
　　小死挨刀的，說著說著又下道了。

這「正在」的語法意義，顯然是靠動詞的重疊形式表示出來的。就是說，如果只說「A 著」是進行體；說成「A 著 A 著」，就是現在時進行體。它所表示的既然是「時」的語法意義，而不是兩種動作——兩個動詞的詞彙意義，為什麼不可以說它是「A 著」的重疊形式呢？

　從語法形式上說，「A 著 A 著」具有詞的特點：讀起來中間永遠沒有停頓，中間不能插入副詞或連詞。而動詞連用卻不受這

些限制，有時中間可以停頓，可以插入副詞或連詞，如「出去走走——出去，走走」、「進來坐——進來就坐」、「說著笑著——一邊說著一邊笑著。這裡有一種情況須作解釋：「Ａ著Ａ著」和「Ａ著，Ａ著」不是同一種語法單位，不能相提並論。例如：

　　他哭著，哭著，約有半點鐘，這才突然停下來。

　　她看著，看著，這小生物漸漸放大起來。

「哭著，哭著」，「看著，看著」不是「哭著哭著」、「看著看著」中間帶上了停頓，而是另一種不同的語法單位，屬於詞語重複的範圍，所表示的是「一直Ａ著」或「Ａ了又Ａ」的意思，跟「哭啊，哭啊」「看啊，看啊」意思非常相近。

　　那麼，兩個「Ａ著」都能帶賓語的現象該怎麼分析呢？這種現象跟漢語的許多動賓詞組正處在詞化的過程中有些關係，或者說跟動賓詞組和動賓式合成詞的界限不大清楚有些關係。譬如，一般的合成動詞中間不能加「了」、「著」、「過」等，但動賓式合成詞往往可以加「了」、「著」、「過」，如「出席——出了席、出著席、出過席」，「站崗——站了崗、站著崗、站過崗」，因而也可以說「出著席出著席」、「站著崗站著崗」。根據這種格式類推下去，一些似是而非的動賓詞組便也出現了這樣的重疊現象。顯然這是詞組詞化後的遺跡，可以按照區別一般現象和特殊現象的原則，把「咬著牙咬著牙」、「睡著覺睡著覺」、「看著書看著書」都當作特殊詞組來分析。

　　至於一個詞能不能帶兩個詞尾的問題，我們認為這是一個分析方法問題。許多人都承認「批評批評」是動詞重疊，是一個詞，能不能說它包含著兩個詞，有四個詞根呢？當然不能這樣分析。因為後一個「批評」不是作為獨立的詞，其中的「批」和「評」也不是作為兩個詞根，而是作為一種語法形式來使用的。那麼，「Ａ著」作為一個詞重疊一下，說成「Ａ著Ａ著」，為什麼一定是兩個詞而有兩個詞尾（當然也必須有兩個詞根）呢？我

們可以說，「A 著 A 著」的結構層次不是兩個「A」加兩個「著」，而是「A 著＋A 著」，後一個「A 著」不是獨立的詞，只是一種語法形式，因此也不能說「A 著 A 著」有兩個詞根和兩個詞尾。

　　跟「A 著 A 著」相對應的還有「A 了 A 了」。這種單位是什麼，沒有人談過。我們認為也應該算動詞重疊，表示「過去時」完成體或「將來時」完成體。例如：

　　　　他走了走了，你還催什麼？
　　　　我說了說了，你怎麼不相信？
　　　　沒有了沒有了，你還要什麼？

「走了走了」是「已經走了」的意思，「沒有了沒有了」是「早就沒有了」的意思。這都是「過去時」完成體，並帶有不耐煩的感情色彩。

　　　　這是怎麼搞的？到了到了，還出個漏子！
　　　　這棵樹澆了幾次水，活了活了，又死了。
　　　　逮住了逮住了，又摔了一跤，讓他逃跑了。

「到了到了」是「快要到了」的意思，「逮住了逮住了」是「將要逮住」的意思。這些都是「將來時」完成體，並帶有惋惜的感情色彩。但也可以說這是「過去時」完成體，即雖然實際語義是「將來時」完成體，但從修辭上看，是說話人把「快要到了」、「將要逮住」誇張成「已經到了」、「已經逮住了」。

　　「A 了 A 了」作為動詞重疊，跟一般的詞語重複不是一回事，應該分別處理。動詞重疊，中間不能停頓，也不能插入別的詞語，從第二音節起都讀輕音和中音。如果中間有停頓，或者插入別的成分，或者把後一個「A」讀重音，就跟原意大不相同，變成了詞語重複。例如：

　　　　他走了，走了，不會再回來了！
　　　　我說了，說了，你放心吧！

　　　後面還有人嗎? 沒有了, 沒有了。

　　6.　**AABB**。這種單位, 也很少有人說是動詞的重疊形式。我們認爲這也是動詞的重疊形式, 而且是構形法的一種。先看下邊的例句:

　　　車馬行人, 來來往往, 別有一番熱鬧景象。

　　　你躲躲藏藏, 被他們發現了, 反而不好。

　　　這是怎麼了! 什麼事值得這麼啼啼哭哭的?

　　　五班門口吵吵叫叫的爲什麼?

　　　此後一連幾日, 變了天, 飄飄灑灑落著涼雨, 不能出門。

　　　只見成群結隊的蜜蜂出出進進, 飛去飛來……

　　　這種人喜歡吹吹拍拍, 拉拉扯扯。

　　這些重疊的動詞跟動詞連用和聯合結構都不相同: 除了讀起來中間不能停頓, 不能插入別的成分, 所表示的也不是「AA」和「BB」相加的意義, 而是「AA」和「BB」之外的第三種意義: 有的表示動作的輕鬆或隨便, 如「說說笑笑」、「縫縫洗洗」; 有的表示動作的反覆 (多指輕鬆動作), 如「出出進進」、「來來往往」; 有的表示動作的輕佻、不正經或令人討厭, 如「吹吹拍拍」、「拉拉扯扯」、「啼啼哭哭」、「吵吵叫叫」。

　　從形式上看, 有的是「AB」的擴展式, 如「躲躲藏藏」、「啼啼哭哭」、「來來往往」, 都是「躲藏」、「啼哭」、「來往」的擴展, 有的是「AA + BB」, 如「縫縫洗洗」、「出出進進」、「說說笑笑」 (其中的「AA」或「BB」有的可以單說, 如「縫縫」、「洗洗」, 有的不能單說, 如「出出」、「進進」)。

　　把「AABB」的語法意義和語法形式特點結合起來, 完全可以證明它是動詞的一種重疊形式, 「AABB」是一個詞, 不是兩個詞構成的詞組。

　　　　　　　　　　(原載《鄭州大學學報》〔哲學社會科學版〕1979年第 3 期)

論劃分詞類的標準

在漢語語法論著中，關於詞類的學說，最重要、也是爭論最多的是劃分詞類的標準問題。應該根據什麼標準來劃分漢語的詞類，語法學家們始終沒有一致的意見。把各種不同的意見歸納一下，大體上可分五種：一、詞義標準，二、功能標準，三、形態標準，四、詞彙‧語法範疇標準，五、語法意義和語法形式相結合的標準。標準不同，所劃分的詞類也不盡相同。究竟哪一種標準能夠比較圓滿地解決漢語詞類的劃分問題呢？本文將懷著對各位語法學家的崇敬心情，比較分析各種標準的利弊，難免有「品頭論足」之嫌，不當之處，乞望哂諒。

一　關於詞義標準

詞義標準，就是根據詞所代表的概念，或者根據詞的詞彙意義（或主要是根據詞的詞彙意義兼顧詞的作用或詞和詞之間的關係）來劃分詞類。這種標準在我國語法學界曾經發生過極大的影響。其中有代表性的是王力先生的《中國語法理論》、《中國現代語法》和呂叔湘先生的《中國文法要略》、《語法學習》。

《中國語法理論》說：「至於中國的詞呢，它們完全沒有詞類的標記，正好讓咱們純然從概念的範疇上分類，不受形式的拘束。」（上冊33頁）根據這種標準，他把漢語的詞分爲九類：名詞、數詞、形容詞、動詞、副詞、代詞、系詞、聯結詞、語氣詞。《中國現代語法》與之相同。

《中國文法要略》說：「……一般歐洲語言的詞常分成八類或九類。漢語裡的詞沒有他們那麼容易分類，因爲他們的詞往往

可以從形式上分辨，可是漢語的詞在形式上無從分辨。……現在按意義和作用相近的歸爲一類，暫時分爲下面幾類」（16頁）。這幾類是：名詞、動詞、形容詞、限制詞（副詞）、指稱詞（稱代詞）、關係詞、語氣詞。《語法學習》也說：「中國話裡的詞沒有詞形變化，劃分詞類主要地憑詞的意義和詞和詞之間的關係。」（4頁）根據這個標準，他把詞分爲名詞、動詞、形容詞、代詞、副詞、連接詞、語氣詞、象聲詞八類。

　　詞義標準，往往是在詞、概念、事物之間加上對等關係，這在理論上說不過去，實用上也行不通。詞、概念、事物之間雖然有密切聯係，但它們各有各的屬性，是三個不同的東西。詞只是概念的表達形式，是客觀事物的口頭稱呼，它有自身的詞彙和語法屬性，這種屬性是有民族性的；概念和事物也都有自身的不同屬性。這種屬性是全人類共同的，沒有民族性。按照概念和事物給詞分類，分出來是人名詞、地名詞、天文詞、衣物詞、生產詞等，不一定是名詞、動詞、形容詞、副詞、連詞之類。把客觀事物的類看作詞類，就把語言對客觀世界的反映過程簡單化了，也是無視了語法的抽象性。

　　憑詞義劃分詞類，最容易眩惑人。原因是任何語言裡都有一大部分詞的詞彙意義跟語法意義是對當的。也就是，某些詞的詞彙意義是指具體的事物，它的語法意義往往是名詞；詞彙意義是指具體的性狀，它的語法意義往往是形容詞。因此呂叔湘先生說：「假如有人說出一些詞來問咱們，哪些是名詞，哪些是動詞，咱們的第一個反應是什麼？是首先想到它能不能用在這個格式的這個位置上，那個格式的那個位置上，前頭能加哪些字，後頭能加哪些字，等等一切，還是先想到它的意義？別位的情形我不敢胡猜，我自己，不怕見笑，第一個反應是意義。」①呂先生說的是實話，而且也具有普遍性。問題在於，這種「意義」究竟是指詞彙意義，還是指語法意義？如果是指語法意義，無可非議；如

的錯覺。正像許多人都覺得太陽是圍繞地球轉，而不是地球圍繞太陽轉一樣。不能認爲這種反應是科學的。因爲在任何語言裡也都有不少詞的詞彙意義跟語法意義是不一致的。比如「身體很健康」和「健康了身體」，憑詞彙意義我們很難說明這兩個「健康」爲什麼前者是形容詞，後者是動詞，因爲從詞彙意義上說，它們都是「結實強壯」的意思，都表明性質。這跟俄語的 красота、красоваться、красочный 三個詞一樣，它們的詞彙意義都是「好看」，都表示性質，但語法意義卻有三種──名詞、動詞、形容詞。其他像「高高興興」和「高興高興」以及「餓」、「睏」、「親熱」等，憑詞彙意義也很難斷定它們屬於哪一類。

　　因此，呂叔湘先生又說：「憑意義分類，第一，不同的人可以得出不同的結果，包括 1.詞類的數目不同， 2.具體的詞歸類不同，誰也說服不了誰。第二，有些詞難於決斷，在同一個人手上也會有時候歸在這一類，有時候歸在那一類。……連王了一先生和我自己，儘管在我們的書上只說憑意義劃分詞類，實際上還是免不了要利用結構關係來幫忙。」②王力先生也說：「我在我的書裡，當我區分漢語詞類的時候，並沒有依照我自己的話去做，換句話說，就是我並沒有『純然從概念的範疇上分類，不受形式的約束』。相反地，我在某些地方是從詞和詞的結合來區別詞類的。」③。

　　詞類是詞的語法分類，如果把詞的詞彙意義作爲劃分詞類的標準，那就意味著：詞類是由詞的詞彙意義決定的，是詞彙意義的分類，因而詞類應該是詞彙學的問題，不應該是語法學的問題。另外，如果承認詞彙意義是劃分詞類的標準，則各種不同語言的詞類以及各種不同語言裡的同類詞的特徵都應該是相同的。但事實卻不是這樣：漢語的語氣詞是英語、俄語所沒有的，英語的冠詞是漢語、俄語所沒有的，俄語的形動詞、副動詞也是漢語、英語所沒有的；漢語的名詞沒有「格」的變化，俄語的名詞

語、英語所沒有的；漢語的名詞沒有「格」的變化，俄語的名詞卻有六個「格」的變化，英語的名詞至少也有兩個「格」的變化。語言的語法結構是有民族性的，詞類也必然要隨著各種語言的語法構造的不同而有所不同。因而詞彙意義既不能決定詞類，也不能作為劃分詞類的標準。

我們這麼說，並不是完全排斥「詞義」，我們排斥的只是詞的詞彙意義，至於詞的語法意義——由語法形式表達的抽象意義，給詞進行語法分類時，是必不可少的標準，甚至可以是呂叔湘先生所說的辨認哪些是名詞，哪些是動詞的「第一個反應」。儘管如此，這種語法意義標準也必須同語法形式標準結合起來，才有可能正確地劃分漢語的詞類。（關於這個問題，後面還要詳細論述）

二　關於功能標準

功能標準，就是根據詞的句法功能，或者說是根據句子成分來劃分詞類的。這種理論，在中國語法學界的影響更是根深蒂固的。中國的第一部語法專著——馬建忠《馬氏文通》，主要是用這種標準劃分詞類的④。他說：「字無定義，故無定類。而欲知其類，當先知上下之文義何如耳。」（校注本上冊，19頁）例如「人」字作主語、賓語時是名詞，作狀語時是副詞，作定語時是形容詞，作謂語時又是動詞，因而「人」字沒有一定的類屬。儘管如此，他還是把漢語的詞分成了九類：名字、代字、靜字、動字、狀字、介字、連字、助字、嘆字。

把這種理論普及到廣大群眾中去的是黎錦熙先生的《新著國語文法》。他說：「國語的詞類，在漢字的形體上無從分別，在『詞義』的性質和複合的形態上雖然有主要的分別，還須看它在句中的位次、職務，才容易確認這一個詞屬於何種詞類。」（二十二版校訂本，6頁）⑤具體地說，凡是用作主語、賓語和某些類

型的補足語（判斷動詞後面的賓語）的是名詞；用作謂語的是動詞；用作名詞的附加語（定語）的是形容詞；用作動詞、形容詞的附加語（狀語）的是副詞，等等。根據這種標準，他也把漢語的詞分成了九類：名詞、代名詞、形容詞、動詞、副詞、介詞、連詞、助詞、嘆詞。

　　功能標準雖然比單純的詞彙意義標準更具語法性質，但也是非常片面的。無論在理論上或是在實用上都行不通。使用這種標準，必然會產生兩種矛盾。其一，離開句子不能斷定某詞屬於某類，因為離開句子無法顯示詞的功能特點。可是提出這種標準的學者在講詞類時所舉的例子，都是脫離句子而獨立存在的單詞。例如說：「橋」、「太陽」等是名詞，「造」、「出來」等是動詞，「長」、「溫和」等是形容詞。人們要問，怎麼知道這些詞是名詞、動詞或形容詞呢？這個問題，單純的功能標準是不能回答的。實際上在這裡他們又悄悄地採用了詞義標準，也就是憑這些詞的詞彙意義把它們劃入名詞、動詞或形容詞的。按照詞義則詞有定類，按照功能則詞無定類，而歸根結底一個詞還得「由職顯類」。這是功能標準不可解決的矛盾。其二，功能標準的另一個特點是把詞類和句子成分全面對當起來，即名詞和主語、賓語對當，動詞和謂語對當，形容詞和定語對當，副詞和狀語對當。這樣處理漢語詞類問題，是模仿英語語法的結果，忽略了漢語詞類的特點，因而也不符合漢語的實際情況。漢語的實際情況表明：名詞不一定永遠作主語、賓語，也可以作定語、狀語，如：「文學理論」、「祖國的兒女」、「北京見」、「今天去」；動詞不一定永遠作謂語，也可以作主語、賓語、定語、狀語；形容詞不一定永遠作定語，常見的倒是作謂語，有時還可以作狀語、補語、主語、賓語。同樣，能作主語、賓語的不一定是名詞，有些代詞（如「誰」、「什麼」等）、動詞、形容詞、數量詞也可以作主語、賓語；能作謂語的不一定都是動詞，許多形容詞、代詞（如「這

樣」、「怎麼樣」)、數量詞也可以作謂語。遇到這種情形，實際上還得採用別的標準，即使根據他們自己的體系，這種標準也是不能自圓其說。如《新著國語文法》說：「一切形、動詞或語、句，都可轉變作性態副詞，或副詞性語、句」(174頁)，但是在「他笑著說」裡，「笑著」也是動詞作狀語，卻仍然叫動詞（散動詞）；又如：「說容易，做難」，「說」和「做」都是主語，因而由動詞轉成了名詞，可是在「說話容易，做事難」裡，又認爲「說」和「做」是動詞（散動詞）。根據這種標準得出來的結論必然是「詞沒有嚴格的分業，也就是詞無定類，類無定詞」。總之，漢語的詞不能分類。再者，如果詞類和句子成分是全面對當的，在講語法的時候就不必使用詞類和句子成分兩套術語了。但連採用這種標準的學者也免不了大談「名詞、動詞、形容詞」和「主語、謂語、賓語」等。顯然這也是一種矛盾。傅東華先生在1938年開始的中國文法革新討論中看出了這種矛盾，因而非常乾脆地提出了把詞類和句子成分統一起來的「一線制」主張。比如把名詞和主語統一起來，叫作名詞，把動詞和謂語統一起來，叫作言詞，把形容詞和定語統一起來，叫作狀詞，等等⑥。這應該說是功能標準的必由之路和最終歸宿。但這種主張沒有爲後來的語法學者所採納。道理很明顯：詞類和句子成分是兩個不同的概念，一個屬於詞法範疇，一個屬於句法範疇，不可能全面對當，所以也不應該混爲一談。如採納這種意見，不僅取消了詞類，而且也會模糊句子成分的界限。

　　我們這麼說，也不是完全排斥功能標準。我們認爲詞的句法功能在劃分詞類時是一項非常重要的標準，但不是唯一的標準。因爲只憑這種狹義的句法功能，即使可以把漢語的詞分成若干類，這些詞類也是對內沒有普遍性，對外沒有排他性。因此還必須結合其他標準，如詞的抽象意義、句法結合形式、詞法結合形式等一並考慮。

　　胡裕樹先生主編的《現代漢語》看出了這種狹義的句法功能標準的弊病，提出了一種廣義的語法功能標準，說「詞的語法功能首先表現在能不能單獨充當句法成分上邊。能夠單獨充當句法成分的是實詞，不能單獨充當句法成分的是虛詞。」「實詞的不同語法功能表現在詞和詞的組合能力上邊。哪些詞可以同哪些詞組合，怎樣組合，組合起來表示什麼關係；哪些詞不能同哪些詞組合：這裡表示出實詞的不同類別。」「虛詞的不同語法功能表現在它同實詞或詞組的關係上邊，能同哪些實詞或詞組發生關係，發生什麼樣的關係：這裡表示出虛詞的不同類別。」（增訂本，317頁）根據這種廣義的功能標準，他們把漢語的詞分為名詞、動詞、助動詞、形容詞、數詞、量詞、副詞、代詞、連詞、介詞、助詞、語氣詞、嘆詞十三類。

　　顯然，這跟傳統的功能標準已不盡相同。應該肯定這種經過改造而形成的廣義的功能標準，開闊了劃分漢語詞類的道路，是有積極意義的。但完全拋棄詞的抽象意義和詞的形態，雖然比較單一化，但在複雜的詞類現象面前，路子還是有點狹窄。

三　關於形態標準

　　形態標準，就是根據詞的形態——詞法範圍內表示「性」、「數」、「格」、「時」、「體」、「態」等語法意義的「詞綴」、「疊詞」、「詞根變音」等語法形式來劃分詞類。這種標準盛行於印歐傳統語法學，如庫茲涅錯夫在蘇聯大百科全書《語法》條裡說：「詞類應了解為詞的分類，各種詞類的特徵是具有一定的形態學的標識，即每一種類的詞（詞類）所特有的而不同於其他種類的詞（詞類）的一定的語法範疇，而這些語法範疇是由詞的變化表現出來的。」⑦蘇聯的康拉德在《論漢語》一文裡也說：「詞類是由一定的形態學標記表示出來的詞的種類。」⑧在中國語言學家當中，接受這種影響的主要是高名凱先生和陸宗達先生。

　　高名凱先生在《關於漢語的詞類分別》一文裡說：「『在它們（詞）上面出現有固定形態的時候才可以談到詞類』。我們實在找不到『山』、『水』、『魚』、『人』等詞裡到底那一部分的語音形式告訴我們它們是屬於名詞之類的。這裡並沒有一種指明名詞意義的特殊形式。『山』、『水』、『魚』、『人』當然都有意義，但這些意義也只限於說明它們是『山』、是『水』、是『魚』、是『人』，並沒有說明它們是名詞。要知道，認爲這些詞是名詞，還需要在『山』、『水』等的意義上加上一個『名詞』的意義，而要指明它們是『名詞』就需要特別指明這意義（名詞）的形式。然而，這形式卻不存在於漢語。……我們既沒有理由，也沒有必要非把漢語說成有詞類分別的語言不可。」⑨用三段論式來說，就是：「區分詞類不能拿詞的意義、聲調變化、功能和結合關係作標準，而只能拿標明各種詞類的特殊形式，即狹義的形態變化作標準（大前提），漢語的詞裡沒有這種特殊形式（小前提），因而漢語的詞沒有詞類的分別（結論）。高明凱《漢語語法論》堅持了這種觀點，認爲漢語的實詞不能分類。不過實際上高先生仍然把詞分成了二十四類：具有名詞功能的詞、具有動詞功能的詞、具有形容詞功能的詞、指示詞、代詞、數詞（如「們」）、數位詞（如「塊」）、次數詞（如「踢一腳」的「腳」）、體詞（如「吃了飯」的「了」）、態詞（如「給打破了」的「給」）、欲詞（如「要走」的「要」）、能詞（如「能」）、量詞（如「都」）、系詞（「是」）、規定詞（如「紅的紙」的「的」）、受導詞（如「向」）、連詞（如「我跟你都去」的「跟」）、承接詞（如「與其……不如」）、否定詞（如「不」）、確定詞（如「實在不去」的「實在」）、詢問詞（如「嗎」）、疑惑詞（如「吧」）、命令詞（如「罷」）、嘆詞（如「唉」）。

　　陸宗達先生在《漢語的詞的分類》一文裡說：「實詞怎麼分類呢？咱主張按『形態』分。漢語的詞有形態沒有呢？有人說沒

有，因爲寫到紙上的那一個一個的方塊兒上實在看不出什麼形態來。可是咱們談語言是談嘴裡說的話，這裡頭形態變化可豐富哪！爲什麼單選這個標準呢？因爲這個標準直接反映全社會人的感覺。……比方光說『紅』是形容詞，很可能有位北京人走過來說，『我怎麼沒覺乎出來呢?』可是要指出『紅』重疊以後是『紅紅兒』（xúŋxùrŋ），他就沒話說了。因爲全北京人都這麼說，咱也可以用同樣的法子證明『跑』又是一類，因爲它重疊起來不是『跑跑兒』（paúpâur），是『跑跑』（'paupau）。」⑩要是用三段論式來說，就是：區分詞只能憑形態（大前提），漢語的詞裡有形態（小前提），因而漢語的詞有詞類的分別（結論）。根據形態標準，陸先生把詞分成了名詞、形容詞、動詞、數詞、代詞、副詞、關聯詞、語氣詞、感嘆詞九類。

　　高陸兩位先生的共同觀點是在大前提上，即漢語的實詞必須憑形態特徵來分類（虛詞憑作用分類）；不同觀點是在小前提和結論上，即漢語的詞有沒有形態，漢語的實詞能不能分類。從語法研究的現狀來看，漢語的詞可以分類，也應該分類，幾乎形成了天經地義的結論。至於漢語的詞究竟有沒有形態特徵，大家認識並不一致，我們暫時不必管它。問題的癥結是：劃分漢語的詞類是不是必須憑這種類似印歐語言的狹義的形態？

　　我們認爲即使漢語的詞有形態變化，那也是極端貧乏的（主要是疊詞），形態標準在漢語裡不能作爲劃分詞類的主要標準，更不能作爲劃分詞類的唯一標準。因爲漢語的每一句話裡差不多都可以找到沒有形態標識的詞，有的詞甚至連可能加上的形態標識也沒有。例如：

　　　人民得到的權利，絕不允許輕易喪失，必須用生命來保
　　　衛。

這句話裡所有的詞都沒有高、陸二位先生所說的形態標識，其中的「人民」、「權利」既不能有名詞詞綴，也不能重疊，但人們都

承認他們是名詞；其中的「允許」、「喪失」、「保衛」既不能按動詞形式重疊，也不能加上動詞詞綴，但人們都承認它們是動詞。這種結論，顯然不是由形態特點得出來的。

劃分詞類能不能以形態爲標準，對於形態變化比較豐富的俄語，蘇聯語言學界尙有不同的意見：庫茲涅錯夫和康拉德的意見是其一，但已故蘇聯語言學家謝爾巴卻說：「不言而喩，這些範疇（即詞類範疇──引者）應該是具有某種外部表現形式，如果沒有這些外部表現形式，那麼範疇本身在語言系統中也就是不存在的。……各種範疇的外部表現形式是多種多樣的：各種類型的詞的『變化』，前綴，後綴，詞尾，句重音，語調，詞序，特殊的虛詞，句法關係，等等。」⑪蘇聯語言學界在1954年6月舉行的詞類問題討論會上，也廣泛深入地討論了這一問題。雖然有些學者認爲只有詞的形態變化才是詞的外部表現，才能作爲劃分詞類的標準，但也有更多的學者認爲詞的句法功能或詞在句子中的結合性也是詞的外部表現，也能作爲劃分詞類的標準。如巴爾胡達洛夫說：「顯然的，作爲詞類特徵的標識來說，必須包括他們跟其它詞的結合能力在內……」⑫；貝爾塔蓋也夫說：「區分詞類的主要標準應該是語法的和詞彙的。語法的標準包括形態學的和句法學的標識」。⑬在俄語裡劃分詞類的時候尙且注意形態變化以外的一切語法形式，而在形態變化非常貧乏的漢語裡，爲什麼一定要拿形態變化，而且是狹義的形態變化作爲劃分詞類的唯一標準或主要標準呢？

我們這麼說，並不是完全否定形態標準，而是認爲形態變化可以作爲劃分詞類的標準之一，特別是在形態變化比較豐富的語言中，這個標準顯得更爲重要。例如俄語的 читаю、читаешь、читает，一看就知道是動詞（讀），因爲它們有表示人稱的後綴，-ю、-ешь、-ет，漢語的「學生們」、「斧子」、「木頭」，一看就知道是名詞，因爲它們有表示名詞意義的後綴「們」、「子」、

「頭」。但形態標準不能成爲劃分詞類的唯一標準，它必須同別的標準配合運用。

　　附帶再談一個問題。文煉、胡附二位先生看出了狹義形態標準的弊病，他們在《談詞的分類》一文裡，在批評了上述狹義形態標準的同時，又提出了一種新的「形態」標準，認爲詞的結合能力、相互關係、功能、詞序等句法形式都應該算形態。這可以說是跟前面提到的一些蘇聯語言學家意見一致的「最廣義的形態」⑭。這種「形態」實際上是包括詞法形式和句法形式在內的「語法形式」。劃分漢語詞類的實踐證明，把語法形式作爲標準之一，是語法研究的一個進步，或者說，這是一項不可缺少的標準。但是把「形態」跟「語法形式」這兩個術語等同起來，並讓前者取代後者，我們認爲沒有任何好處：一則，「形態」這個術語在中外語言學裡是有固定含義的，突然擴大術語的含義，就必須加上許多注解；二則，雖然術語的含義可以是人爲的，但「形態」這個術語並不比「語法形式」更具科學性，與其擴大「形態」的含義，還不如讓「形態」包括在「語法形式」之內。至於這種「語法形式」能否成爲劃分詞類的唯一標準，後面還要詳談。

四　關於詞彙·語法範疇標準

　　詞彙·語法範疇標準，是蘇聯語言學家謝爾巴、波斯皮洛夫等人在研究俄語詞類的時候提出來的。在系統地研究漢語語法的著作中，最先用到漢語裡來的是蘇聯龍果夫的《現代漢語語法研究》⑮。後來《暫擬漢語敎學語法系統簡述》和據以編寫的初中《漢語》課本採納了這個術語。王力先生在《關於漢語有關詞類的問題》⑯裡也放棄了從前的詞義（概念）標準，同意這個標準。黎錦熙先生在《漢語語法敎材》裡也放棄了從前的功能標準，接受了詞彙·語法範疇標準。其他著作，像張志公先生的

《漢語語法常識》、丁聲樹等先生的《現代漢語語法講話》等，實際上也都是採用這種標準來劃分詞類的。根據這個標準，《暫擬漢語教學語法系統簡述》、初中《漢語》課本和《漢語語法常識》都把漢語的詞分爲名詞、動詞、形容詞、數詞、量詞、代詞（《漢語語法常識》叫「指代詞」）、副詞、介詞、連詞、助詞、嘆詞十一類；《漢語語法教材》分爲九類（跟《新著國語文法》相同）；《現代漢語語法講話》分爲名詞、代詞、數詞、動詞、形容詞、副詞、連詞、語助詞、象聲詞十類。

什麼叫「詞彙·語法範疇」標準呢？用《暫擬漢語教學語法系統簡述》的話說，「就是詞類是根據詞的意義和詞的語法特點來劃分。」所謂詞的意義當然是指詞彙意義了，所謂詞的語法特點是：(1)詞的本身能用什麼手段表現哪些附加意義，也就是有哪些形態變化；(2)詞的組合能力，也就是哪些詞可以跟哪些詞組合，組合起來表示什麼關係，不能跟哪些詞組合。王力先生在《漢語實詞的分類》裡，又把句法功能包括進去。他認爲，「各種實詞和語法特點的辨別，只限於詞形變化和結合能力是不夠的；完全拋棄功能不管，也不免矯枉過正。……在判斷一個詞是不是名詞的時候，要看它是不是經常具有主語和賓語的功能。」⑰《漢語語法教材》也有類似的意見，主張把造句功能包括進去。

「詞彙·語法範疇」標準，是一個集國內外多年語法研究之大成的標準，實際上是一個詞義、功能、形態相結合的標準。這個標準爲正確地劃分漢語的詞類開闢了更爲廣闊的道路，實踐證明，這也是個比較行之有效的標準，因爲在具體的詞類劃分中，的確是離不開這幾個方面的。但是，這個標準並不是完美無疵的。

從理論上講，「詞彙·語法範疇」總好像有點不倫不類。問題在「詞彙」二字上。連採用這個標準的學者都承認，詞類是詞的語法分類。既然是詞的語法分類，怎麼又把詞彙意義拉出來作爲

劃分詞類的標準之一呢？如果承認這個標準，詞類就成了詞彙‧
語法的混合體，而不是純粹的語法分類了。王力先生在解釋這個
標準的時候，援引了蘇聯的語法著作，說「謝爾巴院士主編的
《俄語語法》做得更徹底，書中只憑詞義的觀點給予各個實詞詞
類的定義，表示事物的詞類叫做名詞；表示事物特性的詞類叫做
形容詞；……表示事物行爲狀態的詞類叫做動詞……。俄語的形
態是那樣複雜，而爲每一詞類下定義的時候，也可以只管詞義方
面。就漢語來說更可以這樣做了。」⑬毫無疑問，王力先生的論
述是正確的，但這裡有一個癥結問題需要澄清：假如咱們不是憑
「詞彙‧語法範疇」標準，而只是憑「語法範疇」或「語法特點」
標準來劃分詞類，在給每個實詞詞類下定義的時候，要不要「表
示事物」、「表示事物特性（或者性狀）」、「表示事物的行爲（或
者動作）」等字樣呢？要，因爲它們代表著各類實詞的意義。問
題就在這裡，所謂「事物」、「特性」、「行爲」等意義，到底是指
詞彙意義還是指語法意義？咱們不管《俄語語法》的編者出發點
是什麼，只看這些「意義」的應用場合，就可以確認它們可以是
語法意義——因爲「表示事物的詞類」、「表示事物特性的詞類」
等，這個「詞類」本身就已經指明這些「意義」是語法上的而不
是詞彙上的意義。或者說是由詞彙意義概括而成的抽象化了的語
法意義。意義是形式的對立物，詞彙意義是由詞彙形式表現的，
語法意義是由語法形式表現的，而詞類裡所說的「事物」、「事物
的特性」等意義，決不是由詞彙形式表現的，而是由語法形式表
現的。比如「挑來一挑水」，兩個「挑」字，根據什麼說前一個
是動詞，後一個是量詞呢？只能說根據詞的結合形式（上下文）、
詞序等語法形式。又如俄語的 чистый、чистота、чистить，它們
的基本詞彙意義都是「乾淨」，應該是「事物的特性」，但語法意
義卻有三種：形容詞（事物的特性）、名詞（事物）、動詞（事物
的行爲）。爲什麼？因爲它們都是由不同的語法形式——詞尾表

現的。前面說過，詞的詞彙意義和語法意義雖然常常是對當的，但它們並不完全一致：詞彙裡的「事物」、「事物的特性」等，都是表示有關事物和事物特性的概念，而語法裡的「事物」是指能作主語（被表述），但不能作謂語（不能作表述者），能跟事物數量詞結合等意義，「事物的特性」是指能作謂語，能直接附加於名詞等意義。當然，我們也必須承認，這種語法意義都是由詞彙意義按照語法的性質改造而成的，不是憑空而來的。也就是說，詞的詞彙意義是詞的語法意義的基礎，在研究語法的時候不能不管詞彙意義，甚至可以說，如果沒有詞彙意義的基礎，就沒有語法意義可談。但是基礎畢竟只是基礎，不是語法意義本身，因而也不能成為詞的語法分類的標準。正像邏輯也是語法的基礎，但邏輯上的分類標準同樣不能成為語法上的分類標準一樣。

　　從實用上講，這個「詞彙·語法範疇」標準也有點繁瑣費解，難於掌握和運用。詞義和語法特點有沒有全面對當的關係？《暫擬漢語教學語法系統簡述》有這樣一段說明：「有相同的語法特點的詞，在意義上大都有共同之處；在意義上有共同之處的詞，也大致具有相同或相近的語法特點。」這裡用了「大都」和「大致」，弦外之音，還有些詞的詞義和語法特點並不是對當的。當詞義和語法特點有對當關係時，給詞分類憑詞義也行，憑語法特點也行，我們可以任選其一，不必同時應用兩個性質不同的標準；當詞義和語法特點發生衝突時，如「油漆」、「運動」、「紅」等，詞彙意義只有一個，而語法意義卻有兩三個。在這種情況下，劃分詞類是憑詞彙意義，還是憑語法特點？衆所公認，「油漆」在「二斤油漆」裡是名詞，在「油漆家具」裡是動詞；「運動」在「一切事物都在運動」裡是動詞，在「節約運動」裡是名詞；「紅」在「別紅臉」裡是動詞，在「臉很紅」裡是形容詞：這是憑語法特點得出來的結論。另外詞彙標準只適用於實詞，不適用於虛詞，而語法特點標準既適用於實詞，也適用於虛詞。把

這兩種情況結合起來，我們立刻會發現，在這裡「詞彙」標準是個多餘的東西，不用它同樣能劃分詞類。黃伯榮、廖序東先生主編的《現代漢語》看出了這個問題，只採用了語法特點標準。他們所說的語法特點，基本上跟《暫擬漢語教學語法系統簡述》相同，也是專指語法形式方面的特點，不包括語法意義方面的特點。

五　關於語法意義和語法形式相結合的標準

從前面的分析比較中可以看出，單憑詞義、單憑功能或單憑形態都不能全面順利地劃分漢語的詞類，憑「詞彙·語法範疇」，即詞義、功能、形態相結合的標準，其中的「詞彙」二字，從理論上講，有點不倫不類，從實用上講，難於掌握和結合。經過二十多年的教學實踐，全國十七所高等院校二十二位同仁合寫，張靜主編的高校文科教材《新編現代漢語》（1980年6月，上海教育出版社）總結和吸收了前人研究的成果，在「詞彙·語法範疇」基礎上正式提出了劃分詞類的語法意義和語法形式特點相結合的標準。這個標準既是綜合的（多標準的），又是單一的（一個整體），可以簡稱為語法特點標準。不過這裡所說的「語法特點」跟《暫擬漢語教學語法系統簡述》所說的「語法特點」不完全相同：他們所說的「語法特點」只是詞本身的形態變化以及詞和詞的結合形式等語法形式方面的特點；《新編現代漢語》所說的「語法特點」，除了這些，還包括抽象意義、功能意義等語法意義方面的特點。

語言是音義統一體，在這個統一體裡，它的任何構成成分（詞彙、語法）也都是音義統一體，都有意義和形式兩個方面。語言的語法構造是語言的構成成分之一，任何語法成分也都是由語法意義和語法形式這兩個不可分割的部分組成的。沒有語法意義，就談不到語法形式；沒有語法形式，也無所謂語法意義。所

以在分析某種語法成分時離不開這兩個矛盾統一的方面，詞類問題也不能例外。

　　語法意義和語法形式是多種多樣的，但能用作劃分詞類的標準的，主要是：(1)抽象意義，(2)功能意義，(3)句法結合形式，(4)詞法結合形式。

　　抽象意義是指由詞彙意義按照語法性質概括而成的類別意義，這種類別意義都有一定的語法形式來表達。比如，「水」的詞彙意義是「由氫二氧一合成的一種無色無臭透明的液體」，「秧」的詞彙意義是「植物的幼苗」，「昨天」的詞彙意義是「今天的前一天」，「廣州」的詞彙意義是「廣東省的省會」，而它們的語法意義是「名詞──表示事物、時地」，一般沒有重疊形式，都可以跟數量詞結合成偏正結構等。其他像動詞是表示「動作、存在、判斷」的詞，形容詞是表示「性狀」的詞，數量詞是表示「數量」的詞等，都是比詞彙意義更為概括的，而且有一定語法形式表達的抽象意義。抽象意義標準在劃分詞類時可以起「速記」作用。但遇到模棱兩可的現象時，還得借助於功能意義或其他形式方面的標準。

　　功能意義是指詞在句子裡的作用、地位等。比如實詞可以作句子成分，虛詞不能作句子成分，只表示成分和成分之間的關係；名詞經常作主語、賓語，但不能作謂語（「今天星期日」之類句子算省略「是」字的特例）；動詞、形容詞經常作謂語，副詞只能作附加成分，不能作基本成分，連詞不能作任何句子成分，只連接詞和詞、成分和成分或分句和分句，表示聯合或偏正關係；介詞是把名詞或名詞性詞組介紹給動詞（或形容詞）作附加成分，表示偏正關係，等等（從虛詞所表示的關係來說，也可以把這種功能意義劃入關係意義）。這是語法意義比較重要的一項。

　　句法結合形式是指哪些詞可以跟哪些詞結合在一起，以及它

們的排列次序、常用的虛詞等。比如，名詞常跟數量詞結合成
「數量·名」的形式（如「兩張年畫」）。動詞、形容詞、常跟副詞
結合成「副·動（形）」的形式，中間常用「地」字（如「馬上出
發」、「非常地勇敢」）；介詞常跟名詞結合成「介·名」形式（如
「向南方」、「把書」）；語氣詞只能跟句子結合，並且經常放在句
末。在缺乏形態變化的漢語裡，這一項標準極爲重要。

　　詞法結合形式是指詞綴、詞根疊音（疊詞）等形態變化。比
如，「學生們」、「桌子」、「作者」一看就知道是名詞，因爲它們
有表示名詞意義的詞綴「們」、「子」、「者」；「看看」（kànkan）、
「說說」（shuōshuo）一聽就知道是動詞，因爲他們都有前重後輕
的重疊形式；「高高」（gāogāo）、「好好」（hǎohǎo）一聽就知道是
形容詞，因爲它們都有前中後重，而且後一音節永遠讀陰平的重
疊形式。但這種形式在各類詞內部沒有普遍性，有時也沒有排他
性，比如，單音量詞和單音動詞重疊形式相同（比較：「個個
——看看」），雙音數量詞和雙音動詞的重疊形式相同（比較：
「一件一件——試驗試驗」）。遇到這種情形，還要借助於其他標
準。

　　句法結合形式和詞法結合形式都包括增補形式——某一語法
單位在某種結構裡可能增加上的句法或詞法形式。這種增補形式
在形態變化不豐富的漢語裡也很重要，因此也可以把它從結合形
式裡分化出來，自成一項。比如，「報告寫了一天」和「報告一
天」，兩個「報告」是不是屬於同一個詞類，除了用其他方法，
也可以看他們可能增補上的句法形式和詞法形式：前一個「報
告」在不改變原意的情況下可以在前面增加上「一份」、「這個」
等，這是名詞特有的句法結合形式；後一個「報告」在不改變原
意的情況下後面可以增補上「了」、「過」等詞綴，這是動詞特有
的詞法結合形式。

　　語法意義和語法形式特點是統一的，一個詞如果在語法意義

（抽象意義和功能意義）方面具有名詞的特點，那麼它在語法形式（句法、詞法結合形式或增補形式）方面決不會具有動詞或形容詞的特點，反之亦是。比如「學校」的抽象意義是表示事物，功能意義是經常作主語、賓語，不能作謂語，它的句法形式是能跟數量詞結合，它的詞法形式是不能重疊，如果是指人名詞，後面還可加「們」。因此，劃分詞類的時候，有的只憑語法意義裡的抽象意義或功能意義，也能斷定某詞屬於某類。例如，「老師來了」，「老師」一看就知道是一種事物（人），作了主語，是名詞，「來」一看就知道是一種動作，作了謂語，是動詞。有的只憑語法形式裡的句法結合形式或詞法結合形式也能斷定某詞屬於某類。如「老師」有前綴「老」，一看就知道是名詞；「來」有後綴「了」（這個「了」也可以是語氣詞），一看就知道是動詞。有的詞即便沒有明顯的語法形式特點，同樣可以憑它可能增補上的語法形式特點來歸類。比如「學校」、「工人」等不帶任何語法形式的單詞，連小學生都可以斷定它們是名詞。這除了憑語法意義，也是有意無意地憑可能增補上的語法形式：它們都可以放在數量詞後面，有的可以加「們」。也就是說，在確定某詞屬於某類時，可以從語法意義出發，然後印證它的語法形式，也可以從語法形式出發，然後歸結到語法意義上來，還可以同時分析它的語法意義和語法形式特點。分析詞的語法意義和語法形式特點，可以把四個方面都結合起來，也可以只憑一對特點，比如功能意義和句法結合形式，或者只憑抽象意義和詞法結合形式等。這不是違背語法意義和語法形式相結合的原則，而是根據具體情況，從語法意義和語法形式是一對矛盾的前提出發，靈活運用語法意義和語法形式相結合的標準。

　　根據這個標準，現代漢語的詞應該分為名詞、動詞、形容詞、數量詞、副詞、象聲詞、介詞、連詞、語氣語、感嘆詞十類。這十類詞相互對立的語法特點如下：

(1)名詞

抽象意義：表示事物、時地。

功能意義：能作主語、賓語，但不能作謂語。

句法結合形式：能跟事物數量詞構成偏正結構，能跟介詞構成「介・名」形式。

詞法結合形式：一般不能重疊（「人人」、「山山水水」等算特例），指人名詞後面可以加「們」表示複數，許多名詞可分別帶「兒」、「子」、「頭」、「者」、「家」、「法」等後綴。

(2)動詞

抽象意義：表示動作、趨向、存在、判斷、能願等。

功能意義：能作謂語，但一般不能直接作定語（須加「的」字）。

句法結合形式：一般都能跟名詞結合成動賓結構，能跟副詞結合成偏正結構。

詞法結合形式：能肯定否定相疊；一般都能重疊，單音動詞重疊時第二音節讀輕音，雙音動詞重疊時成「ABAB」式，第二、四音節讀輕音；大部分動詞能帶「了」、「著」、「過」等後綴。

(3)形容詞

抽象意義：表示性狀。

功能意義：一般能直接作謂語，有的需加「的」字，如「太陽暖暖和和的」；能直接作定語（不加「的」字）；能作補語，作補語時前面能加「得」、「不」，如「長得聰明」。

句法結合形式：能跟名詞結合成「形・名」偏正結構；都能跟程度副詞結合成「副・形」偏正結構。

詞法結合形式：能肯定否定相疊；一般都能重疊，單音形容詞重疊時第二音節讀陰平重音，雙音形容詞重疊時成「AABB」式，第一、四音節讀重音，第二音節讀輕音，第三音節讀中音。

⑷數量詞

抽象意義：表示事物或動作的數量。

功能意義：事物數量詞都能直接作定語，動作數量詞都能直接作補語。

句法結合形式：不能跟程度副詞結合，經常跟名詞構成不帶「的」字的「數量‧名」偏正結構。

詞法結合形式：可以重疊，重疊形式有兩種：一是「ABAB」式，如「一個一個」、「一遍一遍」；一是「ABB」式，如「一個個」、「一陣陣」（這種重疊形式，數詞必須是「一」）；前面可以加「第」表示序數，如「第三個」、「第五次」。

⑸副詞

抽象意義：表示程度、時間、範圍、語氣等。

功能意義：不能作主語、謂語、賓語，只能作附加成分。

句法結合形式：不能跟介詞結合，經常跟動詞、形容詞構成「副‧動」、「副‧形」偏正結構。

詞法結合形式：沒有任何特點（沒有特點本身就是一種特點）。

⑹象聲詞

抽象意義：表示自然界的聲音。

功能意義：不能作主語，能作定語和狀語，複音象聲詞加「的」以後可以作謂語。

句法結合形式：不能跟副詞、介詞、形容詞結合，可以跟名詞、動詞構成「象‧名」、「象‧動」偏正結構。

詞法結合形式：沒有任何特點。

⑺介詞

功能意義：不能作句子成分，只能介紹名詞或其他詞組作附加成分。

句法結合形式：只能放在名詞或其他詞組前面。

(8)連詞

功能意義：不能作句子成分，只起連接作用，表示詞和詞、成分和成分、分句和分句之間的聯合或偏正關係。

句法結合形式：不能跟別的詞結合。

(9)語氣詞

功能意義：不能作句子成分，也不表示成分和成分之間的關係，只表示句子的疑問、祈使、感嘆、陳述等語氣。

句法結合形式：不能跟任何詞結合，只跟句子結合，放在句末（有時也放在句中停頓的地方）。

(10)感嘆詞

功能意義：不能作一般句子成分，只能作句外成分（獨立成分），或作獨詞句，表示強烈感情。

句法結合形式：不跟任何詞結合，也不跟句子結合。

名詞、動詞、形容詞、數量詞、副詞、象聲詞可以根據能作句子成分、能跟別的詞結合成詞組的特點，概括爲實詞；介詞、連詞、語氣詞、感嘆語可以根據不能作句子成分，不能跟別的詞結合成詞組的特點，概括爲虛詞。

但《新編現代漢語》並沒有徹底地貫徹這個原則，而是讓代詞自成一類，把象聲詞包括在形容詞裡。爲什麼這樣處理呢？爲了照顧習慣。

馬建忠仿效以印歐語言爲基礎的傳統語法學所寫的第一部漢語語法《馬氏文通》，從詞彙意義出發，以「代替作用」爲特徵，把代詞算作獨立的詞類，代詞之下又按意義分爲指名、接讀、詢問、指示四小類。後來，中國的語法學者絕大多數都沿用了這種說法。看起來，把代詞看作獨立的詞類，似乎已經是不容置疑的既成事實了。

儘管如此，還是有一些語法學者對這個「既成事實」提出過不同的意見。中國的語法學者最早反對代詞獨立的是陳承澤，他

在《國文法草創》裡說：「代字本為名字之一種，外國文之所以獨立為一類而研究之者，以其有『格』case 之變化，又有關係代字等須加特別說明者耳。今吾國既無關係代字，而如『格』之變化等形式上之特徵，又為我國文之所無；似不如存其名目，而作為名字中之一細類，眉目較為清朗。代字在解剖國文時，雖亦重要，而在字論上，似可無須獨立為一類也。」（19頁）後來，乃凡在《關於「代詞」》一文裡也說：「名詞、動詞、形容詞的功能不全一樣，如果代詞能代替這三種詞，那它勢必有三種功能才成。事實並不是代詞裡所有的詞都有三種功能。事實是這樣的：有些詞可以代替名詞（如『我』）；有些詞可以代替形容詞（如『怎麼』）；有些詞可以代替加語形容詞或名詞（如『這』）。所以在代詞一類中，詞與詞之間沒有一個共同功能，因此無法加起來成為一個詞類。換句話說，『代詞』這個詞類是不存在的」⑲我們認為這些意見是值得重視的。要是按照語法意義和語法形式特點相結合的標準來衡量，「代詞」是個大雜燴，既沒有自身的共同的語法特點，也沒有同其他詞類相對立的語法特點，不能自成一類。「多少」、「幾」等可以劃歸數量詞，「多麼」、「那麼」、「這麼」等可以劃歸副詞，「這樣」、「那樣」、「怎麼樣」等可以劃歸動詞。「我」、「你」、「他」、「誰」、「什麼」、「這」、「那」等可以劃歸名詞，為了照顧習慣，也可以叫「代名詞」（關於這個問題，我們將另寫文章向大家請教）。

與代詞相反，象聲詞倒是應該自成一類。這裡所謂的象聲詞，只指「呼」、「嘩嘩」等摹擬自然聲音的詞。這種詞，丁聲樹等先生的《現代漢語語法講話》和呂叔湘、朱德熙先生的《語法修辭講話》跟嘆詞合在一起，都叫象聲詞；黎錦熙、劉世儒先生的《漢語語法教材》把它算作嘆詞的附類；張志公先生的《漢語語法常識》把它包括在形容詞裡。

把象聲詞和嘆詞放在一類裡，或是作為嘆詞的附類，理由

是：第一，它們都是象聲的。第二，都可以獨立於句外作句子的獨立成分。我們認為，象聲詞和嘆詞的本質區別在於：象聲詞是摹擬自然聲音的，經常作一般句子成分，跟別的實詞可以結合成詞組，如「呼呼的風」、「叭叭地響」；嘆詞表示強烈的感情，永遠獨立於句外，不能作一般句子成分，不能跟別的實詞結合成詞組。可能有人還會提出第三個理由：嘆詞跟象聲詞一樣，也可以作一般句子成分，如「哈哈地笑起來」、「唉呀唉呀的聲音」。我們認為嘆詞作了狀語、定語等句子成分以後，都要失去表示說話人的強烈感情的意義，只是摹擬別人的聲音，應該說它們已經變成了象聲詞，或者說它們是兼類詞，不能用這種理由混淆象聲詞和嘆詞的界限。打個比方吧，咱們說「跑」是一個動詞，是指它表示一種動作的時候說的，而在「跑是一個動詞」這句話裡，「跑」卻失去了動作的意義。只是作為一個「詞」被說明的，這時必須承認它是一個名詞，是可以加引號的，正像「動詞」這個詞是個名詞一樣。

把象聲詞包括在形容詞裡，是有些道理的。不過用語法意義和語法形式相結合的特點來衡量，這樣處理也不是很合適的。象聲詞只表示自然聲音，形容詞表示性狀；象聲詞作謂語往往在後面加「的」字，如「風呼呼的」（詩歌唱詞的語言才可以說成「風呼呼」），形容詞一般沒有這個限制（有些特殊的形容詞作謂語也得加「的」字，如「麥子綠油油的」）；象聲詞不能用重疊聲音表示附加的語法意義，「叮叮噹噹」不是「叮噹」的重疊形式，而是代表一種雜亂的聲音。形容詞可以，如「大大方方」是「大方」的重疊形式，表示加重程度的附加意義；象聲詞不受程度副詞修飾。「非常叮噹」不成話。形容詞可以，如「非常大方」。因此，應該把象聲詞當作獨立的詞類。（關於這個問題，我們也將另寫文章專題討論）

總之，按照語法意和語法形式相結合的標準，漢語的十個詞

類可以相互對立，界限比較清楚。就是在各個一般詞類之下再分小類，或者解決詞的跨類現象——一詞多類和詞類活用，同樣也應該以語法意義和語法形式特點爲標準（關於詞類再分和詞的跨類現象，目前在漢語語法學界尙未得到圓滿的解決，我們也將另寫文章向大家請敎）。

（原載全國語法和語法敎學討論會論文匯編《敎學語法論集》，人
民敎育出版社，1982年）

【註　譯】

① 《關於漢語詞類的一些原則性問題》，載《漢語的詞類問題》第一集，下引同。

② 《關於漢語詞類的一些原則性問題》。

③ 《中國語法理論·新版自序》，12頁。

④ 雖然《馬氏文通》也說：「字各有義，而一字有不止一義者，古人所謂『望文生義』者此也。義不同而類亦別焉，故字類者，亦類其義焉耳。」（校注本上冊，8頁）但他並沒有貫徹這種詞義標準，而是中途易轍，採用了功能標準。

⑤ 該書在十九版以前，即在1924年以後，1954年以前的版本中，曾經有過「凡詞，依句辨品，離句無品」、「國語的九種詞類隨他們在句中的位置或職務而變更，沒有嚴格的分業」等說法。十九版以後作者雖然在字面上作了修改，但原來詞類理論的本質並沒有什麼改變。

⑥ 見《三個體制的實例比較和幾點補充說明》，載《中國文法革新論叢》，41頁。

⑦ 見《語法·語言的語法結構》中譯本，11頁。

⑧ 見《中國語文》1952年12月號。

⑨ 載《中國語文》1953年10月號。

⑩ 載《語文學習》1953年12號。

⑪ 《論俄語詞類》，中譯本2頁。

⑫ 《關於詞類問題的討論》，譯文載《中國語文》1955年5月號。

⑬《關於詞類問題的討論》，譯文載《中國語文》1955年5月號。

⑭見《中國語文》1954年2月號、3月號。

⑮曾載於《中國語文》1955年1－10月號。

⑯載《北京大學學報》（人文科學）1955年第2期。

⑰載《語言學論叢》第四輯，13頁。

⑱《關於漢語有無詞類的問題》，載《漢語的詞類問題》，第二集。

⑲載《中國語文》1955年5月號。

論詞的跨類問題

一

　　詞類是詞的語法分類。哪個詞屬於哪個詞類，是由它的語法意義和語法形式特點決定的。漢語的詞一般說來每個詞大都屬於一個固定的詞類，但也有不少詞有跨類現象。所謂跨類，就是一個詞可以有兩類或三類詞的語法意義和語法形式特點。例如：

　　「翻譯」，在「他翻譯這篇文章」裡有動詞的特點，在「他是個翻譯」裡有名詞的特點。「鎖」，在「把門鎖好」裡有動詞的特點，在「買了一把鎖」裡又有名詞的特點。

　　「光明」，在「要光明正大」裡有形容詞的特點，在「我們看到了光明」裡又有名詞的特點。「矛盾」，說成「有個矛盾」是名詞的特點，說成「他的思想非常矛盾」是形容詞的特點，要是說成「他們在矛盾著」是不是又具有動詞的特點？

　　「夫妻」，一般是名詞，在「咱們總算夫妻了一場」裡是不是又有動詞的特點？「屋子」，一般是名詞，在「坐了一屋子人」裡是不是又有量詞的特點？

　　「健康」，一般是形容詞，在「健康了身體」裡又取得了動詞的一些特點。「嘩啦」，用來摹擬自然聲音時是聲象詞，如「嘩啦地響了一聲」，在「你別嘩啦」裡是不是又取得了動詞的特點？

　　「唉呀」，在「唉呀，我忘了」裡是感嘆詞，在「他唉呀了半天」裡是什麼詞？在「他唉呀地叫了一聲」裡又是什麼詞？

　　「笑」，一般是動詞，但說成「他的這種笑是很好聽的」，似乎又有了名詞的特點。「方便」，一般是形容詞，但說成「給了我

許多方便」，似乎又有了名詞的特點？

　　我們把上述現象都稱之爲詞的跨類現象。從這些跨類現象中，我們可以提出許多問題：這些跨類現象性質是否相同？如果都把它們看作同性質的現象，都算一詞多類，那麼一個詞不屬於一個固定的詞類，漢語的詞還有沒有詞類的區分？如果認爲這些跨類現象性質不同，應該分別對待，那麼又應該怎樣區分和處理？對這些問題，我國語法學者們絞盡腦汁，提出了許多不同的學說。到目前爲止，有些問題大家意見趨於一致，但有些問題，特別是動詞、形容詞作主語、賓語中心語時的詞性問題，一直沒有一個妥善的、令人滿意的處理辦法，應該說，這還是一個懸而未決，但又急需解決的問題。當然還有一些別的問題，如名詞用在量詞的位置上，副詞起關聯作用時的詞性問題，象聲詞、感嘆詞帶了賓語或補語時的詞性問題，也都需要解決。

<h2 style="text-align:center">二</h2>

　　我國第一部語法書，馬建忠的《馬氏文通》（1898年）從「字無定義，故無定類，而欲知其類，當先知上下之文義何如耳」的前提出發提出了「詞類通假」學說。所謂「詞類通假」，就是甲類詞假借爲或用如乙類詞。包括：「通名往往假借靜字，假借動字，更有假借狀字者」（上冊25頁，中華書局，1954年校注本，下引同），就是形容詞、動詞、副詞可以假借爲抽象名詞，例如：「夫心之精微，口不能言也」，「受與報不宜在門下諸從事後」，「天之蒼蒼，其正色耶」，「精微」是形容詞假借爲名詞，「受」、「報」是動詞假借爲名詞，「蒼蒼」是副詞假借爲名詞；「有以公名、本名、代字、動字、狀字用如靜字者」（上冊140頁），就是普通名詞、固有名詞、代詞、動詞、副詞可以用如形容詞，例如：「王道」、「臣心」的「王」、「臣」是普通名詞用如形容詞，「齊桓」、「舜言」的「齊」、「舜」是固有名詞用如形容詞，「吾

國」、「其行」的「吾」、「其」是代詞用如形容詞，「飢色」、「餓莩」的「飢」、「餓」是動詞用如形容詞，「果然」、「區區之薛」的「果」、「區區」是副詞用如形容詞；有假公名，本名為動字者，有假代字為動字者，有假靜字為動字者，有假狀字為動字者」（上冊243—247頁），就是名詞、代詞、形容詞、副詞可以用如動詞，例如：「微子者，楚不國矣」、「爾欲吳王我乎」，「國」、「吳王」都是名詞假借為動詞，「由我者吾，不我者天」，後一個「我」是代詞假借為動詞，「大學之道，在明明德」，第一個「明」是形容詞假借為動詞，「賢者以其昭昭使人昭昭，今以其昏昏使人昭昭」，後兩個「昭昭」是副詞假借為動詞。

　　到了黎錦熙《新著國語文法》（1924年正式出版，這本書是在1920年的講義《國語文法系統表草案》的基礎上寫成的），承受並發展了「詞類通假」學說，他說：「國語的詞類，在詞的本身上無從分別，必須看他在句中的位置、職務，才能認定這個詞屬於何種詞類。……國語的九種詞類，隨他們在句中的位置或職務而變更，沒有嚴格的分業。」具體點說，就是：

　　⑴凡是用作主語、賓語和某些類型的補足語（「是」字後面的賓語）的動詞、形容詞都轉成名詞；

　　⑵凡是用作述語（謂語）的名詞、形容詞（帶賓語的）都轉成動詞；

　　⑶凡是用作名詞附加語（定語）的動詞、名詞都轉成形容詞（但作領屬性附加語的名詞，如「哥哥的書」，叫名詞在領位，這是跟《馬氏文通》不同之處）；

　　⑷凡是用作動詞和形容詞的附加語（狀語和補語）的名詞、形容詞、動詞都轉成副詞（但把某些動詞作動詞的附加語的叫散動詞，如「他笑著說話」，這也是跟《馬氏文通》不同之處）。

　　可以看出，所謂「詞類通假」就是按照句子成分確定詞的類屬。根據這個原則劃分詞類的結果是：差不多所有能充當兩個以

上句子成分的詞，都可以跨類。但問題也就產生在這裡，每個詞（至少是實詞）都可以跨類，必然要得出詞無定類，乃至詞不能分類的結論。既然詞無定類，類無定詞，詞不能分類，《馬氏文通》和《新著國語文法》為什麼還要立名字或名詞，動字或動詞，靜字或形容詞，狀字或副詞等詞類的名目呢？他們的出發點可能是：按詞義則詞有定類，按句子成分則詞無定類。換個說法，在詞典上詞有定類，在實際語言中詞無定類。但詞義或詞典上的類，決不是詞的語法分類，即使強行劃分，這種分類在語法上也沒有什麼意義。黎錦熙先生看出了這個問題，在《新著國語文法》第19版又改變了說法：「凡詞各有定類；進入句法成分中，有執行本類本職的（如名詞任主語等），有兼他職的（如名詞在領位等），有由職顯類的（如動、形若任主、賓等，雖然無形態變化，也得看成名詞），都從句法成分上表現出來……（注意，這不是說詞的本身沒有分類，也不是說必須從句法中才分得出詞類來）。」從這段話裡也可以看出，黎先生是不願「詞無定類」的。但是「詞類通假」的結果只能是「詞無定類」，決不會是「詞有定類」。因此「詞類通假」學說是不可取的。事實上，《新著國語文法》之後許多語法著作也都沒有採納這種學說。「詞類通假」學說雖然被否定了，但詞的跨類問題並沒有得到解決，或者說「詞類通假」的影響還在或明或暗地起作用：至今仍有許多語法書先規定副詞不能修飾名詞，然後把修飾名詞的副詞都看作形容詞，如「一定的階級」、「非常時期」、「共同事業」、「原來的人」等。

陳承澤《國文法草創》（1922年）以詞有定類為出發點，為解決詞的跨類現象，針對「詞類通假」學說，提出了「詞類活用」學說。「詞類活用」的原則和範圍是什麼？他說：「各字應歸入之字類，必從其本用定之，而不從其活用定之，乃得謂之字論上之字類，實用上方有相當之價值。蓋凡字一義只有一質而可有

數用，從其本來之質而用之者，謂之本用。《馬氏文通》引《莊子·德充符》：『人莫鑒於流水，而鑒於止水，惟止能止眾止』一例，謂『止』字有四用而兼三類。『止水』之『止』，靜字（本篇謂之冠象用），言水流之形也；『能止』之『止』，有使然之意，動字也（本文謂之致動用）。以余觀之，馬氏所舉之三類，皆屬『止』之活用。『止』之字類，應爲自動字，即『紲然而止』之『止』是也。」(21—22頁)「名、動、象、副等之質各異，因在文章上，各取得其特定之文位（如名字居主位、目的位、領位、被領位，象字居冠位、說明位，自動字、他動字居說明位，副字居副位等是也）。又以其性質之異，而活用方法亦各不同。如名字，主要表現爲表物之字。然物大抵有其象，而象字所形容者，往往過其一部分；欲形容其全象或渾漠之象，必象以該名字爲象，用如『君君』『臣臣』第二之『君』字『臣』字，指具有君或臣所應具之德言，即象用也，物又有其動（最廣義），而動字所表出，往往不過其一部分；欲表出其全動或其特有之動，必即以該名字爲動用，如『天雨』之『雨』，即自動用也。……又物有其象，特假其物以表其象；而因以狀象時，則爲副用，如『緋紅』之『緋』、『黛綠』之『黛』是也。物有其動，而動復有象，特假其物爲表此動象之具，以狀他種之動時，亦爲副用，如『雲集』之『雲』、『響應』之『響』是也。」(22—23頁)

　　簡單地說，一個詞凡是用於他所說的「特定之文位」之外的都叫詞類的活用。什麼情況算「特定之文位」之外的活用呢？(1)名詞用作定語時，算活用爲形容詞；(2)形容詞、動詞用作主語、賓語時，算活用爲名詞；(3)形容詞、動詞用作狀語時，算活用爲副詞；(4)名詞用作謂語時，算活用爲動詞。

　　呂叔湘《中國文法要略》（1942—1944年）採納並進一步解釋了《國文法草創》關於「詞類活用」的理論，說：「一個詞可以分別本用和活用，例如名詞是用作詞組裡的端詞，詞結裡的主

詞，動詞的止詞或補詞的時候多，動詞是用作詞結裡的謂語的時候多，形容詞是用作詞組裡的加語或詞結裡的謂語的時候多，限制詞是用作詞組裡的加語的時候多，這樣用法就是他們的本用，無須特別注意。「（24頁，商務印書館1956年修改本）也就是說，形容詞、動詞用作主語、賓語時算活用爲名詞；名詞用作動詞的狀語時算活用爲副詞；名詞用作謂語時算活用爲動詞；形容詞用作謂語並帶賓語時算活用爲動詞。

　　王力《中國現代語法》（1944年）提出的「詞的變性」學說，近似「詞類活用」學說，只是把「本用」叫「正常用法」，把「活用」叫「變性」。他說：「『他不在家』的『在』，和『他不在家吃飯』的『在』都是動詞，咱們只能說它們所處的地位不同（前者處於主要地位，後者處於次要地位），卻不能認爲兩類。『吃奶』的『奶』，和『我從小奶了他這麼大』的『奶』，都是名詞，咱們只能說它們的職務不同（前者是名詞的正常用法，後者是名詞的變性），也不能認爲兩類。」（上冊25頁）

　　「詞類活用」（包括「詞類的變性」學說，）可取之處，在於它肯定詞有定類，甲類詞用作乙類詞時，仍是甲類詞，並未變爲乙類詞；區別本用和活用是以詞在某種「特定之文位」出現的頻率爲標準：經常用作主語、賓語的是名詞本用，偶爾用作謂語、狀語的算名詞的活用。不可取之處，在於它沒有徹底跳出「詞類通假」的窠臼，跟「詞類假通」比較起來，僅僅是把詞無定類的「假借爲」、「用如」、「轉成」等字眼兒換成了「活用」、「用作」、「變性」而已。除此之外，很少看出它們在別的方面的差別來。根據「詞類活用」的原則和範圍，每一類實詞差不多都有兩種以上的用法，因而都可以活用。都可以活用，等於取消了活用。可見這種學說也沒有解決詞類劃分中的跨類現象，比如動詞、形容詞作主語、賓語時算活用爲名詞，那麼它到底是有動詞、形容詞的語法特點，還是有名詞的特點？本用和活用的頻率該怎麼確

定？這些問題都不能回答。

　　呂叔湘、朱德熙《語法修辭講話》（1951年）爲了解決詞的跨類現象，又提出了「一詞多類」的理論。他們的原則和範圍，從下面這段話裏可以看出來：「一個詞的意義不變的時候，儘可能讓它所屬的類也不變。這樣，詞類的分別才有意義。這並不等於說，沒有一個詞能屬於兩類或三類，只說是，不應該完全根據它在句子裡的地位來決定罷了。讓我們用幾個實在的例子來說明各種情形。㊀在『釘了三根釘』裡頭，兩個『釘』字，不但是地位不同，意義不同，而且聲音也不同，應該算是兩個詞。㊁在『拿把鎖 把門鎖上』裡頭，兩個『鎖』字不但地位不同，意義也不同，是一個詞屬於兩類，前一個是名詞，後一個是動詞。㊂假如地位不變而意義變了，詞類可能不變，如『點燈』和『點名』；也可能變，如『走過他門口』的『過』是副動詞（介詞），『進過中學』的『過』就是副詞。㊃假如意義不變而地位變了，就要看這個變化是一般的還是特殊的。比如：(1)大多數名詞都能用來限制或修飾另一個名詞，如『木頭房子』和『算學敎員』。這是名詞的一般性質，就不必說『木頭』和『算學』在這裡已經變成形容詞。(2)大多數動詞和形容詞能用來作某些動詞的賓語，如『不怕打擊』和『貪圖方便』。這是動詞和形容詞的一般性質，就不必說『打擊』和『方便』已經變成名詞。但是在『給他一個重大的打擊』和『給他種種方便』裡，一方面『給』字是尋常不用動詞或形容詞做賓語的動詞，一方面『打擊』前面有『一個』，方便前面有『種種』。這不是一般動詞和形容詞所能有的格式，就應該承認『打擊』和『方便』已經 變成名詞。(3)大多數形容詞都能加『了』字表示某種性質狀態的產生，如『臉紅了』，這個『紅』不必說是動詞。但是『把臉一紅，扭頭就走』和『從來沒紅過臉』的『紅』是一般形容詞所不能有的格式，就應該承認它已經變成動詞。總之，不能一概而論。」（12—13頁，開明書店，

1952年）

　　這種理論對「詞類通假」理論來說，是一次了不起的革命，對「詞類活用」理論來說，雖然在某些方面有點後退，比如把「活用」看作「轉類」，但就整體來看，也是一個巨大的進步。這種理論，是以意義和地位變與不變的原則把詞的跨類現象分成了兩種：㈠讀音和形體相同，地位和意義不同的算一詞多類，如「拿把鎖把門鎖上」的兩個鎖；讀音和形體相同，地位相同，只是意義不同的，一部分算一詞多類，如「走過他門口」和「進過中學」的兩個「過」；㈡讀音和形體相同，意義相同，只是地位不同的，一部分動詞或形容詞算「變類詞」（即動詞、形容詞變成名詞，或形容詞變成動詞，條件是：動詞、形容詞作主語、賓語，前面有名詞常有的數量定語時算變成了動詞，沒有這樣的定語時不變），《語法修辭講話》對這兩種詞的跨類現象的處理，除了「走過他門口」和「進過中學」的兩個「過」，因為讀音不同，不是一個詞，應按兩個不同的詞處理之外，基本上是可信的。剩下的問題是動詞、形容詞變成名詞的問題和其他「變類詞」的範圍問題。這是詞的跨類問題的癥結所在。

　　第一，說「給他一個重大打擊」、「給他種種方便」裡的「打擊」、「方便」是動詞、形容詞變成了名詞，那麼不用數量定語，而是用別的定語的，如「敵人的打擊」、「這樣的方便」、「他的聰明」、「很大的進步」算不算變成了名詞？如果不算，理由是什麼？二者的界限在哪裡？只說一個有數量定語，一個沒有，把數量定語作為變與不變的標誌，恐怕不能令人滿意。

　　第二，很多動詞、形容詞都可以帶數量定語（幾乎所有動詞、形容詞都可以帶其他定語）出現在主語、賓語的位置上，因而必須承認很多動詞、形容詞（或所有動詞、形容詞）都可以變成名詞。這樣一來，似乎又回到「詞類通假」的老路上去了（只是比「詞類通假」的範圍小一些）。

　　第三，有些動詞、形容詞作主語、賓語時，前面不僅可以帶定語，還可以再帶狀語，如「他的不聰明」、「這本書的遲遲不能出版」。這種現象應該怎麼分析？《語法修辭講話》回避了這個問題。

　　第四，有些名詞可以出現在量詞的位置上，有些副詞可以起連接作用，有些象聲詞、感嘆詞可以帶賓語或補語，算不算類詞？《語法修辭講話》也沒有涉及。

　　《暫擬漢語教學語法系統簡述》和初中《漢語》（1956年），原則上吸收了《語法修辭講話》關於詞的跨類問題的處理意見，並且把範圍縮小到動詞、形容詞作主語、賓語的問題上。不同的是把「動詞、形容詞變成名詞」的說法，改成了「動詞、形容詞的名物化用法」，並把帶數量定語改為帶定語，擴大了範圍。所謂動詞、形容詞的名物化用法，就是動詞、形容詞作主語、賓語，並且前面有一般名詞具有的定語時，它們一方面喪失了動詞、形容詞的一些語法特點，一方面又取得了名詞的一些語法特點。比如：「他的來使大家很高興」、「他的不聰明是眾所周知的」，「來」和「聰明」雖然作了主語，並且前面有定語，但前面也有或可以加上狀語，所以並沒有完全變成名詞。

　　名物化學說，是介於動詞、形容詞「活用為名詞」和動詞、形容詞「變為名詞」之間的學說，它可以從語法特點方面更有力地肯定詞有定類的觀點，而且對「活用」和「變類」理論所不能解釋的語言現象，如「他的不聰明」，有了一定的解釋。因此許多人對它很感興趣。但這種理論跟「活用」，「變類」理論一樣，《國文法草創》和《語法修辭講話》等沒有解決的問題，它同樣沒有完全解決。此外，名物化所涉及的只是動詞、形容詞作主語、賓語的問題，其他許多跨類現象，比如名詞作謂語中心語（帶補語或賓語）算不算「動謂化」？名詞放在量詞的位置上算不算「名量化」？形容詞、象聲詞帶上賓語算什麼「化」？都沒有談

到。整個詞的跨類問題並沒有得到解決。

　　朱德熙、盧甲文《關於動詞形容詞「名物化」的問題》（北京大學學報，人文科學，1961年第4期）徹底否定了「名物化」學說，也徹底否定了《語法修辭講話》等書的「變類」和「活用」學說，提出了「放在主賓語位置上的動詞和形容詞既能受定語修飾，又能受狀語修飾」，「在『這本書的出版是有重要意義的』裡頭，『這本書』之為定語不決定於『出版』的性質，因為『出版』前頭的修飾語不一定是定語（例如『不出版』『馬上出版』等等），而決定於『這本書』本身的性質，因為『這本書』無論修飾什麼東西，它總是定語，不可能是狀語。」「『出版』是動詞，加上定語『這本書』之後，它仍舊是動詞，可是整個偏正結構『這本書的出版』卻是名詞性的了。說『這本書的出版』是名詞性詞組，決不是因為它在主語（或賓語）的位置上，而且因為這個結構本身就是名詞性的：即不能作謂語，也不受副詞修飾。」

　　胡裕樹主編的《現代漢語》采納了這種意見，說：「本書認為像『他的來使大家很高興』中的『來』仍舊是動詞。如果說是『特殊用法』，特殊之處也不在動詞或形容詞的詞性有什麼改變，而在它們前邊帶有特殊的修飾成分。本書是這樣處理的：承認動詞、形容詞可以充當主語或賓語，取消名物化的說法。同時承認在一定條件下，作主語、賓語的動詞或形容詞能受名詞或人稱代名詞的修飾。這些名詞或人稱代詞是不能充當狀語的，所以修飾動詞、形容詞時仍是定語。」（見《現代漢語使用說明》，18頁）

　　這種意見如果能自圓其說，無疑是會受歡迎的。但這要牽涉到許多別的問題：如果說動詞、形容詞可以帶定語，必須重新考慮定語（也涉及狀語、補語）的定義。而這個問題並不比詞的跨類問題容易解決。更重要的是，如果說動詞、形容詞帶定語以後仍是動詞、形容詞，但整個偏正結構卻是名詞性的，還必須重新

考慮確定詞組性質的標準。一般所說的名詞性詞組、動詞性詞組、形容詞性詞組，都是由中心語的詞性決定的，而朱、胡等先生所說的名詞性詞組，既不是由中心語的詞性決定的（因爲中心語仍是動詞、形容詞），也不是由定語的詞性決定的（因爲作定語的大多是數量詞、形容詞、動詞，甚至可以是副詞，如「最東邊」），而是由這個詞組能不能作謂語決定的。要是以能不能作謂語來確定是否名詞性詞組，問題就更多了，許多主謂詞組（包括複句形式），如「我正在看這本書」、「我不看電影，你也別看戲」，都不能去作另一個句子的謂語，能說它們也是名詞性詞組嗎？許多副詞詞組，如「不很」、「不再」永遠不能作謂語，能說它們是名詞性詞組嗎？其實，他們所說的名詞性結構（詞組）是由定語決定的，而定語又是由名詞性結構決定的，如「這本書的出版」之所以是名詞性結構，是因爲其中有了「這本書」這個定語，而「這本書」之所以算定語，是因爲「這本書的出版」是名詞性結構。這種循環論證的辦法還是不能圓滿地解決詞的跨類問題。

三

詞的跨類問題是語法分析中的一個老大難問題，直到現在還沒有一種完美的解決辦法。爲了教學的需要，我們建議吸取《國文法草創》、《語法修辭講話》、初中《漢語》等著作的合理意見，從詞有定類的前提出發，把詞的跨類現象分爲兩大類：一是兼類詞，一是活用詞。它們各自的特點和範圍如下：

1.兼類詞

經常具有兩三類詞的性質，代表兩三種不同概念或意義的詞，在語法上很難說哪一種是本用，哪一種是活用，這樣的詞可叫作兼類詞。兼類詞所兼有的不同詞類的意義，必須有歷史的或現實的聯繫，它們都是從一個基本意義派生出來的，從詞義的角

度說，一般都有「同源」或「同族」的關係，包括在多義詞裡（但多義詞不一定是語法上的兼類詞）。例如「翻譯」，在「他翻譯這篇文章」裡是動詞，指「把一種語言文字譯成另一種語言文字的活動」；在「他是一個翻譯」裡是名詞，指「作翻譯工作的人」。從詞源上看雖然作動詞用的是原始的意義，但在現實語言中，很難說哪個常用，哪個不常用。因此遇到這一種兼類詞就不必說這是動詞活用爲（或變成）名詞了，應根據它在具體語句中的語法意義和語法形式特點確定詞性。

(1)兼屬動詞和名詞的

在現代漢裡兼屬動詞和名詞的最多。例如：「代表、教練、領導、編輯、裁縫、組織、報告、運動、鎖、鋤」等。

「報告」，在「向大家報告一個好消息」裡是動詞，指「叙述事情的經過或狀況」；在「寫了一份報告」裡是名詞，指「叙述事情經過或狀況的文件」。

(2)兼屬形容詞和名詞的

在現代漢語裡這一種兼類詞也比較多。例如：「自由、民主、科學、矛盾、光明、困難」等。

「自由」，在「你非常自由」裡是形容詞，是指「不受拘束或不受限制」；在「每個公民都有在法律規定的範圍內的自由」裡是名詞，指「隨自己的意志進行正當活動的權利」。

(3)其他

還有一些兼屬形容詞和動詞、兼屬動詞詞和副詞、兼屬副詞和連詞、兼屬動詞和介詞的。例如：「親、暖、是、又、朝、通過、經過、順」等。

「親、暖」兼屬形容詞和動詞：說「他們很親」是形容詞，說「親了他一下」是動詞。「是」兼屬動詞和副詞：說「我是工人」是動詞，說「我是出去」是副詞（或叫助動詞）。「又」兼屬副詞和連詞：說「他又不是不會」是副詞，說「他既聰明又勇

敢」是連詞。「朝、通過、順」兼屬動詞和介詞：說「這座房子朝南」是動詞，說「他朝我看了一眼」是介詞。介詞是從動詞虛化出來的，由於虛化的程度不同，兼屬動詞和介詞的也比較多。但有一些，如「用、在、到」等出現在介詞的位置上跟出現在動詞的位置上意義相同，究竟算不算兼屬動詞和介詞也還值得研究。

有些形體相同，意義也有聯繫，但讀音（包括聲母、韻母或聲調）不同的，不應看作兼類詞，應看作兩個不同的詞。如「釘」，讀陰平時是名詞，指「釘子」；讀去聲時是動詞，指「用釘子等把東西固定在一定的位置上」或「用針線把帶子、鈕扣等縫住」。其他像「折」，有三種讀音——zhē、zhé、shé，代表三個不同的詞；「背」，有兩種讀音——bēi、bèi，代表兩個不同的詞；「少」，有兩種讀音——shǎo、shào，也代表兩個不同的詞。

有些讀音相同、形體相同，但意義毫無聯繫的，也不能算兼類詞，只是兩個或幾個同形的同音詞。如「把大門」、「把槍放下」、「一把雨傘」、「車子把」的「把」應看作四個不同意義的同音詞。「白顏色」、「白跑一趟」的「白」，應看作兩個不同意義的同音詞。

2.活用詞

經常具有甲類詞的性質，只是在某種情況下為了達到某種目的臨時用作乙類詞的詞，叫作活用詞。活用詞都是既保留了甲類詞的一些意義，又臨時增加了乙類詞的一些意義，實際上是一種修辭手段。活用和本用讀音完全相同，除了新增加的意義，基本意義不變，因而仍是一個詞，不是兩個詞。活用詞跟兼類詞的本質區別是：活用是臨時的、偶爾出現的用法，在詞典上活用的義項不必另作解釋；兼類是經常具有兩類詞的意義和用法，因而不管用作哪一類，人們都沒有「新鮮」的感覺。例如：「炮」經常用作名詞，如「一門炮」，如果說成「用炮炮了他」，後一個

「炮」，就是臨時用作動詞了，往往給人一種不尋常的感覺，是活用詞。而「編輯」，無論說成「他是一個編輯」（名詞），還是說成「他編輯了一本書」（動詞），都是常見的用法，沒有什麼不尋常的感覺，是兼類詞。

　　一般語法書所規定的活用（變性），只限於名詞、動詞、形容詞的異常用法；我們認為活用除了名詞、動詞、形容詞，還有副詞、象聲詞、感嘆詞的異常用法。

　　⑴名詞活用為動詞、形容詞、量詞

　　在現代漢語裡比較明顯的，也是眾所公認的是名詞活用為動詞、形容詞。名詞的主要用途是作主語、賓語（中心語），也可以作定語、狀語或補語（多由介詞引介），一般不能作謂語或謂語中心語，而動詞、形容詞則經常作謂語或謂語中心語，如果在一定的語言環境中把名詞用在謂語或謂語中心語的位置上，這個名詞往往具有名詞和動詞或名詞和形容詞兩類詞的意義。例如：

　　　　咱們總算夫妻了一場吧。

　　　　咱們朱家門裡窮倒是真的，可也志氣了幾輩子。

　　　　這一切等，確是十分堂·吉訶德的了。

　　　　你姊……比那個徐丙貴還徐丙貴。

前兩例的「夫妻」、「志氣」都是名詞活用為動詞，後兩例的「堂·吉訶德」、「徐丙貴」都是名詞活用為形容詞。名詞放在謂語中心語位置上（有時也放在附加成分的位置上）活用為動詞或形容詞的現象比較少，給人的「新鮮」感比較強，因而在漢語語法分析中大家意見比較一致。

　　有一些名詞是不是也可以活用為量詞？大家意見就不同了。我們認為名詞放在數詞之後，另一個名詞之前，既有名詞的一些意義，又增加了量詞的一些意義，而且並不是名詞的經常用法，應看作典型的活用詞。例如：

　　　　他憋了一肚子火氣沒處發洩。

兒子給他買了兩瓶子好酒。

這幾火車木材應該趕快運出去。

名詞活用爲量詞的，比起一般量詞來，可以表達更爲形象具體的概念，顯然具有修辭作用。能活用爲量詞的名詞大多是表示工具的名詞或有容量意義的名詞。

(2)動詞活用爲名詞、形容詞

動詞的主要用途是作謂語（中心語），有時也可以作主語、賓語、定語、狀語等。語法界意見最爲分歧的是動詞作主語、賓語時算不算活用爲名詞，在什麼情況下算活用，在什麼情況下不算活用的問題。我們認爲動詞作主語或賓語中心語，前面有定語時或者在習慣上能代替某種事物的，都算活用爲名詞。這種詞既保留了動詞的一些性質，又增加了名詞的一些特點。動詞作主語或賓語中心語，前面有定語的用法，雖然比起名詞活用爲動詞、形容詞的現象多一些，但也只限於書面語言，在日常談話，特別是人民群衆的口語中很少這樣用。例如：

這種突然的進攻給了敵人一個沈重的打擊。

這本書的出版是有重要意義的。

有吃有穿，幹起活兒來就更有勁了。

前兩例的「進攻」、「打擊」、「出版」用作主語、賓語中心語的頻率雖然不是很少，但比起用作謂語中心語的頻率來還是少得多。爲了語法分析的方便，暫時都看成動詞活用爲名詞更有利一些（至少可以不必改變定語、狀語的定義）。第三例的「吃」、「穿」都是動詞，前面雖然沒有定語，但很明顯是指「吃的東西」、「穿的衣服」。動詞的這種用法一般都是從古代漢語裡借用過來的，也有人把它看作修辭上的「借代」。這種詞雖然不很多，但由於用得很習慣了，大家已經感覺不出借代的意味了，還是看成活用詞比較方便。

有的動詞放在主語、賓語中心語的位置上，同時可以帶有定

語和狀語兩種附加成分，應該怎麼分析？例如：

　　這本書的不出版是有原因的。

　　上級指責了他們的遲遲不出發。

爲了分析方法的一致性，應該說這也是動詞（或動詞性的詞組）活用爲名詞（或名詞性詞組）。「出版」、「出發」雖然都是既有定語又有狀語，但定語和狀語的層次不同：「出版」先以動詞的身份帶上狀語「不」，然後「不出版」又以動詞性詞組的身份帶上定語「這本書」活用爲名詞性詞組，它們的層次是「定語＋〔狀語＋中心語〕」。整個「狀語＋中心語」的動詞性詞組活用爲名詞性詞組了，中心語「出版」自然也算活用爲名詞了。

　　動詞放在主語、賓語的位置上，前面不帶定語，許多語法著作也認爲是活用或變成名詞了。但就語法研究的現狀來看，爲了減少活用詞，我們覺得還是看作動詞作主語、賓語爲宜。因爲這種不帶定語的動詞雖然可以增補上定語，取得名詞的一些特點，但也可以增補上狀語、賓語或動詞的其他形式，仍是動詞的特點。例如：

　　分析是應該的。

　　我們堅決反對浪費。

「分析」是動詞，在這裡可以增補成「這種分析」、「你們的分析」，也可以增補成「分析問題」、「分析分析」、「不分析」；「浪費」在這裡可以增補成「這種浪費」、「一切浪費」，也可以增補成「浪費糧食」等。就是說，動詞出現在主語、賓語的位置上可以出現的形式是兩可的，因此還是應該根據這種經常具有的性質確定它的類屬——仍看作動詞。

　　動詞活用爲形容詞主要是指按形容詞形式疊用的動詞。例如：

　　你們不要蹓蹓躂躂的。

　　這個草棚子晃晃蕩蕩的。

「蹓躂」、「晃蕩」都是動詞。作爲動詞，它們的重疊形式是「蹓躂蹓躂」、「晃蕩晃蕩」，表示短時或輕鬆的動作；這裡按形容詞的形式重疊成「蹓蹓躂躂」、「晃晃蕩蕩」，有了描繪性質，應該說是活用爲形容詞了。這種形式的動詞一般語法書都不承認是活用爲形容詞。不承認這是動詞活用爲形容詞，就得說動詞可以有兩種不同的重疊形式，其中一種跟形容詞重疊形式相同。但這麼一來，必定要抹煞動詞和形容詞可以對立的語法特點，而且必定會出現動詞和形容詞的劃界問題。權衡利弊，還是承認可以活用爲形容詞好一些。

(3)形容詞活用爲名詞、動詞

形容詞的主要用途是作謂語、定語，有時也可以作主語、賓語、狀語、補語。形容詞作主語、賓語時算不算活用爲名詞，也是語法學界爭論的焦點。我們認爲形容詞活用爲名詞的特點和範圍跟動詞活用爲名詞一樣：形容詞在主語或賓語中心語的位置上，前面有定語或者在習慣上能代替某種事物時，算活用爲名詞。例如：

　　語言的生動，形象的鮮明，是這篇小說的特點。

　　啊，牡丹，你把那美麗帶給人間。

　　上有老，下大小，我能不急嗎？

前兩例的「生動」、「鮮明」、「美麗」都是形容詞活用爲名詞。既保留了形容詞的一些性質，又增加了名詞的一些特點。這種用法多見於書面語言，口語中很少聽到，看作活用比較方便。第三例的「老」、「小」前面雖然沒有定語，但很明顯是指「老人」、「小孩子」，這種用法一般也是從古代漢語裡借過來的，當作形容詞活用爲名詞，也是可以的。

形容詞活用爲動詞有兩種情形：一種是形容詞帶賓語，表示「使動」意義的。例如：

　　打太極拳可以健康身體。

　　　　我們應該迅速健全各種法制。

「健康身體」是「使身體健康」的意思，「健全法制」是「使法制健全」的意思。這種詞一般語法書都認爲是兼屬形容詞和動詞的兼類詞，不能算形容詞活用爲動詞。根據活用的特點，我們覺得還是把它們看成活用詞比較恰當。因爲這些詞經常具有形容詞的特點，帶賓語（有時也可以帶時地補語）只是臨時用法。能帶賓語活用爲動詞的形容詞，常見的只有二三十個，不是所有的形容詞都可以帶賓語的。

　　還有一種是雙音形容詞按雙音動詞的形式重疊活用爲動詞的。例如：

　　　　人家穿的都很乾淨，你也回去乾淨乾淨吧！

　　　　你們都到屋裡暖和暖和吧！

「乾淨乾淨」是「使乾淨」的意思，「暖和暖和」也是「使暖和」的意思。這種詞，一般語法書也不認爲是形容詞活用爲動詞，而是形容詞有兩種重疊形式。爲了不混淆動詞和形容詞的兩種對立的重疊形式，並根據常用和不常用的原則，把它們算形容詞活用爲動詞更好一些。

　　形容詞放在主語、賓語的位置上，前面不帶定語時，跟動詞放在主語、賓語的位置上不帶定語一樣，是形容詞比較常見的用法，也不必說是活用爲名詞了。因爲這種不帶定語的形容詞有的既可以增補上定語，也可以增補上狀語或補語。如「我喜歡乾淨——我喜歡他的乾淨——我喜歡乾乾淨淨——我喜歡乾淨一些」。

　　(4)副詞活用爲連詞

　　目前，許多語法書都使用了一個含糊不清的、似詞類又不是詞類的術語——關聯詞（或關聯詞語），有的專指起關聯作用的副詞，有的也包括連詞在內，還有的所指更廣。我們建議取消「關聯詞」這個術語，把起關聯作用的連詞就叫連詞，把起關作用的副詞看成副詞活用爲連詞。例如：

只有孔乙已到店，才可以笑幾聲。

只要講清道理，他就會同意。

打死我也不說。

「才」、「就」、「也」都是副詞，在這裡既有副詞的修飾作用（作狀語），又起了連詞的連接作用。一個詞起了兩個詞的作用，應看作副詞活用為連詞。

有一些被認為起關聯作用的副詞，如「既……又……」、「越……越……」、「一……就……」等，根據劃分詞類的語法特點標準，我們建議劃歸連詞。因為這些詞永遠不能單獨作狀語，必須成雙成對地連用（有的雖然可以單獨作狀語，如「他又來了」、「我就走」，但跟連用時的意義大不相同）。

此外，在實際語言中有一些副詞可以放在名詞前頭作定語，如「剛剛的事」、「原先的人」、「一定的階級」、「非常時期」、「臨時任務」、「緊裡頭」、「最前面」、「就你一個」等，這正是這些副詞固有的特點之一，就不必為了遷就「副詞不能作定語」的提法，硬說這些作了定語的副詞都變成形容詞或別的什麼詞了，也不必說這些副詞活用為形容詞了。因為這些詞都沒有形容詞的語法特點，遷就了一種提法，帶來了更多的混亂，得不償失。

(5)象聲詞話用為動詞

象聲詞是表示自然聲音的詞，可以作定語、狀語、補語等，既不同於形容詞、感嘆詞，更有別於其他詞類，應該自成一類，而且應該劃歸實詞（成分詞）。所謂象聲詞活用為動詞，是指象聲詞作謂語中心語，後面帶有賓語或一般動詞常帶的補語時說的。例如：

哎呀，你別呱達那扇破門了。

聽到憲兵隊，王強的頭嗡了一下。

「呱達」和「嗡」都是象聲詞，在這兩個句子裡它們兼代了後面可以出現而沒有出現的動詞「碰」、「響」等。這是象聲詞比較少

見的用法，一個詞起了兩個詞的作用，應該說是象聲詞活用爲動詞的典型例證。

　　象聲詞作謂語時是不是都算活用爲動詞呢？不一定。有些象聲詞作謂語是描繪發聲物體本身的聲音的，如「風呼呼（的）」、「機器轟轟隆隆」，「呼呼」是「風」的聲音，「轟轟隆隆」是「機器」的聲音，就說這是象聲詞作謂語（在口語裡後面一般要加「的」），不必說是活用爲動詞了。有些象聲詞並不是發聲物體本身發出的聲音，即使把它放在謂語的位置上，也不是描繪物體本身的，如「那個風箱壞了，你別呱達了」，「呱達」在這裡是「呱達呱達地拉」的意思，一個詞起了兩個詞的作用，似應看作活用。

　　(6)感嘆詞活用爲象聲詞、動詞

　　感嘆詞只能作獨立成分，表示說話人的強烈感情，如「唉呀，我的筆丟了」。但有時別人也可以模仿說話人的感嘆聲音，並讓這種聲音作狀語、定語或謂語。這種用法的感嘆詞應看作活用詞。

　　感嘆詞活用爲象聲詞一般用模仿說話人的感嘆聲作附加成分。例如：

　　　　從遠處傳來了一陣哈哈哈的笑聲。

　　　　他唉呀唉呀地叫了起來。

「哈哈哈」、「唉呀唉呀」由說話人用作獨立成分時都是感嘆詞，如「哈哈哈，我們勝利了」，「唉呀唉呀，我受不了啊」。這裡把它們用作附加成分，只代表一種自然的聲音，並不表示說話人本身的強烈感情。許多語法書認爲這是感嘆詞的一般用法，不算活用詞；我們認爲這也是一種典型的活用。

　　感嘆詞活用爲動詞，主要是指感嘆詞處於謂語中心語的位置，取得一般動詞的語法特點時說的。例如：

　　　　他用鼻子哼了我兩聲。

　　小王在床上唉呀了半天。

「哼」、「唉呀」在這裡都帶上了動詞後綴「了」，並且帶有一般動
詞常帶的補語，應看作感嘆詞活用為動詞的例證。

　　有些詞到底是兼類詞還是活用詞，往往不容易確定，如「方
便」，有人說它經常具有兩種詞性，是兼類詞，有人認為它經常
具有形容詞的特點，用作乙類詞的時候較少，是活用詞。我們沒
有作過詳細的統計，一般都是憑「語感」（由使用頻率造成的語
感）來確定它們的類別的，難免帶有主觀性。遇到這種情形，寧
肯把它們當作活用詞。

（原載《鄭州大學學報》〔哲學社會科學版〕，1983年第 1 期）

論漢語副詞的範圍

　　副詞，這一術語譯自英語的 adverb，即附加於動詞、形容詞或其他副詞的詞類。馬建忠仿效西洋語法所寫的《馬氏文通》，立「狀字」一類，「凡實字以貌動靜之容者，曰狀字」，相當於英語的 adverb。這是副詞第一次作為詞類名稱之一出現在漢語語法著作裡。在《馬氏文通》以後的語法著作裡，改狀字為副詞，一直沿用到現在。但是，在漢語裡究竟哪些詞是副詞，哪些不是，應該根據什麼標準確定副詞的範圍，語法學者的意見始終是分歧的。只就跟現代漢語有關的、影響較大的語法著作來說，大體上可分為五派：

　　第一派，副詞的範圍最小。如：

　　已　已經　曾　曾經　早已　早就　本來　剛　剛剛　剛才　才　方才　正（說話呢）　在（打球）　就　將　要（走）將要　就要　終於　馬上　立刻　頓時　先　再　然後　常　常常　時常　經常　時時　往往　永遠　永久　一直　一向　向來　始終　自來　一再　再三　屢次　忽然　突然　猛然　偶然　偶而　偶或　暫且　漸　漸漸　逐漸　趕緊　連忙　恰巧　剛好　仍舊　仍然　依然　又　也　還……

　　很　極　最　頂（好）　挺（好）　太　更　越　非常　十分　異常　極其　更加　格外　分外　過於　越發　稍　稍稍　稍微　略微　略略　有點　有些……

　　僅　僅僅　單　單單　只　只好　只有　光（吃）　淨　都　全　總　共　共總　統統　全都……

　　不　沒（去）　沒有（去）　別（說了）　不必　不要

（喊）　甭（不用）　必　必然　必定　準　的確　一定　大概
也許　大約　彷彿　似乎　好像……

　　卻　可　倒　竟　偏　偏偏　索性　簡直　反正　果然　居
然　到底　究竟　難道　其實　幸虧　決……

　　又…又…　既…又…　越…越…　也…也…　一面…一面…
一邊…一邊…　邊…邊…　不…不…　一…就…　（雖然）…
卻…　（即使）…也…　（如果）…就…　（只有）…才…
（連）…都…

　　屬於這一派的有：初中《漢語》語本，張志公先生的《漢語
語法常識》，呂叔湘、朱德熙先生的《語法修辭講話》，高名凱先
生的《漢語語法論》（1957年修訂本，他把副詞叫量詞，可以譯
成英語的 quantitative）。王力先生的《中國語法理論》也基本上
屬於這一派，只是把「能、會、該、當、必、須」等一般叫助動
詞的，全歸入副詞。

　　第二派，比第一派的範圍稍大一些。即第一派叫副詞的，這
一派也都叫副詞；此外，還認為許多形容詞也可以是副詞，如：
「老實說罷、深入淺出、精打細算」，等等。

　　屬於這一派的是中國科學院語言研究所語法小組的《語法講
話》。

　　第三派，比第二派的範圍稍大一些。這一派雖然把第一、二
派叫做語氣副詞的「難道、索性、豈」等劃歸語氣詞了，但是，
增加的卻不少。如：

　　1）表示處所的代詞：這裡　那裡　哪裡……
　　2）某些表示時間的名詞：今　昔　一會兒……
　　3）表示趨向的動詞：來　去　上　下……
　　4）助動詞：能　會　得　可　必……
　　5）某些動詞後加成分：了　著　過……

屬於這一派的是呂叔湘先生的《中國文法要略》（1956年修

訂本）。

　　第四派，跟第三派的範圍大小差不多，但內容不大一樣。這一派除了包括了第一、二派的副詞外，還增加了：

　　1）表示動作結果的詞素（或叫動詞、形容詞）：說穿　點破　壞透　說妥　花敝……

　　2）表示趨向的動詞：來　去　上　下　進　出　起來　上來……

　　3）某些動詞後加成分：了　著　過，以及「熱得快」的「得」。

　　屬於這一派的是陸志韋先生的《北京話單音詞詞彙》（1956年修訂本）。

　　第五派，範圍最大。除了包括了第一派的副詞外，還增加了：

　　4）作動詞、形容詞附加語的時間名詞和方位名詞：今天　明天　星期天　這會兒　東　南　西　北　上　下　裡　外　左　右　前　後　中間　底下……

　　5）作動詞、形容詞附加語的表示地位的代詞：這裡　那裡　哪裡……

　　6）作動詞、形容詞附加語的形容詞和一部分動詞：遠遠地　密切地　慢慢　看清楚　等一等　待一會兒　做完……

　　7）作動詞、形容詞附加語的數量詞：一次　一趟　一回　一番　一下　一件件　一滴滴　一個個……

　　8）象聲詞：颯颯　欵欵　轟轟　轟隆轟隆……

　　9）疊音的形容詞後加成分：亮晶晶　熱刺刺　冷颼颼　樂嗿嗿　懶洋洋……

　　10）某些詞素：雲集　林立　血紅　碧綠　小看　奮鬥　熱愛　明知　歡呼　痛恨　圍攻　滾熱　相信　未免　不妨　絕妙……

11）其他：一半　一點兒　多少　一樣　一般　幾倍　一起　一塊兒　一切　雙方　兩下裡　才好　才是　才行　對　是　是的　不對　不是　不錯　完全　得　得了　全體　多早晚　多會兒　多久　無論　不管　不見得……

屬於這一派的有：黎錦熙先生的《新著國語文法》，黎錦熙、劉世儒先生的《中國語法教材》。

由此可見，副詞這個詞類的範圍，在各語法著作中，大小不一，而且相差懸殊。在漢語裡，副詞的範圍究竟應該多大，上述五派意見，哪一派是正確的？這必須先弄清：在漢語詞類裡，副詞區別於其他詞類的語法特點（或者說副詞的定義）是什麼。副詞的語法特點（定義）是什麼？這裡想先提出一個問題：上述五派語法著作，劃分詞類的標準雖然各不相同，副詞的範圍雖然大小不一，但他們給副詞下的定義卻是大同小異。初中《漢語》課本說，「用在動詞或者形容詞前邊，表示範圍程度等，而不能用在名詞前邊的詞叫副詞」；張志公先生的《漢語語法常識》說，副詞是「幫助或組合動詞及形容詞，表示動作、行為、發展變化、性質、狀態的程度、範圍、情況等」（改訂本）；呂叔湘、朱德熙先生的《語法修辭講話》說，副詞「能限制或修飾動詞（如『不去』）、形容詞（如『不好』），但是不能限制或修飾名詞（不能說『不人』）」；中國科學院語言研究所語法小組的《語法講話》說，「副詞通常修飾動詞（包括助動詞副動詞）和形容詞，……有時候也修飾別的副詞……」；呂叔湘先生的《中國文法要略》雖未直接給副詞下定義，但他說「限制詞（即副詞——引者）一般只用做動詞或形容詞的加語，……方所和時間限制詞可以作名詞的加語」，所舉的例子有「這裡的天氣；一會兒工夫」；陸志韋先生的「北京話單音詞詞彙」也未直接給副詞下定義，但大致也是指附加於動詞、形容詞或另一個副詞的；黎錦熙先生的《新著國語文法》說，「副詞是就事物的動作、形態、性質等，再加以

區別或限制的；所以必附加於『動詞』、『形容詞』，或旁的『副詞』等」；黎錦熙、劉世儒先生的《中國語法教材》說，「副詞也是表示情形，用來區別（修飾或限制）動詞、形容詞等除名、代、助、嘆以外一切詞的」。從這些關於副詞的定義來看，除了初中《漢語》課本和《語法修辭講話》之外，基本上是沿用了英語關於 adverb 的定義或《馬氏文通》關於狀字的定義。我覺得這些定義值得商榷，因爲它們都沒有抓住副詞的本質屬性或語法特點。拿這些定義來確定副詞的範圍，可大可小，衆說必然紛紜。我認爲修飾動詞、形容詞，不是副詞最本質的特點，只是它的主要用途。因爲修飾動詞、形容詞的不光是副詞，可以是其他動詞、形容詞，也可以是名詞、代詞或數量詞。上述副詞範圍最大的第五派，正是利用了這種定義擴大了副詞的範圍，結果幾乎等於取消了漢語詞類。初中《漢語》課本和《語法修辭講話》的意思是：能夠修飾動詞、形容詞，但不能修飾名詞的才是副詞。這樣就大大地縮小了副詞的範圍，比較符合漢語副詞的實際情況。副詞眞不能修飾名詞（包括名詞性詞組）嗎？我看能。例如：

本來面貌	剛才的事
太嬌氣	很傲氣
經常任務	永久計劃
突然事件	偶然現象
僅僅一個人	只王仁自己
就場長沒走	炕上淨人
屋子裡光書	共兩場電影
共總兩塊錢	最上方
盡中間	共二百頁
必然結果	恰好五個人
剛剛兩個月	已經二年了

大約三輛汽車　　也許老王去

又一個人　　　　再一個問題

原來的人　　　　就一棵樹

將近三十人　　　再一個星期日

單稻田就十畝　　太死心眼兒

這些帶著重號的詞，初中《漢語》課本或爲它作說明的著作都承認是副詞、而這些副詞就都是附加於名詞（或名詞詞組）的。當它們附加於名詞時，跟附加於動詞、形容詞時意義相同。從數目上說，這絕不是「特殊」現象。如果再算上附加於代詞和數量詞的，就更多了。至於副詞範圍較大的著作裡，能夠附加於名詞的副詞更是不勝枚舉。

　　初中《漢語》課本在副詞的特點裡又加上一條，說副詞一般不能單獨回答問題。我看這也不是副詞最本質的特點。因爲能夠單獨回答問題的副詞並不在少數，特別是在口語裡。例如：

你什麼時候來的？——剛才（方才）。

咱們什麼時候動身？——馬上（立刻）。

你一定要走嗎？——一定。

他經常回家嗎？——經常。

你發言吧！——當然。

他的確是學生嗎？——的確。

他走了嗎？——沒有。

這件事告訴他吧？——不必（不用）。

………………

　　因此，我認爲副詞作爲一個獨立的詞類，區別於其他詞類的最本質的特點應該是：不能作主語或者謂語，只能作附加語——經常附加於動詞、形容詞，也可以附加於名詞、代詞、數量詞或其他副詞，還可以附加於全句或不獨立的主謂結構。其他像不能放在介詞後頭組成介詞結構、不能重疊等，誠然也都是副詞的特

點，但不是副詞獨有的，只能作爲辨認副詞時的輔助特點。換句話說，能夠以作附加語時的同樣意義作主語或者作謂語的，一律不算副詞，不管別的特點如何。這樣就可以跟名詞、代詞、動詞、形容詞、數量詞區別開了；因爲副詞只能作附加語，又跟介詞、連詞、助詞、嘆詞區別開了。這是本文的主旨，下面要談的副詞範圍問題，也是從這個主旨出發。爲了敘述方便，把前面各派所確定的副詞，我覺得值得研究的，分爲十三項來討論。

(一)**時間名詞和副詞**

A) 今天　明天　星期三　下月　去年　過去　現在　將來　飯前　課後　一八四〇年

B) 剛才　從前　早先　平時　突然　經常　偶然　永久臨時

A組各詞，附加於動詞、形容詞時，說轉成副詞的是第五派；《中國文法要略》只把「今、昔」等當作副詞，而「今天、明天」仍是時間名詞。其他著作都認爲這是時間名詞。說「今天」等轉成了副詞，這是按照句子成分決定詞類的「依句辨品，離句無品」的理論。這種理論的缺點，近年來，幾乎是眾所公認了。這些詞都能作主語，有的還能作謂語。例如：

今天是八月一日。

飯前是工作時間。

夏天是最熱的時候。

現在是發展的時代。

明天星期三。

當然更能附加於名詞。當它們附加於動詞、形容詞時，跟作主語、謂語或附加於名詞時意義相同。它們前頭都可以加上介詞，構成介詞結構，這也是任何副詞都沒有的特點。要是在這些詞前頭加上介詞時，說「今天」等轉成了副詞的人，又不得不說這是名詞在副位，不算轉成了副詞，只能有副詞性。即「我今天才買

了這本書」，「今天」是副詞：「我到今天才買到了這本書」，「今天」是名詞 (在副位)。這樣講語法，對於掌握漢語語法體系沒有好處。如果承認它們是副詞，那麼，所有的名詞就都可以同時又是副詞了。

　　B組各詞，無論是哪一派的著作都認爲是副詞。這是本文要談的重點之一。在這裡先把它們分爲兩類，提出兩個問題：1) 承認這些詞是副詞的著作，雖然沒有在副詞的定義裡指出副詞不能作主語或謂語，我想他們也是默許的。但這些詞當中，有一些是可以作主語或謂語的。例如：

　　　　剛才是十二點鐘。
　　　　從前是什麼年月？
　　　　平時是勞動時間。
　　　　這件事很突然。

人們要問：「剛才、從前、平時」等，跟「今天、過去、現在」等有什麼區別？從語法特點上找不出任何不同點；從意義上說，似乎「今天」比「從前」等具體一些，可是「過去」並不比「從前」具體，「現在」也並不比「剛才」具體。因此，我認爲這些能作主語或者謂語的，都應該劃歸時間名詞。2) 承認這些詞是副詞的著作，大都說副詞不能修飾名詞，不能單獨回答問題。而這些詞當中，除了那些能作主語或謂語的都能修飾名詞，都能單獨回答問題之外，有些不能作主語或謂語的也能修飾名詞或單獨回答問題。例如：

　　　　本來面目　　　　永久計劃
　　　　你是臨時外出嗎？——臨時。
　　　　你永久不變心嗎？——永久。
　　　　他本來就是這樣嗎？——本來。

那麼，人們也要問：「臨時、永久」等，算不算副詞？要是算副詞，它們跟「今天、過去、現在、將來」等有什麼區別？如果拿

能否修飾名詞或能否單獨回答問題作標準，就不能算副詞，因爲這樣劃不清它們之間的界限。如果拿能否作主語或者謂語，並參考能否跟介詞組合作標準，就可以算作副語，因爲它們不能作主語或謂語，也不能跟介詞組合。我想應該採用後面的標準，把它們算作副詞。下面咱們再把 A、B 兩組詞劃個表比較一下：

		作主語或謂語	修飾名詞	單獨回答問題	與介詞組合
A	今　天	+	+	+	+
	過　去	+	+	+	+
	飯　前	+	+	+	+
	星期三	+	+	+	+
B₁	剛　才	+	+	+	+
	從　前	+	+	+	+
	平　時	+	+	+	+
	突　然	+	+	+	−
B₂	臨　時	−	+	+	−
	永　久	−	+	+	
	本　來	−	+	+	

　　從表中可以看出：A 與 B₁ 特點相同，與 B₂ 在能否作主語或謂語方面不同。要是承認 A 組是時間名詞，就必須也承認 B₁ 組是時間名詞（「突然」除外）；要是說副詞不能修飾名詞，不能單獨回答問題，B₁ 和 B₂，兩組就都不是副詞。但 B₁ 和 B₂ 在能否作主語或謂語方面不同，證明它們不是一類詞。可見，在給時間名詞和副詞劃界時所依據的標準必須是能否作主語或謂語。又因爲副詞都不能跟介詞組合，所以能否與介詞組合也可以作爲參考條件。

㈡方位名詞和副詞

A) 東　南　西　北　上　下　裡　外　中　前　後…

B) 東邊　南面　上頭　下面　裡邊　前頭　後邊…

這兩組詞，一般語法著作都叫方位詞，作爲名詞的一個小類

或附類。跟時間名詞一樣，說它們是副詞的著作也同時承認是實體詞：當它們前加於動詞、形容詞時是副詞，當它們跟介詞構成介詞結構時，又叫名詞（在副位）。A 組各例都是單音的，它們經常跟在名詞或名詞性詞素後頭，作爲構成名詞的一個不獨立的詞素，如：「河東、華北、桌子上、屋裡」。在這種情況下，沒有人說它們是副詞。但有人說是詞尾（後加成分），這也不合適：因爲它們都能以同樣意義作詞根構成合成方位詞，如 B 組各例。有時它們也附加在動詞、形容詞前頭，但經常再加介詞，如：「向南飛、朝上看、向外搬、往前看」等。不帶介詞，單獨加到動詞、形容詞前頭的，大都是成語或慣用語，如：「南來北往、東張西望、前呼後應、上吐下瀉、東行列車」等。應該說這是文言的借用形式。如果說它們跟在名詞後頭，或帶介詞加到動詞、形容詞前頭是一般用法，那麼，單獨加到動詞、形容詞前頭時，就可以說是特殊用法。即使承認單獨加到動詞、形容詞前頭的也是一般用法，那也完全可以說是方位名詞作了動詞、形容詞的附加語，沒有任何理由說它們轉成了副詞。B 組各例都是合成詞，無論是附加在名詞後頭或是附加在動詞、形容詞前頭，無論是帶介詞或不帶介詞，都是常用的。附加在名詞後頭的，跟名詞構成方位結構（或偏正詞組），這沒有人說它們是副詞，不必細說。附加在動詞、形容詞前頭的，帶介詞與不帶介詞，意義不變。試比較：

　　　　咱們到外面走走——咱們外面走走。

　　　　你往裡頭坐坐——你裡頭坐坐。

這跟其他名詞作動詞、形容詞附加語作用完全相同。例如：

　　　　到北京看看——北京看看

　　　　到明天再說——明天再說

更主要的是這些方位名詞都可以作主語。例如：

　　　　東邊是一塊空地。

中間是個大池塘。
・・
前頭就是火車站。
・・
如果把它們叫副詞，那麼，所有的地名和時間名詞就都應該叫副
詞。但這樣作是不符合漢語實際的。類推下去，所得的結論仍是
漢語無詞類。

㈢代詞和副詞

A) 這裡　那裡　哪裡　這兒　那兒　哪兒
B) 這樣　那樣　怎樣　這麼樣　那麼樣　怎麼樣
C) 這麼　那麼　怎麼

這三組詞，在一般語法著作中都叫代詞（指示代詞和疑問代
詞）。要是從不同的角度來給代詞分類，A組都可以作主語，可
以叫作「代體詞」，B組都可以作謂語，可以叫「代謂詞」，C組
單用時只能作附加語，可以叫「代副詞」。這三組詞的詞根都是
「這、那、哪」或「怎」，它們的不同意義和語法作用是靠後加成
分「裡、樣、麼」來區別的。主張代詞自成一類的著作認爲，代
詞所以有單成一類的必要，並不是因爲它們具有替代功能，而是
因爲它有自己的語法特點。這些語法特點，使它區別於所代替的
體詞（名詞、數量詞），謂詞（動詞、形容詞），也區別於副詞。
至於代詞是否眞有自己的語法特點，以及如何區別於體詞、謂
詞，這裡不談，只談如何區別於副詞。如上所述，A、B兩組都
可以作主語或謂語，作主語或作謂語時，跟作附加語時意義相
同。例如：

這裡是北京。　　哪兒我也不去。
・・　　　　　　　・・
你別那樣。　　　他怎麼樣。
・・　　　　　　　・・

這是任何副詞所沒有的功能，儘管它們也經常附加於動詞、形容
詞。C組只能附加於動詞、形容詞，很像副詞。但爲什麼許多人
不叫它們副詞呢？大概是因爲它們跟「這樣、那樣、怎樣」有時
作用和意義完全相同，如：「這樣說」跟「這麼說」，「怎樣做」

跟「怎麼做」。不過光這個理由顯得還不夠充足。我認爲它們後頭可以加「樣」變成代謂詞（如：「你這麼樣」、「他那麼樣」、「我怎麼樣」），還可以加「著」，加「著」後也能作謂語（如：「你這麼著」、「他怎麼著」、「我怎麼著」）；加「樣」跟「加「著」意思差不多；因此，這也應該算作使它們區別於副詞的理由。話再說回來，如果大家都覺得代詞沒有單成一類的必要，那麼，A組應算名詞，B組應算動詞或形容詞，C組才能算副詞呢。

㈣形容詞和副詞

A）堅決反對　容易得來　高高掛起　慢慢走來　沈重地一搖　愉快地忙碌著　鎭靜地講著

B）白說　光吃　老笑　滿好　硬說　偏不去　怪大方　正唱歌　直喊

《新著國語文法》、《中國語法教材》和《語法講話》都說 A組加著重號的字是副詞。這也是「依句辨品，離句無品」的理論。正像《新著國語文法》所說的「一切形、動詞或語、句，都可轉變作性態副詞，或副詞性的語、句」。但是，提出這種理論的著作，並未認眞貫徹這種理論，因而也就自相矛盾。譬如：形容詞作動詞、形容詞附加語時，一律算副詞；可是動詞作動詞、形容詞附加語時，有的叫副詞（像「等一等再說」），有的又叫散動詞（像「笑著說話」、「牽著騾子回來」）；要是名詞、代詞作動詞、形容詞附加語時，又叫「在副位」，只有副詞性，但不是副詞。這樣講語法，是不很妥當的，使初學語法的人摸不到門路。

B組加著重號的詞，除了初中《漢語》課本，別的著作都承認是副詞，不再是形容詞了。我覺得這樣處理是比較恰當的。當這些詞放在動詞、形容詞前頭時，不僅意義跟作形容詞的同形同音詞不同，而且語法特點也不一樣。「白說」的「白」跟「白布」的「白」已無聯繫，「老笑」的「老」跟「老人」的「老」也只是同形同音而已，毫不相干。能夠修飾名詞的形容詞，都能以同

樣意義作謂語，如：「白布」可以說「布白」，「老人」可以說
「人老」，但放在動詞、形容詞前的「白、老」等，永遠不能以同
樣意義作謂語，當然更不能作主語；形容詞一般都能受程度副詞
修飾，能帶「了、著」或「過」，這些詞都不能。如 A 組各例，
都能以同樣意義作謂語——「他很堅決」、「這個容易」；並且都
保留了形容詞的語法特點，如：「愉快的忙碌著」可以說成「非
常愉快地忙碌著」，至於「高高、慢慢」等，本身就是形容詞的
重疊形式，都該算作形容詞。

㈤趨向動詞和副詞

　　上　下　過　起　來　去　上來　下來　過來　過去　起來
　　這些詞當它們跟在動詞、形容詞後頭時，有人叫副詞，有人
叫詞尾，也有人叫助動詞，但近幾年來，叫趨向動詞的人也不
少。我覺得把它們叫趨向動詞好些。說它們是副詞，它們都能以
原意獨立作謂語，如「他走出去了」和「他出去了」，我們找不
出這兩個「出去」在意義上有什麼不同。另一方面，如果承認它
們是副詞，就必須同時承認作補語的或表示結果的動詞、形容詞
(如「打死」、「坐好」)都是副詞。這樣一來，副詞跟動詞、形容
詞又劃不清界限了。那麼，說它們是詞尾行不行呢？也有問題：
它們可以被「得」或「不」隔開，同時可以單說（如「他走出去
了嗎」——出去了），任何詞尾都沒有這種特點。說它們是助動
詞，倒有幾分道理：一方面，助動詞仍是動詞的一種，另一方
面，它們的確有「助」的作用。不過，一般所謂助動詞都是前附
的，雖然有的能單獨作謂語，但需要有一定的上下文，如「你能
做嗎？——能」。可是「來、去、起來」等卻經常可以不依靠上
下文單獨作謂語，如「你來、你起來」等。我們沒有理由吧「你
站起來」的「起來」叫助動詞，而把「你起來」的「起來」叫動
詞。因此，把它們叫趨向動詞，作為動詞的一類還是比較妥當
的。

㈥助動詞和副詞

A) 能　能夠　會　可以　應該　願意

B) 得（dei）　必　須　必須　需要　要（走）

這兩組詞，一般語法著作都叫助動詞或能願動詞，但也有人說它們都是副詞。把這些詞都叫副詞，固然有問題，但都叫助動詞問題也不小。在漢語裡應不應設助動詞一類，近年來似乎沒有人提出過懷疑。我在教學中講到助動詞時，心裡總是沒底兒；學生學完了總要提出下面兩個問題：

第一個問題，A 組各詞跟「想、希望、進行、繼續、開始」之類動詞有什麼語法特點上的區別？我每一次的答複都不能解決問題。現在劃表比較一下：

	帶名詞	作謂語	加副詞	肯定否定相疊	帶了*著過		
會	+	+	+	+	+	−	+
能	−	+	+	+	−	−	−
可以	−	+	+	+	−	−	−
應該	−	+	+	+	−	−	−
願意	+	+	+	+	−	−	+
想	+	+	+	+	+	+	+
希望	−	+	+	+	+	+	+
進行	−	+	+	+	+	+	+
繼續	−	+	+	+	+	+	−
開始	−	+	+	+	+	−	+

（＊「了」是指句中的，不是句尾的，如果算句尾的，「可以、應該、願意」也都能帶「了」。）

從這表中可以看出：用能否在後頭帶名詞作標準，有交叉現象；用能否作謂語、能否加副詞、能否肯定否定相疊作標準，二者完全相同；用能否帶「了、著、過」作標準，也有少數交叉現象，雖然多數助動詞不能帶「了、著、過」，但不能只用這一特點來作區別助動詞與動詞的標準，因為也有不少動詞不能帶

「了、著、過」。根據以上理由，我認為 A 組各詞應劃歸動詞。《中國文法要略》沒設助動詞，但它把「能、會」等歸劃副詞，這樣一來，動詞和副詞又劃不清界限了。

第二個問題，B 組各詞跟「一定、必定、必然、不必、不要（走）」之類副詞有什麼語法特點上的區別？我的答覆，沒有一次使學生滿意過。現在也劃表比較一下：

	修飾動詞	作謂語	回答問題	放謂語前	重疊
得（dei）	+	−	−	+	−
必	+	−	−	+	−
必須	+	−	+	+	−
需要	+	−	+	+	−
要（走）	+	−	−	+	−
一定	+	−	+	+	−
必定	+	−	−	+	−
必然	+	−	−	+	−
不必	+	−	+	+	−
不要（走）	+	−	−	+	−

從這個表中可以看出：這一類助動詞和副詞是沒有任何語法特點上的區別。從意義上說，也很難找出它們的不同點。因此，我認為 B 組各詞應劃歸副詞。把它們跟 A 組一樣劃歸動詞是不行的。因為它們跟動詞沒有任何相同之點，其中最主要的是不能作謂語。

(七)數量詞和副詞

A）一頓　一趟　一回　兩下　三次

B）件件　滴滴　個個　筐筐　把把

這些詞，一般都叫數量詞：A 組各詞是數詞和動量詞合成的，B 組各詞是名量詞的重疊式。只有《新著國語文法》和《中國語法教材》把它們叫副詞。A 組各詞經常跟在動詞後頭，如：「打一頓、看一次」等；有時也放在動詞或名詞前頭：如：「一頓

好打、一頓飯、一次電影」等。這個特點還說明不了它們是副詞或不是副詞，更主要的是它們都能作主語，在某種情況下還能作謂語，如：「一頓一元錢、一次五分、你一下我一下、你兩次我三次」等。當然更能單獨回答問題。如「去了幾次？——兩次」。再者，它們都能重疊，如「一趟一趟跑什麼」、「說了一回又一回」等。其中數詞在非重疊式裡可以隨意更換，可以說「一次」，也可以說「兩次」、「一百次」。任何一個副詞都不可能具備這些特點。應該承認它們是數量詞。B組各詞經常放在動詞前頭，如「一件件脫下來」；但放在名詞前頭的機會也不少，如「一件件新衣服」。顯然這是名量詞的重疊式，表示多數。正因為名量詞重疊後表示多數，所以數詞必須是「一」，或乾脆連「一」也不用。帶數詞與不帶數詞，它們都能作主語，如：「一件件都脫下來」、「件件都是新的」。還可以說成「一件一件」、「一個一個」，意義不變。可見這也不是副詞。因為它們與 A 組各詞有共同點——都是表示數量，應該把它們跟 A 組劃歸一類。

　　從語法研究的現況來看，現在的問題似乎不是數量詞應不應該獨立，而是數詞和量詞是各成一大類好呢，還是算一個大類裡的兩個小類好？數詞和量詞合用時，是算一個合成詞呢，還是算詞組（數量結構）？我覺得數詞和量詞應該算一大類裡的兩個小類；數詞和量詞獨用時算一個詞，如：「一（人）」、「個個」，合用時也算一個詞——數量詞。因為數詞或量詞單說的機會很少，合起來說則是經常用法：「兩匹馬」、「看三次」，單說「兩馬」或「看三」都不成話，只有數詞是「一」時，才可以說「匹馬」、「看次」。有人可能說，數詞和量詞中間有時可以插進別的成分，如：「一大把」、「兩大條」。這種現象應該說是個別的，儘管如此，當它們中間插入別的成分時，也可以承認這是詞組，正像「羊肉」這個詞，說成「羊的肉」時是詞組，「睡覺」這個詞，說成「睡大覺」時是詞組一樣。也可能有人擔心，這樣一來，我們

的詞典就得增加幾厚本。編詞典和講語法雖然關係很密切，但畢竟不是一回事，不能相提並論；另外，詞多詞少要從語言的實際出發，明明有那麼多的詞，想往少裡說也不行。（關於這個問題，我將專題論述。）

㈧象聲詞和副詞

颯颯　瑟瑟　刮刮　隆隆　嗚嗚　噴噴　轟隆轟隆　轟轟隆隆　轟隆隆……

這些詞，《語法修辭講話》叫象聲詞，包括嘆詞自成一類；《漢語語法常識》也叫象聲詞，但是作爲形容詞的附類：只有《新著國語文法》和《中國語法教材》把它們叫副詞。這些詞，從意義上說，只是記錄了自然界的聲音，沒有特殊意義；但從語法功能上說，卻可以修飾名詞、動詞，如：「颯颯的風」、「嗚嗚叫」，還可以作謂語，如：「機器轟隆隆」、「風颯颯的」（一般都在句末加「的」字）。顯然跟副詞不同。把它們跟嘆詞放在一起，也不合適：真正表示強烈感情的嘆詞，永遠不同別的詞發生修飾與被修飾的關係，而是用作獨立成分，這與象聲詞是迥然不同的。至於「哈哈地笑起來」、「唉呀唉呀直叫」，已不表示說話人的感情，只是別人摹仿這種聲音，這時都活用成了象聲詞，與別的象聲詞一樣，還可以作謂語，如「你別唉呀唉呀的」。把它們作爲形容詞的附類，還是有道埋的；不過，形容詞都可以受副詞修飾，大都可以帶「了、著、過、起來」，大都有自己的表示不同意義的重疊形式等，象聲詞除了少數能受副詞修飾外，沒有這些特點。因此，是否可以考慮它的獨立資格？

㈨連詞和副詞

A) 又…又…　既…又…　越…越…　也…也…　一面…一面…　一邊…一邊…

B) （雖然）…卻…　（即使）…也…　（如果）…就…（只有）…才…　（連）…都…

　　這兩組詞，在所有語法著作中，都叫起關聯作用的副詞——A組裡兩個都是副詞，B組裡後一個是副詞，前一個（括弧裡的）是連詞。所謂副詞起關聯作用，就是某詞在句子中既保留了原意，起了副詞的修飾作用，又有了連詞的關聯作用。這種說法，我始終是懷疑的。因為如果把它們當作副詞，就會劃不清連詞和副詞的界限。本來在漢語詞類中，連詞和副詞是比較容易劃界的，因為它們在語法功能上的區別比較明顯：連詞專門起關聯作用，連接兩個詞或比詞大的單位，而沒有修飾作用；副詞專門起修飾作用（作附加語），而沒有關聯作用。這應該是連詞和副詞的最本質的區別。如果承認上述各詞是起關聯作用的副詞，不僅副詞和連詞的界限劃不清，恐怕連名詞、動詞等也和連詞劃不清界限了。因為名詞、動詞等也可以說有關聯作用，如「張三哭，李四笑」，這個句子可以說是「張三」和「李四」起了關聯作用，也可以說是「哭」和「笑」起了關聯作用（關於這一點，後面再詳細談）。因此，我認為這兩組詞都應該劃歸連詞。下面分開來說：

　　先看A組：

　　　越說越凶　一邊走一邊想　既便宜又好看　又說又笑　也抽煙也喝酒

　　前三個詞組中的「越」、「一邊」、「既」，作為一個獨立的詞來說，我們從未見過或聽過單個用作動詞（或形容詞）附加語的，而是必須兩兩連用。如果單說「越說」、「一邊走」，不是不通，就是有了另一種意思；如果單用「越」字，只能是動詞，如「偷越國境」，單用「一邊」，只能是名詞，如「一邊倒」，「既」字在現代漢語裡任何時候都不能單用。不能單用，只能兩兩連用的，而且在連用時有連接前後兩個詞語作用的詞，根據什麼說它們是副詞呢？另一方面，要是一定把它們叫做副詞的話，那末「或者…或者…」、「不但…而且…」、「雖然…但是…」、「因為…

所以…」等等衆所公認的連詞，不是也可以叫做有關聯作用的副詞嗎？因爲我們實在找不出「越…越…」、「旣…又…」等，跟「或者…或者…」、「不但…而且…」等，有什麼語法特點上的區別。

後兩個詞組中的「又」、「也」，孤立地從字面來看，的確可以從副詞裡找到它們。例如：

> 他前天來過，今天又來了。
> 你們又不是不明白這個道理。
> 你們都出去，我也出去。
> 這樣下去，也太不像話了。

作副詞用的「又」字，是表示重複或連續的（有時也表示加重語氣，如第二例，「今天又來了」，是說在今天以前來過，今天的來是第二次或更多次了。作副詞用的「也」字，是表示與之相同的動作或性狀（有時也表示加重語氣，如第四例，「我也出去」，是說你們都出去，我要和你們有同樣的行爲──也出去。如果只根據字形字音相同這一點，而把意義和作用完全不同的「又說又笑」、「也抽煙也喝酒」的「又」、「也」跟「又來了」、「也出去」的「又」、「也」說成是一而二、二而一的副詞，是不恰當的。「又說又說」的「又」並不包含著已經說過笑過，現在是第二次說和笑的意思，也沒有加重語氣的作用，而是專門表示「說」和「笑」兩種行爲同時發生的並列關係，是「旣說且笑」的意思；而且「又」字在這種情況下也不能單用一個，必須兩兩連用：顯然是連詞。「這個人也抽煙，也喝酒」，並不是說別人都抽煙、喝酒，這個人也和他們同樣地抽煙、喝酒，而是這個人抽煙、喝酒的嗜好都有，是「又抽煙，又喝酒」的意思，「也」在這裡同樣只表示並列關係，具有連詞的語法特點。如果硬說它們是副詞，那末，我們必須承認「打野獸」的「打」跟「打北走」的「打」是同一個詞起了兩種不同的作用──或者說動詞「打」可以有介

詞的作用。類推下去，「我和他都去」的「和」，跟「我全和他講了」的「和」，「擺正」的「正」，跟「正擺著」的「正」，等等，都可以說是同一個詞起了兩種不同的作用。這實際上是否認了漢語中同形同音詞的存在。我們在辨別某兩個形體、讀音相同的詞是同音詞或多義詞的時候，一般都遵循著這樣一個原則：如果是兩個同形同音的實詞，只要基本詞義不同，不管它們的語法作用是否相同，一律算作兩個不相關的同音詞（如「開會」的「會」跟「會英語」的「會」），要是基本詞義相同，而語法作用不同，那就是一詞多類（如「豐富詞彙」的「豐富」跟「詞彙豐富」的「豐富」）；如果這兩個同形同音的詞，一個是實詞，一個是虛詞，因為基本詞義和語法作用都不相同，當然也是兩個不相關的同音詞；如果是兩個同形同音的虛詞，因為它們都沒有實在詞義，只要語法作用不同，就都是兩個不相關的同音詞，既不能說是一詞多類，也不能說是一詞多義，更不能說是甲類詞起了乙類詞應起的作用（如：「啊，我明白了」的「啊」跟「你說啊」的「啊」，「我和你都去」的「和」跟「我已經和你講了」的「和」）。根據這個原則，如果把副詞當作虛詞，連詞也是虛詞，那麼，在區別這兩個同形同音的詞是同音詞還是多義詞時，只能憑語法作用。「又」跟「又…又…」等，作用不同，當然應該劃為兩類；如果把副詞當作實詞，連詞是虛詞，那麼，詞義和語法作用都不相同，更應該劃為兩類。不能說它們是一類詞或多義詞。

再看 B 組：

螺絲釘雖然小，卻挺起作用。

即使有點成績，也不應該驕傲自滿。

如果不學好本領，就不能建設國家。

只有孔乙已到店，才可以笑幾聲。

你怎麼連我都不認識了？

其中的「雖然、即使、如果、只有、連」等，是連詞，這沒

有什麼疑義；可是「卻、也、就、才、都」等，是不是副詞，倒值得討論。按照一般語法書上的說法，這些詞的確都可以從副詞裡找到。例如：

　　這四個人，他卻成了重要人物。

　　你等一會兒，我馬上就回來。

　　你來得不巧，他才出去。

　　大家都高興極了。

作副詞用的「卻」字，表示加重語氣，有「倒」的意思；作副詞用的「也」字，表示「與之相同」的意思，或加重語氣；作副詞用的「就」字，表示時間短促，有「立刻」的意思，或表示語氣；作副詞用的「才」字，也是表示時間短促，有「剛剛」的意思，或加重語氣；作副詞用的「都」字，表示範圍，有「全」的意思。可是我們從「雖然…卻…」、「即使…也…」、「如果…就…」、「只有…才…」、「連…都…」裡，卻找不出上述各個副詞的意思來。換句話說，從這些詞裡看不出它們對後面動詞或形容詞的修飾作用來，相反地卻能清清楚楚地看出它們的連接作用來。我們為什麼偏要說它們不是連詞，而是副詞起了關聯作用呢？

　　說到這裡，可能有人問：副詞可不可以起關聯作用呢？這要看我們如何解釋這種關聯作用。有許多人都說：「不大不小」、「不敢不答應」裡的「不」都是副詞起了關聯作用。說「不」是副詞，這沒問題。可是說前後兩個成分之間的關係，是靠前後兩個「不」來表示的，則值得商量。你說「不大不小」裡的「大」和「小」之間的並列關係是靠前後兩個「不」來表示，別人就很可以說「很大」、「很好」裡的「大」和「好」之間的並列關係是靠前後兩個「很」來表示的。類推下去，「我拉你唱」之間的並列關係，既可以說是靠前後兩個代詞「我」、「你」來表示的，也可以說是靠前後兩個動詞「拉」、「唱」來表示的。這麼一來，不只是副詞，漢語裡其他詞類幾乎都可以起關聯作用了。我認為像

「不大不小」、「不敢不答應」裡前後兩個成分之間的關係，不是靠副詞來顯示，而是靠詞組或句子本身的意義關係來顯示，正像「我拉你唱」之間的並列關係不是靠代詞或動詞來連接一樣，也正像「下雨了，我不想上街」，兩個分句的因果關係不是靠某一個起關聯作用的詞來連接一樣。這就是一般所說的「意合法」。

㈩語氣助詞和語氣副詞

A) 居然　果然　固然　必然　當然　自然　的確　幸虧
一定　也許　偏　總　大概

B) 才（十九歲）　又（不是不會）　也（不過七歲）　還是（叫他去吧）　還（怕風嗎）　就（怕你一個人）

這兩組詞，一般語法著作都叫副詞（語氣副詞），只有《中國文法要略》叫語氣詞（語氣助詞）。但呂叔湘先生在《助詞說略》①裡，似乎又否定了這種意見。可是前些時候有的外國學者卻堅持把這些詞從副詞裡分出來，把 A 組叫語氣詞，把 B 組叫助詞。因此我們也分開來討論。

把 A 組叫做語氣詞的主要理由是：在意義上（語氣的意義，但不是特徵的標識）和語法特徵上也跟副詞不同。這種語法特徵表現在位置的活動性上。無論從詞彙內容的觀點來看，或是從語氣詞的現時分化的觀點來看，挪動語氣詞的位置，都不影響句子的意義。語氣詞是句子的插入成分，並不歸附在句子的某一成分（謂語、賓語）上。語氣詞不跟某一詞類相連繫，它是屬於整個句子的。在這點上語氣詞也跟副詞不同。這種論斷，是不符合漢語實際的。先看：位置的活動性是「居然、幸虧、大概」等詞的語法特徵嗎？不錯，這些詞大都可以放在動詞、形容詞前，也可以放在主語前（單音的不可以），位置是活動的；可是別的副詞大都也可以這樣活動啊。如：「他馬上就到了」、「馬上他就到了」、「太陽漸漸地落山了」、「漸漸地，太陽落山了」，等等。這證明，位置的活動性是不能成爲把它們從副詞裡分出來的理由

的。再看：這些詞移動了位置，眞的都不影響句子的音義嗎？試比較下面兩組句子：

	甲	乙
第一組：	他幸虧來了	幸虧他來了
	他大概去吧	大概他去吧
第二組：	他馬上就來	馬上他就來
	他突然病了	突然他病了

第一組，甲項和乙項意義很不一樣：「他幸虧來了」，是說他要不來，他就要怎麼樣；「幸虧他來了」，是說他要不來，別人就怎麼樣。第二組，甲項和乙項意義沒有什麼變動。這證明，移動了位置，不影響句子意義的不是所謂「語氣詞」，而是一般副詞。可見根據移動位置後不影響句子意義的理由，把它們從副詞裡分出來，也站不住腳。但有一點我覺得是可取的，即這些詞放在句首時（只是放在句首時），不是歸附在句子的某一成分上，而是附加於整個句子的。

　　把 B 組叫做助詞的主要理由是：作爲獨立詞類的副詞，它的特徵和助詞的特徵不相符合，也不可能符合。副詞是修飾動作的性狀的，助詞的職能則是表達詞或整個句子的意義色彩（或語氣色彩）。副詞是實詞，在詞彙上有實際價值，它在句子裡起狀語的作用，助詞則不是實詞，在詞彙上沒有實際價值，它不能充當句子的獨立成分。這個理由也是不夠充足的。先看：副詞只是修飾動作的性狀嗎？誰也沒這麼說過。因爲有許多公認的副詞，像「很、非常、立刻、馬上、都」，等等，顯然都不是修飾動作的性狀的。再看：表達詞或整個句子的意義色彩（或語氣色彩）的，必須是助詞，不能是副詞嗎？這沒有太大根據。從意義上說，任何副詞都能表達詞或整個句子的意義色彩，如果副詞不表達意義色彩就不能作附加語；從語法特點上說，我們實在找不出副詞和所謂助詞的不同點。副詞和所謂助詞比較起來，意義色彩

不同，這是事實，但不能因爲意義色彩不同就分屬於兩個詞類。
要是這樣，表示程度的副詞可以獨成一類，叫程度詞，表示時間
的副詞，可以獨成一類，叫時間詞，表示範圍的也可以獨立成範
圍詞；擴而言之，各類詞裡的小類都可以獨立成一大類了。

　　要是採納這種理論，會遇到下面一些問題：漢語裡一般所說
的「啊、呢、嗎、吧」等語氣助詞（或叫語氣詞，或叫助動詞），
是跟上面所說的語氣詞、助詞合併爲一類呢，還是自成一類，叫
什麼名字？我們一般都認爲漢語裡的語氣助詞是專門放在句末或
句中停頓的地方的，這是跟語氣副詞不同的地方；而語氣副詞則
與其他副詞（像程度副詞、時間副詞等）語法特點基本相同，不
能放在句末或句中停頓的地方，只能附加於別的詞或整個句子。
②不能憑意義來斷定某詞是副詞還是語氣詞，要是憑意義，許多
形容詞、動詞，如：「堅決出去」、「肯定不能走」等，不是也表
示語氣嗎？爲什麼不說它們是語氣詞？

　　㈡詞的後加成分和副詞

　　A）（吃）了　　（走）著　　（說）過

　　B）（亮）晶晶　　（亂）蓬蓬　　（黑）洞洞　　（明）晃晃
（濕）漉漉　　（羞）答答

　　先說 A 組：

　　「了、著、過」這三個字，有不少語法著作把它們叫作獨立
的詞：有的說是副詞（《北京話單音詞詞彙》、《中國文法要略》），
有的說是助動詞（《新著國語文法》——但認爲「過」是副詞），
有的說是時態助詞（初中《漢語》課本），有的說是詞尾性助詞
（《漢語語法常識》），有的說是體詞，即表示動詞變體的詞（《漢
語語法論》）。但也有人說是詞的後加成分或詞尾（岑麒祥先生的
《普通語言學》等）。我同意後一種意見。說它們是副詞或助動
詞，必須是後附的，值不值得爲它們專闢後附副詞或助動詞一
類，還倒是小問題，更主要的是它們跟副詞和助動詞的語法特點

都不相同。說它們是助詞（時態助詞或詞尾性助詞）或體詞，也不夠合適：詞是造句單位，後加成分——詞素只是構詞單位，如：「買了書」、「看著他」、「唱過戲」，「了、著、過」在這裡不是表示詞與詞之間的關係，即不是表示「買」和「書」、「看」和「他」、「唱」和「戲」之間的關係，只是表示動詞「買」、「看」、「唱」的時態變化，是這些詞的組成部分，是構詞單位，這跟其他後加成分性質相近。如果承認它們是獨立的詞，那麼漢語裡所有的附加成分（詞綴），就都可以叫作獨立的詞了。

再看 B 組：

「亮晶晶」的「晶晶」之類，許多人叫形容詞後加成分，《新著國語文法》和《中國語法教材》叫副詞。我同意叫形容詞後加成分。一方面，這種後加成分的來源很複雜；有的來源於名詞，如：「白雪雪、綠油油」；有的來源於形容詞，如：「熱辣辣、油葷葷」；有的來源於動詞，如：「活生生、氣沖沖」；有的來源於副詞；如：「紅通通、黑黝黝」；有的來源於象聲詞，如：「冷颼颼、樂噴噴」；有的說不清是從哪兒來的，如：「黑乎乎、酸溜溜、懶洋洋」，而且這一種居多。另一方面除了少數像「亮光光、笑嘻嘻、硬梆梆」等意義比較實在，而且可以放在動詞、形容詞前頭，說成「光光亮、嘻嘻笑、梆梆硬」等，看來還不夠後加成分的條件之外，絕大多數都沒有實在意義，只表示感情色彩，而且不能放在動詞、形容詞前頭；也不能用別的成分隔開。應該承認它們已是後加成分（詞綴）。即使上面那少數意義比較實在的，也並不都是副詞，像「光光」應算形容詞，「嘻嘻、梆梆」應算象聲詞。

㈢某些詞素和副詞

A）雲集　林立　血紅　目送　巷戰　毒打　仇視　蛇行　雷鳴　天大　銀白　漆黑

B）小看　奮鬥　好玩　熱愛　鮮紅　明知　豐收　真實

　　C）歡呼　痛恨　反問　爆發　透明　圍攻　挺進　滾熱
通紅

　　D）相信　互選　未免　休想　生怕　相稱　不妨　不忍
不容　不滿　不法　過細　復活　絕妙

　　E）聽見　學會　遷走　打死　說穿　點破　花敞　說妥
立正　餓壞　濕透

　　以上各組中帶著重號的字，《新著國語文法》和《中國語法
教材》都叫副詞。這不妥當。除了 E 組尚有爭論外，其他四組，
大都認為只是一個構詞詞素。A 組是名詞性詞素，B 組是形容詞
性詞素，C 組是動詞性詞素，D 組是副詞性詞素，E 組是動詞性
詞素，也有形容詞性詞素。值得討論的是 E 組裡帶著重號的字。
這些字，比較多的人把它們看作獨立的詞，也就是說，「聽見、
學會」等都是詞組。其中大多數人都把它們叫動詞或形容詞，叫
副詞的只有《新著國語文法》這一體系的著作。③究竟「聽見、
學會」之類格式算詞組還是算單詞？這是語法學界爭論多年而未
解決的老問題了。說是詞組的理由，是它們中間能加「不、得」，
有的還能加別的成分；說是單詞的理由，是它們中間一般只能加
「不、得」，這正說明「不、得」是詞的中加成分（詞嵌）。看樣
子，問題不會在短期內獲得解決。我覺得應該跳出這個舊框框，
從別的方面想辦法。那就是分別對待：中間不能加「不、得」
的，應算作單詞，如：「立正、看齊、壞透」等；中間能加「不、
得」，也能加別的成分的，應該算作詞組，如「修好、吃飽、看
明白」等，可以說成「修不好」、「修得好」、「吃不飽」、「吃得
飽」、「看不明白」、「看得明白」，也可以說成「修得很好」、「看
不十分明白」等；中間只能加「不」或「得」，不能加別的成分，
不加「不」或「得」時是單詞，加「不」或「得」時是詞組，
如：「聽見、學會」等。

　　㈢其他

繼續　差不多　等一等　待一會兒　有點　有些　有幾分
一樣　一起　一塊兒　對門兒　一半　幾倍　多少　幾時　多早
晚　多會兒　兩下裡　雙方　一切　才好　才是　才行　不對
不是　是　是的　得　得了　完全　不錯

這些語言單位，《新著國語文法》全叫副詞，其他一些著作，
像《漢語語法論》把「差不多」叫副詞，初中《漢語》課本把
「有些、有點」叫副詞，等等。我覺得這些都不是副詞，有的還
是詞組。下面分別談談：

「繼續」，這個詞的確常用在動詞、形容詞前頭，但也可以
以同樣意義作謂語，如「戰鬥還在繼續」；後頭還可以加「了、
著」，如：「繼續了二年」、「戰鬥在繼續著」。應該劃歸動詞。

「差不多」，這是個動補詞組，肯定時說成「差得多」；可以
放在動詞、形容詞前頭，如：差不多走了一天」、「差不多齊了」；
但也可以作謂語，如：「你們差不多」、「這還差不多」。

「等一等」，這是動詞「等」的重疊式，經常放在動詞（或
形容詞）前頭，構成一般所說的連動式，如「等一等進去」，也
可以單獨作謂語，如「你等一等」。

「待一會兒」，這也是動補詞組，可以說成「待了一會兒」、
「待了不大一會兒」、「待過一會兒」。跟「等一等」用法大致相
同，可以放在別的動詞（或形容詞）前頭，構成連動式，如「你
待一會兒走」，也可以獨立作謂語，如「你待一會兒吧」。

「有點、有些」，可以說成「有一點」、「有一些」，是動賓詞
組。可以放在動詞、形容詞前頭，如：「有點離題」、「有些痛」，
也可以放在名詞前頭，如：「有點知覺」、「有些東西」，還可以作
謂語，如：「錢嗎，我手裡還有點」、「東西還有些」、「疼是不疼，
餓倒有些」。當然由於跟它們組合的詞性質不同，意思也有些區
別：跟動詞、形容詞組合時，是「稍稍」的意思；跟名詞組合
時，是「不多」的意思。但它們之間有一個共同的意思——

「少」。

　　「有幾分」，這也是一個詞組，「有」是動詞，「幾分」是數量賓語。用法和意思跟「有點、有些」大致相同。

　　「一樣」，這是個比較特殊的詞。可以單獨附加於動詞、形容詞，如：「一樣能出去」、「這兩個球一樣大」，這時「一樣」能夠換成「同樣」；也可以跟別的詞構成詞組，如：「像初升的太陽一樣出現在亞洲的地平線上」、「你同他一樣白跑了一趟」；還可以作謂語，如：「你我都一樣」、「什麼都不一樣」，這些「一樣」都不能換成「同樣」。這許多不同的用法，基本意義不變，都表示相同的意思。又因為前頭能加程度副詞，能肯定否定相疊，最好還是劃歸形容詞。

　　「一起、一塊兒」，當它們前加於動詞、形容詞時，如「一起坐下來」、「一塊兒走」，很像副詞；但它們前頭再加介詞時，問題就出來了，如：「在一起坐」、「坐在一起」、「在一塊兒走」、「走在一塊兒」。副詞前頭能加介詞嗎？同時，還可以說，「咱倆一塊兒吧」、「他倆成天在一起」，又很像方位名詞。當然更能附加於名詞，如：「一起的人」、「一塊兒的人」。從意義上看，「一起坐下來」有「同時」的意思，「一起坐著」又有「同地」的意思。究竟劃歸那一類，還可以研究。

　　「對門兒」，這應該算個方位名詞。當它們附加於動詞時，如「對門兒有一棵樹」，跟「上面有一棵樹」、「前頭有一棵樹」用法完全相同；可以在前頭加介詞；如「在對門兒住」、「住在對門兒」，當然也能說「對門兒的樹」；可以作主語，如「對門兒是老王家」。

　　「一半、幾倍」，都是數詞，可以附加於動詞、形容詞，也可以附加於名詞，還可以作主語、謂語或者單說。

　　「多少、幾時、多早晚、多會兒、兩下裡、雙方、一切」都應該叫代詞。這些詞，可以作動詞、形容詞、名詞的附加語，也

可以作主語、謂語或者單說。

「才好、才行」，都應該看作詞組，「才」是副詞，「好」、「行」都是形容詞。否定時說成「不好、不行」；在「你回來才行（才好）」裡，「才行（才好）」是謂語。

「不對、不是」，也都是詞組。肯定時說成「對」、「是」或「是的」；它們都能作謂語。

「才是」，是「才對、才好」的意思。從特點上說，可以作謂語，如「你回來才是」。

「得、得了」，這兩個詞都有「好」或「好了」的意思。「飯就得」意思是「飯就好」，「飯得了」意思是「飯好了」。應該算形容詞。

「完全、不錯」，這是兩個形容詞。因為都能以同樣意義作謂語，也可以受程度副詞的修飾。如：「設備很完全」、「他很不錯」。

要是以不能作主語或謂語，只能作附加語為確定副詞的標準，我認為副詞的範圍應該是這樣的：

拿上述第一派的範圍為準，應該去掉：

1）能作主語或謂語的：如「剛才、從前、早先、平時、突然、有點、有些」等。

2）不是作附加語的：如「又…又…、旣…又…、越…越…、一邊…一邊…、（雖然）…卻…、（即使）…也…等。

應該增加：

1）不能作謂語的形容詞：如「白說、光吃、硬說、直喊、偏不去、老笑」等。

2）不能作謂語的助動詞：如「得（déi）、必、必須、需要、要（走）」等。

（原載《中國語文》1961年第8期）

【註　釋】

①載《語法和語法教學》。

②像「他們來了，都」，「他走了，已經」等，副詞放在句末的情形，雖然在北方話口語中較多，但這不應該看作規範化的句式，是說漏了後補上的，當然與放在句末的語氣助詞更不相同。

③陸志韋先生的《北京話單音詞詞彙》只把「花敞」的「敞」、「說妥」的「妥」叫副詞：1957年出版的蘇聯學者雅洪托夫的《漢語的動詞範疇》，也把「餓壞」的「壞」、「濕透」的「透」叫副詞，見該書俄文版15頁。

論「代詞」

　　本文支持陳承澤、乃凡等學者關於漢語代詞不是獨立詞類的論點，對他們的論據加以補充闡述，並提出現有代詞歸類的意見。

　　以印歐語言爲基礎的傳統語法學，從意義出發，以「代替作用」爲特徵，把「我、你、他、我們、你們、他們、自己、人家、大家、這、那、這樣、這麼、那樣、那麼、誰、什麼、怎麼、多少、多麼、哪裡」等詞都劃歸一個獨立的詞類，叫「代詞」（代字、代名詞、指稱詞）。代詞之下又按意義分爲人稱、指示、疑問等若干小類。

　　馬建忠仿效傳統語法學所寫的第一部漢語語法著作《馬氏文通》也立「代字」一類，下分指名、接聯、詢問、指示四小類。此後，中國的語法學者絕大多數都沿襲了這種說法。黎錦熙《新著國語文法》叫「代名詞」，下分稱謂、指示、疑問、聯接四小類。王力《中國現代語法》叫「代詞」，下分人稱、無定、複指、指示、疑問五小類。呂叔湘《中國文法要略》叫「指稱詞」（稱代詞），下分三身、確定、無定、數量、單位五小類。高名凱《漢語語法論》和丁聲樹等《現代漢語語法講話》都把代詞分爲「指示詞」和「代詞」兩個獨立的詞類。張志公主編初中《漢語》叫「代詞」，下分人稱、指示、疑問三小類。除了範圍大小和所用術語不盡相同之外，都沒有脫離傳統語法學的格局。看來，代詞是獨立的詞類，這在古今中外的語法著作中似乎已是不容置疑的既成事實了。

　　儘管如此，還是有一些語法學者對這個「既成事實」提出過

相反的意見。早在十九世紀初，俄國的巴斯金、達多夫等人，就極力反對把代詞算作獨立的詞類①。但他們的意見因伴隨著「形式學派」的形式主義惡名而未被採納。到二十世紀，對傳統語法學批評得最激烈的，要算俄國語言學家 A.M. 彼什可夫斯基教授②。但他的觀點也被稱之爲「狹隘的形態學觀點」而未能成立。

　　中國語法學家首先旗幟鮮明地反對把代詞算作獨立詞類的是陳承澤。他跳出了傳統語法學的圈子，從漢語的實際情況出發，得出了如下的結論：

> 代字本爲名字之一種，外國文之所以獨立爲一類而研究之者，以其有「格」case 之變化，又有關係代字等須加特別說明者耳。今吾國既無關係代字，而如「格」之變化等形式上之特徵，又爲我國文之所無；似不如存其名目，而作爲名字中之一細類，眉目較爲清朗。代字在解剖國文時，雖亦重要，而在字論上，似可無須獨立爲一類也。③

這是合乎漢語語法規律的、非主觀意測的論斷，應該說是他的卓見。但遺憾的是他的意見沒有爲中國多數語法學者所重視，反而被指責爲「錯誤觀點」。直到1955年《中國語文》上才出現了乃凡的一篇只有幾百字的短文，支持了代詞不能獨成一類的論點。他說：

> 名詞、形容詞和動詞的功能不完全一樣，如果代詞能代替這三種詞，那它勢必有三種功能才成。
>
> 事實並不是代詞裡所有的詞都有三種功能。事實是這樣的：有些詞可以代替名詞（如「我」）；有些詞可以代替形容詞（如「怎麼」）；有些詞可以代替加語形容詞或名詞（如「這」）。所以，在代詞一類中，詞與詞之間沒有一個共同功能，因此無法加起來成爲一個詞類。換句話說，「代詞」這個詞類是不存在的。④

這是更進步的論證，說得中肯。但是這種意見不僅未被採納，反而先後受到了三次批評。第一次批評見於曾聰明先生的《代詞是一種獨立的詞類》⑤，第二次批評見於林祥楣先生的《代詞》⑥，第三次批評見於林文金先生的《談談代詞的語法特點》⑦。這些批評有一個共同的特點：都對傳統語法學關於代詞獨成一類的理論有了新的認識，作了「修正」，換句話說，一方面支持了傳統語法學把代詞算作獨立的詞煩，一方面又批評了傳統語法學把代詞算作獨立詞類的根據，並提出了新的根據。

詞類是詞的語法分類，這是衆所公認的；每一類詞之所以成其爲獨立的詞類，是因爲它有共同的、區別於其它詞類的語法意義和語法形式特點（簡稱語法特點），沒有共同語法特點的詞類是不能成立的，即使強行成立，那也決不是詞的語法分類，這也是多數人所能同意的。從這個原則出發，重新討論代詞究竟是不是獨立的詞類，對於建立或者說完善科學的漢語語法體系是很有裨益的。

傳統語法學（包括中國的傳統語法學），從語義出發，把「代替作用」（代替功能）看作代詞獨成一類的根據，或者說把「代詞的意義上的特徵」（詞彙和語義學的概念）當作代詞獨成一類的基礎。如果把語義作爲代詞獨立的標準，下面幾個問題是無法解釋清楚的：

第一，說「我」、「大家」、「自己」、「別人」等是有代替作用的詞，那麼，「今天」、「群衆」、「首都」、「人民」、「同志」等不是也都可以說有代替作用嗎？回答可能是：「我」具有不定性，可以代替任何一個說話人的名字。「大家」也有不定性，是代指許多人的名字。那麼「今天」不是也有不定性，可代替任何一天的名字嗎？「群衆」不是也有不定性，可以代替許多人的名字嗎？爲什麼不把「今天」、「群衆」等也叫代詞？

第二，有些代詞有時並無詞可代，如「這孩子多麼聰明」、

「這個電影不怎麼樣」、「那本書很好」；有些代詞有時可以代替詞組或句子，如「這個人怎麼樣？——這個人聰明、能幹、善於團結不同意見的人。」「他能堅持體育鍛練，這就是他的優點。」能說代詞只是代替別的「詞」的嗎？

　　第三，很多語法著作在確定別的詞類時是以語法意義和語法形式特點為標準，或者是以詞彙・語法範疇（詞彙意義和語法功能）為標準，唯獨在確定代詞詞類時把意義（實際是詞彙意義）當作唯一的或主要的標準，這是否合乎劃分詞類的標準一致的原則？

　　第四，要是以意義為標準，「人」、「群衆」、「張三」等詞都是指人的，都是事物範疇；那麼「我」、「你」、「大家」等詞不也都是指人的事物範疇嗎？為什麼把意義相同的詞劃歸兩個不同的詞類呢？

　　語法研究的現狀已經證明，單憑意義，而且是詞彙意義來劃分詞類，是行不通的。因為意義標準往往是在詞、概念、事物之間加上對等關係。其實，詞、概念、事物各有各的屬性，是三個不同的東西。詞只是概念的表達形式，是事物的口頭稱呼，它有自身的詞彙和語法的屬性，這種屬性是有民族性的；概念和事物也都有自身的不同屬性，這種屬性是全人類共同的，沒有民族性。把概念的類看作詞類，必然要混淆語法和邏輯、詞和概念；把客觀事物的類看作詞類，就把語言對客觀世界的反映過程簡單化了，也是無視了語法的抽象性。因此連主張憑意義劃分詞類的學者，有的已公開聲明放棄他們的意見。如呂叔湘先生說：「憑意義分類，第一，不同的人可以得出不同的結果，包括 1.詞類的數目不同。2.具體的詞歸類不同。誰也說服不了誰。第二，有些詞難於決斷，在同一個人手上也會有時候歸在這一類，有時候歸在那一類。……連王了一先生和我自己，儘管在我們的書上只說憑意義劃分詞類，實際上還是免不了要利用結構關係來幫忙。」

⑧王力先生也說：「我在我的書裡，當我區分漢語詞類的時候，並沒有依照我自己的話去做，換句話說，就是我並沒有『純然從概念的範疇上分類，不受形式的約束』，相反地，我在某些地方是從詞和詞的結合來區別詞類的。」⑨代詞是詞類的問題，單憑意義來確定哪些是代詞，哪些不是，同樣是行不通的。

　　五十年代中後期中國語法學者們特別注意了代詞的語法特點的研究。《暫擬漢語敎學語法系統簡述》和據以編寫的初中《漢語》可作為這方面的代表。應該肯定，這比只講代詞的意義是前進了一大步。但由於他們囿於傳統語法學把代詞算作獨立詞類的基本觀點，雖然提出了代詞的一些語法特點，但都不是代詞獨有的、眞正的語法特點，因而也不能令人信服地論證代詞是獨立的詞類。

　　現有的語法著作提出的代詞的語法特點，大致有以下幾種：

　　1）不受別的詞類修飾；⑩

　　2）不能重疊；⑪

　　3）人稱代詞可用「們」表示多數，指示代詞、疑問代詞沒有多數的表示⑫

下面分別討論：

　　⑴代詞眞的不受別的詞類修飾嗎？答案是否定的。例如：

　　　生在舊社會的我

　　　從前的你和現在的你不大相同了

　　　身上還穿著破棉襖的他

　　　從我們這裡到他們那裡是十五公里

　　　不這樣又該怎麼樣

　　　我記得江西的哪兒有這樣一個山洞

　　　你們廠裡的誰曾到我們這兒來過

　　這都是語言中常見的格式，不能說是偶然或特殊現象。更重要的是：不受別的詞類修飾並不只是代詞獨有的特點。大家知

道，數詞、量詞、副詞一般也不受別的詞類修飾，至於其它虛詞就更不能受別的詞類修飾了（代詞是實詞，按理說不該跟虛詞比，因為有人說代詞也是虛詞，比一比還是可以的）。這並不是說，兩類詞不可以有一個或更多共同的語法特點，但它們必須有一個或更多不同的語法特點，如動詞和形容詞的語法特點就是這樣。可是咱們把不受別的詞類修飾的數詞、副詞跟代詞中的「多少」、「多麼」、「那麼」等分別比一比，並找不出任何不同的語法特點來。因而無論如何也不能把不受別的詞類修飾當作代詞共同的語法特點。

(2)說代詞不能重疊，這是事實。但不能重疊的除了數詞、副詞，還有為數不少的名詞、動詞、形容詞。所謂某類詞的語法特點，必須是能夠使它區別於另一類詞的語法特點，不是任何語法現象都叫語法特點。把不能重疊作為代詞的語法特點，是張志公先生的意見，初中《漢語》沒有採用這個意見，張志公先生在《漢語語法常識》的修訂本裡也刪掉了這一條。可見，不能重疊也決不能作為代詞共同的語法特點。

(3)說人稱代詞可以加「們」表示多數，這對了一半：人稱代詞中的「我」、「你」、「他」（她、它）三個詞可以加「們」，說成「我們」、「你們」、「他們」（她們、它們）；而「大家」、「自己」、「別人」、「人家」等詞，都不可能也不必要加「們」。更重要的是：加「們」表示多數的不光是這幾個人稱代詞，還有數以萬計的指人名詞和人格化的非指人名詞，如「學生」、「工人」、「同志」、「女兒」、「朋友」、「牛」、「貓」、「老鼠」、「木蓮」、「覆盆子」……，而且這些名詞也都不能重疊。可見，加「們」表示多數也不是人稱代詞獨有的語法特點。說指示代詞和疑問代詞沒有多數的表示，這也是事實；但沒有多數表示的不一定都是代詞，如動詞、形容詞、副詞、數量詞和一部分集合名詞、專有名詞，就沒有多數的表示。

　　總之，上面所提的代詞共同的語法特點，有的不切合實際，有的不是代詞所獨有，因此從這些所謂語法特點裡看不出代詞和別的詞類的區別。那麼再把代詞的意義和這些所謂語法特點結合起來，能不能使代詞區別於別的詞類呢？也就是說，具有代替或指出作用的、不能重疊的、能加「們」表示多數的……，能不能叫代詞呢？也不能。這在前面已經談過，不必贅述。咱們僅拿「同志」一詞和人稱代詞比較一下，拿「非常」一詞和指示代詞「多麼」比較一下，拿「五」和疑問代詞「幾」比較一下，就可以看得出來。這就不能不使人懷疑：究竟是什麼條件使代詞自成一類？在漢語裡，每一類詞都有一個或幾個區別於他類詞的共同的語法特點（雖然每一類詞可以包括幾個語法特點不盡相同的小類），唯獨代詞沒有這種共同的語法特點，這合不合劃分詞類的標準一致的原則（起碼實詞和實詞、虛詞和虛詞的標準要一致）？值得深思。

　　支持代詞獨立但是又注意了語法特點的學者們，對這個問題可能要這樣回答：代詞雖然沒有共同的語法特點，但代詞的每小類有它的語法特點。初中《漢語》說人稱代詞的語法特點是：(1)可以用「們」表示多數，(2)一般不受別的詞類的修飾；疑問代詞的語法特點是：(1)沒有多數的表示（只有「哪」可以加「些」表示多數）；(2)不受別的詞類的修飾；指示代詞的語法特點和疑問代詞相同。這些所謂每小類的語法特點，歸納一下，只是人稱代詞有多數的表示，疑問代詞和指示代詞相同，都沒有多數的表示。一方面這談不上每小類的語法特點，另一方面，也是主要的方面，這些特點都不是代詞真正的或獨有的特點，這在前面也談過了，不必重複。要是把句法功能也作為語法特點之一，咱們看看人稱代詞、疑問代詞、指示代詞各有什麼不同的功能？人稱代詞能作主語，不能作謂語，疑問代詞中的「誰」、「什麼」，指示代詞中的「這」、「那」也具有這個功能；疑問代詞中的「怎樣」、

「怎麼樣」能作謂語，不能作主語，指示代詞中的「這樣」、「那麼樣」也是如此。可見在句法功能上每小類也沒有每小類的特點。這又是代詞不能獨立成一類的有力證據。

　　代詞既沒有共同的語法特點，又沒有每小類的語法特點，這是鐵一般的事實，連堅持代詞是獨立詞類的學者也看到並且不得不承認這一點。雖然承認這是事實，但由於他們在主觀上先有了那麼一個代詞詞類的成見，所以在談代詞的時候仍是在代詞獨立的前提下，提出一些「改良」的辦法。林文金先生頗有見地的《談談代詞的語法特點》一文可作為這方面的代表。他說：「代詞既然是這樣一種詞類，我們就不應該過於強調這個詞類的共同的語法特點。那麼代詞這個詞類有沒有語法方面的特點呢？肯定地說，代詞也有語法方面的特點，它表現在代詞的每一個小類上。不過我們現在的分類有毛病，所分下來的小類並沒有明顯的語法特點。……我以為純粹按照意義把代詞分為名代詞、形容代詞、數量代詞、副代詞四個小類，各類的語法特點就明顯些。」⑬必須肯定，這比把代詞分為人稱、指示、疑問等小類的辦法前進了一大步；但也必須指出，這只是改良的辦法，不是徹底的辦法。下面咱們根據林先生提出的每小類的語法特點逐一分析：

　　㈠名代詞

　　　我、你、他、她、誰、大家、自己、人家、它、什麼、
　　　這、那、這個、那個⑭、這裡、那裡、這兒、那兒、哪
　　　兒、哪裡、這會兒、那會兒、多會兒、幾時

　　特點：A. 不能用數量詞作定語（「什麼」是例外）。

　　　　　B. 不能重疊。

　　　　　C. 可以與介詞構成介詞結構。

　　　　　D. 常作主語、賓語、定語，有些還可以作狀語、謂
　　　　　　 語（要有判斷詞）。

在這一項裡，咱們首先提出一個問題：這些名代詞和名詞有

什麼區別?

A. 名代詞不能用數量詞作定語，這是事實；可是名詞裡頭不能用數量詞作定語的並不少於名代詞，如「馬匹」、「紙張」、「父母」、「山河」、「書籍」、「前頭」、「南邊」、「上面」、「裡頭」……，以及許多專有名詞。這樣不能加數量詞的名詞並且都有名代詞的其它特點。可見不能用數量詞作定語，並不只是代詞的特點。從這裡看不出名代詞和名詞的本質區別來。

B. 名代詞不能重疊，這也是事實；可是多數名詞也都不能重疊（「年」、「天」、「人」、「車」等少數名詞可以重疊），同時這些不能重疊的名詞也都有名代詞的其它特點。從這裡仍然看不出名代詞和名詞的區別來。

C. 名代詞可以與介詞構成介詞結構，這也不錯；但是可以與介詞構成介詞結構也是名詞的特點之一，特別是方位名詞與介詞幾乎是形影不離。這同樣不能算作名代詞獨有的特點，當然更說明不了名代詞和名詞是有區別的。

D. 名代詞的確常作主語、賓語、定語等，可是跟名詞比較起來，作主語、賓語、定語的機會還要少一些。特別是作主語、賓語的機會更少一些。

從以上的比較中，咱們會發現名代詞和名詞沒有語法特點上的區別，把它們算作兩個不同的詞類是沒有根據的。

(二)形動代詞

怎麼、怎樣、怎麼樣、這樣、這麼樣、那樣、那麼樣、這麼、那麼⑮

特點：A. 可以與副詞組合（「什麼樣」例外）。

B. 不能用肯定否定相疊的方式表示疑問。

C. 不能帶時態助詞。

D. 常作謂語、定語、狀語，有些還可以作賓語、補語。

在這一項裡咱們先提出這樣一個問題：這些形動代詞跟形容詞或動詞有什麼區別？

A. 可以與副詞組合，是形動代詞的特點。這比初中《漢語》說指示代詞和疑問代詞不受別的詞類的修飾更實際一些；但是所有的形容詞、動詞也都可以與副詞組合。因而從這一特點上無法看出形動代詞跟形容詞、動詞的區別來。

B. 說形動代詞不能用肯定否定相疊的方式表示疑問，這有失武斷。其中的「怎麼」、「怎樣」、「怎麼樣」本身就表示疑問，不可能也不必要再用肯定否定相疊的方式表示疑問，這不必多說；其中的「這樣」、「那樣」、「這麼樣」、「那麼樣」在實際語言中，尤其是在口頭語中是可以用肯定否定相疊的方式表示疑問的，如「你還這（麼）樣不這（麼）樣了」、「你還那（麼）樣不那（麼）樣了」。可見這一條並不能使形動代詞區別於形容詞、動詞。

C. 不能帶時態助詞，也許是這些代詞的特點（「怎麼著」、「這麼著」、「那麼著」都是口語中常用的格式，但這個「著」是不是時態助詞，還值得研究，「我怎麼過你」、「他就這樣了一年」等格式，應該說是代詞帶上了時態助詞）；但是不能帶時態助詞的形容詞、動詞比起代詞來不知要多出多少倍，如「優良」、「通紅」、「雪白」、「軟乎乎」、「白化化」、「大大」、「高高」、「冤裡冤枉」、「是」、「像」、「能」、「可以」、「在」、「具有」、「屬於」、「等於」……。這同樣不能作為形動代詞區別於形容詞、動詞的條件。

D. 說這些代詞常作謂語、定語、狀語，要是不算「這麼」、「那麼」、「怎麼」，這是對的，因為這三個代詞不能作謂語；說有些還可以作補語，如果是專指表示疑問的「怎樣」、「怎麼樣」，也還說得下去；說有些還可以作賓語，如果把「我打算這樣」裡的「這樣」當作賓語，也能自圓其說。問題在於，絕大多數形容

詞或動詞也都具有這種功能。因此這個特點也不能證明形動代詞是形容詞或動詞之外的詞類。

㈢**數量代詞**

　　多少、幾、這麼些、那麼些、這些、那些、哪些。

　　特點：A. 不能用重疊表示輪番逐次的意思。

　　　　　　B. 常作賓語、定語，有些還可以作主語、謂語（要有判斷詞）。

　　這裡首先說明兩點：第一，把「多少」、「幾」等叫「數量」代詞，不合理。因為通常所說的「數量」，是數詞和量詞的合稱，而在這些詞後頭都能再跟個量詞，如「多少個戰士」、「幾支槍」、「看了多少次」、「打了幾下」，只是有時可以不跟量詞，這和其它數詞後頭有時不跟量詞一樣（如「三人」、「十五人」）。後頭能跟量詞顯然是數詞而不是數量詞的特點。如果一定要保留代詞詞類，那也應該叫數代詞，而不應該叫數量代詞，因為實際語言中沒有「數量詞＋量詞」的格式。第二，在前面已說過，「這麼些」、「那麼些」、「這些」、「那些」、「哪些」裡面的「些」，一般人都叫量詞，跟「這麼點」、「那麼點」的「點」詞性相同，因為可以說成「這麼一些」、「那麼一些」等；「這麼」、「那麼」、「這」、「那」、「哪」才是代詞，但這些代詞已經分屬於副代詞和名代詞，不能再叫數量代詞。如果一定要把「這麼些」、「那麼些」等格式叫數量代詞。必須也把「這麼點」、「那麼點」等格式叫數量代詞。不過這樣處理不會受歡迎的。

　　這麼一來，這一類代詞實際上只剩下「多少」和「幾」兩個詞了（書面語常用的「若干」也應該屬於這一類）。咱們要問：這兩個詞跟數詞「五」、「六」、「二十」等有什麼區別？

　　A. 不能用重疊表示輪番逐次的意思，的確是「多少」、「幾」等詞的特點；但同時也是數詞的特點（「一」可以說成「一一說出」，算特殊）。

B. 常作賓語、定語，有些還可以作主語、謂語（要加判斷詞），這也是這些詞的特點；但是所有的數詞也都有這個特點。

從數量代詞的這兩個特點中咱們實在找不出它跟數詞的任何區別來。如果承認這兩個特點是數量代詞的特點，就必須承認這些數量代詞跟數詞是一類詞。

㈣副代詞

多、多麼、那麼、這麼

特點：A. 不能直接修飾名詞。

B. 可以作狀語。

在這一項裡咱們先提出一個問題：副代詞跟副詞有什麼區別？

許多語法著作都認為這兩個特點也正是副詞的特點。如果再加上不能作主語或謂語這一特點（這應該說是副代詞和副詞區別於它類詞的本質特點），同樣看不出它們跟副詞有任何區別。即使再加上意義條件，也很難看出「多」、「多麼」跟「很」、「非常」有什麼不同。

總之，以上四類代詞，正像林文金先生自己所說：「每一個小類都和某一類詞或某兩類詞有相當的關係。比如，名代詞相當於名詞，形動代詞相當於形容詞和動詞，數量代詞相當於數量詞，副代詞相當於副詞。另外每一個小類既然和某一類詞或兩類詞有相當的關係，那麼它相應地也具有和它相當的詞類的同樣的語法特點，如名代詞就具有名詞的特點，形動代詞就具有形容詞和動詞的特點，等等。」這一番話，應該說已經有力地反證了代詞不是獨立的詞類。現在我們再提出這樣一個問題：假如有這麼四類詞，甲乙丙三類各自都有共同的語法特點。丁類沒有共同的語法特點，它的語法特點分散在每一個小類裡，而每一個小類的語法特點恰恰又是甲類、乙類或者丙類的共同的語法特點（見下表）。

類　別	甲	乙	丙	丁		
特　點	X	Y	Z	1) X	2) Y	3) Z

那麼，丁類憑什麼作獨立的詞類？丁類的１）２）３）爲什麼不能分別合并到甲乙丙三類裡去？

　　堅持代詞獨立的人在回答這個問題時，一定會說，區分別的詞類可以用語法特點作標準，而區分代詞只能用意義作標準，或者說意義是主要的標準。林文金先生就是這樣處理這個問題的。他說：「代詞所以成爲獨立的詞類是決定於它的意義方面的特點。這裡我們還可以引用蘇聯科學院的《俄語語法》裡的一段話來說明：『從上面對於代詞的分析可以看出：它們（指人稱代詞、物主代詞、限定代詞等──金按）之所以獨立成一類詞，與其說是由於它們的形態結構或句法作用上有共通之點，毋寧說是由於它們有共同的語義上特點。』」值得注意的是：在《談談代詞的語法特點》一文中特別強調了代詞的語法特點，而當這些語法特點恰恰否定了代詞是獨立的詞類的時候，便又說代詞是決定於它的意義方面的特點。那麼講代詞的語法特點還有什麼用呢？這且不說，更要緊的是，如上所述，即使從意義方面說，也證明不了代詞是獨立的詞類。要是憑意義，你說「大家」、「別人」是代詞，別人可以說是名詞；你說「群衆」、「人民」、「同志」是名詞，別人也可以說是代詞；你說「一」、「五」是數詞，別人也可以說是代詞。誰是誰非，還得從語法特點上尋求問題的答案。至於在俄語裡代詞是憑什麼標準確定的，是否應該算作獨立的詞類，在蘇聯語言學界也不是沒有爭論的，這咱們不管，但咱們必須承認這樣一個事實：俄語代詞和漢語代詞不很相同──雖然俄語代詞也沒有共同的語法特點，但起碼俄語的人稱代詞（這應該說是代詞裡最主要的一種）和名詞格的體系不同，物主代詞和形容詞格的體系也不全一樣，同時俄語裡有一類不表示任何詞彙意義的關係代詞，漢語裡沒有。因此，決不能因爲俄語代詞是獨立的詞類，

而說漢語代詞也應該是獨立的詞類。

　　總起來說，從傳統語法學的意義出發的「代替作用」未能令人信服地證明代詞是獨立的詞類；初中《漢語》等提出的代詞的共同的語法特點和林文金先生所提出的每小類的語法特點，同樣未能理由充足地論證代詞是獨立的詞類。相反地，大量的事實都證明了代詞不是獨立的詞類。如果不顧代詞本身的特點，而是在主觀上先有了代詞是獨立詞類的成見，然後千方百計地去爲這個詞類的獨立找根據，這種根據必然要帶上不同的主觀色彩，甚至是無中生有的，因而也是不符合實際的。

　　如果代詞不是獨立的詞類，那麼現有的被算作代詞的詞怎麼處理呢？我們的意見是：按照語法特點，把代詞分屬於名詞、動詞、數詞、副詞四個詞類：

　　　　1）我、你、他（她、它）、誰、大家、自己、別人、人
　　　　家、什麼、這、那、這裡、那裡、哪裡、這會兒、那會
　　　　兒、多會兒、幾時、多咱、一切

　　這些詞都歸入名詞，作爲一小類，叫代名詞，或根據劃分小類的其它標準分別屬於其它小類（我們偏重後一種辦法）。理由是：名詞最本質的特點是能作主語，不能作謂語（加「是」以後就不再是謂語），能跟介詞組合，都是事物範疇。這些特點使名詞區別於任何詞類。上述各個代詞都有這些特點。雖然這些詞跟其它名詞也有些不同的地方，但這跟其它名詞之間也有不同的地方一樣，是名詞內部的分類問題。

　　　　2）這樣、那樣、怎樣、這麼樣、那麼樣、怎麼樣、這麼
　　　　著、那麼著、怎麼著

　　這些詞林先生叫形動代詞。爲什麼叫形動代詞呢？回答可能是這樣的：它們都能代替形容詞或動詞。在什麼情況下是代替形容詞，在什麼情況是代替動詞呢？回答可能是這樣的：什麼詞能回答「什麼樣」等代詞所提出的問題，或者是能占據這些代詞的

位置，它就代替什麼詞。比如「那是什麼樣的書——那是好書」，「什麼樣」在這裡就是代替形容詞「好」；「他怎麼樣了——他病了」，「怎麼樣」在這裡就是代替動詞「病」。如果真是這樣解釋代詞，也是不能令人信服的。有時能回答代詞所提出的問題的，還可以是名詞、象聲詞：如「那是什麼樣的書——那是紅色的書」，「他怎麼樣叫喚——他唉呀唉呀地叫喚」；有時能回答代詞所提出的問題的，還可以是代詞詞組，如「他怎麼樣——他不怎麼樣」。那麼是否可以說這些代詞也是代替名詞、象聲詞或代詞詞組呢？當然不可以。咱們必須這樣理解：提出問題的詞和回答問題的詞，不是誰代替誰的問題，而是兩個詞義不同的詞，它們的詞性可能相同，也可能不同，這要根據這些詞的語法特點來決定。也就是說，每一個形動代詞應該只有一種詞性，不可能同時既有形容詞性，又有動詞性，更不可能有名詞性、象聲詞性等。那麼這些代詞應該歸入哪一類呢？這的確是個問題。不過咱們還是可以比較的。首先這些詞都能作謂語，都能接受否定副詞修飾，這是動詞、形容詞的共同特點，這兩個特點使它們區別於其它詞類；它們的不同點是：形容詞都能直接作定語（即可以不加「的」字，但已經重疊的形容詞除外），如：「好書」、「偉大祖國」等，動詞雖然大多數能作定語，但畢竟還有不少不能作定語的（如「是」、「像」、「能夠」、「屬於」、「等於」……），並且作定語時都要加「的」字，如「買的書」、「修建的宿舍」等。上述代詞：「怎樣」、「這麼樣」、「那麼樣」、「這麼著」、「那麼著」、「怎麼著」等，都不能直接作定語。無論根據語法特點或是根據意義都可以把它們劃歸動詞。

　　3）多少、幾、若干

　　這幾個詞都歸屬於數詞。理由是：數詞的語法特點是表示數目，後面經常帶量詞，作名詞的定語或動詞、形容詞的補語，基數詞可以在前面加「第」表示序數。這幾個詞都有這些語法特

點，如「多少個人」、「看了幾遍」、「聽了若干次」、「第幾次」（「第多少名」、「第若干次」雖然不常說，但還是有這種格式的）。

4）多、多麼、那麼、這麼

這幾個詞都應該歸入副詞。理由是：副詞最本質的特點是：不能作主語或謂語，只能作附加語，也不能與介詞組合。這是副詞區別於任何詞類的特點。這幾個詞都有這些特點。

筆者1959年寫過《漢語代詞不是獨立的詞類》一文，1961年匯編於鄭州師範學院《科學論文集刊》（內部半鉛印半油印）。經過二十五年的教學實踐，對這一問題我始終耿耿於懷，並且認識略有深化，現據此改寫，詳加闡述，正式發表，以期就教於各位專家學者。

傳統的觀念，既成的事實，是一種極大的勢力，要想動搖它，我深知不是輕而易舉的。但這個問題牽涉到語法學的方法論和劃分詞類的標準問題，又不能不再碰一碰。

但是，作爲教學語法，爲了照顧傳統，照顧習慣，我並不反對仍立代詞一類，不過應該說明代詞沒有共同的語法意義和語法形式特點，它代替什麼詞就有什麼詞的特點。如果需要再分小類，也應該根據語法特點分爲「代名詞」、「代動詞」、「代數詞」、「代副詞」，或者把「代數詞」乾脆劃歸數詞，把「代副詞」乾脆劃歸副詞，只剩「代名詞」、「代動詞」兩小類。

（原載《信陽師範學院學報》〔哲學社會科學版〕1984年第4期）

【註 釋】

①見 B.B. 維諾格拉多夫《俄語》，1947年俄文版，319——320頁。

②見所著《俄語句法的科學闡釋》，1938年俄文版，139——141頁。

③見所著《國文法草創》，1922年初版，1957年商務再版，19頁。

④《關於「代詞」》，《中國語文》1955年4月。

⑤載《中國語文》，1956年10月號，下引同。

⑥新知識出版社，1958年 1 月單行本。

⑦載《中國語文》，1958年 9 月號，下引同。

⑧《關於漢語詞類的一些原則性問題》，載《中國語文》，1955年 9 月號。

⑨《中國語法理論·新版自序》，12頁。

⑩⑫見初中《漢語》第三冊95頁、98頁、102頁。

⑪見張志公《漢語語法常識》（初版），17頁。

⑬見《中國語文》，1958年 9 月號。引文中著重號是我加的。這種觀點，
　早在蘇聯語言學著作中流露過，在曾聰明先生的《代詞是一種獨立的詞
　類》一文中也曾說過：「誠然，俄語代詞在詞法方面沒有使它獨立成為
　一類的理由，代詞項下可以按詞法的特點分成所謂名代詞、形代詞、數
　代詞、副代詞，也就是說代詞的這些細類分別地跟名詞、形容詞、數
　詞、副詞相當，其中只有名代詞（я、он、кто、кто-нибудь）具有不同
　於名詞的詞法特點。」

⑭「這個」、「那個」的「個」是量詞，不能算作代詞的一部分。

⑮「怎麼」、「那麼」、「這麼」這三個詞都不能作謂語和定語，只能作狀
　語，也不能跟副詞組合（加「著」後可以作謂語，可以跟副詞組合）；
　單說「不怎麼」是半截話，「別那麼說」裡的「別」是修飾「那麼說」；
　從意義上說，也很難斷定它們是代替形容詞和動詞。按照引文的體系，
　應該把它們跟副代詞裡的「這麼」、「那麼」同等看待。

漢語實詞的「附類」

　　五十年代以後出版的影響較大的漢語語法著作，在實詞詞類之下都設立了「附類」，少則一個，多則六個。張志公的《漢語語法常識》（初版）一個：動詞的附類——助動詞；丁聲樹等的《現代漢語語法講話》兩個：動詞的附類——助動詞、次動詞；呂叔湘、朱德熙的《語法修辭講話》三個：名詞的附類——副名詞，動詞的附類——副動詞，形容詞的附類——數詞；張志公主編的初中《漢語》四個：名詞的附類——方位詞，動詞的附類——能願動詞、趨向動詞、判斷詞；張志公的《漢語語法常識》（修訂版）五個：名詞的附類——方位詞、處所詞、時間詞，動詞的附類——繫詞（包括准繫詞）、助動詞；黎錦熙、劉世儒的《漢語語法教材》六個：名詞的附類——量詞、方位名詞，動詞的附類——助動詞、同動詞，形容詞的附類——數詞，代名詞的附類——聯接代名詞。不算名異實同的術語，總合起來，被當作實詞的附類的共有九個：一、量詞（副名詞），二、方位名詞（方位詞、處所詞），三、時間詞，四、助動詞（能願動詞），五、判斷詞（同動詞、繫詞），六、趨向動詞，七、副動詞（次動詞），八、數詞，九、聯接代名詞。

　　爲什麼要在一般實詞詞類之下設立「附類」？「附類」的實質是什麼？《漢語語法教材》以名詞的附類爲準作過說明：「名詞的附類……它們之所以應該被列爲名詞的附類，是因爲㈠基本上都是名詞性質；但㈡又和一般名詞的語法特徵不盡相同。列爲附類，一則可以不讓它和一般名詞滾在一起，混淆詞類區分的明細界限；二則也可以不把它從名詞部門中開除出去，打亂詞類區分

的簡潔原則。(以下各類詞中的附類都準此。)」(第二編37頁)作
爲初中《漢語》編寫依據的《暫擬漢語教學語法系統簡述》也作
過說明：「名詞、動詞、形容詞的附類都帶有或多或少的虛詞
性。」(9頁)《語法修辭講話》說得更赤裸：「副名詞、副動詞、
一部分數詞，也可以歸在虛詞裡。」(12頁)把這些答案放在一起
來說，就是：附類詞既屬於所附的詞類，又不屬於所附的詞類；
附類詞既是實詞，又是虛詞，既不是實詞，又不是純粹的虛詞，
或者說它們是實詞裡的虛詞。漢語裡真有這種不倫不類的詞嗎？
我認爲答案應該是否定的。這個問題跟劃分一般詞類以及在一般
詞類之下再分小類、在一般詞類之上再分大類的標準有密切聯
繫，因此咱們不妨把問題扯得稍遠一點兒。

　　詞類是詞的語法分類，劃分詞類的標準應該是這類詞跟那類
詞互相對立的語法特點——語法意義和語法形式相結合的特點。
作爲劃分詞類的標準的語法特點是什麼？大家的認識還不一致。
我認爲大致有以下四個方面：㈠詞的抽象意義，如：名詞表示事
物；動詞表示動作、變化等；形容詞表示性狀，等等。㈡詞的句
法功能，如：名詞能作主語、賓語，但不能作謂語；動詞、形容
詞能作謂語；副詞不能作主語、賓語，也不能作謂語，只能作附
加成分（狀語、定語、補語）；介詞不能作句子成分，只介紹名
詞給動詞（或形容詞、名詞）作附加成分，等等。㈢詞的結合形
式（句法形式），如：名詞可以放在介詞之後，構成「介・名結
構」，可以放在數量詞之後，構成偏正詞組；動詞、形容詞可以
跟助動詞、副詞結合；助詞、嘆詞不能跟別的詞結合，等等。㈣
詞的形態（詞法形式），如：名詞一般不能重疊，指人名詞後面
大都能加「們」；動詞可以重疊，單音動詞的重疊形式是「重・
輕」，雙音動詞的重疊形式是「重・輕・中・輕」，後面可以帶「了、
著、過」；數量詞也可以重疊，重疊形式是「數・量・量」，前面能
加「第」，等等。抽象意義和句法功能可算語法意義方面的特點，

結合形式和形態可算語法形式方面的特點。某些詞之所以被劃歸一類，是因為它們在上述四個方面都有相同或基本相同的、能夠區別於另一類詞的語法特點；而某些詞之所以被劃歸不同的詞類，也是因為它們有互相對立的、不同的語法特點。這是詞類得以存在的根本條件，也可以說是劃分詞類的基本原則。但這並不是說，同類的詞不允許有不同的語法特點，只是這些不同的語法特點對該類詞來說不是本質的，而是大同中的小異；也並不是說，異類的詞不允許有相同的語法特點，只是這些相同的語法特點比起異類詞互相對立的語法特點來是非常次要的，是大異中的小同。如果有一些詞，它們跟甲類詞有相同點，也有不同點，在給它們歸類時，就要看哪是本質的，哪不是本質的。如果相同點是本質，就應該劃歸甲類；如果不同點是本質，就應該劃歸另一類，或是自成一類。如果不是這樣，漢語的實詞或是不能分類，或是分一百類、一千類也不算多。根據這個原則，那些既不屬於甲類，又屬於甲類的附類詞，在詞類的劃分中是不存在的。附類的理論，只能模糊明細的詞類界限，使詞類的區分失去必要性和可能性。譬如，你根據相同點和不同點把量詞算名詞的附類，別人何嘗不能根據相同點和不同點把形容詞算動詞的附類，把代名詞算名詞的附類呢？你根據相同點和不同點把「是」字算動詞的附類，別人要是把「有」、「在」也算動詞的附類，你有什麼理由不同意呢？前面介紹的各種語法著作裡的附類詞那樣不一致，也能說明附類的理論是不可信的。

　　把各個一般詞類再分為若干小類，就是以同類詞在大同中可以有小異的原則為根據的。這也是詞的語法分類。譬如：名詞裡有的表示一般事物，經常受數量詞修飾，有的表示專有事物，不大受數量詞修飾，有的表示時間或方位，經常放在介詞後面作附加成分，因此在名詞之內可以分為普通名詞、專有名詞、時間名詞、方位名詞，等等；動詞裡有些詞表示有形的動作，經常帶賓

語，有些詞表示心裡活動，經常不帶賓語，有些詞表示存在，所帶的賓語是存在的對象，因此在動詞之內可以分爲及物動詞、不及物動詞、存在動詞，等等①。每個小類都可以看作它的大類的變體，在這些變體之中，有的小類體現大類的共同特點還是主要的。譬如：時間名詞跟形容詞、及物動詞、普通名詞比較起來，必定跟普通名詞特點相近，否則它就不屬於名詞，而是屬於形容詞或動詞。如果跟任何一類詞特點都不相近，就應該獨成一類。根據這個原則，在小類之外另設附類的理論，與其說是模糊了小類和附類的界限，不如說是否定了劃分小類的必要性和可能性。人們必定要問：根據什麼把專有名詞算名詞的小類，而把方位名詞算名詞的附類呢？根據什麼把存在動詞、不及物動詞算動詞的小類，而把助動詞、趨向動詞等算動詞的附類呢？同樣的一些詞，爲什麼這本書裡算獨立的詞類，在那本書裡算大類的小類，在另一本書裡就算大類的附類呢？不怕見笑，在語法教學中，我不止一次地尋求過這些問題的答案，但結果總是使自己陷入更深的矛盾中。

　　實詞、虛詞的劃分，就是以異類詞的相同特點爲根據的，是在概括了各個一般詞類的共同特點之後所劃分的更大的類別。不消說，這種分類也是詞的語法分類，也應該以詞的語法特點——更具概括性的特點爲標準。目前，哪些詞類算實詞，哪些算虛詞，在語法學界還是一個懸而未決的問題，原因是大家對實詞、虛詞的性質以及劃分實詞、虛詞的標準，認識不一。在過去的很長時間內，許多人都認爲實詞、虛詞是詞的詞彙意義的分類，或者以詞的詞彙意義（或概念）爲劃分實詞、虛詞的標準。根據這個標準，有人把名詞、動詞、形容詞叫實詞，其餘的是虛詞；有人把名詞、動詞、形容詞、代詞、數量詞叫實詞，其餘的是虛詞；還有人把代詞、副詞叫半實半虛的詞。同一個標準得出幾種不同的結論，顯然這個標準本身是有問題的。近幾年來，不少人

看到了這個準標的弊病，而提出了語法特點標準。《暫擬漢語教學語法系統簡述》可作爲這方面的代表，它說：「實詞能夠作句子成分，並且能夠作句詞，就是說，在一定的環境裡一個詞就能成爲一個句子，回答一定的問題。」（10頁）「虛詞在任何場合都不能單獨成爲句子，回答問題。……不作句子成分，它們的基本用途是表示語法關係，只是副詞有作狀語的能力。」（17頁）必須肯定，這個標準比詞彙意義標準有了很大的進步。但由於它沒有完全脫離詞彙意義的窠臼，所以在運用這個標準的時候有自相矛盾之處：能作句子成分的詞，不一定能單獨成爲句子回答問題，如量詞；能單獨成爲句子回答問題的詞，也不一定能作句子成分，如嘆詞；而有的詞既能作句子成分，又能單獨成爲句子回答問題的，他們卻算作虛詞，如大部分副詞。爲什麼會有這種矛盾？顯然，詞彙意義的陰影在作者的思想深處還占有一定的位置。我認爲漢語實詞、虛詞相對立的語法特點，從語法意義（句法功能）上說，應該是可以不可以作句子成分（不包括特殊的獨立成分），從語法形式（結合形式）上說，應該是可以不可以跟別的詞結合成詞組②。可以的是實詞，反之，是虛詞。這兩個方面是統一的，因此在語法分析中也可以只憑可以不可以作句子成分來判斷實詞、虛詞。根據這個標準，實詞、虛詞的界限就十分清楚了，即，名詞、動詞、形容詞、代詞③、數量詞、副詞、象聲詞都是實詞，介詞、連詞、助詞、嘆詞都是虛詞。作爲一個詞，不是屬於實詞，就是屬於虛詞，不可能騎牆。而所謂附類詞，正是一種人爲的騎牆現象——既是實詞，又是虛詞，或者是實詞裡的虛詞。這樣一來，實詞、虛詞的劃分，不僅要失去明細的界限，並且將毫無實用價值了。不可否認，一個詞跟別的詞結合時，有時意義實在些，有時意義虛靈些，但這不是語法意義的實虛，而是詞彙意義的實虛。譬如：說「起來、下去」等既是實詞，又是虛詞（作謂語時是實詞，作補語時是虛詞），首先得回

答劃分實詞、虛詞的標準究竟是什麼，合適不合適；其次還得回答它們作主語、賓語、定語時爲什麼不是虛詞。另外，別人要是比附這種理論，說「想、繼續、準備、進行」等，作謂語時是實詞，放在動詞前面（作狀語）時是虛詞，我們有什麼理由反駁他？

下面咱們再根據上述劃分詞類的標準和原則，對各個「附類」逐項加以分析，看看它們究竟應該不應該算「附類」。

一　量　詞

一般所說的量詞（副名詞、助名詞、單位名詞）有兩種：一是物量詞，如「匹、條、塊、個、畝、斗、丈」等；一是動量詞，如「次、趟、回、下、番、遍、陣」等。這些語言單位，有人把它們算獨立的詞類，有人分成數位詞和次數詞兩個獨立的詞類，有人算名詞的一小類，有人算名詞的附類。

把量詞算名詞的附類，或者算名詞的一小類，理由是：量詞大都是由名詞發展來的，並且還保留著名詞的意義。這個理由是不足爲憑的：語言是發展的，某些語言單位，從前是名詞，現在可能變成別的詞（如「犧牲」）；從前是詞，現在不一定還是詞（如「語」、「民」），我們不能根據它所從出的詞類，斷定它現在的類屬。如果憑詞源，許多量詞也是從動詞、形容詞發展來的，如「一封、兩捆、三方、五圓」等，能不能又說它們是動詞和形容詞的附類或小類呢？講現代漢語語法就應該從現代漢語的實際出發，根據現有的語法特點，確定詞的類屬。在現代漢語裡，從語法意義上說，量詞表示單位（計量），不能單獨作句子成分，而名詞表示事物，可以單獨作句子成分；從語法形成上說，量詞都能夠而且必須直接跟數詞結合，都可以重疊，而名詞與之相反。把量詞算名詞的附類，是沒有根據的，把它算名詞的一小類，更不恰當。

　　把量詞算獨立的詞類，或者分成兩個獨立的詞類，無論叫實詞或是叫虛詞，也都有問題。一個獨立的詞，都有造句功能——實詞能單獨作句子成分，虛詞能表示成分和成分（詞與詞）、分句和分句之間的語法關係，或者表示一種語氣、一種強烈的感情，而量詞既不能作句子成分，又不表示成分和成分、分句和分句之間的關係，實際上不是詞，只是構成數量詞的詞素（有的也是構成名詞的詞素），如「一匹、兩張、三頭、車輛、船隻」等。也就是說，「數十量」和「名十量」構成的是合成詞，而不是詞組：因為它們沒有詞組的特點——不能隨便拆開插入別的成分，至於像「一大把、一滿筐」等雖然能拆開插入別的成分，但拆開之後，其中的量詞仍然不能自由造句，而詞組裡的每一個成分都能自由造句。說到這裡，可能有人說，量詞有時也可以單獨作句子成分，如「買張紙」、「做件衣服」的「張」和「件」。量詞單獨作句子成分是有嚴格的條件限制的：前頭可能加上的數字必須是「一」時才可以。無論如何也不能認為這是量詞的一般用法，實際上是省略數字的數量詞的簡稱形式，正像「文科、理科、教師、學生」，在一定的條件下可以簡稱「文、理、師、生」一樣。不能由此而說簡稱形式是獨立的詞。量詞既然不是詞，那就不僅不能成為獨立的詞類，而且也不能成為名詞的附類了。退一步說，如果大家在習慣上或感情上都想把它當作詞，我看也只能算數量詞的一小類。

二　方位名詞

　　一般所說的方位名詞（方位詞、包括處所詞）也有兩種：一是單純的：「東、南、西、北、上、下、前、後、左、右、裡、外、中、內、間、旁」，也有人把「邊、面、頭」包括在內；一是合成的：「上邊、下面、裡頭、當中、以上、之內」等。

　　為了討論方便，其中有兩種情況須要先說清楚。單純方位名

詞裡的「中、內、間、旁」,在現代漢語裡永遠不能作句子成分
(別的單純方位名詞可以作狀語),也沒有虛詞的作用,顯然不是
詞,只是構詞詞素;「邊、面、頭」,在現代漢語裡不僅不能作句
子成分,而且意義虛靈,永遠放在其他單純方位名詞後邊,應該
看作構詞後綴:這些都不在討論範圍之內。合成方位名詞裡的
「上邊、裡頭、中間」等,跟其他表示地位的名詞,如「江南、
村裡、外國、北方、周圍」等一樣,能作主語、賓語,前面有介
詞時,都能作定語、狀語、補語,但不能作謂語,把它們算名詞
的一小類,完全說得通,不應該當附類來討論;其中的「以上、
之內」等,都是古語成分的借用,「以上」是「這裡的上面」的
意思,「之內」是「××的內部」的意思,是否應該當作合成方
位名詞,還值得研究,也不在討論範圍之內。除了這兩種情況,
剩下的就是能作句子的成分的真正的單純方位名詞了。

　　這些單純方位名詞在現代漢語裡有三種用途:㈠放在名詞或
名詞性詞素後面,構成合成方位名詞(「前」和「後」有時也能
構成合成時間名詞),如:「桌子上、屋裡、閩南、村東」等,把
它們當作附類詞主要是根據這種用途。它們所構成的既然是合成
詞,那麼在合成詞裡它們就只能是一個詞素,無論如何也不能叫
附類「詞」④。㈡放在名詞或其他詞素前面,構成合成名詞,如
「東城、西面、上游、下級、外衣、內情」等,在這些合成詞裡
它們也只是詞素,無論如何也不能叫附類「詞」。㈢放在介詞和
動詞之間作狀語,如「向東走、往左拐、從北來」等,有時也借
用古漢語的語法格式,前面不用介詞,如「東行、西游、南下」
等,在這裡它們都是獨立的詞,也是它們取得詞的資格的唯一用
途,跟「向東邊走、往左邊拐、從北面來」意義相同。如上所
說,如果把「東邊、左邊、北面」等詞算方位名詞,作為名詞的
一小類,「東、左、北」等,也應該劃到這個小類裡來,或者把
它們當作「東邊、左邊、北面」等詞的簡稱形式,而不應該當作

名詞的附類。

三　時間詞

時間詞是指「今年、正月、明天、除夕、端午、國慶日、兩點半、一天、走後、飯前」等詞。這些詞，許多語法著作都當作名詞，或當作名詞的一小類，只有《漢語語法常識》（修訂版）把它們算名詞的附類。

時間詞跟其他名詞有基本上相同的語法特點：從抽象意義上說，時間詞也表示事物；從句法功能上說，它們也能作主語、賓語和各種附加成分；從結合形式上說，它們前面都能加介詞，有的也能加數量詞；從詞法形式上說，它們也不能重疊。因此，時間詞應該算名詞的一小類，叫時間名詞，不應該把它們從名詞的「正類」裡拉出來另立「附類」。

四　助動詞

一般所說的助動詞（能願動詞）包括兩種作用不同的詞：

1.能、能夠、會、可以、應該、願意

2.必、須、必須、須要、要、得（dĕi）

第一種除了用在別的動詞或形容詞前面，有時也能單獨作謂語，能受副詞修飾，能肯定否定相疊，如：「這可以嗎?」「這可以不可以?」「我很願意。」這比某些動詞，像「希望、要求、繼續、加以、開始、準備」等，動詞的特點還要明顯些，應該劃歸動詞。由於它們所表示的意義不如別的動詞那樣明顯，不像別的動詞那樣經常作謂語，可以根據大同中的小異把它算動詞的一小類。既不是虛詞，也不是附類。《語法修辭講話》乾脆把它們叫動詞，不是沒有道理的。

第二種永遠不能作謂語（也不能單說），只能放在謂語前面（作狀語），不受副詞修飾（「不必」、「不得」等都是合成詞，不

是詞組），一般不能肯定否定相疊。這跟許多副詞，像「一定、必定、的確、別、不」等特點完全相同，應該劃歸副詞，不應該算動詞的附類。由於它們能作狀語，當然也是實詞，不是虛詞。

五　判斷詞

　　判斷詞（同動詞、繫詞）在漢語裡一般都是指「是」字說的。「是」字在漢語詞類的劃分中是一個比較難處理的詞。有人叫繫詞，算獨立的詞類，是虛詞；有人叫判斷詞（同動詞、繫詞），算動詞的附類，是實詞裡的虛詞；也有人把它包括在一般動詞裡，算實詞。從純粹的虛詞，到實詞裡的虛詞，再到純粹的實詞，這是多大的懸殊！恰好反映了詞類劃分中的混亂情況。

　　「是」字在漢語裡有許多不同的用法，如：

1. 是你去，是他去？
2. 這孩子是出去了。
3. 是活兒他都不幹。
4. 這東西好是好，就是太貴。
5. 是，是，是，我們馬上照辦。
6. 他是學生。

這些不同用法的「是」字，究竟是不是一個詞，是不是屬於一個詞類，還值得研究。這裡我們只講最後一種「是」字。

　　大家都承認，「他是學生」的「是」字，在一定的語言環境中可以單獨作謂語，如「他是學生嗎——他是啊」；表示疑問時可以肯定否定相疊，如「他是不是學生」「他是學生不是」；可以受助動詞和副詞修飾，如「他可以是學生」、「他大概是學生」。如果咱們不是根據詞彙意義，而是根據語法特點來劃分詞類，就沒有理由把它排斥在動詞之外，另立一個繫詞詞類，更沒有理由把它叫虛詞。說它是動詞的附類，似乎比獨成一類好一些——多多少少肯定了它的動詞性，雖然本質上仍把它當虛詞看待。但隨

之而來的是附類和小類的劃界問題。前面說過，爲什麼存在動詞「有、在」等算動詞的小類而不算附類？爲什麼不及物動詞算動詞的小類而不算附類？爲什麼「像、做、當、叫、叫做」等，有人算動詞，而「是」字只算動詞的附類？從語法特點上都找不出更多的根據。可能有人說，「是」字跟其他動詞比起來，意義不那麼具體，不能疊音。但其他動詞之間又何常沒有不同之處呢？譬如，「有、在、像、算做、加以」等，意義也不那麼具體，也不能疊音。我們不能根據大同中的小異把它算作附類，應該根據這種小異把它算作動詞的一小類，跟「像、做、當、叫」等合在一起，叫聯繫動詞或叫判斷動詞。

此外，把「是」字叫動詞附類的著作，如《暫擬漢語教學語法系統簡述》和初中《漢語》等，把「是＋名」的結構叫「名詞合成謂語」，意思是「是」字和名詞都是謂語成分，二者有直接的結構關係，是一個詞組。但這跟他們所主張的虛詞不能作句子作分，不能作詞組成分，是有矛盾的。「是」字既然能作句子成分（也能成爲句詞），既然能作詞組成分，就應該承認它是實詞，不應該算作實詞裡的虛詞或具有虛詞性的詞。

六　趨向動詞

趨向動詞是指「來、去、上、下、進、出、過、回、開、起」以及由它們構成的「上來、上去、下來、下去、進來、進去、出來、出去、過來、過去、回來、回去、起來」等詞。這些詞多數人都把它們叫不及物動詞，也有人把它叫詞尾，只有初中《漢語》和《暫擬漢語教學語法系統簡述》把它們叫趨向動詞，算動詞的附類。我同意前一種意見。這些詞在句子裡可以充當各種成分：㈠作謂語，如「你過來」；㈡作定語，如「回去的人」；㈢作狀語，如「來回走著」；㈣作主語，如「去容易，回來就難了」；㈤作賓語，如「他要求回去」；㈥作補語，如「站起來」。

充當前五種成分時，誰都承認它們跟不及物動詞完全相同。屬於不及物動詞，只有充當補語時，才說它們不表示動作，只表示趨向，是趨向動詞。「性質上近於虛詞」。無可諱言，這些詞作補語時的確只表示趨向，意義比較虛靈，但是否已經虛到近於虛詞的程度呢？是否因爲有這麼一種用法而把它們分屬於不及物動詞（實詞）和趨向動詞（近於虛詞）呢？語言中任何一個實詞都不會只有一種用途（譬如只作主語，或只作謂語），而是往往有幾種用途，並且由於用途不同，由於跟它相結合的詞不同，意義必定也有所不同。譬如，作主語的名詞和作定語的名詞，意義就不一樣，「檀木很硬——檀木桌子」，前一個「檀木」指事物本身，能受數量詞修飾，後一個指事物的性質，不能受數量詞修飾（「一張檀木桌子」的「一張」是修飾「檀木桌子」的）；作謂語的動詞和作狀詞的動詞，意義也有差別，「他站著——他站著吃」，前一個「站著」表示動作，後一個表示「吃」的方式。能不能因此而得出結論說，作主語的名詞是名詞，作定語的就是形容詞，作謂語的動詞是動詞，作狀語的就是副詞呢？不能。因爲隨著這種理論而來的必然是實詞不能分類，或者是一個實詞只能作一種句子成分，如果一個詞作了兩種以上的句子成分，就得分屬兩個以上的詞類，或者有一個算附類。所謂趨向動詞也正是這種理論的產物——只根據它的一種用途而斷定它是附類詞。其實，這種詞不論是作哪個成分，都有一個共同的意義——表示趨向，這「趨向」本身就帶有動作意義。如果根據這些詞的意義和能夠直接作補語，把它們劃爲動詞的一小類，倒還說得過去，不應該把它們當作近於虛詞的附類。因爲它們都能作句子成分，都能受副詞修飾，更不應該叫詞尾。

七　副動詞

「向、從、自、於、離、在、到、因爲、由於、爲、經過、

通過、沿著、跟著、把、拿、用、以、由、給、替、照、靠、
按、比、對、對於、關於、和、同、與、、除」等詞，有人叫副
動詞（次動詞），算動詞的附類，有人叫介詞，算獨立的詞類。
我基本上同意後一種意見。

　　把這些詞叫副動詞，算動詞的附類，大致有三個理由：㈠它
們都是從動詞發展來的；㈡有的還能作謂語；㈢有的還有比較明
顯的動詞意義。第一個理由跟把量詞算名詞的附類一樣，是不足
爲憑的。現代漢語裡有許多名詞也是從動詞發展來的，如「一份
報告」、「一把鎖」、「進步思想」，能根據這個理由把它們算動詞
的附類嗎？這實際上不是照顧語言的歷史發展，而是在很大程度
上否認語言的歷史發展。第二個理由跟動詞、介詞（副動詞）的
劃界問題有關，即，能作謂語的究竟是動詞還是介詞？一般所說
的可以作謂語的副動詞，主要是「給、替、經過、通過、拿、
用、靠、跟著、在、到」等。這些詞應該分爲兩種來處理：㈠
「給、替、經過、通過、拿、用、靠」都應該當異義同音詞來處
理：即作謂語時和不作謂語時，基本詞義並不相同，應該跟其他
同音詞一樣，當作兩個不同的詞。譬如：「給」，作謂語用時是
「送交」或「交與」的意義，是動詞，如「給你一本書」；而作副
動詞（介詞）用時是「爲」或「被」的意義，是表示附加成分和
中心語之間的關係，如「給人民服務」、「給人家批評了」。「替」，
作謂語用時是「替換」或「代替」的意義，是動詞，如「你替我
吧」；而作副動詞（介詞）用時是「爲」的意義，是表示附加成
分和中心語之間的關係，如「替你辦事」。很明顯，它們雖然是
同出一源，但也是同源異流，而且越流越遠，到現在已經不是一
個詞，而是兩個意義不同的同音詞了，正像「鎖門」的「鎖」和
「一把鎖」的「鎖」是同音詞一樣。不應該把它們混在一起，並
用這些詞來否定介詞根本不能作謂語這一語法特點。㈡「跟著、
在、到」都應該當同義同音詞，即一詞多用來處理。這些詞作謂

語動詞用時跟作副動詞（放在狀語位置）用時基本詞義相同，應該承認它們是一個詞有不同的用法。譬如：「跟著」，作謂語用時是「跟隨」的意義，是動詞，如「你緊緊跟著他」；放在動詞謂語前面時也是「跟隨」的意義，如「你跟著他走」，我們必須承認這是動詞帶著賓語作了狀語。「在」和「到」也是如此，在任何位置上都表示相同的詞義，比較：「他在教室──他在教室讀書」，「他到門外──他跑到門外」。這就是說，這些詞根本就不是副動詞，而是十足的動詞。把這兩種情況總起來說，我們的結論是：位置不同，基本詞義不同的，不能算一個詞，只能算同音詞；位置不同，但基本詞義相同的，不能算兩個詞，只能算一詞多用。第三個理由跟第二個理由有關，所謂意義明顯的，主要是指那些真正作謂語的詞。方才說過，能作謂語的詞都不能算副動詞。這不必多說。

　　除去那些真正能作謂語、有明顯意義的詞應劃歸動詞之外，剩下的所謂副動詞跟動詞的界限就很清楚了：動詞表示動作、變化等實際意義，能作謂語或其他成分，可以跟助動詞、副詞構成偏正詞組，可以重疊或加「了、著、過」；副動詞不表示動作，不能作謂語或其他成分，只能介紹名詞作附加成分（它本身只是個語法成分，表示附加成分和中心語之間的關係），不能跟別的詞構成偏正詞組，不能重疊，不能加「了、著、過」。因此，所謂副動詞應該自成一類，叫介詞。

八　數　詞

　　「一、二、三、十、一百、兩萬」等數詞，有人叫形容詞的附類，有人叫獨立的詞類，有人把它跟量詞合在一起，分別叫數量形容詞和數量副詞，或者就叫數量詞。

　　數詞和形容詞無論在意義上或形式上，都沒有共同的語法特點：數詞表示數目，一般不能作謂語（「我二十五」、「今天十六」

算特殊用法），形容詞表示性狀，都能作謂語；數詞一般不能跟
名詞直接結合（「一人」、「兩天」算特例），不能跟程度副詞組
合，不能重疊，形容詞與之相反。可見，把數詞算形容詞的附類
是毫無道理的。數詞和量詞經常合用，前面說過，量詞不是獨立
的詞，只是構成數量詞（或其他名詞）的詞素，跟數詞結合在一
起，構成的只能是詞，不會是詞組。因此應該把數詞和量詞歸成
一類，叫數量詞，屬於實詞詞類。當然數詞也可以算其中的一小
類，即數詞單獨使用時，可以只叫數詞，但仍叫數量詞也未始不
可。至於數量詞是不是可以分別算形容詞和副詞的一小類，也應
該從它們的語法特點上來考慮，這個問題根本文關係不大，不再
細說。

九　聯接代名詞

　　聯接代名詞是指「的」字和「所」字說的。
　　先說「的」字。在現代漢語裡讀輕音的「的」字，至少有以
下五種用法。
　　的₁：漸漸～升起來、熱烈～鼓掌、一動不動～站著
　　的₂：說～完、打～很好、紅～很
　　的₃：天要下雨～、我不出去～、他會很好～
　　的₄：偉大～祖國、我～書、喜歡～東西
　　的₅：白～、買～、我～、賣票～、又紅又大～
　　「的₁」，在書面上一般都寫成「地」字，有人叫副詞詞尾或
副詞性後附成分，有人叫結構助詞；「的₂」，在書面上一般都寫
成「得」，有人叫後附助動詞，有人叫介詞，有人叫結構助詞；
「的₃」，沒有別的寫法，有人叫名詞詞尾或名詞性後附成分，有
人叫語氣詞（助詞）；「的₄」，也沒有別的寫法，有人叫形容詞詞
尾，有人叫名詞詞尾或名詞性後附成分，有人叫結構助詞，有人
叫後置介詞。以上四種「的」字雖然處理意見不同，但沒有人叫

聯接代名詞，因此都不在本文討論範圍之內。下面只談「的₅」。
「的₅」有人叫聯接代名詞，也有人叫名詞詞尾或名詞性後附成
分，還有人叫結構助詞，跟它前頭的成分構成名詞性的「的字結
構」。

把它叫聯接代名詞，算代名詞的附類的是《漢語語法教材》。
理由是：「聯代『的』字本是個『後置介詞』，它就以介詞的本質
來代替它下邊的中心詞的。在它上邊的就是它介來的形附成分
（所以又叫『接定』介詞）。由於中心詞省略了，照例形附來代，
其實大都是介形附的『的』字來代。『的』之上還『聯』著形附，
所以叫『聯接』；『的』之下省了中心詞而它『代』之，它就取得
了實體詞的資格，所以附入『代名詞』：合而稱為『聯接代名
詞』。」（第二編103頁）這理由有一半值得肯定，即「的」字本是
個「後置介詞」（我同意叫偏正連詞或陪從連詞），只是它後邊的
中心詞省略了；但「的」字是不是代替了中心詞而變成代名詞，
則值得研究。我覺得這個「的」字跟「的₄」相同，應該劃歸一
類。請比較：

　　這是我的書──這是我的
　　他是勇敢的孩子──他是勇敢的
　　他是賣票的人──他是賣票的
　　裡面是又紅又大的蘋果──裡面是又紅又大的

前後兩個「的」字意義和作用完全相同，所不同的只是兩種
結構有省略中心語的，有不省略中心語的，但這不是「的」字本
身的問題，而是中心語省略與不省略的問題。我們不能說，中心
語省略之後，它前面的詞必定要代替它。這麼一來就不是省略
了，或者說語言中就沒有省略現象了。講語法最好是就事論事，
是一就是一，是二就是二，是省略乾脆就說它省略，不必再抓個
「替死鬼」。也就是說，「的」字是連接定語和中心語的，中心語
出現時，它是偏正連詞，中心語省略時，它還是偏正連詞（連接

定語和被省略的中心語）。雖然這個中心語經常省略，但隨時隨地都能補出來。一個意義和作用相同的詞，一會兒是後置介詞，一會兒是形容詞詞尾，一會兒又是聯接代名詞，這樣講語法，沒有什麼好處。爲了說明問題，我想再舉一個旁證：大家都承認，名詞前有數量詞時，這個名詞也經常省略，請比較：

家裡買了兩頭牛──家裡買了兩頭

給他五元錢──給他五元

我們班裡有十個學生──我們班裡有十個

能不能說後面沒有中心語的「兩頭、五元、十個」是兼代所省的名詞的「數量代名詞」呢？據我所知，在作語法分析時，有人說這裡省略了中心語，數量詞仍是定語，有人說這是數量詞作賓語，沒有人說這裡數量詞由於兼代所省的名詞而變成代名詞。再者，如果把這個「的」字叫聯接代名詞，也必須把「你慢慢的」、「的」字叫「聯接代動詞」才能理論一貫，因爲在「的」字後面也應該或者都可以有個動詞，如「你慢慢的走」「你慢慢的說」等。但沒有人敢這麼說。爲什麼？值得深思。

　　把「的」字叫名詞詞尾，倒是一種新的見解。但是也有一些不能自圓其說的問題。如果把「紅的」、「跳的」、「坐著的」都當名詞，遇到「非常紅的」、「能夠跳的」、「在門口坐著的」，就不好解釋。因爲連他們自己也承認「非常」、「能夠」、「在門口」只能修飾形容詞、動詞「紅」、「跳」、「坐著」等，不能修飾由「的」字構成的名詞。一方面說「紅的」、「跳的」等是名詞，一方面又說加在它們前面的副詞、助動詞等不能修飾名詞，這顯然是一種矛盾。可能有人說，「的」字是後附於「非常紅」、「能夠跳」、「在門口坐著」的，可是這麼一來，「的」字就不是詞尾，而是「詞組尾」了。漢語裡真有這種「詞組尾」嗎？它究竟是造句成分，還是構詞成分？也就是說，它究竟是詞還是詞素？有人看出了這些問題而避開名詞詞尾，採用「名詞性後附成分」這個

術語，不肯定它是詞還是詞素。作爲語法分析來說，這樣處理是含混的。不肯定它是詞還是詞素，人們就很難了解它在語法系統裡占什麼位置。

把「的」字叫結構助詞，承認了它的詞的資格，並且承認它跟「的₄」同屬一類，這都是值得肯定的。但把它跟「嗎、呢、吧」等詞放在同一個詞類裡，都叫助詞，是不合適的。它們沒有合並爲一類的語法特點：一般助動詞（語氣詞）只放在句末（或句中停頓的地方），表示句子的語氣，不表示詞與詞之間的關係；而「的」不表示句子的語氣，只用來表示詞與詞之間的修飾與被修飾的關係（包括「的₄」），所以應該叫偏正連詞。（關於這個問題，我也將另寫文章專題討論）

再談「所字」。這個字也有幾種不同的處理意見：有人叫聯接代名詞，算代名詞的附類；有人叫結構助詞，算助詞的一小類；也有人叫詞頭（前綴）。我同意後一種意見。

把它叫聯接代名詞，是從古漢語語法承襲下來的。「所」字在古漢語裡的確有代名詞的作用，但並不都是代名詞，例如：

所₁：今之所謂良臣，古之所謂民賊也。（孟子·告子下）

所₂：衛太子爲江充所敗。（漢書·霍光傳）

所₃：此則滑釐所不識也。（孟子·告子下）

「所₁」，沒有東西可代，顯然不是代名詞，應該當作標誌動詞作定語的前綴；「所₂」，也沒有東西可代，只是跟「爲」字呼應表示被動意義，「爲江充所敗」，意思是「被江充打敗」，叫不叫代名詞，很值得懷疑；「所₃」，可以說有代名詞的意義，「所不識」是「不識的東西」。

現代漢語的「所」字，實際上是從古漢語的「所₁」繼承下來的。這個字在古代漢語裡雖然無詞可代，但不能不用；在現代漢語裡既無詞可代，又是可有可無的，更應該把它當作標誌動詞作定語的前綴。至於古漢語的「所₂」和「所₃」，在現代漢語口語

裡雖然也能偶而聽到，但只是古語成分的臨時借用，並沒有繼承下來變成現代漢語的成分。把現代漢語裡從古代漢語繼承下來的「所」字當作前綴，可能有人不同意，理由是「所」字和動詞之間可以插入別的成分，如「所不懂的事情」、「所要做的工作」等。我認爲這種現象是極個別的，方才說過，即便是單個動詞作定語時，「所」字都是可有可無的，或者說是多餘的，那麼詞組作定語（即動詞前再加別的成分）時，再用「所」字，究竟有沒有必要，還值得討論。至少在人民大衆的口語裡沒有這種說法。

　　把「所」字叫結構助詞，跟把「的」字叫結構助詞一樣，它跟一般助詞沒有共同的語法特點，甚至跟「的」字也沒有共同的語法特點（雖然古代漢語的「所」字有時可以譯成現代漢語的「的」字）。這不必多說。

　　總之，根據語法意義和語法形式特點來劃分詞類，所謂實詞的各種「附類」，在漢語裡是不存在的。有的只有該類實詞的特點，應該包括在所附的詞類裡，或者算其中的一小類；有的跟它所附的詞類沒有共同的語法特點，應該獨成一類；有的應該包括在跟它性質相近的虛詞裡；有的不是詞，只是詞素，應按詞素處理。具體說來，方位名詞、時間詞應各算名詞的一小類；助動詞、判斷詞、趨向動詞應該包括在動詞裡，或者各算動詞的一小類；數詞和量詞應該合成一個獨立的數量詞詞類；副動詞應該自成一個虛詞詞類，叫介詞；聯接代名詞的「的」字應該算連詞的一小類，叫偏正連詞，「所」字算動詞前綴。這樣處理，漢語裡實詞、虛語的劃分，一般詞類的劃分，各個詞類內部小類的劃分，才有明確的標準和界限，才有理論的和實用的意義。

（原載《鄭州大學學報》〔人文科學版〕1963年第 1 期）

【註　釋】

①及物動詞和不及物動詞是否應該分爲兩小類，以及前面說的專有名詞是

　　否應該自成一小類，還須進一步研究，這裡只是舉例性質。

②這裡所說的「詞組」，必須是由兩個以上實詞構成的，不包括虛詞結構。

③根據詞的語法特點來劃分詞類，漢語的代詞沒有跟別的詞類相對立的共同語法特點，實際上不是獨立的詞類，應該分屬於名詞、動詞、數量詞和副詞。關於這個問題我在《論語法意義和語法形式相結合的原則》（《鄭州大學學報》1962年第1期）裡作過較詳細的論述，今後我還要再寫文章討論這個問題。

④有人把它們叫後綴，但它們都能以同樣意義放在別的詞素前面，構詞時位置不固定（見用途㈡），有時也能以同樣意義獨立成詞（見用途㈢），所以還是叫詞素（詞根）合適些。

談象聲詞

　　這裡所說的象聲詞只指「呼、啪、叮叮、嘩啦、砰砰砰、轟隆隆、叮叮噹噹、劈里啪啦、幾啦光當」等摹擬自然聲音的詞。這種詞是自成一個獨立的詞類，還是合併在別的詞類裡？它們是實詞，還是虛詞？

　　從馬建忠《馬氏文通》、黎錦熙《新著國語文法》到王力《中國現代語法》、呂叔湘《中國文法要略》、高名凱《漢語語法論》，都不講象聲詞——不承認象聲詞的語法地位。一九四九年後，呂叔湘、朱德熙《語法修辭講話》和丁聲樹等《現代漢語語法講話》才開始注意象聲詞的研究，把象聲詞跟「啊、唉、唉呀、哈哈」等感嘆詞合爲一類，都叫「象聲詞」，算虛詞的一種（後來的許多語法書，如北京大學現代漢語敎研室《現代漢語》、胡裕樹主編《現代漢語》等都採納了這種說法）。張志公《漢語語法常識》則把象聲詞包括在形容詞裡，算實詞（後來也有不少語法書，如張靜主編《新編現代漢語》，黃伯榮、廖序東主編《現代漢語》等都採用了這種說法）。黎錦熙、劉世儒《漢語語法敎材》又貶低象聲詞的地位，只把它作爲嘆詞的一個附類，算虛詞。廖化津《說象聲詞》（《中國語文》1956年9月號）採取了折衷的辦法，既承認《語法修辭講話》提出的把象聲詞和嘆詞合在一起，都叫象聲詞，並且把「問答詞」（所指不詳）也作爲象聲詞的一種，又認爲包括嘆詞、問答詞在內的所有象聲詞都是實詞。到了《暫擬漢語敎學語法系統簡述》和據以編寫的初中《漢語》乾脆又取消了象聲詞的語法資格（但1959年出版的《漢語知識》又認爲象聲詞是形容詞的一種）。這究竟是怎麼回事？是象

聲詞爲數不多，不值得一提呢，還是象聲詞不重要，沒有什麼語
法價值？或者是因爲這種詞比較棘手，不好處理？

　　象聲詞在漢語裡，特別是在現代漢語裡是一種很有生命力和
表現力的詞，應該重視它的語法地位。從數量上說，象聲詞不是
爲數不多，而是無限量的──自然界有多少種進入人們聽覺並與
社會生活有關的不同聲音，語言中就應該有多少個記錄這種聲音
的象聲詞。這種詞並不少於介詞、連詞、語氣詞、感嘆詞和一般
所說的代詞，只是由於方塊漢字的限制，寫到書面上的是有限
的，口語裡使用的許多象聲詞是沒有文字可記的。比如，一塊小
石頭扔到水裡發出 der〔ter〕的聲音和耳鳴時發出的 werwer
〔ureuer〕的聲音，就沒有現成的方塊漢字來表示。從用處上說，
象聲詞在漢語裡有很強的表現力，適當地運用象聲詞，可以收到
聲情並茂的修辭效果，在口語裡和文學作品裡是一種大量使用的
詞。從語法分析的角度說，象聲詞具有明顯的語法特點，可以跟
別的詞類相互對立，容易辨別，應該讓它們成爲一個獨立的詞
類，而且應該劃歸實詞。

　　把象聲詞和感嘆詞合在一起，或是作爲感嘆詞的附類，理由
是：⑴象聲詞和感嘆詞都是象聲的，⑵它們都可以作獨立成分。
這比起五十年代前一些有影響的不講象聲詞的語法著作來，是一
個很大的進步，都看到了象聲詞在現代漢語中的重要地位，承認
了象聲詞的語法資格。但這種處理辦法不一定恰當，因爲這不符
合劃分詞類的語法特點標準，或者說沒有抓住象聲詞和感嘆詞的
本質特徵。摹擬聲音的象聲詞的語法特點是：⑴表示自然界的聲
音，經常作定語、狀語，複音的象聲詞加「的」以後還可以作謂
謂、補語，這是語法意義方面的特點；⑵可以由「的」、「地」連
接或者不用「的」、「地」跟名詞、動詞結合成「象‧名」、「象‧
動」等偏正詞組，這是語法形式方面的特點。如「嘩嘩的流水」、
「叭叭地響了一陣」、「外面的風呼呼的」、「別把瓶子碰得幾啦光

當的」（在詩歌、唱詞裡作謂語、補語也可以不加「的」字）。而一般感嘆詞的語法特點是：(1)表示說話人的強烈感情，不能作一般的句子成分，只能作獨立成分或獨詞句，這是語法意義方面的特點；(2)不能跟任何詞語發生結構關係合成詞組，這是語法形式方面的特點。可見，表示自然聲音的象聲詞和表示強烈感情的感嘆詞，沒有本質上相同的語法特點，不能合二爲一。說它們都是象聲的，這要看怎麼理解「象聲」二字的含義。語氣詞也沒有實在意義，只是一種聲音，能跟象聲詞合併在一起嗎？不能，因爲語氣詞所表示的聲音是代表句子語氣的聲音，跟象聲詞所表示的自然界的聲音有本質的差別。同樣，象聲詞和感嘆詞所表示的聲音也有本質的差別。不能籠統地用「象聲」來統一它們的詞性。說它們都可以作獨立成分，是事實，但這不能做爲象聲詞和感嘆詞合爲一類的根據，正像不能只根據能作謂語而把動詞、形容詞、代詞、甚至名詞、數量詞合成一類一樣。其他詞類，像名詞、動詞，有些也能作獨立成分，如：「朋友，你說錯了」、「這件事，看來還得你去辦」，爲什麼不把名詞、動詞也合幷在感嘆詞裡？因爲句子成分，特別是獨立的成分不是劃分詞類的唯一標準，在這種情況下，還必須考慮其他不同的語法特點。

　　除了上面兩個理由，記得還有人提出過第三個理由，說感嘆詞跟象聲詞一樣，也可以作定語、狀語，舉的例證是：「唉呀唉呀的聲音」、「哈哈哈地笑了起來」。我們認爲感嘆詞作了定語、狀語之後，只是摹擬別人的聲音，這種聲音並不是摹擬者發出的，也不表示摹擬者的強烈感情，應該說它們已經變成或活用爲象聲詞了。不能拿這種理由來混淆象聲詞和感嘆詞的界限。舉個最平常的例子來打個比方，我們說「跑」是一個動詞，是指它表示的一種動作、具有動詞的語法特點的時候說的，但在「跑是一個動詞」這句話裡，「跑」卻失去了動詞的特點，只是作爲一個可以加引號的詞被說明的，這時必須承認它是個名詞，跟這句話

裡的「動詞」是個名詞一樣。感嘆詞用作定語、狀語等也要失去
感嘆詞的特點而成爲一種自然聲音。

　　把象聲詞包括在形容詞裡，又向前邁進了一大步：形容詞是
實詞，象聲詞是形容詞的一種，當然也是實詞了。顯然，這樣處
理比把象聲詞合並在感嘆詞裡更合理一些。的確，象聲詞和形容
詞有不少相似的特點，如都可以作定語、狀語，都可以由「的」、
「地」連接跟名詞、動詞結合成詞組等。如果是爲了少立詞類項
目，並照顧傳統和習慣，應該說這是一種比較好的處理辦法。但
是如果拿語法意義和語法形式相結合的特點作爲劃分詞類的標
準，把象聲詞包括在形容詞裡也不能自圓其說。形容詞表示事物
的性狀，象聲詞表示自然界的聲音，風馬牛不相及；形容詞一般
可以直接作謂語（少數需加「的」字），象聲詞作謂語一般都要
在後面加「的」字，如：「機器轟轟隆隆的」、「風呼呼的」；形容
詞一般可以用重疊形式表示「加重程度」或「減輕程度」等附加
的語法意義，如「大方」和「大大方方」，嚴格說來，不是兩個
不同的詞，而是同一個詞的不同語法形式，重疊形式表示「加重
程度」的語法意義，象聲詞不能用重疊形式表示附加的語法意
義，如「叮噹」和「叮叮噹噹」不是同一個詞的不同語法形式，
而是代表兩種不同的自然聲音，是兩個不同的詞，後者不是前者
的「加重程度」的形式；形容詞可以受程度副詞修飾，如「很聰
明」、「太糊塗」，象聲詞不受程度副詞修飾，「很叮噹」、「太呼
呼」都不成話。可見這兩種詞的不同特點是主要的。

　　根據上面的分析，象聲詞既不同於感嘆詞，又有別於形容
詞，跟其他任何詞類都沒有共同的語法特點，而且這種詞在現代
漢語裡數量很多，表現力很強，應該獨成一類。

　　如果可以把象聲詞當作獨立的詞類，它是屬於實詞，還是屬
於虛詞？由於在漢語語法研究中各語法學者對實詞和虛詞的性質
認識不同，所採用的劃分標準不同，究竟哪幾類詞應該劃歸實

詞，哪幾類詞應該劃歸虛詞，直到現在還沒有一致的意見。在講象聲詞的語法著作中，也存在這樣的分歧。《語法修辭講話》把象聲詞和感嘆詞合在一起，都算虛詞。他們認爲實詞和虛詞是詞彙意義的分類，所採用的也是詞彙意義的標準，說：「名詞、動詞、形容詞的意義比較實在些，可以稱爲『實詞』；代詞、副詞、連接詞、語氣詞、象聲詞的意義比較空靈些，可以稱爲『虛詞』。」這是傳統的認識，也是傳統的分類標準。分類的角度不同，得出的結論不同也就無可非議了。《漢語語法常誌》把象聲詞合並在形容詞裡，顯然是按實詞對待的。他認爲實詞、虛詞的劃分旣是詞彙意義的分類，又是語法意義的分類，因而所採用的也是「詞彙・語法功能」分類標準，說：「詞有兩種，一種是表示各種事物的概念的，一種是具有語法作用的，前者叫實詞，後者叫虛詞。一般的實詞都可以作句子成分，在一定環境中，一個實詞就可以成爲一句話，回答一個問題……，多數虛詞不能這樣，只能幫助實詞或實詞的組合，來表示各種關係，或語氣。」這是又一種分類角度，得出的結論自然要跟別的角度的分類不同。

　　我們認爲語法裡所講的名詞、動詞、介詞、連詞等各個一般詞類的劃分是詞的語法分類，應該採用語法特點標準，而在一般詞類基礎上劃分的實詞和虛詞也是詞的語法分類，也應該採用語法特點——更具概括性的語法意義和語法形式特點作爲分類標準。這個標準，從語法形式上說，應該是《漢語語法常識》所說的能否作句子成分；從語法形式上說，應該是能否帶著一定的語法標誌跟別的詞結合成詞組。能作一般句子成分和能跟別的詞結合成詞組的是實詞，反之是虛詞。象聲詞都能作一般句子成分，也都能跟別的詞構成詞組，應該劃歸實詞。

（原載《漢語學習》1982年第 4 期）

【註　釋】

1962年我在《論語法意義和語法形式相結合的原則》（《鄭州大學學報》1962年第 1 期）一文中論述過象聲詞應該作爲實詞自成爲一類的問題。在當前的語法教學中，深感這一問題有重新強調的必要，故據以補充改寫，向同行們討教。

漢語的三類「助詞」
沒有共同語法特點

在語法研究中，劃分（或歸納）詞類有一個大家共同遵守的原則：有共同語法特點的詞才能劃歸一個詞類，在同一個詞類中劃分出來的各個小類都是大類的變體。如表示事物的詞「土地」、「思維」，指人的詞「學生」、「宋江」，表示時間的詞「今天」、「十月」，表示方位的詞「南方」、「上邊」等，意義大致相同，都能作主語、賓語，都能與介詞結合作狀語或補語，而且一般都能與數量詞結合成偏正結構等，可以歸納成一類，叫名詞。反過來說，在名詞之中也可以根據大同中有小異的原則分爲事物名詞、指人名詞、時間名詞、方位名詞等。沒有任何共同語法特點的詞不能劃歸一個大類，如「人」、「馬上」、「嗎」、「而」、「從」等，特點各不相同，只能分屬不同的詞類。根據這個無可爭議的原則，在漢語語法研究中，語法學者們根據自己對詞的性質的認識，都把漢語的詞分爲多少不等的若干類，在各類詞之中又分爲大同小異的若干小類。

「助詞」作爲一個獨立的詞類，由來已久。但由於語法學者們對這類詞的認識不盡一致，立有「助詞」的語法著作所確定的「助詞」的內涵也不盡相同。

1989年出版的馬建忠《馬氏文通》開始建立助詞詞類，當時叫「助字」，包含兩小類：㈠傳信助字，如「也」、「耳」、「矣」；㈡傳疑助字，如「耶」、「與」。

1924年出版的黎錦熙《新著國語文法》把《馬氏文通》的「助字」改爲「助詞」，包含七小類：㈠表語氣完結，如「了」、「嘍」；㈡表語意限制，如：「罷了」、「就是了」；㈢表語態的警

確，如「的」、「哩」、「呢」；㈣表語氣的商度，如「罷」、「吧」；
㈤表然否的疑問，如「嗎」、「麼」；㈥助抉擇或尋求的疑問，如
「呢」；㈦助驚嘆的情態，如「啊」。

　　1954年出版的黎錦熙、劉世儒《語法十八講》和《中國語法
教材》（1957年修訂本改爲《漢語語法教材》）又把助詞分爲三小
類：㈠助決定句的語氣，如「了」、「罷了」、「的」、「呢」；㈡助
疑、商句的語氣，如「嗎」、「呢」、「吧」；㈢助驚喟句的語氣，
如「啊」、「呀」、「哇」、「哪」。

　　可以看出，這些語法著作中所確定的助詞，都是用在句末表
示全句語氣的詞。

　　1956年出版的《暫擬漢語教學語法系統簡述》（以下簡稱
《暫擬》）和據以編寫的初中《漢語》，開始擴大了助詞的內涵，
除把《馬氏文通》的助字，《新著國語文法》等的助詞算作助詞
的一小類，叫語氣助詞，還增加了兩類不表示任何語氣的結構助
詞「的」、「地」、「得」、「所」，時態助詞──「了」、「著」、
「過」、「來著」。直到1984年出版的《中學教學語法系統提要》
（以下簡稱《提要》），仍然沿用這種分類（只是把時態助詞改成
了動態助詞）。

　　把助詞分爲語氣助詞、結構助詞、時態助詞三類，在教學語
法中通行了三四十年，在人們的心目中幾乎是天經地義的定論
了。但在教學實踐中，隨著語法意識的增強，許多人已經或正在
發現《暫擬》和《提要》中所確定的三類助詞沒有任何共同的語
法特點，無論用甚麼標準，也不管從哪個角度來解釋，把三種毫
不相關的詞劃歸一個詞類都是違反歸納詞類的原則的。應該按照
標準一致的原則，重新安排它們的位置，把它們劃歸相應的詞
類。

　　先說語氣助詞。語氣助詞在現代漢語裡大約有二三十個，如
「嗎」、「麼」、「呢」、「吧」、「罷」、「啊」、「呀」、「哇」、「哪」、

「唄」、「啦」、「的」、「了」、「罷了」、「而已」、「嘛」、「咧」等。這種詞是專門用在句末（或句中停頓的地方），表示整個句子的疑問、祈使、感嘆、陳述等不同語氣的，不能與別的詞語發生結構關係，也不表示別的詞語之間的結構關係。如「你回去嗎？」「你們快出來吧！」「天還早著呢。」「你呀，真傻！」這種詞既有不同於任何其它詞類的特點，也有完全不同於結構助詞和時態助詞的特點，真可以說是「華文所獨」。《馬氏文通》和《新著國語文法》等著作讓它們自成一類是有道理的，是符合劃分詞類的大原則的。只是「助詞」的「助」語義有點模糊，不如乾脆就叫「語氣詞」。胡裕樹主編的《現代漢語》（修訂本）和張靜主編的《新編現代漢語》都是讓語氣詞自成一類的。

　　再說結構助詞。結構助詞只有「的」、「地」、「得」、「所」四個詞。前三個都讀輕音 de，是專門用在兩個詞語之間表示偏正或正補關係的。如「我的書」，「的」表示「我」是定語，「書」是中心語；「慢慢地走」，「地」表示「慢慢」是狀語，「走」是中心語；「跑得快」，「得」表示「跑」是中心語，「快」是補語。這幾個詞跟語氣助詞和時態助詞都沒有共同的語法特點。《新著國語文法》把「的」、「地」叫語尾（後綴），把「得」叫助動詞，《漢語語法教材》都叫介詞：「的」叫結構介詞，「地」叫引副介詞，「得」叫煞副介詞。我認為這幾個詞在專門用於兩個詞語之間表示結構關係這一點上，跟連詞「而」、「和」、「而且」等是基本相同的，小異之處只是「而」、「和」表示並列關係，「而且」表示遞進關係，而「的」、「地」是表示偏正關係的，「得」是表示正補關係的。把它們劃歸連詞，與表示其它關係的連詞相對，不是更能順理成章嗎？

　　「所」字比較特殊，一向是一個難以歸類的語言單位。《新著國語文法》叫聯接代名詞，《漢語語法教材》叫詞綴（前綴），王力《中國現代語法》叫記號，也就是前綴。只有《暫擬》和

《提要》叫結構助詞。這個字是從古代漢語借用的，在現代漢語裡只用於書面語言，經常用在作定語的動詞前面，如「所做的事」、「所寫的文章」，有時也用在作定語的動詞詞組前面，如「所不能做的事」。的確是標誌動詞作定語的記號。我們在編寫《新編現代漢語》的時候，大家主張暫時按黎錦熙、王力等先生的意見把它作為記號劃歸動詞前綴。理由是它經常用在單個動詞前面，只是在極特殊的情況下才用在動詞詞組前面。而且必須指出，這個用在動詞前面的「所」字在現代漢語純粹的口頭語言裏是不用的，在書面語言裏也是可有可無的。「所做的事」可以直接說成「做的事」，「所不能做的事」也可以直接說成「不能做的事」，絲毫不影響語義的表達。大量使用這種可有可無的字，究竟合不合乎規範，還值得考慮。暫時把它降為詞素。算動詞前綴並未虧待它。但我們知道，這樣處理「所」字是許多人不能同意的，主要理由就是它能放在動詞詞組前面。如果可以把「的」、「地」、「得」劃歸連詞，我們也同意把「所」字劃歸連詞——是連接定語和中心語的。或者劃歸介詞——介紹動詞作定語的（請比較「往東的車」、「從南方來」這些介詞介紹名詞作定語的現象）。不管是把它算作詞綴，還是算作連詞、介詞，都比把它跟時態、語氣助詞放在一類裡更為合理。

最後再看看時態助詞。所謂時態助詞，也只有「了」、「著」、「過」、「來著」四五個語言單位。這幾個語言單位歷來也是眾說紛紜的。《新著國語文法》叫助動詞，是動詞的一小類；《漢語語法教材》叫詞尾（詞綴）；張志公《漢語語法常識》叫詞尾性助詞。這幾個語言單位，除了「來著」永遠用在句末，其它幾個只能跟在動詞（或形容詞）後面表示動作的完成體、進行體、已行體，如「看了電視」、「寫著文章」、「去過上海」。「了」、「著」、「過」實際上都不是獨立的詞，把它們劃歸詞綴（後綴）是合情合理的。為甚麼《暫擬》和《提要》讓它們獨立成詞呢？理由是

它們有時還可以附著在一個詞組後面，如「他去北京了」、「討論並通過了決議」、「打掃乾淨了房間」。我認爲這個理由並不充足：「他去北京了」，這個「了」是個語氣詞，可以寫成「啦」；「討論並通過了」，這個「了」並不是附著於整個詞組的，只是附著於「通過」的，或者說這是漢語運用後綴的一個特點——在並列詞組裡，如果最後一個詞用了後綴，前面的詞可以借後省略（當然也可以不省略），請比較「工人和農民們」，這個「們」是大家公認的後綴，是不是也算附著於整個詞組呢？ 不是，只是附著於「農民」的，「工人」後顯然是借用「農民」的後綴省略了「們」字。「打掃乾淨了」，這個「了」也可以說是附著於「乾淨」的，即「乾淨了」是「打掃」的補語，不必說「了」是附著於整個詞組的。

「來著」有人說是後綴，有人說是虛詞，都把它跟「了」、「著」、「過」放在一類裡。我認爲這個單位跟「了」、「著」、「過」沒有共同的語法特點：「了」、「著」、「過」是專門附著在動詞（或形容詞）後面表示體態的，而「來著」只能附著在整個句子後面表示句子的語氣，如「夜裡下雨來著」、「他看電影來著」。另外，動詞加「了」、「著」、「過」以後，有時還能再帶賓語，如「買了一本書」、「看過這張畫兒」，而動詞後面加上「來著」之後是決不能再帶賓語的。把「來著」劃歸語氣詞也是合情合理的。

在與朋友的交談中，對我上述的意見，我聽到過一種很有意思的反映：《暫擬》和《提要》所確定的三類助詞，的確沒有共同的語法特點，「助詞」這個詞類實際上是一個大雜燴，或者說是一個詞類編餘收容所，別的詞都歸了類，剩下幾個結構助詞和時態助詞沒地方收，又不值得獨成一類，只好和語氣助詞劃在一塊兒。說實在的，要是能把這三種助詞劃歸一類，也完全有理由把動詞、形容詞和一部分代詞（如「這樣」、「那麼」、「怎麼樣」）劃歸一類，因爲這些詞都能作謂語、狀語，有時也能作主語、賓

語，還能受副詞修飾，共同點不少。但「助詞」學說已經通行幾十年了，大家也習慣了，你說是原則重要，還是習慣重要？我無言以對。如果人們都覺得習慣比原則更重要，那……

（原載香港《中國語文通訊》1992年3月第19期）

漢語的「量詞」不是詞

　　所謂「量詞」是指表示事物或動作單位的音義結合體。包括一般語法書所說的──㈠物量詞，如：「個、件、隻、匹、輛、斤、尺、升、雙、群」等；㈡動量詞，如：「趟、回、次、下、遍、輪、通、番、架次、人次」等。這種語言單位，幾乎所有的漢語語法著作都說是獨立的詞，只是名稱和歸類不盡相同。

　　黎錦熙《新著國語文法》把「名量詞」叫量詞，算名詞的一小類，把「動量詞」與數詞合在一起，叫數量副詞；黎錦熙、劉世儒《漢語語法教材》把「名量詞」算名詞的附類，把「動量詞」與數詞合在一起，叫數量副詞；呂叔湘《中國文法要略》只把一般所說的「名量詞」歸併在指稱詞（代詞）裡，叫單位指稱詞；在《語法學習》裡又歸併到名詞之下，叫副名詞。到了張志公《漢語語法常識》以及《暫擬漢語教學語法系統簡述》和《中學教學語法系統提要》，都把兩類量詞合在一起，算獨立的實詞詞類。這種意見在漢語語法學裡通行了三四十年，似乎成了無可爭議的定論了。

　　眾所公認，在現代漢語裡，一個獨立的詞，不管是實詞還是虛詞，都有造句功能：實詞能作句法成分，虛詞能表示成分與成分（詞與詞）之間的語法關係，或者能表示一種語氣、情感。但在教學實踐中，人們發現，所謂「量詞」一般不能單獨作句法成分，也不表示成分與成分之間的語法關係，而是經常跟在數詞後面構成數量詞或跟在單音名詞後面構成複數意義的名詞（如「信件」、「車輛」）之後，才能作句法成分，如「<u>三個</u>學生還留在教室裡」、「買了<u>兩件</u>衣服」、「禁止<u>車輛</u>通行」。離開數詞和其它單音名詞，量詞一般不能單獨使用，可以說現代漢語的「量詞」並

不是獨立的詞，只是構成數量詞和複數意義名詞的詞素。

　　許多語法著作把「量詞」算作獨立的詞，而且自成一個實詞詞類，可以提出的理由主要是：㈠量詞是漢語特有的，能反映漢語的特點，讓它自成一類，能突出這種特點。㈡量詞雖然經常跟在數詞後面，但有時也能單獨作句法成分，如「買件衣服」、「個個精力充沛」、「衣服論『件』，繩子論『條』」。㈢許多名詞、動詞也可以放到量詞的位置上（即放在數詞之後）代替量詞如「一箱子書」、「三火車木材」、「看一看」、「想了一想」，可以旁證量詞與名詞、動詞是等價的，具有獨立性。㈣在數詞和量詞之間，可以插入別的成分，如「一大條」、「兩小件」。

　　我認爲這些理由說明不了「量詞」是獨立的詞，也說明不了「量詞」是獨立的實詞詞類。

　　第一，說「量詞」是漢語特有的，是事實；但在一般情況下它必須同數詞合用，也是衆所公認的事實（現代漢語的數詞一般不直接修飾名詞，要想修飾名詞，後面要帶一個量詞，「一人」、「兩國」算特殊現象）。說它是一個構成數量詞（和複數意義名詞）的詞素，絲毫也沒有抹煞這種特點，而是擴大了它的活動領域（單位越小，活動領域越寬廣）。

　　第二，「量詞」單獨作句法成分是有嚴格條件限制的：前面可以加上的數字必須是「一」時，有些（並不是所有的）量詞才可以單獨作句法成分，或者說數量詞的數字必須是「一」時才可以省略，這個省略的數字一般地說都可以隨時隨地補出來，「二」以上的數字是決不能省略的。如「來了一個人」可以說成「來了個人」，而「來了兩個人」是絕對不能說成「來了個人」的。「二」以上的數字是無限的，只爲了「一」字可以不出現就說「量詞」可以單用，拿個別現象來否定一般規律，是語法學裡忌諱的事。如果說在語法分析中要區別一般和特殊，這種省略數字「一」，量詞單用的現象，就是非常特殊的。這裡所說的省略，在很大程度

上是書面語言中的省略，在口語裡是很少能聽到的。比如在普通話書面語言中的「這個」、「那張」，雖然沒有「一」字，但口語裡仍說成「zhei ge、nai zhang，其中「i」音的自然出現，也能旁證「一」字的陰魂不散。另外，口語裡常用的「倆」、「仨」都是「兩個」、「三個」的兼詞，倒是能旁證「數詞＋量詞」構成的只是一個合成詞。至於「衣服論『件』，繩子論『條』」的「件」和「條」，都是帶引號的字，應看作名詞，不能再看作量詞。請比較：「『跑』是動詞，『好』是形容詞，『條』是量詞」，這裡的「跑」、「好」、「條」都是加引號的，也都是作爲一個名詞來使用的。

　　第三，許多名詞的確可以放到「量詞」的位置上借用（或活用）爲「量詞」，如「一屋子人」、「兩籃子菜」；有些動詞也可以作爲先行動詞的重疊形式在前面加上「一」（只能加「一」，不能加其它數字），如「說一說」、「笑一笑」。但這旁證不了「量詞」就是獨立的詞。名詞借用爲「量詞」，前面也必須有數字，也就是說，名詞用在量詞位置上以後，就不再是獨立的詞，而是整個數量詞的一個詞素。這種現象在漢語裡比比皆是。如「發」和「電」都是獨立的詞，「發電」是詞組（短語），但它們跟「站」結合成「發電站」以後，就要失去詞組和詞的資格，都降爲詞素。既不能證明出現在「發電」的位置上語言單位都是詞組，也不能證明「發電站」不是詞。這種現象正體現了漢語語法單位的靈活性。至於「說一說」之類語言單位算不算詞組，後面一個「說」算不算量詞，都還值得商榷。我認爲這種語言單位一般都是動詞重疊形式，不是詞組。整個結構不是表示「一次體」的，即「說一說」不是「說一次」，「坐一坐」、「談一談」、「考一考」也不是「坐一次」、「談一次」、「考一次」的意思。因爲說話人使用這種形式時，著意點不是計量，而是表示動作的「輕微」體（包括「少量」、「短時」、「減弱」）。更重要的是後一個「說」等不能保留原來的聲調（不能讀重音，都要讀輕音）。證明它已不

是原來那個獨立的動詞了，因爲詞是有固定聲音的，作爲一個獨立的詞，在任何情況下都不能改變原來的讀音。如果改變了原來的讀音，就不再是原來那個獨立的詞了。這也是大家公認的原則。當然有極少數「A一A」的結構可以看作動量詞組，如「看一看兩毛半，看兩看加一番」，加著重號的「看」必須讀重音，都可以換成「次」、「回」等。這個必須讀重音的動詞可以看作借用量詞，但也失去原來的獨立性，成爲整個數量詞的一個詞素。

第四，的確有極個別的「數詞十量詞」的結構中間可以插入別的成分，如「一大條」、「兩小件」等。我們說它是極個別的，是因爲能插入的只限於「大」、「小」之類的單音形容詞。這種現象，可按一般拆詞現象來處理。如「睡覺」誰都承認是一個合成詞，拆成「睡大覺」、「睡了一天覺」，這裡的「覺」只好看作臨時名詞；「鞠躬」也是公認的合成詞，拆成「鞠了一個大躬」，這個「躬」也只好看作特殊名詞。「大條」、「小件」跟「大覺」、「大躬」等一樣，看作臨時借用的特殊名詞也說得過去。

漢語構詞法的原則是：兩個能獨立成詞的語法單位結合在一起，構成的可以是一個合成詞，如「火車」、「白菜」，也可以是一個短語，如「好車」、「壞菜」；而一個能獨立成詞的語法單位加上另一個不能獨立成詞的語法單位，構成的只能是一個合成詞，而不是詞組，因爲它們一般沒有詞組的特點——不能隨便拆開插入別的成分。而「量詞」正是那個不能獨立成詞的語法單位，與數詞結合在一起，構成的只能是一個合成詞——數量詞，不是數量詞組。

把「量詞」看作獨立的詞，不僅需要多立一個詞類，在詞組裡還得多立「數量詞組」、「代量詞組」(如「那個」、「這張」)，類推下去，恐怕大家早已公認爲合成詞的「車輛、船隻、紙張、馬匹」等，也要爭著進入詞組的行列——「名量詞組」。

(原載香港《語文建設通訊》1992年9月第37期)

論　詞　組

一　詞組的名稱和定義

㈠詞組的名稱

在談詞組的名稱之前，先談談漢語裡究竟有沒有既不同於詞，又不同於句子的語法單位——詞組。許多語法著作承認有這樣的語法單位，但也有不少語法著作否認這種語法單位的存在。如丁樹聲等《現代漢語語法講話》就不講詞組，而是把詞組結構的分析跟句子結構的分析合爲一體，說「除了一個詞的句子以外，每個句子都可以分成多少個成分，這些成分相互之間有一定的句法關係，造成一定的句法結構。」（9頁）呂叔湘《中國文法要略》也不講詞組，而是把詞組和句子都混合在詞的配合關係之中，說：「詞和詞相遇，就會發生種種關係。……實義詞相互之間的關係有三種：聯合關係，組合關係，結合關係。」（18頁。該書在《句子和詞組的轉換》一章裡，雖然也有「詞組」這個名稱，但那是另一種含義——專指組合關係。）不講詞組，而代之以包括句子在內的「結構」或「關係」，不是毫無道理的，有時甚至是很方便的。早在俄國的沙赫馬托夫、費爾圖那多夫、丹麥的葉斯泊森、美國的布龍菲爾德等人的著作中就強調過這種觀點。他們認爲詞和詞一經組合就進入句法範疇，就變成跟句子等價的結構，因而對詞組結構的分析就是對句子結構的分析。

但是，語言中有這樣的事實：在分析一個句子時，第一步分出來的往往不是最小的造句單位——詞，如「中國人民已經站起來了」，作爲一個句子來分析，捨棄語氣詞和語調，只就結構實

體來說，第一步可以分爲「中國人民」（主語）和「已經站起來」（謂語）兩個片段，這兩個片段各是一種結構。它們跟詞、句子之類語法單位是不是有區別呢？有。因爲它們比詞大，也比句子小。旣然有區別，就應該成爲語法單位的一員，而有自己的旣區別於詞，又不同於句子的名稱。因此，我們同意在漢語裡分出「詞組」這種語法單位來。

　　「詞組」作爲一種語法單位，相當於一般英語語法中所說的 phrase。在承認有「詞組」的漢語語法著作裡過去和現在都有許多不同的名稱。有人叫「讀」（馬建忠《馬氏文通》），有人叫「字群」（金兆梓《國文法之研究》），有人叫「擴詞」（劉復《中國文法講話》），有人叫「詞群」（高名凱《漢語語法論》一般叫「詞組」，有時也叫「詞群」），有人叫「仂語」（嚴復《英文漢詁》，後來王力《中國現代語法》、呂叔湘《語法學習》、張志公《漢語語法常識》初版，也都用了這個名稱），有人叫「短語」（黎錦熙《新著國語文法》），但近二十年來採用「詞組」這個名稱的比較多（如張志公《漢語語法常識》修訂本、《暫擬漢語敎學語法系統簡述》、初中《漢語》、胡裕樹主編《現代漢語》等）。

　　這些名稱，哪一個更能反映這一語法單位的性質呢？作爲術語，叫「讀」（dou），容易使人誤認爲誦讀文章時較爲短暫的停頓，不像一種語法單位的名稱。叫「字群」，這個「字」最容易使人誤解爲「詞素」，因爲在漢語裡，特別是在現代漢語裡一個「字」並不都是一個詞，「字」和「字」聯合成群往往還是一個詞。叫「擴詞」，含義不明確：單音詞擴展成複音詞可以叫「擴詞」，詞和詞擴展成句子也可以叫「擴詞」，都跟「詞組」無關。叫「仂語」，「仂」（le）字太生僻（在古代漢語裡是「殘」或「整數中的一部分」的意思，在現代漢語裡已經失用）。叫「短語」，這是個流行很久，而且直到現在還有人使用的名稱，但它容易使人在「短」字上產生誤會，以爲「短語」都是不長的，其

實有的比句子還要長，所以在講完「短語」之後，趕緊再加注
解，說「短語」是「短」在意思上，不是「短」在結構上。叫
「詞群」，這個「群」字容易給人造成一種「散」或「亂」的印
象。因此，還是用「詞組」這個名稱更能反映這種語法單位的性
質。所謂「詞組」，從字面上看是從「詞的組合」壓縮而成的
(但「詞的組合」並不都是「詞組」，如句子也是詞的組合，不過
句子已有「句子」這個名稱，二者不至於混淆)。

(二)詞組的定義

詞組的定義是什麼？各種語法著作意見也是各不相同。

《馬氏文通》給「讀」下的定義是：「凡有起詞（即主語）、
語詞（即謂詞）而辭氣未全者，曰『讀』。」（下冊，521頁）《新
著國語文法》給「短語」下的定義是：「兩個以上的詞組合起來，
還沒有成句的，叫做『短語』，簡稱『語』。」（4頁）又說：「凡
是兩個以上詞類不同的詞的組合，而不成句的，都可以稱『語』
（即『短語』的簡稱）。」（86頁）黎錦熙、劉世儒《漢語語法教
材》說：「短語，就是兩個或兩個以上的詞組合起來，表示一個
意思，但不能表示思想中一個完全的意思，不是沒有謂語，就是
沒有主語。」（第一編，23頁）《中國現代語法》給「仿語」下的
定義是：「把兩個以上的詞造成一種複合的意義單位，我們把這
種意義單位叫做仿語。」（上冊，44頁）又說：「凡兩個以上的實
詞相聯結，構成一個複合的意義單位者，叫仿語。」（上冊，54
頁）《語法學習》的定義是：「詞和詞結合在一起，可是還不成為
句子，我們稱它是仿語。」（17頁）《漢語語法常識》給「詞組」
下的定義是：「按一定的方式組合起來的一組詞叫做詞組。」（20
頁）初中《漢語》的定義是：「按照一定的方式組合起來，表示
一定的關係的一組詞叫作詞組。」（第三冊，21頁）《暫擬漢語教
學語法系統簡述》說：「實詞和實詞按照一定的方式組織起來，
作為句子裡的一個成分的，叫作詞組。」（21頁）

　　從這些不同的定義裡可以看出，大家對詞組的認識是很不一致的。就詞組和句子的關係來說，有的認為詞組是詞和詞在句子之外的組合，有的認為詞組是詞和詞在句子之內的組合，有的迴避了這個問題。就詞組的範圍來說，《馬氏文通》的「讀」，只指主謂詞組；《新著國語文法》的「短語」只指偏正詞組、動賓詞組；《漢語語法教材》的「短語」除了偏正詞組、動賓詞組，還包括同類詞相聯合的聯合詞組；《中國現代語法》和《語法學習》的「仿語」只包括偏正詞組和聯合詞組；《漢語語法常識》、初中《漢語》、《暫擬漢語教學語法系統簡述》詞組的範圍最大，包括聯合、偏正、動賓、主謂四種。即使在兩種定義相近的著作裡，所劃定的詞組範圍也很不一樣，如《新著國語文法》和《語法學習》的定義相近，但一個不承認聯合詞組是詞組，一個承認是詞組。甚至在同一種著作裡的兩個定義也很不一樣，如《新著國語文法》的兩個定義，按前一個可以包括聯合詞組，按後一個不能包括。

　　綜合各家意見，我們認為比較合理的定義應該是：詞組是兩個以上意義有聯繫的實詞按照一定規則組合而成的句子內部的語法單位。這個定義是從以下幾個命題出發的：

　　⑴詞組裡必須有兩個或兩個以上的詞。這是針對著單詞說的。詞和詞組雖然都是造句材料，雖然都表示概念，但詞是最小的、不能再行分解的造句材料。因而它所表示的概念也是簡單的；詞組是比詞大的、可以再行分解的造句材料，因而它所表示的概念也是複雜的。另外，一個孤立的詞，往往是多義的，如漢語的「打」可以有二十多種意義，而詞組裡的詞在某種程度上說，意義是單一的、具體的。如「打毛衣」的「打」，只有「織」的意義；「打水」的「打」，只有「提」的意義；「打籃球」的「打」，只有「玩」的意義，等等。所以說詞組是詞義單一化、具體化的第一階段（在一定上下文裡的句子是第二階段）。

有的著作，如《馬氏文通》，雖然在「讀」的定義裡說「凡有起詞、語詞而辭氣未全者，曰『讀』」，但實際上有些沒有起詞的單詞也叫「讀」，如：「立則見其參於前也，在輿則見其倚於衡也，夫然後行。」這句話裡的「立」、「在」都各自爲「讀」。可見，他認爲由一個詞構成的分句也是一個詞組。這種見解跟俄國語言學家彼什可夫斯基認爲由一個詞構成的句子也是一個詞組（如 пажар! ——失火了）是很相近的。這不僅會模糊詞組和詞的概念，也會模糊詞組和句子的概念。其結果還是不承認詞組的存在。

(2)詞組裡至少要有兩個實詞，「虛詞＋實詞」不能構成詞組。如「我呢」、「因爲你」、「向生活」等，雖然都有兩個詞，但都不是詞組。因爲詞組表示一個可以再行分解的複雜概念，它必然是由兩個表示簡單概念的詞構成的，虛詞不表示概念，當然不能跟另一個實詞構成表示複雜概念的詞組。

有的著作，如呂叔湘、朱德熙《語法修辭講話》、《語法學習》認爲介詞是副動詞，「副動詞＋動詞」，如「向生活」也是詞組。初中《漢語》和《暫擬漢語敎學語法系統簡述》把「虛詞＋實詞」和「實詞＋附類詞」都叫「結構」，如「介詞結構」、「方位結構」等。這樣，「結構」就成了一種專門術語，是跟「詞組」平行的另一大類句法組合。實際上是當作特殊詞組對待的。我們認爲在「詞組」之外，另立一大類「結構」，使「結構」術語化，在理論上會帶來很多混亂，在具體的語法分析中也沒有多大實用價值。同是「實詞＋附類詞」爲什麼「能願動詞＋實詞」、「判斷詞＋實詞」、「實詞＋趨向動詞」不叫「結構」，而偏偏把「實詞＋方位詞」叫「方位結構」？其實所謂「方位詞」都可以劃歸名詞，「實詞＋方位詞」的結構，如「桌子上頭」、「村子南面」、「新房子裡（頭）」，都可以劃歸前偏後正的偏正詞組。至於「虛詞＋實詞」的「結構」，如「的字結構」、「所字結構」、「介詞結

構」也都可以取消。

「的字結構」實際上是一種省略中心語的偏正結構，因為這個被省略的中心語隨時隨地都可以補出來。有中心語和省略中心語，除了有實指和泛指的差別，基本語意相同，「的」字的詞性不變。比較：「這是我的帽子——這是我的」，不能說有中心語時「的」字是助詞（我們叫連詞），沒有中心語時「的」字就變成名詞性的。

「所字結構」可以看成一種詞法結構，即「所字是動詞前綴，「所＋動詞」構成的是合成詞。因為這個「所」字在口語裡是不用的，在書面語言中也是可有可無的，「所做的事」完全可以說成「做的事」，「所」字只是動詞作定語的一種標誌。把「所」字當前綴，遇到「所不能做的事」，該怎麼分析？單個動詞作定語，「所」字都是可有可無的，詞組作定語，再用「所」字，是否合乎規範，還值得考慮。退一步說，即使這種現象是規範的，也是絕無僅有的。如果不把「所」字當前綴，也可以看作介詞或連詞，仍是作偏正詞組的一種語法標誌。

「介詞結構」是一種很難處理的現象。在一般英語語法書裡都有「介詞短語」或「介賓短語」，如 at the station（在火車站），by bus（坐公共汽車），in study（學習），在英語裡這種現象是否叫「短語」也不是不能討論的。在漢語裡「介詞＋實詞」的現象跟英語並不完全相同，究竟是不是一種獨立的「結構」，是很值得懷疑的。大家都承認，介詞是表示實詞和實詞的語法關係的，是一種純粹的語法手段，不能作句子成分；但又說介詞加上實詞可以構成「結構」，而且可以作句子成分，這在理論上就不能自圓其說。第一，把語法關係（結構實體）和表示語法關係的手段混為一談了；第二，說「介詞結構」可以作句子成分，這個句子成分裡必然也有介詞的份兒，繞了一個圈子，實際上又承認介詞可以作句子成分了。我們認為漢語的介詞是介紹別的詞語作附加

成分的虛詞，是偏正結構的語法標誌，它本身並不包括在附加成分裡。在許多結構裡，介詞可有可無，也是一個旁證，如「我從東邊來的——我東邊來的」、「坐在床上——坐床上」，這裡的「東邊」、「床上」不管前面有沒有介詞都是狀語或補語，介詞「從」、「在」只是介紹「東邊」、「床上」作「來」、「坐」的附加成分。所謂「介詞結構」只是一種沒有完成組合任務的片段，它本身是不完整的，只有再加上實詞才組成一個完整的偏正結構。

(3)詞組裡的兩個或更多的實詞必須在意義上有聯繫，並且是按照一定的語法規則組織起來的，這是針對不合規範的組合說的。就是說，兩個以上的實詞，不一定都能構成詞組，它們必須在意義上有聯繫。如「已經學校」、「身體聰明」，就不能算詞組；實詞和實詞即使在意義上能搭配，也必須遵守一定的語法規則才能構成詞組。如「已經回來」、「聰明得很」都是詞組，可是說成「回來已經」、「很得聰明」就不是詞組。

有的語法著作說，「風吹開了門」，既合邏輯又合語法，而「門吹開了風」，只合語法不合邏輯。這種說法值得討論。如果語法僅僅指句子的格式，說後一句合語法還說得過去；但語法還要管詞和詞的搭配關係，不能發生語法關係的組合，不能說是合語法的。單說「門吹開了」，是被動句，「門」和「吹開了」可以發生主語和謂語的關係，而後面加個「風」，「門」就失去了被動主語的資格，但又沒有資格作主動主語，跟「吹開了」不能發生主謂關係；同樣「吹開了」和「風」也不能發生動賓關係，因此是不合語法的。

(4)詞組必須是句子內部的語法單位。這是針對著獨立的句子說的。就是說，兩個以上意義有聯繫的實詞按照一定規則組合起來，也可以構成獨立的句子，加上「句子內部」，一方面從詞組裡排除了獨立的句子，一方面也指出了詞組是從句子裡分析出來的造句單位。

　　「句子內部」的確切含義是什麼? 也就是, 詞組是在句子的那一個層次開始被發現的? 這個問題很少有人談到, 大家可以有各種不同的理解。

　　有人可能理解爲: 句子是「詞組 (或詞) ＋語調」構成的, 去掉語調 (和語氣詞), 剩下的如果是兩個實詞的組合, 就是句子內部的詞組。有人認爲, 一個句子捨棄語調和語氣詞, 剩下的結構實體 (包括單句結構和分句結構), 從結構分析的角度說, 仍看作一個能表達完整思想的句子, 只有再往小裡分析成主語、謂語、賓語, 即在句子的基本成分這一層才能發現詞組。

　　原來我傾向於第二種意見, 現在我認爲第一種意見是可取的。

二　詞組的句法功能

　　這裡所說的詞組的句法功能, 是指詞組能不能作句子成分。這個問題, 在詞組的定義裡我們已經有了明確的意見。但由於各語法著作意見不盡相同: 有的認爲詞組可以作任何一種句子成分, 有的認爲詞組不能作句子成分, 有的認爲一部分詞組可以作句子成分, 而且直接牽涉到句法分析的方法問題, 有必要單獨討論。

　　《中國現代語法》、《語法修辭講話》、《漢語語法常識》等都認爲詞組可以作任何一種句子成分。

　　《中國現代語法》說:「句子可分爲兩部分: ㈠主語, ㈡謂語。……複雜的主語則是一個仍語, 其中至少包括一個次品詞和一個首品詞。……複雜謂語的構成, 則有下列三種原因。……第一, 是謂詞次品的前面還有末品。……第二, 是謂詞次品後面還有一個形容詞或動詞, 和這次品合爲一體。……第三, 如果謂詞原是一個動詞, 而且這種動作是影響到某一事物的, 咱們往往需要把那受影響的事物同時說出。」(上冊, 56－60頁) 這種說法在

《中國語法綱要》裡表現得更爲突出。例如「偷來的鑼鼓打不得」，「偷來的鑼鼓」是主語，「打不得」是謂語。(89頁) 主語是個詞組，謂語也是個詞組。

《語法修辭講話》說得很明確：動賓短語、主謂短語、聯合短語、句子形式都可以作句子成分。例如：

> 騎牆是不行的。
> 帝國主義也曾等待過他們的失敗。
> 可是全世界的人都看見他們成功了。
> 國際和國內的形勢都對我們有利。

前面說《現代漢語語法講話》不承認有詞組這種語法單位，但這本書所講的各種「結構」一般都是當詞組看待的（句子是獨立的主謂詞組），可以作任何句子成分。例如：

> 帝國主義的侵略打破了中國人學西方的迷夢。

這句話可以先分析成主語和謂語兩部分，主語是「帝國主義的侵略」，是個偏正結構，謂語是「打破了中國人學西方的迷夢」，是個動賓結構，其中的「打破了」是動補結構作謂語中心語，「中國人學西方的迷夢」是偏正結構作賓語。(17頁)

《新著國語文法》和《漢語語法教材》認爲詞組不能作句子成分。他們說，一個句子成分一般都由一個詞充當，在分析句子的時候，遇到詞組還沒有看到句子成分，必須分析到一個一個的單詞，才能找到句子成分。例如：

> 許多強壯的工人修造一座長的鐵橋。

這句的主語是「工人」，述語（謂語）是「修造」，賓語是「鐵橋」，主語的形附（定語）是「許多」和「強壯的」，賓語的形附是「一座」和「長的」。這是一個詞對一個成分，一個成分對一個詞，因而作句子成分是詞不是詞組。

主謂詞組作句子成分時，他們叫「子句」，不叫短語，整個句子叫包孕複句（《漢語語法教材》叫單句）；聯合詞組作句子成

分時，叫「複成分」（即兩個以上的成分），如複主語、複述語、複賓語、複形附、複副附（複狀語或補語）。例如：

　　他不來是一件怪事。

　　他來拜會你和張先生。

「他不來」算子句作主語，「你和張先生」是複賓語。

　　但是，《新著國語文法》和《漢語語法教材》並沒有、也不能把一個詞對一個成分，以及短語不能作句子成分的理論貫徹到底。因為他們還承認不作謂語的動賓短語可以作句子成分。例如：

　　種花是一件很快樂的事。

　　他們去天橋看耍狗熊。

　　打虎的武松是他的叔叔。

　　你今天早晨坐著一輛馬車往那裡去來著？

「種花」是主語，「耍狗熊」是賓語，「打虎」是形附，「坐著一輛馬車」是副附（狀語）。

　　初中《漢語》和《暫擬漢語教學語法系統簡述》採取了有傾向的折衷辦法。從原則上說，在分析句子時也是一直追到單詞才發現句子成分，但又要儘量遷就詞組可以作句子成分的理論，因此提出了一種「超句子成分」——「主語部分」和「謂語部分」。遇到一個句子，如「楊先生的態度很莊嚴」，先分出主語部分——「楊先生的態度」和謂語部分——「很莊嚴」，這兩部分都是由詞組充當的。但「主語部分」和「謂語部分」並不是主語和謂語，即不是句子成分，他們說：「主語部分裡的主要的詞是主語。……謂語部分裡的主要的詞是謂語。」（第四冊，5頁）。例如：

　　中國人民勝利了。

　　洗衣服也非常方便。

　　你打聽王永准嗎？

孔乙已長久沒有來了。

第一句的「人民」和第二句的「洗」是主語，第三句的「打聽」和第四句的「來」是謂語。

　　從具體的句法分析上說，在他們承認的四種詞組裡，主謂詞組和聯合詞組可以作句子成分，偏正詞組和動賓詞組不能作句子成分。如「中國人民勝利了」，主語不是「中國人民」這個偏正詞組，而是「人民」這個詞，「中國」只是「人民」的定語；「洗衣服也非常方便」，主語不是「洗衣服」這個動賓詞組，而是「洗」這個詞，「衣服」是「洗」的賓語。

　　《馬氏文通》在詞組能不能作句子成分的問題上也是矛盾重重。一方面認爲一個詞對一個成分，一個成分用一個詞，如「余讀孔氏書」，「余」是主次（主語），「讀」是語詞（謂語），「孔氏」是偏次（定語），「書」是止詞（賓語）。（上冊，20頁）一方面又認爲「讀」有三種用途：其一，用如名字，即作主語、賓語，如「鳥獸之害人者消。」「孰謂鄹人之子知禮乎?」其二，用如靜字，即作謂語，如「劫天子，惡名也，而未必利也。」「吾聞勝也，信而勇，不爲不利。」其三，用如狀字，即作狀語，如「女，在其國稱女，在塗稱歸，入其國稱夫人。」「居是邦也，事其大夫之賢者，友其士之仁者。」從這三種用途來看，詞組又可以作句子成分。

　　不過，從整體來，初中《漢語》的折衷辦法和《馬氏文通》的矛盾理論，本質上還是傾向於詞組不能作句子成分。

　　在語法分析中，爲什麼會出現詞組能不能作句子成分的問題呢? 除了各語法著作對詞組性質的認識不同，主要是由於分析句法結構的方法步驟不同。

　　承認詞組可以作句子成分的著作，採用的基本上都是層次分析法（二分法）。這種分析方法的特點是，遇到句子，先一刀兩段，把整個句子分爲兩個最大的有直接聯繫的片段，被分出的每

個片段如果各是一個詞組，就再一刀兩段，分爲兩個最大的有直接聯繫的片段。這樣一分二，二分四，四分二，一直分析到詞素爲止。

層次分析法在結構主義語言學裡是一種被廣泛採用的方法，而且差不多是被當作方法論的總原則提出來的。這種分析方法是從「語言的結構是有層次的模式」這一觀點出發的。分析句法結構抓住這種客觀存在的層次層層剖析，逐步深入，既符合句子本身的結構規律，又符合由淺入深、由近及遠的原則，有助於劃清各語法單位的結構層次。這種分析方法無疑是有實用價值的。

但是，層次分析法在漢語裡的應用有很大的局限性、片面性，析句的結果往往不能令人滿意。

嚴格的層次分析法是從形式到形式的分析方法。用這種方法析句的結果，句子的第一層只有「1」和「2」兩個直接成分，第二層分出的「1」和「2」都是第一層直接成分的直接成分，第三層分出的「1」和「2」又是第二層直接成分的直接成分。至於兩個直接成分之間以及第一層的直接成分和第二層的直接成分之間是什麼關係，它根本不管，至少是不感興趣的。不徹底的層次分析法引進了句子成分的概念，但也只承認句子有主語和謂語兩個成分，再往下分，賓語、定語、狀語、補語都不是句子成分，而是詞組成分，即直接成分的直接成分，這就取消了句子的次要成分，而代之以詞組成分。這樣處理，看起來簡單了，但在理論上還是站不住腳。你說一般句子只有主語和謂語兩個成分，別人就可以根據層次分析法的理論把你推向極端，說句子去掉語調和語氣詞剩下的往往是一個主謂詞組，你所說的主語、謂語，也正是這個主謂詞組的主語和謂語。這樣一來，一個句子成分也沒有了，又要回到詞組和句子統一論的老路上去，而且這個極端非走不可。等你一走到極端，還得在詞組（或「結構」）這一級承認有六個成分：主謂詞組裡有主語、謂語，動賓詞組裡有賓語，偏

正詞組裡有定語、狀語、補語。這些「語」雖然可以不叫「句子成分」，但還得叫「句法成分」。（層次分析法還有許多別的問題，像「他們非常勇敢」和「一個戰鬥英雄」，結構不同而層次相同；「喜歡我的孩子」可以是動賓結構，也可以是偏正結構：由於沒有對各成分的相互關係的觀察和分析，都不能得出符合語言實際的結論。由於把各種各樣不同質的句子一層套一層的特點，都機械地看成是一分為二的雙成分模型，語言中大量存在的多項聯合結構、雙賓語結構和一般所說的「兼語式」等都無法二分。

　　不承認詞組可以作句子成分的著作，採用的基本上都是中心詞分析法（多分法）。這種分析方法的原則是：句子有六個成分，分為兩個等級，第一個等級的是主要成分——主語、謂語，第二個等級的是次要成分——賓語、定語、狀語、補語。這六個成分雖然等級不同，但都是獨立的，不是從屬關係。一個句子成分原則上應當由一個詞充當，盡可能讓一個詞對一個成分，一個成分對一個詞。具體地說，詞組（特別是偏正詞組和動賓詞組）不能作句子成分，遇到詞組，必須再找中心詞，才算找到了句子成分。

　　中心詞分析法是一種建立在邏輯關係基礎上從意義出發的分析方法，它很重視詞和詞之間的關係意義，因而使用了主語、謂語、賓語、定語、狀語、補語以及聯合關係、主謂關係、動賓關係、偏正關係等概念，所以也有人把它叫「成分分析法」。毫無疑問，這個出發點是正確的，沒有建立在邏輯關係基礎上的語法關係，句子的分析將無法進行。尋找中心詞的辦法，有助於認識句子的骨架。打個比方說，好比一條魚，層次分析法是從腰部一刀兩段，分出頭部、尾部，雖然可以看出這兩部分的聯繫，但不能看出這條魚的粗線條；中心詞分析法是剝去皮肉，剩下骨架，雖然不是原魚的樣子，但仍能看出這條魚的粗線條。比如「帝國主義的侵略打破了中國人學西方的迷夢」，骨幹成分（中心詞）

是「侵略打破了迷夢」（我們認為「打破了」是一個詞）。有分析有綜合，分析的開始就考慮到了句型的綜合；分析的結果，看到了句子成分，也看到了句型。這種分析方法可以幫助人們掌握句子的特點，也可以幫助人們鑒別某個句子是否完整，是否合乎規範。此外，層次分析法不能分析的多項聯合結構、雙賓語。兼語式，以及多義結構等，中心詞分析法都可以分析。可見，這種分析方法適應性較強，局限性不大。

　　但是，中心詞分析法也有致命的缺點。雖然把六個成分分為兩個等級，但這六個成分都是獨立的，不是從屬關係，而是處於同一個結構平面的。可見所謂「等級」並不是「層次」，這就忽視了句子構造的層次性。而且更嚴重的是，屬於不同等級的主語和賓語，都可以有定語，放在主語前面的定語是第二等級的，放在賓語前面的定語實際上是第三等級的，放在賓語的定語前面的又可以是第四等級的。狀語、補語也是這樣。可見，次要成分並不都屬於同一個等級。既然不屬於同一個等級，句子成分就不止六個了，可以分出幾十個，這實際上又否定了六個成分兩個等級的理論。從具體的句子分析來看，遇到句子，只顧找中心詞，不管句子構造的層次，結果必然是層次不清，關係不明、雜亂繁瑣。如「我們學校的一個學生昨天從書店裡買來了一本法國小說」，分析的結果是「定—定—定—主—狀—狀—謂—補—定—定—賓」。還有一些動賓詞組入句以後的分析問題，如「坐飛機比坐火車快得多」，「坐飛機」是分析成「動—賓」，還是分析法成「主—賓」？「坐火車」是分析成「動—賓」，還是分析成「賓—賓」？中心詞分析法不承認動賓詞組可以作句子成分，「坐飛機」是主語部分，「坐」才是主語，「飛機」就成了主語的賓語，似乎應該分析成「主—賓」。「坐火車」是介詞「比」的賓語部分，「坐」才是介詞的賓語（整個介詞結構「比坐火車」又是「快」的狀語），「火車」就成了賓語的賓語，似乎應該分析成

「賓─賓」。可是這麼一來，必須重新考慮賓語的定義（主語可以帶賓語，賓語也可以帶賓語）。初中《漢語》和《暫擬漢語教學語法系統簡述》看出了這種矛盾，採用了「主語部分」、「謂語部分」的分析方法，遇到句子先一刀兩段，前面的是主語部分，後面的是謂語部分。前面說過，這「主語部分」和「謂語部分」並不是句子成分，因爲他們說主語部分的中心詞才是主語，謂語部分的中心詞才是謂語。這種畫蛇添足的辦法，不僅沒有解決句子分析中的矛盾，反而給句子分析帶來了許多不必要的麻煩和混亂，平白無故地在句子成分之上又增加了一套「超句子成分」的「部分」。而且這樣一來，有些句子不止有主語部分和謂語部分，還可以找出賓語部分、定語部分、狀語部分、補語部分，甚至還可以找出主語部分的狀語部分等。事實上已經有人在這麼作。

　　層次分析法和中心詞分析法都沒有圓滿地、令人信服地解決漢語的句法結構分析問題，漢語語法體系長期存在嚴重的分歧，在很大程度上是由於析句方法不同造成的。兩種針鋒相對的析句方法，各有所長，各有所短，不能全盤肯定，也不能一概否定。能不能揚其所長，避其所短，採用第三種析句方法──「結構中心分析法」，這種析句方法是從這樣一個前提出發的：句子的結構是有層次的，必須突出這種層次性；而層次又是有中心的，必須緊緊抓住這種中心。就是說，句子是按層次組織起來的，這種層次是建立在以邏輯爲基礎的語法關係之上的，沒有這種語法關係，就談不上層次，沒有層次，語法關係也無從表達。「結構中心」的「結構」主要是指句子的結構層次，「中心」主要是指在一個層次或層次之間的語法關係。這種語法關係，有的互爲中心，共處於一個結構整體之中，如複句是由兩個以上彼此不作句子成分的單句形式構成的，這兩套以上的單句形式共同構成複句的結構中心；單句裡的主謂結構、動賓結構、聯合結構，都是由兩個以上的基本成分或兩個以上平等並列的詞語構成的，這兩個

以上的基本成分或詞語，互為結構中心，這樣的結構一般都叫「離心結構」。有的以一個為中心，另一個是附加於中心的，如各種偏正結構，這樣的結構一般都叫「向心結構」。「離心」也好，「向心」也好，都有個「心」——中心，沒有中心，這些結構都無法存在。結構中心分析法可以說是層次分析法和中心詞分析法相結合的方法，也可以說既不是層次分析法，也不是中心詞分析法，而是根據漢語句子結構的特點所採用的一種意義和形式相結合的析句方法。這種析句方法用來解決詞組的句法功能時，就是：承認句子有六個成分，但六個成分不能各自獨立，而是分為兩個層次：主語、謂語、賓語是第一層次裡三個互為中心的基本成分，定語、狀語、補語是包括在基本成分之內的第二個層次的附加成分，跟基本成分中心語構成一對矛盾；承認各種詞組都能作句子成分，但又不讓詞組成分的分析代替句子成分的分析，而是採取詞組在句子裡既保留作為結構材料的自身的意義中心，又接受句子的制約被改造成相應的句子成分的分析方法。例如：

基本成分中心語，既跟第一個層次裡的平行成分有直接聯繫，又跟第二個層次裡的附加成分有直接聯繫。從這種聯繫中，可以看出整個結構的層次性，也可以看出各成分之間的關係意義。連詞、介詞都是結構實體內部的虛詞，是一種語法手段，不包括在句子成分之內，劃在線外，下面加圓點。

第一句的「帝國主義的侵略」是個偏正詞組，入句以後充當主語，「帝國主義」是「侵略」的偏項，在句子裡被改成定語，

「侵略」是正項，被改造成主語中心語；「中國人學西方的迷夢」也是個偏正詞組，入句以後充當賓語，「中國人學西方」是偏項，在句子裡被改造成定語，「迷夢」是正項，被改造成賓語中心語。

第二句的「我哥哥」是定語，但它本身又是個偏正詞組。為了避免中心詞分析法把句子成分的分析過於繁雜化的缺點，這種偏正詞組作定語的現象，可以不再分析為定語的「定語」了，就說這是偏正詞組作定語。如果願意再往下分析，可算詞組成分。「一個朋友」和「新出版的小說」都是主語中心語或賓語中心語，它們本身也都是一個偏正詞組。為了避免層次分析法在這個問題上繁雜化的缺點，這種偏正詞組作中心語的現象，可以不再分析為中心語的「中心語」，就說這是一個偏正詞組作中心語。（層次分析法、中心詞分析法以及本文提出的結構中心分析法，牽涉到句法結構分析的許多別的問題，我將另寫《析句方法研討》一文向大家請教。）

三　詞組的結構類型

在詞組的研究中，詞組的類型問題具有重要的理論意義和實踐意義。通過對詞組類型的研究，可以發現某種語言發展的內部規律和民族特色。

詞組具有兩面性特點：一是作為造句材料的個體性（單詞性），一是作為詞和詞相結合的整體性（結構性），因此詞組也可以從不同的角度進行分類。從個體性特點出發，可以根據詞組中心詞的詞性分為名詞性詞組，包括以某些代詞為中心的詞組，（如「偉大的戰士」、「我們中國人」、「你和他」），動詞性詞組（如「完成任務」、「我騎」），形容詞性詞組（如「聰明伶俐」、「不糊塗」、「身體健康」）。根據能否自由拆用，還可以分為自由詞組（一般詞組）和固定詞組（成語、專名、術語等）。這些分類雖然也都是詞組的語法分類，但對語法結構的分析並不是最重

要的。最重要的是根據語法意義和語法形式特點所進行的結構分類。因爲句法結構的分析是現代語法學的中心。

　　根據結構，詞組應該分多少類，各語法著作的意見也不很一致。

　　《中國現代語法》把「仂語」分爲兩類：

　　(1)主從仂語，如：「好天氣」、「打起來」、「吃飯」。

　　(2)等立仂語，如：「父母」、「草和木」。

　　《中國文法要略》把詞和詞組的配合關係分爲三類：

　　(1)聯合關係，如：「豐滿紅潤」、「又短又粗」。

　　(2)組合關係，如：「討論的題目」、「父親的差使」、「這裡坐」。

　　(3)結合關係，如：「山高」、「芳草鮮」、「牛是偶蹄類動物」。

　　《漢語語法論》把各種句法關係分爲五類：

　　(1)規定關係，如：「花紅」、「眞鈔票」、「一一說了」、「跑得更快了」。

　　(2)引導關係，如：「進城」、「在北京大學」。

　　(3)對注關係，如：「我王立之」、「襲人之兄花自芳」。

　　(4)並列關係，如：「山東河北」、「父母」。

　　(5)關絡關係，如：「倘若鬧出來，怎麼在那裡站得住？」「不管裝什麼，你都每樣打幾個罷。」

　　《語法修辭講話》把短語分爲四類：

　　(1)聯合短語，如：「國際和國內」、「觀察和處理。」

　　(2)主從短語，如：「很好」、「一件事」、「慢走」。

　　(3)動賓短語，如：「騎牆」、「學話」、「向和平」。

　　(4)主謂短語，如：「中國人民的解放」、「物價的下跌」、「氣候的潮濕」。

　　《漢語語法常識》把詞組分爲三類：

　　(1)主謂關係詞組，如：「狗叫」、「他忠實」、「牛是動物」。

(2)聯合關係詞組，如：「大豆高粱」、「討論並且決定」、「又白又胖」。

(3)偏正關係詞組，又分三種：

a. 修飾關係詞組，如：「好學生」、「中國的面積」；

b. 補充關係詞組，如：「洗乾淨」、「打得叫起來」。

c. 動賓關係詞組，如：「講故事」、「找什麼」。

《漢語語法教材》把短詞分為四類。

(1)聯合短語，如：「我和你」、「又說又笑」。

(2)主從短語（也叫「偏正短語」），如：「我們的中國」、「書記張廣福」、「哈哈大笑」、「好得很」。

(3)動賓結構（按：也許因為這種「結構」可以作句子成分，所以不叫「動賓短語」，下同），如「打敵人」、「當主席」。

(4)主謂結構，如：「他的打孩子」。

初中《漢語》把詞組分為四類；

(1)聯合結構詞組，如：「書籍文具」、「物理和化學」。

(2)偏正結構詞組，又分兩種：

a. 前邊修飾後邊，如：「木頭房子」、「靜靜地坐著」；

b. 後邊補充前邊，如：「記清楚」、「高興得跳起來」。

(3)動賓結構詞組，如：「講故事」、「參觀工廠」。

(4)主謂結構詞組，如：「老師點名」、「志良聰明」。

《現代漢語語法講話》把句法結構分為五類：

(1)主謂結構，如：「她切了一顆大白菜」。

(2)補充結構，如：「打掃乾淨」、「站起來」。

(3)動賓結構，如：「洗衣服」、「去上海」、「把我家裡的情形」、「對他」。

(4)偏正結構，如：「外面的河」、「誰的鋼筆」。

(5)並列結構，如：「長江、黃河」、「最正確、最勇敢、最堅決、最忠實、最熱忱」。

　　詞組的結構類型是客觀存在，看起來各語法著作都承認這種客觀存在。分歧主要在如何給他們歸類。由於歸類的標準不同，每類詞組的內容也就很不一樣。

　　究竟根據什麼標準來給詞組歸類，也就是根據什麼來判斷幾種句法結構是同類的還是異類的？這應該由句法結構本身的特點和句法結構分析的目的來決定。任何句法結構都是句法意義和句法形式相結合的統一體：沒有句法意義，就沒有句法形式；沒有句法形式，也無所謂句法意義。各種句法結構之所以互有區別，就是因爲它們在句法意義和句法形式方面各有不同的特點。句法分析的目的正是要揭示各種句法結構用什麼樣的形式表達什麼意義，或者什麼意義用什麼形式來表達。

　　句法結構的意義，除了功能意義，最重要的是關係意義──詞和詞在句法結構中的相互關係。這是各種句法結構得以存在的邏輯基礎，也是劃分句法結構類型的統一而有效的標準。句法結構是講關係的，沒有關係就沒有句法結構。比如「鳥叫」，「鳥」和「叫」是表述和被表述的主謂關係；「好學生」，「好」和「學生」是附加和被附加的偏正關係；「看電影」，「看」和「電影」是支配和被支配的動賓關係；「工人和農民」，「工人」和「農民」是平等並列的聯合關係，等等。

　　句法結構的關係在不同的語言中有不同的表達形式。由於漢語是非形態語言，漢語句法結構最突出的特點是靠詞序、虛詞來表現句法關係。比如，動賓結構的詞序是動詞在前，賓語在後；主謂結構的詞序是主語在前，謂語在後；偏正結構的詞序也有前偏後正和前正後偏的固定形式。如果變換這種詞序，結構關係一般都要發生變化，如「人來了──來人了」、「孩子好──好孩子」。虛詞，除了表示情態的語氣詞和感嘆詞，主要是指表示結構關係的連詞和介詞，它們在漢語裡有著特殊的句法功能，一向被看作重要的語法手段，是句法關係的明顯標誌。如連詞「和」、

「並且」、「或者」等表示聯合關係，是聯合結構的語法標誌；
「的」、「地」、「得」、「而」等表示偏正關係，是偏正關係的語法
標誌。介詞全是表示偏正關係的，是偏正結構的另一種標誌。

　　根據這種標準，咱們先重點討論一下幾種有分歧的句法結構
的歸類問題，然後再看看漢語的詞組到底應該劃出多少個結構類
型。

　　第一，聯合詞組是不是詞組？

　　從前面的比較中可以看出，意見比較一致的是大家都承認
「我和你」、「又說又笑」、「聰明勇敢」之類的詞組是聯合詞組，
只是在名稱上稍有不同。但是，也有的語法著作表面上承認有聯
合詞組，實際上卻否認這種詞組的存在。如《漢語語法教材》，
一方面強調「句中看短語」，離開句子就無所謂短語，一方面又
說：「聯合短語……若用在句中，就是等立的複成分，所以在析
句上，聯合短語這個名稱就不是常要提到的。」（第一編，24頁）
這兩種矛盾的說法，顯然後一種更能體現他們的語法體系。因
而，在他們的語法體系裡，「聯合短語」就是個有其名無其實的
術語了。如果拿《新著國語文法》給短語下的定義一對照就更清
楚了：「凡兩個以上詞類不同的詞之組合，而不成句的，都可以
稱『語』」。那麼聯合短語裡的兩個詞必然是屬於同一個詞類的，
因此，聯合短語不是短語。為什麼在《漢語語法教材》裡會出現
有其名無其實、名實不一的矛盾見解呢？從名稱上講，可能是受
了國內其它語法著作的影響，因為別的語法著作差不多都有等立
仂語或聯合短語之類的名稱；從實質上講，也許是受了某些外國
語法著作的影響，因為有不少外國語法著作認為詞組必須有一個
中心詞（主導詞），其它詞跟這個中心詞不能處於平等地位，同
時詞和詞只有在句子中才發現這種關係，因此聯合詞組不是詞和
詞的現成組合，只是複雜的句子成分（如複主語、複謂語等），
正像《俄語語法》所說：「具有並列關係的詞組，或稱同等成分

詞組這一概念，是混淆了詞組和所謂同等成分，進一步說是混淆
了詞組和句子。」（第二卷，42頁）這種見解的可靠性是很值後懷
疑的。試問：「哥哥和弟弟都是工程師」，這句話作句法分析時，
「哥哥」和「弟弟」有沒有結構關係？有。什麼關係？聯合關係。
它們是一個詞還是兩個詞？兩個詞。那麼結合在一起的有聯合關
係的兩個詞不叫詞組叫什麼？因此，在這個問題上我們同意我國
多數語法著作的意見，不僅在名稱上承認聯合詞組是詞組，而且
在實質上也承認它是詞組。

第二，主謂詞組是不是詞組？

《中國現代語法》、《語法修辭講話》、《語法學習》、《新著國
語文法》、《漢語語法教材》都不承認主謂詞組是詞組，而是把它
叫「句子形式」或「子句」（《語法修辭講話》和《漢語語法教
材》雖然都有「主謂詞組」的名稱，但實際上都是偏正詞組，如
「中國的解放」、「他的勇敢」）。他們認為主語和謂語的組合是句
子的結構核心，這種組合不是表示一個概念，而是表示一種判
斷，說明一件事情，同時這種組合只是在句子中才能實現，應該
在句子成分中加以分析。這就直接產生了詞組和句子的區別問
題。我們認為任何詞組都是實詞和實詞的組合，而且都是從句子
裡分析出來的，主謂詞組也是如此，應該把它看成句子的建築材
料。雖然在結構形式上主謂詞組和句子相似，但單是結構形式不
能作為確定句子的標誌。要使它成為句子，必須賦予它句子獨有
的語法形式和語法意義特點——具有一個說明語調，表達一個完
整的意思。只要具備這兩條件，即便是一個單詞或是任何其它類
型的詞組也都可以是句子。如「水！」「一個晴朗的早晨。」「下
雨了！」等等，作為建築材料它們是單詞、偏正詞組或動賓詞
組，如果帶上語調，表達完整意思，就是獨立的句子。而所謂
「句子形式」和「子句」都沒有說明語調，不能獨立地表達完整
的意思。只是具備了一般句子的結構形式（不是所有的和本質的

形式），並沒有取得句子最本質的語法形式和語法意義特點，不能算作句子。既然不是句子，也不是單詞，那麼從句子裡把它們分析出來以後，不叫詞組叫什麼？能不能在詞組和句子之間再設立一個既非詞組又非句子的語法單位呢？我們認爲沒有必要，最好還是承認主謂詞組是詞組的一種類型。

至於把「中國的解決」、「他的勇敢」之類詞組都叫主謂詞組，純粹是從邏輯意義出發的。理由是這種結構去掉「的」字就變成句子或「句子形式」、「子句」，而「的」字在這裡又沒有什麼明顯的意義，因而說「中國」和「解放」，「他」和「勇敢」都是主謂關係。這就完全忽視了「的」字的語法作用，也完全忽視了整個結構的語法意義和語法形式特點。如果按照這種邏輯類推下去，「讀的書」、「買的報」，不管在什麼情況下也都應該是動賓詞組了，因爲這類結構去掉「的」字以後都變成動賓詞組。但這種類推是錯誤的。

第三，動賓詞組和後補詞組應不應該包括在偏正詞組裡？

《中國現代語法》、《語法學習》、《漢語語法常識》都把動賓詞組和後補詞組包括在主從仂語或偏正詞組裡。《現代漢語語法講話》則認爲動賓結構和後補結構都是獨立的，不包括在偏正結構之內。初中《漢語》和《漢語語法教材》、《漢語語法論》認爲動賓詞組是獨立的，只把後補詞組包括在偏正詞組裡。

我們認爲初中《漢語》、《漢語語法教材》和《漢語語法論》的主張比較合理。這樣處理是從語法特點出發的。首先，動詞和賓語的關係跟附加成分和中心語的關係是兩種不同類型的關係。從句子成分的角度說，賓語屬於句子的基本成分。因爲有的句子，除了主語、謂語、還必須再加上賓語，結構才算完整，才能表達完整的意思。如「我們熱愛」、「你當了」，都沒有把意思說清楚，必須加上賓語，說成「我們熱愛祖國」、「你當了代表」，才是完整的結構。可見賓語是直接涉及結構是否完整的基本成

分。因為賓語有這樣重要的作用，在漢語裡才能跟主語一樣，以動詞謂語為軸互相轉換，轉換以後，詞形，詞義都不改變。如「你幫助我——我幫助你」，「我去上海——上海我去」、「于福的老婆是小芹的娘——小芹的娘是于福的老婆」。而「附加成分＋中心語」的結構，有偏有正，在句子裡去掉附加成分，雖然語意不夠周全，但不影響句子結構的完整性。後補詞組是前正後偏的詞組，把它跟前偏後正的詞組合為一類，說得過去。當然把它從偏正詞組裡分出來另立一項後補詞組也不是不可以，這不是本質的分歧。

第四，同位詞組應不應該獨成一類？

所謂同位詞組，是指「書記張廣福」、「河南省省會——鄭州」、「他們兩個人」之類詞組。這種結構，《馬氏文通》、《中國現代語法》、《語法修辭講話》、《語法學習》、初中《漢語》等，都不承認是詞組，只是句子的同位成分或複指成分或成分的複說。《漢語語法教材》、《漢語語法常識》（初版）把它包括在偏正詞組（主從短語或主從關係）裡。《漢語語法論》在講各種句法關係時把它算獨立的一類，叫對注關係，胡裕樹主編的《現代漢語》也算獨立的一類，叫同位詞組。

不承認這種結構是詞組，這不符合《中國現代語法》、《語法修辭講話》等給詞組（仂語、短語）下的定義。兩個詞，而且是兩個實詞結合在一起，有一定關係，把他們從句子裡分析出來之後，從造句材料的角度說，不叫詞組是說不過去的。

讓它獨成一類，叫對注關係或同位詞組，又有些不值得。把它劃到偏正結構裡有一定道理，像「書記張廣福」這樣的結構，可以從一個角度說，「書記」是修飾「張廣福」，說明他的身份的。但也可以從另一個角度說，這種結構裡前後兩個成分是等價的，有時可以只用其中一個，像「河南省省會——鄭州」，把它們用在一起，是為了讓他們互相解說，在這兩個詞語之間一般不

能加「的」字。因此我們認爲還是把它合並到聯合詞組裡，算解說關係的聯合詞組更爲合適。這樣，在聯合詞組內部可以跟並列關係的聯合、遞進關係的聯合、選擇關係的聯合、承接關係的聯合相對應，在聯合詞組外部也可以跟聯合複句裡的解說複句相對應。

第五，分句之間的關係是不是詞組關係？

《漢語語法論》在講各種句法關係的時候，提出了「聯絡關係」，跟規定關係、引導關係等相對立。所謂「聯絡關係」，就是複句裡各分句之間的因果、條件、假設等關係。除了《馬氏文通》的「位」實際上是指帶某種虛詞的分句之外，別的著作在詞組一級裡都沒有談到分句和分句之間的關係。這就向我們提出了一個問題：分句和分句之間的關係跟詞和詞之間的關係是不是同級的？這是個很值得研究的問題。按照習慣的說法，它們可以屬於兩種不同的句法範疇：詞和詞相結合所發生的結構關係，是互作詞組成分或句子成分的彼此分立而又有聯繫的關係，是更高一級的關係，正像段落和段落之間的關係比句子和句子之間的關係又高一級一樣。這種關係雖然也是語法關係，但更多的是邏輯和意念上的關係。因此不應該把兩種不同的關係混在一起，否則，就等於取消了複句。但當一個複句失去獨立性而充當單句的一個成分時，如「因爲風大，球賽改期的消息，使球迷們大爲掃興」，則應該按詞組進行分析，可叫「複句詞組」或「複句形式」。

總上所述，我們認爲漢語的詞組按結構應該分爲五個基本類型，在各個基本類型內部還可以劃分若干小類。

(1)聯合詞組

包括並列、遞進、選擇、承接（表示一先一後兩個動作的「連動式」和「緊縮句」）、解說（一般所說的「重疊複指成分和一部分「插入語」）、重複等結構。例如：

工人和農民　　聰明而且勇敢　　去或是不去　　去看看　　我們

中國人　來來來　說話說得清楚

(2)偏正詞組

包括前偏後正和前正後偏兩種。前正後偏的結構，包括一般所說的「能願合成謂語」、表示方式和目的的「連動式」、第一個動詞具有偕同意義或有「使」字的「兼語式」和可以發生附加和被附加關係的「緊縮句」。前偏後正的結構包括一般所說的「趨向合成謂語」。例如：

偉大的祖國　笑著說　率領代表團出國　使人進步　身體好不休息。

跑得很快　大得很　跑出去　走不進來

(3)動賓詞組

除了一般動賓詞組，還包括一般所說的「判斷合成謂語」、雙賓語（前一個動詞可以同後一個動詞或形容詞發生直接動賓關係的「兼語式」也劃歸雙賓語）。例如：

教育學生　像教師　是工人　送他一本書　禁止兒童入場
喜歡他老實

(4)主謂詞組

除了「主語＋謂語」的結構，也包括「主語＋謂語＋賓語」的結構。例如：

他回來　你喜歡他　他送你一本書　孩子聰明　身體健康
他是教師

(5)複句詞組

複句詞組，也可以叫複句形式或複主謂結構（只是少數不一定有兩個以上的主謂結構），是指用複句的結構形式充當單句某個成分的現象。包括兩小類：一類是聯合關係的，一類是偏正關係的，例如：

你幫我，我幫你（的精神）　　（他們兩個人）一個是學生，一個是工人　（這孩子）頭腦聰明，身體健康　（我

知道）你能去，他不能去

因爲風大，球賽改期（的消息）　　我能看見他，但是他看
不見我（的地方）

複句詞組獨立出來（加上說明語調），都是一個複句。

確定詞組結構類型，對於漢語句法結構的分析具有重要的意
義。漢語語法體系的分歧，除了因爲析句方法不同，也跟對詞組
結構類型的認識不同有直接關係。詞組成分和句子成分的分析雖
然屬於兩個不同的層次，但他們的關係非常密切。如果能在詞組
這一級準確地把各種不同的結構類型區別開，在句子成分的分析
中也就不會再有太大的分歧了。比如，分析「幾個人開門出去
了」這句話，如果認爲「開門出去」不是詞組，就得承認這是一
個「複雜謂語句」或「連動式」；如果認爲「開門出去」是一個
承接關係的聯合詞組，就可以說「幾個人」是偏正詞組作主語，
「開門出去」是聯合詞組作謂語。

（原載《中州學刊》1981年第 1 期、第 2 期）

從對應性特點
看漢語句法結構的基本類型

　　語法是一種客觀存在的結構系統。在這個結構系統中，有兩種互相對立的結構：一是詞法結構，一是句法結構。詞法結構是指詞素和詞素借助於字序、詞綴、疊音等手段組織起來的最小造句單位——詞；句法結構是指實詞和實詞借助於詞序、虛詞等手段組織起來的大於詞的造句單位——詞組。句子是詞或詞組加上說明語調構成的獨立表達思想的語法單位，捨棄語調，只就造句材料來說，少數由一個詞構成的句子，屬於詞法結構，加上語調才進入句法範疇；多數由詞組構成的句子，不管加不加說明語調，都屬於句法結構，因而一般所說的句法結構，也包括句子在內。但句法結構不等於句子，句子的結構也不都是句法結構。句法結構是一種造句材料單位，造句材料必須加上說明語調才能成爲句子；句子是一種表達單位，分析句子的結構，儘管方法不同，但都要捨棄說明語調。

　　在漢語語法結構的分析中，由於不同的語法學者、語法論著對客觀存在的結構系統持有不同的觀點，採取了不同的分析方法，得出了不同的結論，因而形成了各種不同的語法體系。衡量一種語法體系好不好，除了其它條件，最重要的條件應該是漢語語法實際存在的特點。符合漢語語法實際存在的特點，精要、好懂、管用地說明漢語語法規律的語法體系，就是好的或比較好的；反之，就是不好或不夠好的。

　　漢語語法的特點很多，如詞序固定、虛詞多樣靈活，而最重要的特點應該是結構簡明，對應性強。

　　語法上的對應性是指語法系統中某一現象在性質、功能、位

置等方面跟另一現象相當。根據這種「相當」，我們可以推斷這些現象同屬於一個更大的類別。

對應性是語法系統存在的基礎，各種語言的語法都有程度不同的對應性，而漢語語法的對應性是非常突出的。如果說印歐語言是形態語言，它們主要是靠形態變化表示各種結構關係，那麼漢語就是非形態語言，漢語的各種結構關係主要是靠語言單位的直接組合來表示。這是漢語語法結構簡明，對應性強的主要原因。

語法上的對應性是多方面的，跟對應性特點有關的語法分析問題很多。這裡用語法意義和語法形式相結合的方法，著重談幾種句法結構的對應以及跟這種對應有關的幾個句法結構基本類型，當然也會涉及一些詞法結構問題。

一　句法結構類型和詞法結構類型的對應

漢語，從語法角度說，基本上屬於詞根語；從句法角度說，基本上屬於分析語。詞素和詞素、詞和詞之間的關係主要是靠字序、詞序、虛詞來表達。漢語在由單音詞占優勢向複音詞占優勢的發展過程中，明顯地受著句法結構的影響，借用了句法結構的一整套組成方式，形成了漢語特有的詞法結構系統。因而漢語的詞法結構和句法結構基本上是一致的，它們之間存在著較為嚴格的對應性。詞法結構有聯合式、偏正式、動賓式、主謂式、重疊式等，句法結構也有聯合式、偏正式、動賓式、主謂式、重複式等。試看表㈠：

表㈠　詞法結構和句法結構對應表

結　構　類　型	詞　　法　　結　　構			句　　法　　結　　構	
聯　　　合	語言	生產	封存	工人和農民	這樣或者那樣
	偉大	國家	忘記	開門出去	十斤娃一年輕的奴隸

偏　正	火車	熱愛	小看	偉大的祖國	應該大大方方
	推翻	熟透	紙張	有事出不去	講得好
動　賓	動員	司令	留神	看小說　有工廠	是學生
	安心	缺德	超群	來了客人	通知我開會
主　謂	自願	年輕	面熟	文字流利	大家討論通過
	地震	民主	心疼	我去北京	你當教師
重疊—重複	人人	天天	婆婆媽媽	來來來	學習、學習、再學習
	看看	好好	大大方方	講話講得好	看了又看
綴　加	老張	第一	非金屬		
	糊裏糊塗	人們	吃著		
複句形式				你幫我，我幫你（的精神）	
				因爲風大，球賽改期（的消息）	

詞法結構的幾種類型，語法學者們認識比較一致；爭論較多的是句法結構的類型：有的只承認有四五種，有的認爲有六七種，有的多達二十一二種。

　　根據詞法結構和句法結構的對應性特點，除了考慮漢語的實際狀況，也可以用詞法結構的類型反證句法結構的類型。只就實詞和實詞組合的邏輯關係來看，我們認爲漢語句法結構的基本類型只有聯合、偏正、動賓、主謂、複句形式五種，其它「結構」，有的可以取消，有的可以包括在這五種類型之中。

　　聯合結構可以包括並列、遞進、選擇、承接（連動）、解說（複指）等小類。爲了少立項目，表㈠裏跟詞法結構的「重疊式」相對應的句法結構的「重複式」，也可以劃歸聯合結構。當然自成一個類型也未始不可。至於詞法結構的「重疊式」，因爲其它方面的不同意見：有人認爲是構詞法——構成不同新詞的方法，有人認爲是構形法——構成同一個詞的不同語法形式的方法，自成一類是可以的。如果確認它是構詞法，並入聯合式也說得過去。

　　偏正結構包括前偏後正和前正後偏兩小類。許多漢語語法論著把前正後偏的結構叫「正補結構」或「謂補結構」、「後補結

構」，自成一個類型。是分是合，這不是本質的分歧。我們本著從簡的原則，把它合並在偏正結構裡。

　　動賓結構包括一般動賓結構和「雙賓語結構」，也包括「是＋名（代）」之類的「判斷結構」（合成謂語）。

　　主謂結構除了「主＋謂」的結構，也包括「主＋謂＋賓」的結構。

　　複句形式結構是我們新提出來的句法結構特有的一種類型。包括兩小類：一是聯合關係的，如「你幫我，我幫你（的精神）」；一是偏正關係的，如「因爲風大，球賽改期（的消息）」。複句形式結構獨立出來，加上說明語調，都是一個複句。這種結構爲什麼要自成一類？能不能並入其它結構？如果僅僅是聯合關係的，可以並入聯合結構，即兩個主謂結構組成一個聯合結構，正像兩個動賓結構可以組成一個聯合結構一樣。但還有一種偏正關係的，這種複句形式結構，並入聯合結構不合適，因爲兩個主謂結構不是聯合關係。並入偏正結構也有問題，因爲一般偏正結構都是詞和詞的直接組合（互爲句法成分），如「好學生」、「好」直接跟「學生」發生結構關係，而複句形式結構卻是一個主謂結構跟另一個主謂結構發生意念關係（彼此不作句法成分），二者層次不同，不屬於一個平面。更重要的是，如果把「因爲風大，球賽改期（的消息）」當作一個偏正詞組，遇到「因爲風大，球賽改期。」這個獨立的複句，就會得出這樣的錯誤結論：這個複句是由一個偏正詞組構成的。這麼一來，等於取消了複句。基於這種理由，並根據類比對應的原則，我們建議把聯合關係和偏正關係的複句形式結構合在一起，叫「複句形式結構」，自成一個結構類型。

　　上述五種結構類型之外的，作爲獨立的類型術語使用的各種句法「結構」，我們建議該取消的取消，該合并的合并。爲了論述方便，在這一部分只談「介詞結構」、「的字結構」、「所字結

構」、「能願結構」、「趨向結構」、「方位結構」、「數量結構」的取消或合併問題（其它結構，如「緊縮句」、「兼語式」、「連動式」、「複指成分」、「判斷合成謂語」、「是……的結構」的取消或合并問題，留到第二部分和第三部分結合有關問題論述）。「介詞結構」、「能願結構」等，一般都認爲是「詞組」之外的，或者說是跟「詞組」平行的另一大類「下句法結構」：一般「詞組」是由兩個以上實詞構成的句法結構，而這種「結構」是由實詞再加虛詞（或「虛詞性」的附類詞）構成的句法結構。

漢語裡眞有這種「詞組」之外的所謂「下句法結構」嗎？表面上有，實際上不存在：眞正的「實詞＋虛詞」的「結構」，不能算獨立的結構；「實詞＋附類詞」的「結構」，因「附類詞」並不是虛詞，都可以並入其它結構類型；有的所謂「結構」，只是一個合成詞，應劃入詞法結構。下面我們結合具體情況逐項加以分析：

㈠關於「介詞結構」

「介詞結構」是指「介詞＋名詞（或其它實詞、詞組）」的語言現象，如「從南方」、「向你們」、「對於這個問題」等。表面上看，這種語言現象是客觀存在，而且從對應性特點來看，也可以跟詞法結構裡「虛素＋實素」的綴加式合成詞（派生詞）相對應，要是在句法結構裡也加上一項「虛詞＋實詞」的所謂「派生結構」，不是更整齊嗎？但從理論上和具體的句法分析上看，如果承認「介詞結構」，必定帶來很多混亂和麻煩。

首先，我們認爲詞法結構的「虛素＋實素」的綴加式跟「虛詞＋實詞」的所謂派生「結構」，性質不同，功能不同，不能勉強對應。「虛素＋實素」構成的合成詞，虛素只跟這一個實素發生結構關係，跟第三者（其它實素）無關，如「老王」，「老」只綴加於「王」，二者構成一個合成詞。而「虛詞＋實詞」構成的所謂「結構」，虛詞並不只跟這一個實詞發生聯繫，更不能跟這

個實詞發生結構關係，還必須跟第三者（另一個實詞）同時發生聯繫，表明實詞和實詞之間的結構關係，如「從南方來」，「從」並不只跟「南方」發生聯繫，而是跟「南方來」發生聯繫：介紹「南方」作「來」的狀語，表示這兩個實詞之間的偏正關係。可見「從南方」本身是不完整的，「從」和「南方」之間並沒有結構關係，沒有結構關係的兩個以上的詞不能構成結構。它們在一定的語言環境中雖然能回答問題，但作用只相當於一個實詞，或者說，凡是可以用「介詞結構」回答的問題，一般也都可以去掉介詞只用實詞來回答，如「你從哪兒來？——從南方。——南方。」在語言的實際運用中，只有說成「從南方來」、「向你們說明」、「對於這個問題的理解」等，才是完整的、獨立的結構，在這種結構裡，介詞只是介紹一個實詞或詞組，作另一個實詞（或詞組）的附加成分，是一個關係詞，或者說是偏正結構的一種語法標誌，它本身並不包括在附加成分裡，正像「工人和農民」的「和」只表示「工人」、「農民」之間的聯合關係，「慢慢地走」的「地」只表示「慢慢」、「走」之間的偏正關係一樣。介紹者不能參加被介紹者的行列。這種認識，在許多語法論著裡早就隱隱約約地提出來了，比如有的論著談介詞「把」的時候，就說「把」是前置賓語的詞。顯然「把」字並不包括在「前置賓語」裡。但也正是在這些論著裡卻有「介詞結構」之類自相矛盾的說法。

　　其次，如果承認「介詞結構」，就得把介詞也算作結構成分或結構實體。這樣一來，不僅使句法結構多了一個層次——先分出「詞組」（句法結構）和「結構」（下句法結構）兩大類型，然後再把「詞組」和「結構」再分為若干小類型，人為地製造了句法分析的麻煩，而且必然要把「句法成分」和「句法成分的語法手段」混為一談——抹煞了虛詞在漢語中特殊的語法作用。虛詞跟實詞相對立的語法特點是：實詞都能作句法成分，虛詞不能作句法成分，只表示詞和詞（成分和成分）、分句和分句之間的結

構關係，有的只表示某種語氣或情感。虛詞既然不能作句法成分，它就不是成分本身，也沒有資格跟別的實詞共同組成某種結構而成爲結構的一員，它只能是某種結構的語法標誌。

再次，按照類比對應的原則來進行語法分析，如果把「介詞＋名詞」叫「介詞結構」，那麼「名詞＋連詞＋名詞」（工人和農民），「連詞＋分句＋分句」（因爲風大，不出去了），爲什麼不能叫「連詞結構」？「名詞（代詞）＋語氣詞）」（你呀，該回去了），爲什麼不能叫「語氣詞結構」？類同的現象不能同樣對待，就無「法」可言，就要帶來語法理論的混亂和語法分析的困難。

許多語法論著把「介詞結構」當作一種獨立的結構類型，可能有兩個理由：㈠介詞是由動詞發展來的，有的還兼有動詞和介詞兩種詞性，如「他比我高」（「比」是介詞），「我跟他比」（「比」是動詞），「介詞結構」很像一個動賓結構。所以有人就叫「介賓結構」（或「介賓短語」、「介賓詞組」），後來又有人覺得介詞是虛詞，不能帶賓語，賓語只能是動詞所涉及的對象，於是就改成了迴避句法關係的、含糊不清的「介詞結構」。㈡由於介詞是專門介紹名詞等作附加成分的，經常放在名詞前面，便在人們頭腦裡造成了一種錯覺，認爲介詞只跟它所介紹的名詞發生關係，而跟名詞後面的中心語沒有任何聯繫，久而久之，人們便對「介詞結構」產生了感情，捨不得拋棄它；也有人覺得不用「介詞結構」這個術語，講起語法來很不方便。這兩個理由都是沒有從發展上，從本質上看介詞，忽略了介詞專門表示「關係」的語法作用。既承認漢語裡有獨具特點的介詞，就不要自覺不自覺地把介詞和動詞攪到一起（有人不承認漢語裡有介詞，所有的介詞都劃歸動詞，那就是另一回事了），而應該充分發揮它作爲語法手段的作用。取消「介詞結構」之後，遇到「從南方來」之類的結構該怎麼分析？就說這是一個偏正結構，「來」是中心語，「南方」由「從」介紹作「來」的狀語，正像遇到「工人和農民」，

就直接說「工人」、「農民」是由「和」連接的聯合結構一樣。這個問題，不只是對一種具體語言現象的分析問題，還牽涉到虛詞的功能、結構成分和手段等許多分析中的理論問題。

㈡關於「的字結構」

「的字結構」也是一個迷人的「結構」，大家對它很有感情，取消它，阻力更大。「的字結構」所代表的語言現象是客觀存在的，取消「的字結構」，並不是取消這種語言現象，而是把它合并在省略中心語的偏正結構裡。

「的」字在現在漢語裡，常見的有以下三種用法：

的1：他會回來的　　天要下雨的

的2：聰明的孩子　　剛買的雜誌

的3：聰明的　　看的　　你的　　他拿來的

「的1」有人叫名詞詞尾或名詞性後附成分，有人叫語氣助詞。「的2」有人叫形容詞詞尾，有人叫名詞詞尾或名詞性後附成分，有人叫結構助詞，還有人叫後置介詞。這兩種「的」字雖然大家的處理意見不同，但沒有人把這兩種帶「的」字的語言現象叫「的字結構」，能構成「的字結構」的只是「的3」。

「的3」有人叫聯接代名詞，有人叫名詞詞尾或名詞性後附成分，近些年來有更多的人叫結構助詞，跟它前面的詞語構成名詞性的「的字結構」。

我們認為，除了「的1」應該劃歸語氣詞，「的2」和「的3」詞性相同，都應該劃歸偏正連詞，連接定語和中心語，是偏正結構的一種標誌。不能說「的2」是結構助詞，「的3」是名詞性的，請比較：

那是我的衣服——那是我的

這是新出版的書——這是新出版的

上夜校的人很多——上夜校的很多

湖南來的同學集合——湖南來的集合

破折號前後兩個「的」字意義和作用基本相同，不同的只是兩種結構一個有中心語，一個省略了中心語。但這不是「的」字本身的問題，而是中心語省略和不省略的問題。省略中心語的結構，明顯的特點是一般可以補出中心語來。我們不能說，中心語省略之後，它前面的「的」字就改變詞性——由助詞（我們叫連詞）變成名詞性的。這樣分析問題。實際上是否認了語言中的有規律的省略現象。

「的2」和「的3」為什麼不叫助詞而叫連詞？一般所說的助詞，實際上一個大雜燴，包括了三種性質和作用截然不同的詞：語氣助詞（「嗎」、「呢」、「吧」等），時態助詞（「了」、「著」、「過」）、結構助詞（「的」、「地」、「得」）。把沒有共同語法特點的詞硬捏合到一個詞類裡，不符合劃分詞類原則。按照對應性特點，我們把語氣助詞獨立成一類，叫語氣詞；把時態助詞劃入詞綴，因為它們既不能作結構成分，又不表示句法結構的關係，不是獨立的詞；把結構助詞劃入連詞，為了跟聯合連詞對應，可叫偏正連詞。

根據「的3」的詞性和漢語中的省略規則，所謂「的字結構」完全可以合并到偏正結構裡。一般偏正結構都有中心語（語義上的實指性強、概括性小），這種偏正結構由於語言習慣而省略了中心語（語義上的泛指性強，概括性大），可算特殊的名詞性的偏正結構。至多可以說「的」字是連詞兼代了被省略的中心語。

㈢關於「所字結構」

「所字結構」沒有「的字結構」的威信高，取消它，阻力小一些。

「所」字有人叫聯接代名詞，有人叫結構助詞，也有人叫詞頭（前綴）。我們同意最後一種意見。

「所」字是從古代漢語繼承下來的。在古代漢語裡它至少有

三種不同的意義和用法:

　　所 1:　女亦無所思, 女亦無所憶。(木蘭詩)

　　所 2:　太子爲江充所敗。(漢書．霍光傳)

　　所 3:　今之所謂良臣, 古之所謂民賊也。(孟子．告子下)

　　「所 1」可以說是代詞, 「所思」、「所憶」是「思的事」、「憶的事」。「所 2」沒有東西可代, 只是跟「爲」字呼應表示被動意義, 「爲江充所敗」, 意思是「被江充打敗」, 叫不叫代詞, 值得考慮。「所 3」也沒有東西可代, 只表示動詞「謂」是定語。

　　現代漢語的「所字」, 實際上是只是古代漢語「所 3」的繼承。這個字在古代漢語裡雖然無詞可代, 但不能不用; 在現代漢語裡旣無詞可代, 又是可有可無的, 「所說的話」也可以直接說成「說的話」, 在書面語言中偶爾用一用的, 看作動詞前綴並沒有虧待它。可能有人說, 把這個「所」字當前綴, 遇到「所不願意作的事」, 不好解釋。我們認爲這種現象是極個別的, 方才說過, 即便是單個詞作定詞, 「所」字都是可有可無的, 或者說是多餘的, 那麼詞組作定語 (即動詞前再加別的附加成分) 時, 再用「所」字, 究竟合不合乎規範, 還值得考慮。

　　如果可以把「所」字當詞綴, 「所字結構」就無法存身了。退一步說, 即使不把「所」字當詞綴, 而是把它看作偏正連詞或介詞, 也不值得爲這麼一個沒有生命力的字另立一個結構類型。

　　㈣關於「能願結構」

　　「能願結構」, 一般都叫「能願合成謂語」或「動詞合成謂語」, 是「能願動詞 + 動詞 (形容詞)」組成的結構。如「能去」、「應該批評」、「需要完成」、「必須大大方方」。

　　「能願結構」或「能願合成謂語」能不能成爲一種獨立的結構類型, 取決於對能願動詞的認識。

　　能願動詞, 有人叫助動詞, 有人叫限制詞 (副詞); 有人把它劃歸實詞, 有人把它算動詞的附類, 是虛詞性的。認爲「能願

結構」或「能願合成謂語」是一種獨立結構類型的，都把能願動詞看作虛詞或虛詞性的詞。

　　根據語法意義和語法形式相結合的劃分詞類的標準，我們認為所謂能願動詞包含著兩種特點不同的詞：

　　①能、能夠、應該、可以、願意、會……

　　②必、須、要、必須、需要、得（dei）……

　　第一種，除了經常用在別的動詞（形容詞）前頭，有時也能單獨作謂語，回答問題；能受副詞修飾，能肯定否定相疊。如「你真不應該！」「這可以不可以？」「誰能去？ —— 我能。」這比某些被公認為動詞的，像「希望、要求、繼續、開始、準備」等，動詞的特點還要明顯些，應該劃歸動詞。由於它們的意義不如別的動詞那麼實在，不像別的動詞那樣經常作謂語，不能帶名詞賓語等，可以根據大同中的小異把它們算動詞的一個小類，叫能願動詞或助動詞。「能願動詞＋動詞（形容詞）」組成的結構應該劃入偏正結構，能願動詞是狀語。請比較：

　　能夠克服困難——堅決克服困難

　　應該認真學習——一定認真學習

破折號前後的兩種結構，無論從語法意義上或是從語法形式上，都證明不了它們屬於不同的結構類型。

　　第二種，只能放在別的動詞（形容詞）前頭，不能作謂語，不能單獨回答問題；不受副詞修飾，也不能肯定否定相疊。這跟許多副詞，像「一定、必定、的確、別、不」等，特點相同，應該劃歸副詞，而且都屬於語氣副詞。「副詞＋動詞（形容詞）」組成的結構該劃入偏正結構。請比較：

　　必須完成任務——必定完成任務

　　你得去青島——你別去青島

破折號前後的兩種結構，硬說前面的是「能願結構」（合成謂語），後面的是偏正結構，豈不是人為地製造了結構分析迷網？

誰能一清二楚地說明它們屬於不同的結構類型？

　　「能願合成謂語」的理論基礎，一是能願動詞是虛詞性的，二是「能願動詞＋動詞」構成的是一個不可分割的合成體。前一個基礎正在動搖，按照劃分實詞和虛詞的標準，已經證明能願動詞可以作句法成分，不是虛詞，或虛詞性的詞。後一個基礎也不穩固，因爲這種結構都可以分割，如「能夠克服——能夠順利地克服」，「你得去青島——你得趕快去青島」。可見它們並不是合成體，而是跟別的偏正結構一樣，可以在中間插入別的成分，是一種自由組合。

　　任何結構都是由兩個以上成分構成的，這兩個以上的成分都要發生直接的結構關係，沒有任何關係的兩個詞不能組成結構。那麼「能願動詞＋動詞」是什麼關係？「合成謂語」的理論回答不了這些問題，頂多可以說是「合成關係」。要再問一下，「合成關係」是一種什麼關係？不能回答了。因此沒有完成結構分析的任務。

　　「合成謂語」理論的另一個弊病是：「合成謂語」還可以作定語、狀語、主語、賓語等，如「應該作的事」、「能悔過就好」。既是「合成謂語」，怎麼同時又是定語、主語呢？完全打亂了句法成分之間的邏輯關係。可能正是由於這個緣故，才有人把「能願合成謂語」改成了「能願結構」既然是一種結構，當然可以以造句材料的身份作定語、主語等。但「能願結構」同樣沒有解決上面提出的其它問題。比如「能願結構」裡的兩個詞是什麼關係？如果就說是「能願關係」，跟不說一樣。因爲這麼一來，別人就可以根據同樣的原則把「形容詞＋動詞」結構（如「堅決克服」）叫「性狀關係」，把「時間副詞＋動詞」的結構（如「剛回去」）叫「時間關係」。這樣講語法，恐怕行不通。

　　也有人主張把「能願動詞＋動詞」劃入動賓結構，後一個動詞是能願動詞的賓語。理由是能願動詞跟某些表示心理活動的動

詞功能相同。如「王大姐愛唱戲——王大姐能唱戲」，「愛」可以帶賓語。「能」也可以帶賓語。我們認為「愛」之類表示心理活動的動詞跟能願動詞是有一些區別的：能願動詞永遠不能帶名詞賓語（「會英文」的「會」是「懂」的意思，跟「會回來」的「會」意義不同），而表示心理活動的動詞都能以同樣的意義帶名詞賓語，如「愛什麼」、「喜歡孩子」等。權衡起來，還是把能願動詞當作狀語更合理些。

㈤關於「趨向結構」

「趨向結構」，一般叫「趨向合成謂語」或「動詞合成謂語」，是「動詞（形容詞）＋趨向動詞」組成的結構。如「走出來」、「跑下去」、「推進來」、「好起來」等。也有人為了擴大「趨向結構」的隊伍，把「去開門」、「下來走走」等也拉入「趨向結構」。

「趨向結構」或「趨向合成謂語」能不能成為獨立的結構類型，也取決於對趨向動詞的認識。

趨向動詞是指「來、去、上、下、進、出、過、回、開、起」以及由它們構成的「上來、下去、進來、出去、過來、過去、回去、起來」等二十幾個詞。這些詞，很多人叫不及物動詞（自動詞），也有人叫詞尾，近些年來，更多人叫趨向動詞，算動詞的附類，是虛詞性的。提出「趨向結構」或「趨向合成謂語」的，都認為趨向動詞是虛詞或虛詞性的詞，跟別的動詞（形容詞）構成一個不可分割的合成體。

根據語法意義和語法形式相結合的標準，我們認為趨向動詞具有動詞的主要特點，應該算動詞的一種。趨向動詞在句子裡可以充當各種成分：⑴作謂語，如「他出去」；⑵作定語，如「下去的人」；⑶作狀語，如「來回走著」；⑷作主語，如「出去容易，回來就難了」；⑸作賓語，如「要求回去」⑹作補語，如「跑下去」。充當前五種成分時，大家都承認它們是一般動詞，是

實詞；只有充當補語時，才說它們不表示動作，只表示趨向，或動詞的「附類」。拋開那麼多跟動詞完全相同的特點不管，只抓住一種作補語的用法而把全部趨向動詞打入「附類」，未免不公。語言中任何一類實詞都不會只有一種用途（比如只作主語，或只作謂語）而是往往有幾種用途，並且由於用途不同，由於跟它結合的詞語不同，它的意義必定也有所不同。比如作主語、賓語的名詞跟作定語的名詞，作謂語的動詞跟作主語、定語的動詞，意義不會完全相同，如「桐木很輕──桐木桌子」，前一個「桐木」指事物本身，能受數量詞修飾，後一個指事物的性質，不受數量詞修飾；「我們走著路──我們走著說」，前一個「走著」表示動詞，後一個表示動作的方式。能不能因此得出結論說，作主語的名詞是名詞，作定語的名詞就形容詞化了，作謂語的動詞是動詞，作狀語的動詞就副詞化了呢？不能。因為隨著這種理論而來的，必然是詞無定類、類無定詞。只根據趨向動詞的一種用途而把它劃為虛詞性的「附類」，有趨向動詞的結構獨立成一個結構類型，這不僅重蹈了詞無定類的覆轍，而且連「結構」也不能定類了。你把「你跑出來」叫「趨向結構」，別人要是把「跑一趟」叫「數量結構」，「把跑得快」叫「程度結構」，你有什麼理由不同意？按照這種邏輯類推下去，漢語的結構類型可以多到幾百種──結構成災！因此我們同意把「動詞」（形容詞）＋趨向動詞的結構劃入前正後偏的偏正結構，趨向動詞是補語，把「去說說」、「來看看」劃入表示一先一後兩個動作的承接關係的聯合結構。

㈥關於「**數量結構**」

「數量結構」也是經過曲折的道路提出來的，因此也一直是一個有爭議的問題。較早的語法著作，由於受古代漢語的影響，有人認為數詞是獨立的詞，是形容詞的附類；量詞也是獨立的詞，是名詞的附類。後來很多人覺得數詞跟形容詞無論在意義上

或形式上都沒有共同的語法特點，如形容詞經常作謂語，可以直接作名詞的定語，而數詞很少作謂語，一般不能直接作名詞的定語（作定語時後面要有量詞），應該獨成一類；量詞跟名詞雖然同出一源，但它們是同源異流，到現代漢語裡已經沒有共同的語法特點了，如名詞都能作主語、賓語，量詞一般不能單獨作主語、賓語或別的成分，也應該自成一類。由於數詞和量詞經常結合在一起，於是有人乾脆把這種結合體叫數量詞，自覺不自覺地把它們看成了一個合成詞。後來又有人覺得數詞和量詞既然都是獨立的詞，兩個詞結合在一起應該是一種結構（詞組），又由於說不清這兩個詞結合以後是什麼關係，不好歸並到別的結構類型裡去，只好叫「數量結構」，也有人叫「數量詞組」。

我們認爲「數詞＋量詞」是詞法結合，構成的是一個偏正式合成詞，「數量結構」或「數量詞組」應該取消。

把數詞和量詞各算一個獨立的詞類，對數詞來說，問題不大，自古以來漢語的數詞就可以單獨作句子成分；但對量詞來說，實在勉強。一個獨立的詞，無論是實詞或虛詞，都有造句功能——實詞能單獨作句子成分，虛詞能表示成分和成分之間的語法關係，或者能表示一種語氣、情感。而量詞沒有這種造句功能，實際上不是詞，只是構成數量詞的詞素，有的也是構成複數意義的名詞的詞素（如「車輛」、「船隻」）。

漢語構詞法的原則是：兩個能獨立成詞的單位結合在一起，構成的可以是一個合成詞，也可以是一個詞組，如「火車」、「香菜」是合成詞，「好車」、「臭菜」是詞組；而一個能獨立成詞的單位加上另一個不能獨立成詞的單位，構成的只能是一個合成詞，如「巨大」、「白薯」等。按照這個原則，即使量詞是一個詞，「數詞＋量詞」構成的也應該是一個合成詞，不是詞組，因爲它們沒有詞組的特點——不能隨便拆開插入別的成分。至於像「一大車」、「一滿筐」等雖然能在數詞和量詞中間插入別的成分，

但這是個別現象，而且這種量詞一般都是由名詞活用的，中間能插入的成分多是單音形容詞。

把數量詞分為數詞和量詞兩個詞類，不僅增加了詞類數目，還多出了一個「數量結構」，更重要的是給句法分析帶來了一些不必要的麻煩。比如「一個人看一次」，按數量詞分析，只有兩層關係，按數量結構或數量詞組來分析，就有三層關係，講起來或畫起來都很費事。請比較：

一個人看一次　　　　　　一個人看一次

能不用的術語不用，能少立的項目少立，能減少的麻煩減少，可以避免語法分沂的煩瑣性，對學語法的人也是有好處的。

㈦關於「方位結構」

「方位結構」一直是一個概念不明、含義不清的「結構」。「方位」是一個空間概念，指方向和位置，但一般又說「方位結構」是表示處所或時間的；「方位結構」的範圍多大？一般都說「詞或者詞組＋方位詞」構成的是「方位結構」，但仔細扣一扣，「方位結構」又不包括一切「詞或者詞組＋方位詞」的結構。

「方位結構」由「方位詞」得名。一般所說的「方位詞」有兩種：一是單純的──「東、南、西、北、上、下、前、後、左、右、裡、外、中、內、間、旁、邊、面、頭、」等；一是合成的──「上邊、下面、裡頭、當中、中間、以上、之內」等。提出「方位結構」的論著，實際上只承認「詞組＋方位詞」和「詞＋合成方位詞」是「方位結構」，如「新桌子上」、「北京和廣州之間」、「長城裡頭」、「樹旁邊」等。他們認為方位詞是虛詞（名詞的附類），「實詞＋虛詞」構成的只能叫「結構」，而且這種「結構」不能包括在別的結構類型裡，所以自成一類。

單純方位詞，在現代漢語裡主要是用來構詞的，一般都當詞素使用，如「東城、上級、屋裡、村東、蘇北、桌子上、路旁、

暑假前」等。只有放在介詞和動詞之間，或者放在詞組後面的，才是獨立的詞，如「往左拐、新買的桌子上、這個暑假前」等。這種單純方位詞都可以在現有的位置上以原義擴展爲合成方位詞，「往左拐——往左邊拐」、「新的桌子上——新買的桌子上頭」，跟一般時地名詞的主要特點相同，應劃歸時地名詞，算實詞。放在介詞和動詞之間的，是狀語，跟動詞構成偏正結構；放在詞組後面的是中心語，跟詞組構成偏正結構。

　　「合成方位詞」，都是獨立的詞，而且跟一般時地名詞，如「周圍、江南、外國、前天、明天」等，語法特點相同，都能作主語、賓語，前面有介詞時還可以作狀語、定語、補語，把它們劃歸時地名詞是順理成章的。其中的「以上」、「之內」等，都是古語成分的借用。「以上」是「這裡的上面」的意思，「之內」是「××的內部」的意思，不能單獨作句子成分，應看作特殊現象。這樣，所謂「詞＋合成方位詞」的結構，如「桌子上頭、黃河以北」，都應該劃歸「定語＋中心語」的偏正結構。

　　取消了「方位結構」，也可以取消「方位詞」、「名詞的附類」等術語，一舉數得，符合趨簡避繁的精神。

二　單句結構和複句結構的對應

　　句子按照結構可以分爲單句和複句兩大類：單句是有一套結構中心（「主＋謂」或「主＋謂＋賓」等），表示簡單表述關係的句子；複句是有兩套以上結構中心（「〈主＋謂〉＋〈主＋謂〉等」），表示複雜表述關係的句子。單句和複句雖然是兩種結構不同的句子，但它們在結構關係上仍然存在著較爲嚴格的對應性。複句有聯合、偏正兩大類，聯合複句又分並列、遞進、選擇、承接、解說等小類，偏正複句又分讓轉、因果、條件、目的等小類；單句的某個成分（主要是謂語）也有聯合結構、偏正結構，聯合結構同樣可以分爲並列、遞進、選擇、承接、解說（主要是

主語、賓語）等關係，偏正結構同樣可以分爲讓轉、因果、條件、目的等關係。單句和複句之間正因爲有這種較爲嚴格的對應性，漢語的單句往往可以擴展成相應的複句，複句往往也可以緊縮成相應的單句。請看表㈡：

表㈡　單句結構和複句結構對應表

類　型		單　　句	複　　句
聯合	並列	我們唱歌、跳舞。	我們唱歌，（我們）跳舞。
	遞進	他聰明而且勇敢。	他不但聰明，而且勇敢。
	選擇	咱們游泳或者划船。	咱們游泳，或者划船。
	承接	你出去轉轉。	你出去，（你）轉轉。
	解說	你總不理他不好。　我有兩本書：《紅樓夢》、《李自成》	你總不理他，這不好。我有兩本書：一本是《紅樓夢》、一本是《李自成》。
偏正	讓轉	你有本事也不應該驕傲。	你（雖然）有本事，（但是）不應該驕傲。
	因果	因爲我，他受了批評。	因爲我沒有回來，他受了批評。
	條件	她死也不肯回頭。	她寧肯死，（她）也不肯回頭。
	目的	媽媽爲了我吃了不少苦。	爲了我能上學，媽媽吃了不少苦。
	時間	我買菜回來以後，他才休息了一會兒。	我買菜回來，他才休息了一會兒。

　　句法結構包括詞組結構和句子結構。詞組是由兩個以上意義有聯繫的實詞按照一定規則組成的句子內部的語法單位。儘管有的詞組比某些句子還長，但對它所從出的句子來說，永遠是造句材料；句子是具有一個說明語調，表達一個完整意思的獨立的語法單位，在句子裡除了詞或詞組等造句材料，還必須有一個說明語調（在書面語言中用句號、問號或感嘆號表示）。可見，詞組和句子是兩種性質不同的語法單位（一個是材料單位，一個是成品單位），但在結構方式上，除了「獨詞句」，它們又是基本一致的。句子本身是一種結構，句子的某個成分也可以由詞組構成。因此句子結構的分析也包括了詞組結構的分析。第一部分講的「句法結構類型和詞法結構類型的對應」，雖然也包括句子的結

構，但著重點是詞組的結構。這一部分講的「單句結構和複句結構的對應」，雖然也包括詞組的結構，但著重點是句子的結構。所以這裡我們只從單句結構和複句結構的對應關係方面說明取消「緊縮句」、「兼語式」、「連動式」、「複指成分」等術語，把它們歸並到相應的結構類型裡去的理由。實際上是第一部分的延續，或者說，是一個問題的兩個側重點。

　　㈠關於「緊縮句」

　　「緊縮句」，也有人叫「緊縮結構」，是一種既不同於一般單句，又有別於一般複句的第三種句子。「緊縮句」所代表的語言現象是客觀存在，但這種客觀存在的句子是不是介於單句、複句之間的第三種句子，值得商榷。

　　我們認為「緊縮句」是複句的緊縮形式。根據劃分單句和複句的標準，這種緊縮形式有的變成單句，有的仍是複句，不是第三種句子。

　　複句緊縮以後，只剩一個主語，這個主語可以跟後面的成分發生主謂關係，後面的成分可以互為句子成分，有聯合或偏正關係的，不管中間用不用連詞或其它關聯詞語，一律變成單句，應按單句分析——大部分成為聯合或偏正結構作謂語的單句，少數是作其它成分的。表㈡裡所列的單句，都可以說是從複句緊縮來的。為了醒目，下面只舉幾個被看作「緊縮句」的例子。

　　①他一出門就跑了。

　　②他越幹越起勁。

　　③你有本事也不應該驕傲。

　　④我們有了條件才能進行試驗。

　　這四個句一向被看作標準的「緊縮句」，我們認為例①和例②應劃入承接關係的聯合詞組作謂語的單句（擴展以後變成相應的承接關係的聯合複句），例③應劃入讓轉關係的偏正詞組作謂語的單句（擴展以後變成相應的讓轉關係的偏正複句），例④應

劃入條件關係的偏正詞組作謂語的單句（擴展以後變成相應的條件關係的偏正複句）。

複句緊縮以後，凡是兩個動詞或形容詞謂語不能共用一個主語的，或者雖然能共用一個主語，但這個主語出現在兩個動詞或形容詞之間，使兩個動詞或形容詞失去聯合或偏正關係的，仍是複句。為了跟一般複句有所區別，可以叫「緊縮複句」。這種複句可以用「也」、「都」、「才」、「越……越……」等，也可以什麼都不用。例如：

①困難再多也不怕。

②不會幹你得學著幹。

③打死我都不怨你。

④誰去批評誰。

⑤越不讓他哭他越哭。

⑥別人問了才回答。

這種句子擴展不擴展都是複句，因為都有兩套彼此不作句子成分的結構中心。例①是讓轉複句，例②是因果複句，例③④⑤是條件複句，例⑥是時間複句。

有的複句緊縮以後，成為多義（歧義）結構：可能是只有一個主語的單句，也可能是主語不同的複句，要把它們放在具體的語言環境中確定類屬。例如：

①我一進門就不高興。

②他越說越糊塗。

③他批評我也不生氣。

④你回到家裡才放心。

⑤剛搬進來又拿了出去。

例①可以是「我一進門（他）就不高興」（複句），也可以是「我一進門（我）就不高興」（單句）；例②可以是「他越說（別人）越糊塗」（複句），也可以是「他越說（他）越糊塗」（單

句)。其它各例也都是多義的。

　　複句一經緊縮，就形成自己的特殊表達風格。我們雖然從結構上把這種句子劃歸單句或複句，但並不是抹煞它們的修辭作用。這種句子，在語言的實際運用中雖然多數都可以擴展成一般複句，但也有一些不能或不必要強行擴展的。

　　㈡關於「兼語式」①

　　「兼語式」，有人叫「遞系式」、「遞謂式」，有人叫「謂語的延伸」，也有人叫「兼語結構」。「兼語式」的範圍有多大？承認「兼語式」的語法論著意見極不一致，有的分四五類，有的分到十七八類。根據劃分結構類型的標準，我們把各語法論著所提出的「兼語式」歸納爲以下五個類型，逐項加以分析。

(1)
{
我喜歡他老實。
我覺得他很好。
他老懷疑別人瞧不起自己。
這是同志們批評他呢。
}

(2)
{
團長命令我們開炮。
禁止兒童入場。
你告訴他馬上進城。
人們叫他蕭政委。
}

(3)
{
我幫助他捆行李。
你協助他做宣傳工作。
他扶我上樓。
王廠長率代表團出國。
}

(4)
{
虛心使人進步。
他被同志們批評了。
你把它拿出來。
}

(5)
{
小王有個姐姐在南京學習。
他買了一本書叫《鏡花緣》。
我們選你當代表。
廠長派我去廣州。
}

　　從上述例句可以看出，所謂「兼語式」實際上是個大雜燴，不僅「兼語式」內部界限不清，而且也跟別的許多結構互相混雜。

　　這些例句為什麼一定要用「兼語式」來概括呢？提出和使用「兼語式」的論著認為，聯合、偏正、動賓、主謂等結構類型都概括不了這些句子。根據是什麼？有的只根據意義，認為凡是兩個動詞共同表述一個主語，第一個動詞的賓語是第二個動詞的主語的，都是「兼語式」；有的只根據形式，認為凡是有「動‧名‧謂」的詞序，或者「名‧謂」之間沒有語音停頓、名詞後面可以加別的成分的，都是「兼語式」；有的根據意義並結合形式，認為兩個主謂結構套在一起，前一個主謂結構的賓語兼作後一個主謂結構的主語，並且中間沒有停頓、不能加副詞或副詞性修飾語的，才是「兼語式」。

　　我們認為這些根據在理論上站不住腳，在實踐中不管用，都證明不了「兼語式」可以成為一個獨立的結構類型，只憑兩個動詞共同表述一個主語，第一個動詞的賓語是第二個動詞的主語這個意義，遇到具體結構，比如「你通知他明天開會」，大家可以有不同的理解，你說第一個動詞的賓語是兼語，他可以說是近賓語。只憑「動‧名‧謂」的詞序並輔以語音停頓這種形式，一種結構可以得出不同的結論，比如「修好機車十八輛」，你可以說「機車」是兼語，「十八輛」是它的謂語，也可以說「機車」是賓語，「十八輛」是它的後置定語。把意義和形式結合起來是對的，但這種意義和形式必須是句法結構特有的，而且是各種句法結構之間相互對立的。說「兼語式」是兩個主語結構套在一起，前一個主謂結構的賓語兼作後一個主謂結構的主語，並且中間沒有停頓、不能加副詞性修飾語，這種標準會模糊許多結構之間的界限。因為大多數「兼語式」中間可以停頓，可以加副詞性修飾

語，如「廠長派我去廣州——廠長派我/馬上去廣州」。從理論上說，在一個單句的同一個平面上允許「兩個主謂結構套在一起」，或「一個動賓結構和一個主謂結構扣在一起」，必然要得出這樣一個錯誤結論：漢語的單句可以有兩個不分主次的謂語；因為有一個是兼主語和賓語，所以也可以有兩個不分主次的主語和賓語。這不符合單句只有一套結構中心的特點，因而也容易混淆單句和複句的界限。

　　下面我們拋開這些標準，根據各種結構類型（或句子成分）特有的語法意義和語法形式相結合的標準，看看上面五種「兼語式」能不能並入其它結構類型。

　　⑴組各例，一般情況下可以看作主謂詞組作賓語的句子，即「他老實」是「喜歡」的賓語，「他很好」是「覺得」的賓語，「別人瞧不起自己」是「懷疑」的賓語，「同志們批評他」是「是」的賓語。這種句子跟一些典型的主謂詞組作賓語的句子沒有什麼不同。請比較：

　　我喜歡他老實——我認為他老實

　　我覺得他很好——我希望他很好

　　他老懷疑別人瞧不起自己——他老反對別人嘲笑自己

　　也有人認為這一組句子是兼作「主謂賓」和「兼語式」的句子。我們認為其中只有一個是多義結構，但不是「兼語式」。即「他老懷疑別人瞧不起自己」，停頓在「懷疑」之後，「別人瞧不起自己」是賓語；停頓在「別人」之後，是聯合詞組作謂語，意思是「他既懷疑別人又瞧不起自己」。

　　⑵組各例，一向被看作典型的「兼語式」，也是「兼語式」安身立命的精神支柱。我們認為這些句子都可以並入雙賓語句。「團長命令我們開炮」，「命令」是謂語動詞，「我們」是近賓語，「開炮」是遠賓語。因為在這種句子裡「命令」是分別跟「他」和「開炮」發生直接的動賓關係的。請比較：

　　他給了我一本書——他給了我——他給了一本書

　　團長命令我們開炮——團長命令我們——團長命令開炮

第一組是公認的雙賓語句，第二組在意義和形式上跟第一組相同。

　　這樣分析，可能有人要用兩個理由來反駁。一個理由是，雙賓語結構是「動‧名‧名」，而這種結構則是「動‧名‧動」；另一個理由是，雙賓語的「名‧名」沒有主謂關係，而這種結構的「名‧動」有主謂關係。第一個理由從句法結構分析的全局來看，有很大的局限性：大家都承認動詞可以直接作賓語，如「禁止喧嘩」，「命令出發」，在語言中已經存在著「動‧動」的動賓結構，為什麼加上個接受動作的名詞就又不承認動詞可以作賓語呢？憑意義，後一個動詞是前一個動詞涉及的對象，二者可以發生動賓關係；憑形式，跟一般公認為雙賓語的結構相同（可以按同樣形式轉換，如「他給了我一本書——一本書，他給了我」，「團長命令我們開炮——開炮，團長命令我們」）。其實，公認的雙賓語結構早就衝破了「動‧名‧名」的形式，如「通知他開會」，不也是「動‧名‧動」嗎？第二個理由是沒有認準結構內部的層次關係：「名‧動」雖然可以發生主謂關係，但在這種結構裡卻不是主謂關係，因為它們已經分別跟第一個動詞發生了直接的動賓關係。正像「學習」和「材料」可以發生動賓關係，但在「這是學習材料」裡卻是偏正關係，「三個」和「大學」可以發生偏正關係，但在「三個大學教師」裡卻不是偏正關係一樣。

　　(3)組各例，許多語法論著也都認為是典型的「兼語式」。「我幫助他捆行李」，意是是「我幫助他，他捆行李」，「他」是兼語；「他扶我上樓」；意思是「他扶我，我上樓」。我們認為硬說後一個動詞只屬於兼語，是不符合語言實際的。這種句子的第一個動詞都有「偕同」意義，「我幫助他捆行李」，在語言中的實際意義可能是「我和他都捆行李」，也可能只是「我」捆行李，決

不會只是「他」捆行李。「他扶我上樓」，「他」也必須同時上樓，根據這種情況，最好還是把這種「兼語式」劃入偏正結構作謂語的句子，即「幫助他」是動賓詞組作「捆」的狀語，「扶我」是「上」的狀語。

(4)組各例，許多語法論著都認為「被」和「把」是介詞，整個謂語是個偏正詞組。只是帶「使」字的，所有的語法論著都認為是典型的「兼語式」。我們認為「使」跟「被」、「把」一樣也是介詞，整個謂語也是個偏正詞組。關於這個問題，第三部分還要詳細論述。

(5)組各例，也被看作典型的「兼語式」。我們認為這些都是標準的緊縮複句。從意義上說，「小王有個姐姐在南京學習」跟被公認為複句的「小王有個姐姐，在南京學習」一樣，第二分句承前省略了主語；從形式上說，它們都有兩套結構中心，而且在所謂「兼語」後面隨時可以加上逗號，有逗號跟沒逗號，在這種句子裡只有停頓長短的區別，沒有意義和結構上的不同。就是說，逗號（停頓）在這裡不能作為區分單句和複句的標準，因為單句中間也可以有逗號，複句中間也可以不用逗號。

總之，按照句法結構的對應性特點，我們建議拆散「兼語式」，把它歸並到相應的結構類型裡去，這樣既減少了一種結構類型，更重要的是可以使漢語句法結構分析符合漢語的實際情況，有利於劃清各種結構類型的界限。

㈢關於「連動式」

「連動式」也叫「連謂式」、「謂語的連續」，最近有人覺得「連謂式」不光作謂語，還可以作別的成分，又改為「連謂結構」。「連動式」的確切含義是什麼？「連動式」的範圍有多大？意見更為分歧：有的分為三四個類型，有的分為十七八個類型。各有各的理解。根據劃分結構類型的標準，我們把各語法論著中所提出的「連動式」歸納為以下十個類型，逐項加以分析。

(1) {
他開門出去。
我站起來就走。
你去看看他。
}

(2) {
他說話說得很清楚。
他做試驗做出了成績。
他說了又說。
}

(3) {
我倒杯茶喝。
他借了一本畫報看。
}

(4) {
我往東走。
我用筆寫字。
我在揚州住家。
}

(5) {
我身體好不休息了。
我有力量完成任務。
我一隻手打不過你。
咱們打得贏就打。
}

(6) {
你見一見他嗎?
我想了想。
他笑了笑。
}

(7) {
他笑著說。
她拿著扇子跳舞。
咱們騎著馬上山。
}

(8) {
大家都走進來。
他們立即跑了下去。
}

(9) {
他不敢再看了, 茫然地低下頭去。
我跳下車, 跑了過去, 把他抱在懷裡。
}

(10) {
他喜歡看電影。
你愛做針線活。
}

　　從上述例句中可以看出, 所謂「連動式」更是一個包羅萬象的大雜燴。這些例句為什麼一定要用「連動式」來概括呢? 提出

和使用「連動式」的論著認爲，在漢語裡聯合、偏正、動賓、主謂等結構類型都包括不了它們。根據是什麼？有的只根據意義，認爲只要前後兩個或幾個動詞同屬於一個主語，就是「連動式」，或者連用的動詞就語意看沒有輕重之分；就時間看有先後之別的，就是「連動式」。有的只根據形式，認爲能連著主語單說，並且中間沒有停頓的，是「連動式」。有的根據意義並結合形式，認爲兩個或幾個動詞屬於一個主語，讀起來中間沒停頓，並且中間沒有連詞的，才是「連動式」。

「連動式」是作爲一種結構類型提出來的。任何一種結構都應該是語法意義和語法形式相結合的產物。要想判斷各種結構類型之間的異同，必須用語法意義和語法形式相結合的標準。採用「連動式」的論著，雖然也提出了意義標準、形式標準，或意義和形式相結合的標準，但都不是句法結構特有的意義和形式。比如只憑兩個或幾個動詞是否同屬於一個主語這種意義，或者只憑能連著主語單說，並且中間沒有停頓，必然要把許多動詞、形容詞作賓語的結構包括進去，如「我喜歡唱歌——我喜歡——我唱歌」，「我不怕冷——我不怕——我冷」。只憑語意上沒有輕重之分，時間上有先後之別這種意義，必然要把許多承接複句包容進去，如「他吃完了飯，休息了一會兒，看電影去了」。只憑兩個或幾個動詞同屬於一個主語，中間沒有停頓或沒有連詞這種意義和形式相結合的標準，而不考慮句法結構特有的動詞和動詞之間的結構關係和結構形式，也劃不清各種結構類型之間的界限，如「吃飯穿衣」可以同屬於一個主語，中間也沒有停頓、沒有連詞，爲什麼不算「連動式」？

下面我們拋開這些標準，根據各種結構類型特有的語法意義和語法形式特點，看看上面各種「連動式」能不能並入其它結構類型。

(1)組各例，是表示一先一後兩個動作的，是「連動式」的核

心，也是各語法論著都承認的。要是能取消它們的「連動式」資格，別的「連動式」就更容易解決了。根據單句結構和複句結構的對應性特點，我們認爲這一組應該並入聯合結構。是承接關係的聯合詞組作謂語的單句。如果擴展一下（「他開了門，（他）出去了」），就是承接關係的聯合複句。

漢語的聯合複句，包括並列、遞進、選擇、承接、解說等小類，漢語單句的謂語可以是一個聯合詞組，而聯合詞組本來就是一個容量較大的結構，有並列關係，如「批評和表揚」，有遞進關係，如「美觀而且耐用」，有選擇關係，如「去或者不去」，爲什麼偏偏不要承接關係，而把「開門出去」之類結構獨立成一個結構類型？這種結構，從語法意義上說，兩個動詞結合在一起可以發生直接的結構關係———先一後的承接關係；從語法形式上說，在兩個動詞中間可以加上表示承接關係的連詞或關聯詞語「一……就……」、「就」等，正像有並列關係的兩個動詞中間可以加「一面……一面……」、「和」，有遞進關係的兩個動詞中間可以加「並且」，具選擇關係的兩個動詞中間可以加「或者」一樣。我們不能忽視這種客觀存在的對應性。

有人爲了縮小「連動式」範圍，提出表示一先一後兩個動作的動詞中間有連詞或關聯詞語的不算「連動詞」單句，而算「緊縮句」或「緊縮複句」。這種理論似乎也是隨心所欲的，違背了各種結構使用連詞的對應情悅，也高估了連詞的作用。單句和複句的存在是以結構實體爲根據的，連詞的用與不用，改變不了結構實體的性質。「他開門出去了」和「他一開門就出去了」，誰能說清它們的結構成分不同？誰敢說單句和複句（包括所謂「緊縮句」）的劃分是以連詞的有無爲根據？爲什麼在別處不能用的標準，偏偏強加於這種結構？

⑵組各例，是比較特殊的結構，有人叫重複動詞的「連動式」，也有人叫動補結構，即動賓結構帶補語時，需要重複動詞，

第二個動詞在整個結構中不是獨立的結構成分，沒有地位。我們認爲還是把它們劃歸重複關係的聯合結構作謂語更方便些。即「說話」和「說得很清楚」構成的是聯合詞組。如果把它們叫「連動式」，那麼「來來來」更應該是「連動式」，說第二個動詞在整個結構中沒有地位，不符合事實，因爲它明明是一個有語法標誌的動詞（帶補語）。

(3)組各例，有人叫「兼語式」，「我倒杯茶喝」，「茶」是「倒」的賓語，又是「喝」的被動主語，更多的人叫「連動式」，意思是先「倒」後「喝」。我們認爲這種結構都是多義結構：可以是「我倒杯茶我喝」，也可以是「我倒杯茶你喝」，把這兩種意義的都叫「連動式」或「兼語式」不恰當，應按多義結構分屬兩類。屬於前一種意義的（它可能增補上的形式跟後一種不同）。是表示一先一後兩個動作，應跟(1)組一樣，劃入承接關係的聯合詞組作謂語的單句；屬於後一種意義的（它可能增補上的形式也跟前一種不同），有兩套結構中心，應劃入緊縮句。

(4)組各例，凡是承認漢語有介詞的語法論著，大都認爲是偏正結構。我們同意這種意見。從語法意義上說，「往東走」、「用筆寫字」、「在揚州住家」的「往」、「用」、「在」都是介詞，介紹它們後面的名詞作狀語，跟中心語發生偏正關係，從語法形式上說，介詞是偏正結構的標誌，它後面的名詞，應該是附加成分。

(5)組各例，有人叫「緊縮句」，有人叫「連動式」。根據前面「緊縮句」的分析，這些都是複句緊縮以後變成單句的，應按單句分析。「我身體好不休息了」，從語法意義上說，「身體好」可以回答「爲什麼」所提出的問題；從語法形式上說，能加上表示原因的「由於」、「因爲」，符合狀語的特點。「我有力量完成任務」，「有力量」是「完成」的條件或原因，也有「能夠」的意思，二者可以發生偏正關係。「我一隻手打不過你」，比較特殊，「一隻手」是名詞性的（叫「連動式」顯然不合適），可能有兩種

意思：一是「用一隻手」，表示方式，一是「因為有一隻手」，表示原因。但不管是哪種意思，都符合狀語的特點，整個結構也應該是偏正結構。

(6)組各例，又是一種特殊情況，多數人叫動補結構，少數人叫「連動式」，我們認為「見一見」、「想了想」是「見見」、「想想」的變體，它們所表示的既不是「動詞＋數量詞」的動補結構的意義，也不是一先一後兩個動作的「連動」意義，而是動詞的重疊形式，屬於詞法結構，表示動詞的「輕微體」或「輕微完成體」。「輕」是表示動作的輕鬆或輕巧，「微」是表示動作的輕微或短暫。

(7)組各例，也是典型的「連動式」。很多人認為，在「笑著說」、「拿著扇子跳舞」之類結構裡，前一個動詞（或動賓詞組）表示後一個動詞的方式，後一個動詞是前一個動詞的目的。但很難分辨哪個重要哪個不重要。因此，這種結構代表什麼語法意義，回答是不肯定的，有時像這種意義，有時像那種，並且根本說不出在什麼條件下是這，在什麼條件下是那，只好叫「連動式」。根據意義和形式相結合的原則，我們認為這種結構都可以劃入「狀語＋中心語」的偏正結構。從語法意義上說，方式和目的關係本身就是偏正關係——方式永遠為目的服務，可以回答「怎麼樣」所提出的問題；從語法形式上說，表示方式的詞語在前，表示目的的詞語在後，符合漢語「狀語——中心語」的詞序特點（如果改變這種詞序，兩個動詞之間的關係必然要發生變化，表示方式的往往變成表示「結果」的動詞，但仍然是「狀語——中心語」的偏正關係，比較：「他騎著馬上山——他上山騎馬——他為了上山而騎著馬」）。

(8)組的「走進來」、「跑了下去」，只有少數語法論著叫「連動式」，多數認為是「趨向合成謂語」，或「趨向結構」。前面已經說過，我們同意把這種結構劃入前正後偏的偏正結構。

(9)組的「他不敢再看了，茫然地低下頭去」等，多數語法著作認為是承接或連貫複句，後面的分句承前省略了主語，只有少數語法著作叫「連動式」。根據劃分單句和複句的標準，這種句子都有兩套以上結構中心，應該劃歸複句。

(10)組的「喜歡看電影」等，也是只有少數人叫「連動式」，多數人認為這是動賓詞組作賓語的動賓結構。我們同意這種意見。

㈣關於「複指成分」

「複指成分」，有人叫「同位成分」，有人把複指和被複指的成分合在一起叫「複說」或「複指結構」。包括三種類型：

(1)重疊複指

交通員老李忙把牆角的缸搬開。

北京，我們的首都，是一個美麗的城市。

我知道他這個人。

志成和建華兩個都是先進工作者。

(2)稱代複指

青春，這是多麼美好的時光啊！

這位老戰士，他的經驗是豐富的。

這個人，我認識他。

飛沙像山一樣壓下來，那在大戈壁裡是不稀罕的。

(3)總分複指

梁志賢和楚明，一個是汽車司機，一個是火車司機。

拖拉機手有的駕駛著向前馳行，有的熟練地搖著耕犁。

我買了兩本書：一本是《說文解字》，一本是《詞詮》。

這三種「複指成分」，根據單句和複句的對應性以及意義和形式特點，我們認為都可以歸併到別的結構類型裡。

「重疊複指」，可以劃入跟解說複句相對應的解說關係的聯合詞組。請比較：「我有一個姐姐，叫小芳——我姐姐小芳」。在

這種詞組裡，後一個成分解釋說明前一個成分，有時中間可以加上表示解說關係的連詞「即」、「如」等。

「稱代複指」比較複雜，至少包含三種現象：「飛沙像山一樣壓下來，那……」，被代的成分具有一套結構中心，完全符合分句的特點，應劃作分句，「那……」是另一個分句，對前一分句進行解說。「這個人，我認識他」，被代的成分是一個名詞或名詞性詞組，構不成分句；稱代的成分跟被代的成分距離比較遠，構不成聯合詞組，整個句子應劃入主謂謂語句，即「這個人」是全句主語，「我認識他」是主謂詞組作謂語。「青春，這……」比較麻煩：「青春」是個名詞，肯定不能按分句分析，它跟「這」中間只用了逗號隔開，還算是相連的，共處在同一個位置上，可以構成聯合關係，把它們劃入聯合結構不是不可以的；但為了跟「這個人」，「我認識他」相對應，最好劃入主謂謂語句，即「青春」是全句主語，「這……」是主謂詞組作謂語。

「總分複指」包括兩種現象：一種是「總提」成分和「分說」成分都可以自成為分句的，應劃入解說複句，如「我買了兩本書，一本是《說文解字》，一本是《詞詮》」。一種是「總提」成分只是一個名詞或名詞性詞組，這個「總提」成分應該是全句的主語，其它分說的成分是複句形式詞組作謂語。

三　單句內部同類成分的對應

作為一種語法現象，單句內部同類成分在性質、功能、形式上都有共同的語法特點，這是客觀存在；作為一種分析方法，根據幾種語法現象相同的語法特點推出它們同屬於一個更大的類別，這是一種類比推理的方法。這種方法，無論是劃分詞類，確定詞組和句子成分的類型等都用得著。這裡只談幾種跟語法體系的分歧有關的對應性——動作句內部的對應、判斷句內部的對應、「是……的結構」的類屬。

㈠動作句內部的對應

漢語的單句按照謂語的表述性可以分為動作句、判斷句、存在句、形容句四種。動作句是動作動詞作謂語的句子。許多漢語語法論著根據主語和謂語的關係又把動作句分為主動句和被動句兩種。主動句的主語對謂語動詞來說是主動者（動作的發出者），一般可以用「把」、「將」把賓語提到狀語的位置，如「我看完了書——我把書看完了」；被動句的主語對謂語動詞來說是被動者（動作的承受者），一般可以用「被」（「叫」、「讓」、「給」）引介主動者作狀語，如「碗打了——碗被他打了」。根據類比對應的特點，我們認為漢語裡還有一種跟主動句、被動句相對應的「使動句」。使動句的主語既不是主動者，又不是受動者，謂語所表示的動作是在主語的支使下由另一個成分發出的，這個成分一般可以用「使」（或有使令意義的「叫」、「讓」）引介作狀語，如「他討厭人——他使人討厭」。請看表㈢：

表㈢　動作句內部對應表

動作句	主	謂動	賓	主	狀	謂動
主動句	他 我	推開了 完成了	大門 任務	他 我	把大門 將任務	推開了 完成了
被動句	水 這輛車	喝完了 騎壞了		水 這輛車	被他們 叫　我	喝完了 騎壞了
使動句	這孩子 我　們	討　厭 豐富了	人 詞彙	這孩子 我　們	讓　人 使詞彙	討　厭 豐富了

根據表㈢所反映的對應情況，我們想論證兩個問題：1)「使」跟「把」、「被」是互相對應的介詞；2) 帶「使」的結構跟帶「把」、「被」的結構一樣，都是偏正結構。

1)「使」是典型的介詞

詞類是詞的語法分類，劃分詞類的標準應該是詞和詞相互對立的語法特點。這是多數人都能同意的原則。「把」和「被」雖然有人叫動詞，但多數人認為它們不能單獨作句子成分，不能重

疊，不能帶「了」、「著」、「過」，跟動詞沒有共同的語法特點，應該算典型的介詞，專門引介別的詞語作另一個詞語的附加成分。我們完全同意這種見解。但是，根據同樣的標準，所有的語法論著都把「使」字算作動詞，就有點不公平了，不僅忽略了同類成分的對應性特點，而且實際上是破壞了劃分詞類的標準。我們認為「使」字沒有動詞的語法特點，不能單獨作句子成分，不能重疊，不能帶「了」、「著」、「過」，比某些被公認為介詞的詞意還要虛靈，應該劃歸介詞，而且跟「把」、「被」一樣，是典型的介詞。這個「使」跟「我使鋼筆」的「使」只是同音同形，意義並不相干，不能混為一談，正像「你把門兒」跟「你把門兒開開」的「把」是同音同形一樣。

跟介詞「使」同功能、同意義的還有「讓」、「叫」。「讓」和「叫」是多義詞，在「人家不讓你了」、「他叫你啦」之類結構裡是「答應」、「喊叫」的意義，應看作動詞；在「碗讓他打了」、「書叫他拿走了」之類結構裡是「被」的意義，是介詞；在「這個人讓人喜歡」、「他叫我高興」之類結構裡是「使」的意義，也應看作介詞。

2)「使」字結構是偏正結構

由於「把」和「被」的介詞性質，多數語法論著都認為帶「把」、「被」的結構是偏正結構，即「把」、「被」介紹一個詞語作另一個詞語的狀語。這都是正確的分析。由於把「使」看作動詞，帶「使」字的結構，都叫「兼語式」或「謂語的延伸」，「使」字後面的名詞（代詞）是賓語，這個賓語又兼作後面動詞（形容詞）的主語。根據「使」字結構的語法意義和語法形式特點，並按照類比推理的方法，我們認為這也是一種偏正結構，「使」字是介詞，介紹名詞（代詞）作動詞（形容詞）的狀語，整個句子是使動句。

把「使」字叫介詞，理由比較充分，阻力不大，但在句法分

析時，特別是按中心成分分析法作句法分析時，說「使」字結構是偏正結構，在語義和語感上顯得很彆扭。比如分析「你使他放心」，按照中心成分分析法，第一步分出的是「你（主語中心語）──放心（謂語中心語）」，跟原意大為不同。這個問題怎麼解決？我們認為結構分析和語義分析雖然有密切聯繫，但畢竟不是一回事，語義是指結構的整體意義，結構分析是有層次、有步驟的，在分析的進程中，而不是等到分析完畢就苛求語義的完整性，是不切實際的。比如分析「這個孩子被狗咬了」，第一步分出的中心語是「孩子咬了」，這不也跟原意相悖嗎？同樣的結構，同樣的情形，為什麼很多人都承認「孩子」是主語中心語，「咬」是謂語中心語，而不感到別扭呢？這種現象只能說明句子的狀語或其它附加成分，在結構上是可有可無的，但在語義上不是可有可無，有時是必不可少的。「這個孩子被狗咬了」，「被狗」是不能缺少的，「你應該使他放心」，「使他」是不能缺少的。我們完全可以根據使動句跟被動句的這種對應性，把「使」字結構劃入偏正結構。

(二)判斷句內部的對應

　　判斷句是判斷動詞作謂語的句子。許多語法論著認為漢語的判斷動詞（或叫判斷詞）是虛詞性的，只有一個「是」字，「是＋名詞（或其它實詞）」的結構叫「判斷合成謂語」，也有人叫「判斷結構」。根據類比對應的關係，按照語法意義和語法形式相結合的標準，在這裡我們想論證兩個問題：1）漢語的判斷動詞除了「是」字，還有「像」、「叫」、「當」、「做」等，因此判斷句除了「是＋名詞」，還有「像＋名詞」、「當＋名詞」等；2）「是＋名詞」、「像＋名詞」等跟動作句的「動詞＋賓語」的結構特點相同，應該劃歸動賓結構，不應該自成一個「合成謂語」或「判斷結構」。請看表(四)和表(五)：

表(四)　判斷句內部對應表

判斷句	基本結構	轉換結構
「是」字句	他是教師。	他是不是教師? 他是教師不是?
「像」字句	他像教師。	他像不像教師? 他像教師不像?
「叫」字句	他叫教師。	他叫不叫教師? 他叫教師不叫?
「當」字句	他當教師。	他當不當教師? 他當教師不當?

　　從這種整齊的對應關係裡，我們完全可以看出，除了具體詞義不同，「是」跟「像」、「叫」、「當」沒有任何語法特點的不同；「像」、「叫」、「當」等是動詞，「是」也應該劃歸動詞；「是」字算判斷動詞，「像」等也應該算判斷動詞，它們構成的都是判斷句。如果硬把「是」算虛詞性的判斷詞，構成的是判斷句，而把「像」等算實詞裡的動詞，構成的是動作句，那就不單純是一個具體詞和一個具體句子的歸類問題了，必然要涉及整個劃分詞類和劃分句類的語法標準問題。按照詞的語法特點歸納詞類，誰能說清「是」跟「像」有什麼區別？按照句子的語法特點進行分類，誰能說清「他是教師」跟「他像教師」有什麼結構上的差別？

表㈤　判斷句、動作句、存在句對應表

判　斷　句	動　作　句	存　在　句
他是老師。	他愛老師。	他有老師。
他是不是老師？	他愛不愛老師？	他有沒有老師？
他是老師不是？	他愛老師不愛？	他有老師沒有？
他應該是老師。	他應該愛老師。	他應該有老師。
他大概是老師。	他大概愛老師。	他大概有老師。
他是一個老師。	他愛一個老師。	他有一個老師。

　　在句法結構分析中，屬於動作句、存在句的結構，大家公認是「主語＋謂語動詞＋賓語」的結構，「愛老師」和「有老師」

都是動賓結構。唯獨屬於判斷句的結構，一般都認爲是「主語＋合成謂語」的結構，「是老師」算「合成謂語」或「判斷結構」。這可眞有點像變戲法，變來變去，會使人忘記結構分析中應該有一個前後一致的共同語法特點標準。

　　根據類比對應的原則，按照語法意義和語法形式相結合的特點，我們認爲「是＋名詞」、「像＋名詞」等跟「愛＋名詞」、「有＋名詞」一樣，都是動賓結構，「合成謂語」或「判斷結構」沒有必要自成一個結構類型。

　　一般所說的「合成謂語」或「判斷結構」，還包括「是＋動詞（形容詞）」的結構。我們認爲這種結構應劃歸偏正結構，「是」字是語氣副詞作狀語。這個問題在下面「是……的結構」的分析中還要詳細論述。

　　㈢「是……的結構」的類屬②

　　「是……的結構」，一般都包括在「判斷合成謂語」裡，只有個別人把它算作獨立的結構類型。在漢語語法學著作中，對「是……的」結構的認識和分析，一向是一個衆說紛紜的老問題，從詞類到結構成分，再到句類，從來沒有統一過。我們認爲「是……的」之間可以插入任何一個實詞或詞組，「是」和「的」都是兼類詞，所謂「是……的結構」也可以分屬於動賓結構和偏正結構，不是一種獨立的結構類型。請看下面的三組句子：

(1) { 東西是人民的。
　　樓房是三層的。
　　這是他買來的。

(2) { 歷史是不會饒恕他們的。
　　人是不能沒有希望的。
　　他的事情是很多的。

(3) { 他是來認錯的。
　　這個單位是安定團結的。
　　他是經常頭疼的。

　　⑴組各例，「是……的」中間都是不能直接作謂語的名詞（代詞）、數量詞或主謂詞組等。從語法意義上說，它們都是說明主語「是什麼」（什麼類別、什麼樣子、什麼人所有等）；從語法形式上說，「是」字不能不用，「的」字後面隨時可以再加名詞。整個結構跟「是＋名詞」之類的動賓結構基本相同。「是」應該是判斷詞，「的」字偏正連詞，由於習慣後面省略了名詞性中心語，應該劃歸動賓結構，整個句子屬於判斷句。請比較下面的句子：

　　　東西是你的東西──東西是你的

　　　他是賣報的孩子──他是賣報的

　　　這座樓房是五層的樓房──這座樓房是五層的

　　　你是我們請來的客人──你是我們請來的

破折號前後兩個句子，前一個有賓語中心語，後一個沒有中心語，但隨時都能加上一個中心語。有沒有中心語，雖然語義不完全相同──有中心語的實指性強、概括性小，沒有中心語的泛指性強，概括性大，但它們所表示的結構關係是相同的：謂語都是說明主語「是什麼」的。

　　⑵組各例，「是……的」中間都是可以單獨作謂語的動詞、形容詞或以它們為中心的詞組。從語法意義上說，它們都是表述主語「幹什麼」、「有什麼」或「怎麼樣」的，跟⑴組各例不同；從語法形式上說，「是……的」可有可無，可以同時去掉，也可以單獨去掉任何一個。根據這些特點，「是」字應劃歸副詞，「的」字應劃歸語氣詞，整個結構應劃歸「狀語＋中心語」的偏正結構，整個句子應劃歸動作句或形容句。請比較下面的句子：

　　　歷史不會饒恕他們──歷史是不會饒恕他們的。

　　　他邁步有尺寸──他邁步是有尺寸的。

　　　他講話很清楚──他講話是很清楚的。

　　　你的話我永遠記著──你的話我是永遠記著的。

破折號前後兩個句子都是說明主語「幹什麼」、「有什麼」或「怎麼樣」的，基本意思相同，基本結構也一樣，帶不帶「是……的」，只有語氣強弱的不同，基本結構沒有變化。

把動詞、形容詞前的「是」字劃歸副詞，還有一個有力的理由：這個「是」字都可以用「必」、「一定」、「的確」等副詞來替換，替換者和被替換一般是同功能的。當然事情並不這麼簡單，反對把這個「是」字當副詞的也不是沒有理由，他們認為這個「是」跟判斷動詞「是」除了不同點，還是有同的地方：能肯定否定相疊，如「他是出去——他是不是出去——他是出去不是」。「是」字的詞性之所以久爭不決，這是個主要原因。漢語語法裡類似的情形還有不少，這也是漢語語法體系長期存在分歧的一個原因。但講語法不能騎牆，總得說出個是和非。權衡利弊，把它劃歸副詞要好一些。

(3)組各例，都是多義結構，只就句子本身來看，很難說它們屬於那個確定的結構類型。但在具體的上下文裡，它們的屬性卻是明顯的：有時只是動賓結構（判斷句），有時只是偏正結構（動作句、形容句或存在句）。比較：

你是誰？我是來認錯的。——你來幹什麼？我是來認錯的。

這個單位是哪個類型的單位？這個單位是安定團結的。——這個單位怎麼樣？這個單位是安定團結的。

他是什麼病人？他是經常頭疼的。——他的確經常頭疼嗎？他是經常頭疼的。

根據具體的上下文，我們可以肯定，破折號前面的「是……的」結構，都屬於動賓結構（判斷句），破折號後面的都屬於偏正結構（動作句或形容句），「是」字是副詞狀語。

如果把這些句子在具體的語言環境中可能出現的句法形式（擴展式）也考慮在內，更能幫助我們確定這些結構的類屬。比

如，在「是」字後面可以加上數量或名詞性定語的，或者在
「的」字後面可以加上名詞性中心語的，「是」字後面是一個名詞
性單位，可以確定，這是動賓結構的判斷句；反之，往往是偏正
結構的動作句或形容句。

結 束 語

句法結構分析的基本問題，一是給句法結構下定義，劃清句
法結構跟詞法結構的界限，揭示句法結構和詞法結構相互對立的
特點；二是給句法結構分類或歸類，確定句法結構的基本類型，
揭示各類句法結構的內部結合關係和語法特點；三是在各種句法
結構內部劃分小類，揭示各小類相同的和不同的語法特點。在這
三個方面的問題中，確定句法結構的基本類型的工作具有特殊重
要的意義，這是句法結構分析的出發點，也是句法結構分析的歸
宿點。漢語語法體系的分歧，在很大程度上是由於各語法學者對
句法結構的類型有不同的認識，採取了不同的分析標準造成的。

究竟應該根據什麼標準來判斷幾種句法結構是同類的還是異
類的？這應該由句法結構本身的特點和句法結構分析的目的來決
定。任何句法結構都是語法意義和語法形式的統一體；沒有語法
意義，就沒有語法的形式：沒有語法形式，也無所謂語法意義。
各種句法結構之所以互有區別，就是因為它們在語法意義和語法
形式方面各有不同的特點。句法結構分析的目的正是要揭示各種
句法結構用什麼樣的語法形式表達什麼意義、或者什麼樣的意義
用什麼形式來表達。

句法結構的意義，除了功能意義，最重要的是關係意義——
詞和詞在句法結構中的相互關係。這是各種句法結構得以存在的
邏輯基礎，也是劃分句法結構類型的有效標準。句法結構是講關
係的，沒有關係就沒有句法結構③。比如「鳥叫」，「鳥」和
「叫」是表述和被表述的主謂關係，「好孩子」，「好」和「孩子」

是附加和被附加的偏正關係，「看話劇」，「看」和「話劇」是支配和被支配的動賓關係，「學生和教師」，「學生」和「教師」是平等並列的聯合關係，等等。

　　一個結構內部儘管還可以包含許多其它結構，但這些結構都是有層次的，給結構分類或歸類，應以最外層的直接組成成分為準。比如，「從南邊來了一個人」，就是動賓結構中套有偏正結構：就第一層關係說，是動賓結構，在第二層關係裡才發現「從南邊來了」是偏正結構，「一個人」是偏正結構。不能說這是三個結構共處在一個平面上。

　　句法結構的關係意義，在不同的語言中有不同的表達形式。由於漢語是非形態語言，漢語句法結構最突出的特點是靠詞序、虛詞來表現句法關係。比如，動賓結構的詞序是動詞在前、賓語在後；主謂結構的詞序是主語在前，謂語在後；偏正結構的詞序也有前偏後正和前正後偏的固定形式。如果變換這種詞序，結構關係一般都跟著發生變化，如「人來了──來了人」、「孩子好──好孩子」。虛詞，除了表示情態的語氣詞和感嘆詞，主要是指表示結構關係的連詞和介詞。連詞和介詞在漢語裡有著特殊的句法功能，一向被看作重要的語法手段，是句法關係的明顯的標誌。連詞裡「和」、「並且」、「或者」等表示聯合關係，是聯合結構的語法標誌；「的」、「地」、「得」、「而」等表示偏正關係，是偏正結構的語法標誌。介詞全是表示偏正關係的，是偏正結構的另一種標誌。很多語法論著把這兩種虛詞合稱「關係詞」，這是極為中肯、深刻的見解，抓住了漢語連詞和介詞的本質特點。我們正是根據這種見解取消了各種「虛詞＋實詞」的所謂「結構」，讓虛詞在更廣闊的天地裡發揮它們的語法法作用，我們認為「虛詞＋實詞」不是完整的語言單位，不能構成句法結構，因為它們之間沒有任何邏輯關係，不能互為結構成分，虛詞和實詞相連的語言現象，只是在語言分析過程中「斷章取義」的產物。比如所

謂介詞結構「向你們（說明）」，就是只看到「向」和「你們」連在一起，沒看到「向」跟「說明」也有聯繫，就是說，「向」是表示「你們」和「說明」之間的偏正關係的，而不是先跟「你們」構成介詞結構，然後再以介詞結構的身份作「說明」的狀語。所謂「的字結構」也是這樣，分析者只看到「的」字跟前面的成分有聯繫，忽略了「的」字後面由於語言習慣而省略的中心語。那種在「詞組」之外另立一套「結構」，或者在「句法結構」之外另立一套「下句法結構」的主張，不僅給句法分析增添了麻煩，而且經不起類比推理的考驗。你把「介詞結構」算「下句法結構」，根據類比推理的原則，別人完全可以把「因爲風大，我不上街」裡的「因爲風大」，「你呀，少說兩句吧」的「你呀」都叫「下句法結構」——「連詞結構」、「語氣詞結構」，你有理由不同意嗎？我們這麼說，並不是否認「向你們」、「我的」之類語言現象的存在，也不是否認它們在語言表達中的特殊地位，問題是我們怎麼分析它們。

　　漢語句法結構跟詞法結構之間的對應性，單句結構和複句結構之間的對應性，單句內部同類成分之間的對應性，都是在句法結構的邏輯關係中形成的。抓住這種對應性特點，按照語法意義和語法形式相結合的標準，用類比推理的方法分析漢語的句法結構，我們還取消了「能願結構」、「趨向結構」、「方位結構」、「數量結構」、「緊縮句」、「兼語式」、「連動式」、「複指成分」、「判斷結構」、「是……的結構」等，把它們合併到相應的結構類型裡去。這不僅可以減少句法分析的煩瑣性，而且更符合漢語語法的實際狀況。如果想突出這些語言現象的表達作用，可以作爲基本結構類型再分小類。小類分得粗點或細點，雖然也跟整個語法體系有些牽連，但在句法結構系統的分析中不致再有太大的分歧。

（原載《中國語文》1981年第 3 期、第 4 期）

【註　釋】

①筆者1977年在《鄭州大學學報》第 4 期曾發表過《「連動式」和「兼語式」應該取消》一文，本文爲了全面論證漢語句法結構的基本類型，引用了該文的基本觀點和部分內容，似嫌重複。

②筆者1963年在《鄭州大學學報》》第 3 期曾發表過《從「是……的」結構看語法單位的同一性和示差性》一文，本文仍堅持該文的觀點，並引用了該文的結論。

③有人認爲內部結合關係不是唯一的結構分類標準，外部功能也可以作爲標準。我們不同意這種意見，更不同意同時使用「內部關係」和「外部功能」兩個標準來劃分結構類型。按照外部功能劃分出來的結構類型應該叫「主語結構」、「謂語結構」、「狀語結構」等，起碼也得叫「名詞性結構」、「動詞性結構」、「形容詞性結構」等。讓這種「結構」跟「主謂結構」、「動賓結構」、「偏正結構」等並列使用，同樣會造成混亂。

從「是⋯⋯的」結構看語法單位的同一性和示差性

一

1.1 語法分析的基本問題不外是：1) 語法單位的切分，2) 語法單位的結構，3) 語法單位的內部分類。切分語法單位是爲了劃清各單位之間的界限，揭示它們的相同點和不同點；分析語法單位的結構是爲了揭示各單位的相同和不同的結構規律；給語法單位分類是爲了揭示這一類和那一類的相同和不同的特點。所以語法分析的全部問題都跟語法單位的同一性和示差性問題有密切關係。

各語法單位之間和各語法單位內部都有同一性和示差性問題，但問題比較集中、比較麻煩、而且比較有代表性的恐怕還是現代漢語的「是⋯⋯的」結構：它既牽涉到句子和句子（或詞組和詞組）之間的同一性和示差性問題，也牽涉到詞和詞、詞和詞素之間的同一性和示差性問題。

1.2 現代漢語裡，主語後面帶「是⋯⋯的」的句子大致有以下幾個類型：

甲 {
1.書是圖書館的。
2.這房子是三間的。
3.這是我哥哥寄來的。
}

乙 {
1.歷史是不會饒恕他們的。
2.這種事，任何人都是自己幹的。
3.他的朋友是很多的。
}

$$
丙 \begin{cases} 1.我是來請假的。 \\ 2.這孩子是健康的。 \\ 3.他是經常肚子疼的。 \end{cases}
$$

　　這些句子是不是都屬於一個句類①？屬於哪一個句類？其中的「是」字是不是都屬於一個詞類？屬於哪個詞類？其中的「的」字是詞，還是詞素？同類不同類？這都是衆說紛紜的老問題。

　　丁聲樹等《現代漢語語法講話》把這三組句子都劃歸同一句類，叫動詞謂語句；其中的「是」字都劃歸同一詞類，叫動詞；「的」字都劃爲同類詞素，叫名詞詞尾。

　　朱德熙《說「的」》②也把這三組句子劃歸同一句類（沒說劃歸哪類），其中的「是」字劃歸同一詞類（也沒說劃歸哪類），「的」字都叫名詞性語法單位的後附成分（不肯定是詞還是詞素）。

　　黎錦熙、劉世儒《漢語語法教材》把這三組句子都叫判斷句，其中的「是」字都叫同動詞（動詞的附類），「的」字都叫聯接代名詞（代名詞的附類）。

　　王力《中語法理論》除了把乙₁和丙₁叫「判斷句當叙述句用」，其中的「是」字叫「繫詞的活用」，「的」字叫語氣詞，別的句子都叫判斷句，「是」字都叫繫詞，「的」字都叫修飾品的記號（是詞素）。

　　呂叔湘《語法學習》認爲甲₁和甲₂是判斷句，「是」字是動詞，「的」字是連接詞；乙₁和丙₁是「判斷句形式的叙述句」，「是」字仍是動詞，「的」字是語氣詞；乙₂和丙₂是「判斷句形式的描寫句」，「是」字是動詞，「的」字是語氣詞；甲₃、乙₃、丙₃是什麼，沒有說明。

　　張志公《漢語語法常識》認爲甲₁和甲₂是判斷句，其中的

「是」字是繫詞，「的」字是助詞；乙$_1$和丙$_1$是敘述句，其中的「是」字仍是繫詞，「的」字是助詞；乙$_2$和丙$_2$是描寫句，「是」字是繫詞，「的」字是助詞；甲$_3$、乙$_3$、丙$_3$是什麼，也沒有說明。

　　高名凱《漢語語法論》除了把乙$_2$和丙$_2$叫「名句形式的形容句」，其餘的都叫名句，「是」字在三組句子都叫繫詞，「的」字都叫規定詞。

　　這些各不相同的意見，有的值得肯定，有的值得研究。綜合各家意見，我認爲：甲組各句都是判斷句，其中的「是」字是聯繫動詞（判斷動詞），「的」字是陪從連詞（偏正連詞）（後面省略了被連接的中心語）；乙$_1$和乙$_2$是敘述句，乙$_3$是描寫句，其中的「是」字都是語氣副詞，「的」字都是語氣詞；丙$_1$有時是敘述句，有時是判斷句，丙$_2$和丙$_3$有時是描寫句，有時是判斷句，其中的「是」字在敘述句和描寫句裡是語氣副詞，在判斷句裡是聯繫動詞，其中的「的」字在敘述句和描寫句裡是語氣詞，在判斷句裡是陪從連詞。

　　1.3 各家意見之所以如此分歧，除了其它原因，主要是由於在語法分析中所採用的方法不一致。

　　究竟應該根據什麼方法來判斷一種語法單位是同類的還是異類的？這應該由語法本身的特性和語法分析的目的來決定。任何一種語法單位都是意義和形式的統一體：沒有語法意義，就沒有語法形式；沒有語法形式，也無所謂語法意義。而語法分析的目的也正是爲了揭示某種語法單位用什麼樣的語法形式表達什麼樣的語法意義。在語法分析中，如果只分析語法單位的意義方面，或者只分析語法單位的形式方面，不僅很難得出正確的結論，而且也不能達到語法分析的目的。因此，在語法分析中，應該採用意義和形式相結合的方法。意義包括抽象意義、關係意義、功能意義；形式包括詞法形式、句法形式、可能有的形式。在具體的

語法分析中，意義和形式怎樣結合？在什麼時候結合？有三種情況：1）有的語法單位在人們的認識中意義和形式的關係是協調一致的。這可以同時指明它們的意義和形式，也可以先從形式入手，然後歸結到意義上來，或者先從意義入手，然後印證形式，結論總是相同的。2）有的語法單位在人們的認識中形式比較明顯，意義是模擬兩可的。這可以先從形式入手，然後歸結到意義上來。3）有的語法單位在人們的認識中意義比較明顯，形式是模擬兩可的。這可以先從意義入手，然後印證形式。這樣解釋並不意味著意義和形式可以不統一，恰恰相反，這樣解釋是從這樣一個前提出發的：有什麼樣的語法意義就有什麼樣的語法形式，有什麼樣的語法形式就有什麼樣的語法意義。或者說，一種絕對相同的語法意義只能用一種語法形式來表達，一種絕對相同的語法形式只能表達一種語法意義。許多人都說，意義和形式不是一對一的，而是一對多或多對一的。就是說，一種意義可以有幾種不同的形式來表達，一種形式也可以表達幾種不同的意義。這種觀點，用到詞彙學裡是不成問題的，但把它移到語法學裡卻很值得研究。語法規則都是成套的，而且是有限的，每一種規則都概括著無數個具體的語言事實，決不允許這一套規則跟那一套規則意義相同或形式相同。如果說這種「相同」只是「大體相同」，這無可非議；如果說是「絕對相同」，其中必有一套規則是多餘的。不可否認，在語法分析中有時會遇到意義和形式顯著不協調的現象，但那只是人們的主觀認識問題，不能說意義和形式不是一對一的。咱們舉兩個大家慣用的例子來看：

「我買這本書——這本書我買」，許多人都說這是一種語法意義用兩種不同的語法形式來表達。它們的語法意義真的相同嗎？不。前者以「我」為陳述的主體，整個結構是「主——謂——賓」的關係；後者以「這本書」為陳述的主體，整個結構是「主——『主—— 謂』」的關係。這「關係」本身就是一種語法意

義（關係意義），關係不同，就是語法意義不同。如果硬說它們意義相同，那就是把邏輯意義誤認爲語法意義了。

「雞不吃了」，許多人都說這是一種語法形式表達了兩種不同的語法意義：一是主動句（雞不吃食兒了），一是被動句（人不吃雞了）。表達這兩種語法意義的眞是一種語法形式嗎？也不是。第一，它們所處的語言環境或上下文不同：表示主動句意義的可以說成「雞不吃了，你別餵了」，表示被動句意義的可以說成「雞不吃了，我想吃點魚」。第二，它們本身可能出現的語法形式不同：在表示主動句意義的形式裡，「吃」不能換成「買」、「做」等動詞，但後面可以再加賓語，說成「雞不吃食兒了」；在表示被動句意義的形式裡，「吃」可以換成「買」、「做」等動詞，但後面不能再加賓語。第三，它們的讀音形式（重音）是不是有區別，也值得考慮：一般說來，表示主動句意義時，重音在謂語（吃）上，表示被動句意義時，重音在主語（雞）上。這「語言環境或上下文」、「可能出現的語法形式」、「重音」，都包括在語法形式之內。如果這幾個方面有區別，只是每個詞的讀音和排列次序相同，不能認爲是一種相同的語法形式。

下面咱們根據上述方法和原則，從前面三組句子的句類、「是」字的詞性、「的」字的詞性三個方面分別討論。

二

2.1 在討論上舉三組句子各屬什麼句類之前，先談談句類的性質和劃分句類的標準。

這裡所說的句類是按照謂語的性質劃分的、並從語法意義上命名的判斷句、敘述句、描寫句。這種句類是以句子如何交流思想（如何表現思維中的判斷）爲根據的。咱們說出一句話，總是要對主語加以說明的。但說明的內容卻不是單一的：有的說明主語是什麼，有的說明主語幹什麼，有的說明主語怎麼樣。這些對

於主語的說明內容的區別，就是各類句子的語法意義的區別。而一定的語法意義總是由一定的語法形式來表達的。因此劃分句類的標準應該是語法意義（謂語如何說明主語或謂語和主語的關係）和語法形式（用什麼形式的詞或詞組充當說明者——包括可能有的句法形式）。

　　至於句子是否分爲如上三類，以及這些術語是否妥當，那是另外的問題，不會影響咱們對於「是……的」結構的分析。

　　2.2 甲組各句，都是判斷句。從語法意義上說，它們的謂語都是說明主語是什麼的（是什麼類別、是什麼樣子、是什麼人所有等），跟說明主語幹什麼或怎麼樣的敘述句或描寫句顯然是對立的。由此可以印證它的語法形式：謂語部分的「是……的」是「聯繫動詞＋賓語（中心語省略）」，「是」字不能缺少，「的」字後面可以再加名詞。這種形式跟「是……的」不構成動賓結構、「是」字可以不用，「的」字後面不能再加名詞的敘述句和描寫句也是對立的。也就是說，這一組句子跟「我是學生」、「這是我的書」之類判斷句是同類的。比較

<table>
<tr><td align="center">A</td><td align="center">B</td></tr>
<tr><td>書是圖書館的書。</td><td>書是圖書館的。</td></tr>
<tr><td>這房子是三間的房子</td><td>這房子是三間的。</td></tr>
<tr><td>這是我哥哥寄來的書。</td><td>這是我哥哥寄來的。</td></tr>
<tr><td>他是個賣報的孩子。</td><td>他是個賣報的。</td></tr>
<tr><td>這是最勇敢的戰士。</td><td>這是最勇敢的。</td></tr>
<tr><td>你是我們最敬愛的老師。</td><td>你是我們最敬愛的。</td></tr>
</table>

　　A組各句的結構形式是「主——是——定——賓」，B組各句是「主——是——定——○」，二者稍有不同；但它們的關係意義是相同的：謂語都是說明主語是什麼的，或者說，「是」字後面都是要說的那個「什麼」。因此，只能說 A 組是有賓語中心語的句子，B 組是由於條件的許可而省略賓語中心語的句子，如

果有必要，隨時都可以把這個省略的賓語補出來，變成 A 組。可見，AB 兩組句子是同類的，它們的區別只是本體和變體的區別。

2.3 乙組各句，乙₁ 和乙₂ 是敘述句，乙₃ 是描寫句。從語法意義上說，它們都是說明主語幹什麼或怎麼樣的，跟甲組各句都不相同；從語法形式上說，它們都是以一般動詞或形容詞爲謂語中心的，「是」字可有可無，「的」字後面永遠加不上名詞，跟甲組各句也有區別。也就是說，這一組句子跟「我出去」、「他勇敢」、「這件事我幹」之類句子是同類的。比較：

A	B
歷史不會饒恕他們。	歷史是不會饒恕他們的。
他邁步有尺寸。	他邁步是有尺寸的。
這種事，任何人都自己幹。	這種事，任何人都是自己幹的。
你的話，我決不會忘記。	你的話，我是決不會忘記的。
他的朋友很多。	他的朋友是很多的。
他講話很清楚。	他講話是很清楚的。

A 組是說明主語幹什麼或怎麼樣的敘述句和描寫句，它們的基本結構形式是「主──動──賓」或「主──形」或「主──『主──謂』」；B 組所表示的語法意義與之相同，只是語氣比 A 組更肯定，因爲它們多了一個「是」字和一個「的」字。可見「是」和「的」並沒有改變 A 組的基本結構形式和基本結構意義。只能說 B 組是 A 組的擴展式。

2.4 丙組各句，只從句子本身來看，很難說它們屬於哪個句類，也很難看出它們是否屬於兩個句類。但在具體的語言環境或上下文裡，它們的屬性卻是很明顯的：有時只是判斷句，有時只是敘述句或描寫句。比較：

A	B
(你是什麼人?) 我是來請假的。	(你來請假嗎?) 我是來請假的。

(他是哪類的?) 他是健康的。　　　(他確實健康嗎?) 他是健康的。

(他是什麼病人?) 他是經常肚子疼的。(他經常肚子疼嗎?) 他是經常肚子疼的。

(他是誰?) 他是看電影的。　　　(他真的看電影嗎?) 他是看電影的。

(那張信紙是什麼紙?) 那張紙是白的。(那張紙白不白?) 那張紙是白的。

　　根據語言環境或上下文，咱們可以斷定：A組各句都是說明主語是什麼的判斷句，B組各句都是說明主語幹什麼或怎麼樣的敘述句或描寫句。

　　如果把這些句子本身在具體的語言環境和上下文裡可能出現的句法形式（擴展式）也考慮在內，更容易幫助我們肯定這些句子都分屬於兩個句類。譬如：在「是」字後面可以加上個數量詞或名詞定語的，如「他是個健康的」，「他是我們班裡最健康的」，或者在「的」字後面可以加上個名詞賓語，如「他是健康的孩子」，肯定都是判斷句；反之，在「是」字後面只能加助動詞（能願動詞）狀語，如：「他是會健康的」，或者在「的」字後面不能加上名詞賓語的，肯定是敘述句或描寫句。

　　不過，丙組句子在實際語言裡有兩種不盡相同的情況：「是……的」之間是動詞（或動詞詞組）的，屬於判斷句的居多；「是……的」之間是形容詞（或形容詞詞組）的，屬於描寫句的居多。比較：

A	B
我是教書的。	他的心情是愉快的。
我們是賣票的。	他的頭腦是聰明的。
這個學生是學英語的。	北方是很冷的。
這些人是看電影的。	我的身體是很健康的。

　　A組各句用作判斷句的頻率大，只有在特定的語言環境中才可以用作敘述句（如：「你們到底賣不賣票？——我們是賣票的，請稍等一會兒」）。B組各句用作描寫句的頻率大，只有在特定的語言環境中才可以用作判斷句（如：「你看你的身體是什麼身體？

——我的身體是很健康的（身體）」）。

2.5 把甲、乙、丙三組句子都劃歸一個句類，無論是叫判斷句，或是叫動詞謂語句，出發點是一致的：都認爲「是⋯⋯的」是一種相同的格式，或者說都是從「是⋯⋯的」的相同語音形式出發的。前面說過，語法意義和語法形式是相輔相成的，是統一的，劃分句類應該根據語法意義和語法形式相結合的標準，既不應該單憑語法意義，也不應該單憑語法形式。但有的語法單位意義明顯，形式不容易確定，有的語法單位形式明顯，意義不容易捉摸，這意義和形式怎麼結合呢？「是⋯⋯的」格式就是屬於前一種類型：意義明顯，形式不容易確定（並不是不能確定）。在這種現象面前，要想判斷它們是不是同類的語法形式，就不能單憑這種使人產生不同認識的形式本身，必須先從意義入手，然後證明形式是否同類。如果語法意義相同，表達這種語法意義的形式，不管是否同音，也都是相同的；反之亦是。因爲任何不同的語法形式歸根結蒂都是爲表達不同的語法意義而存在的。根據前面的分析，「是⋯⋯的」只是詞彙形式相同，作爲語法形式來說，並不是同類的，因爲它們表示的語法意義不是同類的（從語法形式本身來看有的「是⋯⋯的」可以去掉，有的不能缺少）。爲了說明問題，咱們舉個旁證來看：

　　喜歡我的孩子們

這種格式是不是只代表一種語法形式？不是。何以見得？因爲它表示的語法意義是兩種：一種是動賓關係（喜歡/我的孩子們），一種是偏正關係（喜歡我的/孩子們）。如果不先從意義入手，而是先從形式入手，我們很難看出在形式上有什麼不同。

　　近來，有不少人反對在語法分析中用先從意義入手的方法，甚至他們認爲語法意義的分析是多餘的。在他們看來，「喜歡我的孩子們」之所以代表兩種不同的語法形式，是先從語法形式（層次構造）入手所得到的結果。即，因爲它代表兩種不同的層

次，所以是兩種不同的語法形式。咱們要問，根據什麼斷定它們的層次構造不同呢？如果說根據的就是層次，這等於什麼也沒說；如果說根據的是詞和詞之間的關係（事實上必須這麼說），結果還是先從意義入手，因爲詞和詞之間的關係正是語法意義。這就使人懷疑，所謂層次究竟是不是語法形式因素？即便是形式因素，離開語法意義基礎行不行？因此，我認爲在語法形式有爭議時，完全拋開語法意義是行不通的。

三

3.1 在討論甲、乙、丙三組句子的「是」字應劃歸哪個詞類之前，也先談談詞類的性質和劃分詞類的標準。

詞可以從不同的角度進行分類，譬如，按照語音形式可以分爲單音詞、複音詞，按照詞彙意義可以分爲人名詞、物名詞、政治詞、經濟詞……，但這都不叫詞類。詞類是具有特殊含義的術語，是詞的語法分類，如名詞、動詞、形容詞……。詞類既然是詞的語法分類，那麼劃分類的標準就應該是詞的語法特點——語法意義和語法形式特點。譬如，名詞的語法意義特點是：表示事物，經常作主語、賓語，但不能作謂語；語法形式特點是可以放在數量詞或介詞後面，不能重疊，指人名詞可以加「們」表示複數，等等。某些詞之所以被劃歸一類，是因爲它們有相同或大體上相同的、能夠區別於另一類詞的語法特點；而某些詞之所以被劃歸不同的詞類，也是因爲它們有互相對立的、不同的語法特點。這是詞類得以存在的根本條件。語法中的同音同形詞，只要在一定的語言環境中語法特點不同或基本上不同，它們在語法上就都是不同詞類的詞。如：「在看書」和「在教室」的「在」，前者是副前，後著是動詞；「啊，太好了」和「太好了啊」的「啊」，前者是感嘆詞，後者是語氣詞；「鎖門」和「一把鎖」的「鎖」，前者是動詞，後者是名詞。

3.2 根據上述原則，甲組的「是」字應該劃歸動詞。因爲它跟別的動詞有大體上相同的語法特點。從語法意義（功能意義）上說，它是謂語中心語，一般不能不用，而且有時也能單獨作謂語，如：「書是圖書館的嗎——這本書是，那本書不是」，比較「你們會俄文嗎——我會，他不會」。從語法形式（句法形式）上說，它可以受助動詞修飾，如：「書應該是圖書館的」，比較「他應該說明眞相」；可以用肯定否定相疊的形式表示疑問，如「書是不是圖書館的」，「書是圖書館的不是」，比較：「他看不看電影」，「他看電影不看」。如果咱們不是根據詞彙意義，而是憑語法特點，那就沒有理由把「是」字排斥在動詞之外。當然，咱們必須承認它跟一般動詞也有不同的特點，如，不像一般動詞的意義那樣實在，沒有一般動詞的形態變化。但這也抹煞不了它的動詞性。咱們知道，許多人都認爲是動詞的「在」、「有」、「能」、「加以」等，跟一般動詞又何嘗沒有區別呢？如果可以根據同類詞的不同特點再把動詞分爲若干小類，我看「是」字可以跟「叫」、「做」、「當」等合成一小類，叫聯繫動詞或判斷動詞。

把這個「是」字算動詞，必然要引出一系列的老問題來。譬如：1)「是」字後面的成分是不是賓語？2)「是」字跟它後面的成分哪個重要？3)「是」字在句子裡是不是謂語以及謂語能不能省略？

關於第一個問題，有人說，賓語必須是動詞的「客觀」、「對象」、「目的」，如果把「是」字後面的成分叫賓語，這不符合賓語的定義。我看把「是」字後面的成分叫賓語也沒有什麼不可以的。《現代漢語語法講話》就是這麼處理的，因爲漢語的賓語已經不受所謂「客觀」、「對象」、「目的」的約束了。例如：「打了個疙瘩」、「糊了紙」、「曬太陽」、「撓癢癢兒」等等。退一步說，如果一定要說賓語是「客觀」、「對象」或「目的」，我們把「是」字後面的成分叫聯繫的「對象」，也未始不可。另一方面，如果

咱們承認「桌子上有書」的「書」是賓語，就必須承認「桌子上是書」的「書」也是賓語。因為從意義上說，它們都是存在的對象，從形式上說，都放在具有動詞特點的詞後面。

關於第二個問題，有人說，在「這是書」之類的句子裡，主要的是「書」：如果不說「書」，這句話就沒有說的必要。「是」字和它後面的成分哪個重要，這是個結構問題，應該從結構出發。就是說，重要不重要的標準應該是：看看去掉其中的一個，這個結構能否成為句子。很明顯，「這是書」去掉「是」字以後，只是個偏正詞組，不是句子的結構；可是去掉「書」以後，在一定的條件下仍然是個句子，如「這是書嗎——這是」。可見「是」字是重要的。另外，在大家公認為叙述句的「我要書」之類句子裡，如果不說「書」，這句話有沒有說的必要呢？我看單說「我要」和單說「這是」，沒有結構上的區別。只承認「我要」可以存在，「這是」不可以存在，是不公平的。「我要書」和「這是書」的兩個「書」哪個重要，哪個不重要，也很難說，不同等看待它們，也是不公平的。

關於第三個問題，有人說，「是」字有時可以不用，而無損於句子的結構和意義的完整性，如「明天是星期三」，可以說成「明天星期三」，而別的動詞是不能不用的，因而證明「是」字不是動詞。不錯，判斷句裡的「是」有時的確可以略去不用，但條件是很嚴的：只有表示籍貫、年齡、時間的句子裡，而且必須是肯定句、「是」字後面必須是兩個以上的音節、「是」字必須不讀重音的。很顯然，判斷句不用「是」字是特殊現象，我們沒有理由不把它看成「省略」。把特殊現象當作一般現象，並以此來證明「是」字在結構中是可有可無的虛詞，這在方法論上是有問題的。大家知道，不少叙述句在一定條件下也不是不能省略謂語動詞的，譬如，在飯店裡服務員問：「二位吃什麼？」就可以說：「我——溜肝尖，他——炒三樣。」動詞「吃」就沒說出來。但我

們不能說這不是敘述句，也不能說「吃」不是動詞。「是」字的不用也是這樣。

3.3 乙組的「是」字，應該劃歸副詞，理由有兩個：

第一，從語法意義上說，「是」字在這些句子裡只是修飾它後面的動詞或形容詞的狀語，表示肯定或強調的語氣，不起聯繫主語和賓語的聯繫動詞作用（這些句子都是說明主語幹什麼或怎麼樣的敘述句或描寫句，謂語中心語都是動詞或形容詞）。跟「我是要出去」、「他是不好」等句子裡的「是」字一樣，把它去掉，只是語氣不同，句子的結構仍然完整；而跟「我是學生」之類判斷句相比，「是」字的作用顯然是不同的。比較：

A	B
我是要出去。	我要出去。
這孩子是很聰明。	這孩子很聰明。
生活是會好起來的。	生活會好起來的。
他辦事是不可靠的。	他辦事不可靠的。

C	D
你是你，我是我。	你你，我我。
那眞是金鋼鑽。	那眞金鋼鑽。
這是人民的。	這人民的。
那是我哥哥買的。	那我哥哥買的。

A組跟B組相比，基本結構意義相同，基本結構形式也一樣，或者說A組是B組的擴展式（多了一個「是」字作狀語）；C組跟D組相比，無論是基本結構意義或基本結構形式都不相同，或者說C組不是D組的擴展式（D組有的不成話，有的不是句子）。可見A組的「是」字是副詞狀語，C組的「是」字是動詞謂語，二者不能屬於同一個詞類。

第二，從語法形式上說，「是」字在這些句子裡都失去了受助動詞修飾的特點（受助動詞修飾是動詞的最重要的特點之一）。

比較：

<table>
<tr><td align="center">A</td><td align="center">B</td></tr>
<tr><td>這時代是我們的。</td><td>這時代應該是我們的。</td></tr>
<tr><td>那本書是圖書館的。</td><td>那本書會是圖書館的。</td></tr>
<tr><td align="center">C</td><td align="center">D</td></tr>
<tr><td>歷史是不會饒恕他們的。</td><td>歷史不會是饒恕他們的。</td></tr>
<tr><td>生活是會好起來的。</td><td>生活會是好起來的。</td></tr>
</table>

　　A組的「是」字前面可以加助動詞變成B組，但C組的「是」字後面的助動詞不能移到它前面變成D組（D組不成話）。這也能證明A組跟C組的「是」字詞性不同。

　　許多人不承認敘述句和描寫句裡的「是」字是副詞，大概有兩個理由：1）它們跟判斷句裡的「是」字一樣，都表示肯定或強調的意義；2）它們也能肯定否定相疊。第一個理由是只注意了「是」字本身的某種意義，忽略了它在不同句類中的句法功能和它本身的其它特點。某種意義相同的詞，詞性不一定相同，例如：「他在家」和「他在家讀書」的兩個「在」字都表示存在意義，但大家都說前者是動詞，後者是介詞（或副動詞）。一個詞在長期的歷史發展中，由一種詞性分化成兩種或幾種詞性，這是語言發展中合乎規律的現象。這種現象在漢語裏是不勝枚舉的。如：「一盤磨——磨豆腐」，「放在炕上——把它炕乾」，等等。由於它們同出一源，有某種共同的意義，也是理所當然的。第二個理由是只注意了兩種「是」字的「小同」，忽略了它們之間的「大異」。眾所周知，動詞和形容詞也有相同的語法特點，例如都可以作謂語，都可以受助動詞修飾，甚至都可以加「了」、「著」、「過」、「起來」、「下去」等。爲什麼沒有人把它們劃歸一類呢？自然是因爲它們還有更本質的互相對立的特點。爲了說明問題，咱們也舉一些旁證來看：

<table>
<tr><td align="center">A</td><td align="center">B</td></tr>
</table>

他在教室裡。	他在看書。
他沒有報紙。	他沒有回來。
我不用鋼筆。	我不用說話。
他還是廠長。	他還是不去。

A組的「在」、「沒有」、「不用」、「還是」，誰都承認是動詞（或動詞詞組）；B組的大概多數都承認是副詞。既然如此，我們就沒有理由不承認乙組各句的「是」字也是副詞。

3.4 丙組的「是」字，跟句類一樣，也應該分屬於兩類：當它用來聯繫判斷句的主語和賓語時，它是作謂語中心語的聯繫動詞，具有甲組「是」字的特點；當它用來修飾敘述句或描寫句的動詞或形容詞時，它是作狀語的語氣副詞，具有乙組「是」字的特點。這無須多說。

3.5 把甲、乙、丙三組句子的「是」字都劃歸一個詞類，無論是叫繫詞，還是叫同動詞或判斷詞，都是不合適的。這跟把三組句子都滾在一個句類裡一樣，是從形式出發的，而且在很大程度上是從語音形式出發的，沒有或很少考慮它們在不同句子中的不同語法特點。語言中的同音同形詞，不管它們是同源的還是異源的，只要語法特點不同，在語法裡就應該分屬於兩個或更多的詞類。如：「寫報告——報告廠長」的兩個「報告」，前者是名詞，後者是動詞；「不怕鬼——這孩子真鬼」的兩個「鬼」，前者是名詞，後著是形容詞；「別亂比——比他高」的兩個「比」，前者是動詞，後者是介詞。這種認識在漢語語法分析中是很重要的。許多人主張把詞分為「語音學上的詞」和「語法學上的詞」，就是從這種觀點出發的。根據前面的分析，甲、乙、丙三組句子裡的「是」字，也應該算語音學上的同音詞，而在語法學上卻是異類詞。不承認這一點，在語法分析中必然要招來許多不能自圓其說的麻煩。譬如上面說的兩個「比」字，都表示比較或對比的意義，都能肯定否定相疊，為什麼不跟兩個「是」字一樣劃歸一

個詞類?「我要書」和「我要走」的兩個「要」都表示欲願，都能肯定否定相疊，也都能受副詞修飾，為什麼不劃歸一類? 我們實在找不出具有說服力的理由解決這種麻煩。

四

4.1甲組各句的「的」字，確實很難歸類。但為了講語法方便，並照顧語法特點的異同,我不同意把它當作詞素(名詞詞素)，也不同意把它當作名詞性語法單位的後附成分（不肯定是詞還是詞素）的處理意見，而同意把它當作詞，並把它跟「為祖國而戰」的「而」,「慢慢地走」的「地」,「走得很快」的「得」合成一小類，暫叫陪從連詞或偏正連詞，是專門連接附加成分和中心語的③。在 2.2 裡說過，甲組各句都是判斷句：「書是圖書館的」,意思是「書是圖書館的書」或「這是圖書館的書」;「這是我哥哥寄來的」,意思是「這是我哥哥寄來的書」或「這是我哥哥寄來的衣服」等。只是由於語言環境、語言習慣，或是為了避免重複而在賓語的位置上又沒有說出賓語中心語的必要，因此經常略去不用。如果有必要時，還是可以而且應該補出賓語中心語來。比較：

A	B
中國是中國人民的， 不是帝國主義的。	中國是中國人民的中國， 不是帝國主義的中國。
人是你的，錢是你的， 別人管得了嗎?	人是你的人，錢是你的錢， 別人管得了嗎?
這是北京車站特意派 來接頭的。	這是北京車站特意派 來接頭的人。

A組沒有賓語中心語，B組有。有沒有賓語中心語，只是兩種結構有沒有省略的區別，其中的「的」字並不因此而改變詞性：有賓語中心語時是陪從連詞，省略中心語時仍是陪從連詞，

④。

　　可能有人問，把這個「的」字叫連詞，它後面有賓語中心語時還說得過去，但後面沒有中心語時它連接什麼呢？它跟別的連詞有共同的語法特點嗎？咱們說它連接定語和被省略的中心語。它跟別的連詞，如其它偏正連詞有共同的語法特點——都是虛詞，而且都是表示成分和成分之間的偏正關係，不過咱們也承認它跟別的連詞還有不同的特點：別的連詞所連接的成分不能省略。正因如此，咱們才把它算連詞內部的一小類——陪從連詞。當然，如果不違背劃分詞類的簡潔性原則的話，把它跟「地」、「得」等合成一大類，或是劃歸別的詞類，也不是不可以的，但不能因此而否定上舉 A、B 兩組的「的」字是同類的。

　　也可能有人問：認為「的」字後面省略了中心語的觀點，是不是太陳舊了？這確是個問題。近來許多人都反對濫用「省略」，甚至也有人根本否認「省略」。濫用省略固然不對，但根本否認省略也有問題。那麼什麼算省略，什麼不算？我覺得標準應該是：某一類型的句子在一般情況下不依賴語言環境和上下文就不能表達完整意思，聽話人聽了之後還有疑問，需要補出個什麼成分意思才完整的，是省略句，這個需要補出的成分就是被省略的成分。譬如：孤伶伶地說出「我要」，聽話人一定要問：「你要什麼？」孤伶伶地說出「他是我的」，聽話人也一定要問：「他是你的什麼人？」同樣，像「（這是誰買的書？）這是我買的。」「（他是誰的孩子？）他是我的。」很明顯，「的」字後面是省略了中心語。反之，孤伶伶地說出「下雨了。」「禁止爬山。」卻沒有人問：「什麼下雨了？」「誰禁止誰爬山？」顯然這都不是省略句。有一些「是……的」結構句，像「這支鉛筆是我的」、「這時代是我們的」，由於主語和賓語中心語所指的是同一事物，即便不依賴語言環境和上下文，聽話人也不會再提出問題，但「的」字後面還是可以隨時加上個賓語中心語，並且加上以後無論如何也要比不

加的語義更明確。

4.2 乙組的「的」字，應該算語氣詞，跟「我會寫的」「的」字是一個詞。在討論乙組「的」字是不是語氣詞之前，需要先談談「我會寫的」「的」字究竟是不是語氣詞。據我所知，這個「的」字絕大多數語法學者都承認是語氣詞（表示「一定（或已經）如此」的語氣），只有丁聲樹等《現代漢語語法講話》和朱德熙《說「的」》不承認是語氣詞。

《現代漢語語法講話》認爲「我會寫」，「你從哪裡來」都是動詞謂語句（敘述句），在句尾加上「的」字，謂語就變成體詞結構，全句就成了體詞謂語句（判斷句），跟「今天星期幾」一樣，主語都是屬於謂語那一類的，因而也都可以加「是」字。但是，在該書裡又提出了一個語氣詞「的」字，如：「我不會忘記你的」，「我會算的」，「這麼好的房子，此地很難找到的」。那麼咱們要問：「我會寫的」、「你從哪裡來的」跟「我會算的」、「我不會忘記你的」，四個句子裡的「的」字有什麼不同呢？根據他們的解釋，是沒有任何區別的。既然如此，一個句子算體詞謂語句，「的」字算名詞詞尾，一個句子算動詞謂語句，「的」字算語氣詞，豈不是自相矛盾嗎？在這種矛盾中來否定「的」字的語氣詞性質，是沒有說服力的。

《說「的」》認爲「我會寫的」、「他會來的」、「他不抽煙的」跟「這所房子木頭的」、「我昨天寫的（詩）」、「我寫的詩」都是同類句子，「的」字都是名詞性語法單位的後附成分。理由是「的」字都可以跟「是」字相配，說成「我是會寫的」等。完全拋開整個結構的意義和「的」字本身的功能以及跟別的詞的結合形式，只用能否加「是」字來斷定這些結構和其中的「的」字是同類的，這種方法是值得懷疑的。因爲1）這些可能加上的「是」字並不是同類的（見3.3），它沒有資格證明「的」字是同類的；2）《說「的」》的作者是很重視語法單位的功能（包括

「分布」）的，他一再強調，他「所採用的方法是把帶『的』的格式功能上的異或同歸結為後附成分『的』的異或同」。但是，『的』字的功能（包括「分布」）並不相同：「我會寫的」，「會寫」是謂語，「的」是表示確定語氣的（從分布上說，「會寫」前面可以加副詞，後面可以加名詞賓語，「的」字前面是動詞，後面不可以再加名詞，這個「的」字可以用「了」、「吧」、「呢」等來替換），但「這所房子木頭的」，「木頭」是修飾被省略的「房子」的，「的」字是連接定語和被省略的中心語的（從分布上說，「木頭」前面不可以加副詞，後面不可以加名詞賓語，「的」字前面是名詞，後面還可以再加名詞，這個「的」字不能用「了」、「吧」、「呢」等來替換，按照朱德熙先生的意見，也許可以用名詞性語法單位來替換）。這種功能（和「分布」）上的區別，連朱先生自己也不能不承認。譬如他說：「我寫的詩」，後面永遠跟著名詞（如「詩」）；「我昨天寫的（詩）」，後面不一定有名詞，但是可以加上名詞；「我會寫的」，後面不能加名詞。既然功能（和「分布」）不同，為什麼一定要把它們劃歸一類呢？我覺得最合理的辦法還是承認漢語裡有語氣詞「的」。在前面加上「是」字，變成「是……的」格式之後，「的」字的語氣詞性質是不是改變呢？有時改變，有時不變。譬如：「我會寫的」加上「是」字變成「我是會寫的」以後，其目的在於說明「我」是「哪一類人」時，整個句子由敘述句變為判斷句，「的」字由語氣詞變為陪從連詞；其目的只是為了肯定或強調「會寫」時，整個句子仍是敘述句，「的」字仍是語氣詞。乙組各句的「的」都屬於後一種。

　　4.3 丙組各句的「的」字，跟「是」字以及整個句子的性質是對應的——「是」字是聯繫動詞，整個句子是判斷句時，「的」字就是陪從連詞；「是」字是語氣副詞，整個句子是敘述句或描寫句時，「的」字就是語氣詞。從「的」字本身來說，它只是用來連接定語和被省略的中心語，在後面可以補出個名詞時，它是

陪從連詞；它只是用來表示確定的陳述語氣，在後面不能加上名
詞時，它是語氣詞。這也不必多說。

4.4 把甲、乙、丙三組句子的「的」字當作同一性的語法單
位，無論是叫聯接代名詞，或是叫名詞詞尾，或是叫名詞性語法
單位的後附成分，跟把三組句子都當作同類句，把三組句子的
「是」字都當作同類詞一樣，也是從形式（當然主要也是從語音
形式）出發的，既沒有比較它們在語言片斷中的語法功能，也沒
有比較它們的句法形式（或叫分布情況）。因而這種分析方法和
由這種方法所得出來的結論是有問題的。這也用不著多說。

五

5.1 本文試圖以漢語的「是……的」結構為代表，用語法意
義和語法形式相結合的方法，解決語法單位的同一性和示差性問
題。語法意義包括：1）抽象意義，如名詞的抽象意義是表示事
物，動詞表示動作、變化，數量詞表示數量，等等；2）關係意
義，如動賓關係、偏正關係，因果關係、讓轉關係，主語和謂語
的關係、動詞和賓語的關係，等等；3）功能意義，如名詞能作
主語，不能作謂語，動詞能作謂語，一般不能直接作定語，副詞
只能作附加語，介詞不能作句子成分，只介紹名詞或其它詞組作
附加成分，語氣詞不能作句子成分，只表示句子的語氣，等等。
本文用到的主要是關係意義和功能意義。語法形式包括：1）詞
法形式，如詞或詞根疊音、詞綴、重音等；2）句法形式，如詞
序、虛詞、語調、停頓、上下文等；3）可能有的詞法和句法形
式。用結構主義語言學的術語說，就是分布、轉換、替代、層次
等特徵。本文用到的主要句法形式和可能出現的句法形式。

這種方法的根據是：任何語法單位都有意義和形式兩個方
面，語法分析的目的也正是為了揭示某種語法單位用什麼形式表
達什麼意義。因此，在語法分析中偏於任何一個方面，無論是意

義方面或是形式方面，都不容易得出正確的結論，即使在某些問題上能得出正確結論，也不符合語法分析的目的。單純使用意義分析法，研究者主觀性、片面性的東西太多，大家已經拋棄了它；單純使用形式分析法（這是近些年來在歐美很流行的方法，現在在國內也有了一定的影響），完全拋開意義，未免矯枉過正。只有把意義分析法和形式分析法結合起來，在語法分析中才能顯示它們的威力。

　　5.2 用漢語的「是……的」結構來說明語法單位的同一性和示差性問題，是比較有代表性的。如果這個問題能夠用語法意義和語法形式相結合的方法得到解決，其它許多問題也能用這種方法得到解決。當然，「是……的」結構畢竟只是許多語法現象當中的一種，而且各種語法現象有各種語法現象的特點，不能說從這裡可以透視出一切語法單位的同一性和示差性問題。許多具體和更具體的語法單位如何分析，意義和形式如何結合，還需要進一步研究。

（原載《鄭州大學學報》〔人文科學版〕1963年第 3 期）

【註　釋】

①「句類」是指按謂語性質劃分的敘述句、描寫句、判斷句，或體詞謂語句、動詞謂語句、形容詞謂語句、主謂謂語句等。

②載《中國語文》1961年12月號。

③關於這個問題我在《漢語實詞的「附類」》（載《鄭州大學學報》1963年第 1 期）裡談得較詳細，這裡不再重複。

④朱德熙《說「的」》，雖然不承認「的」字是連詞，但他承認 A、B 兩組「的」字是同類的，這值得肯定。

現代漢語的詞組與合成詞的界限

一　問題的性質和範圍

　　詞組和詞是兩種大小不同的語法單位：詞組是兩個或兩個以上意義有聯繫的實詞按照一定規則組成的句子內部的語法單位，詞是有固定聲音和特定意義的最小造句單位，從它們的定義裡可以看出詞組和詞的界限是比較明顯的。但是由於語言的不斷發展，有些詞組逐漸向詞轉化，在轉化的過程中也產生了某些詞組和某些詞的劃界問題。比如：「羊肉」、「推翻」、「說話」、「牛羊」是詞組，還是詞？大家意見就不一致。應該說，詞組和詞的劃界問題，在漢語語法研究中是一個懸而未決的老大難問題。語法學者們曾絞盡腦汁，企圖在詞組和詞之間劃出一條明細的界限，但事與願違，劃界問題依然沒有解決。王力先生曾無可奈何地慨乎言之：「詞和仂語沒有絕對的界限，這對於語文敎學有沒有害處呢？沒有。仂語所發生的作用既然和詞所發生的作用大致相同（就實詞來說，仂語和單詞都是表示一個概念的）。偶然有一些語言形式被主觀地定爲仂語而不定爲單詞，或被主觀地定爲單詞而不定爲仂語，對於祖國語文的純潔，絕不至惹起任何損害。」①這種說法是沒有辦法的辦法，而且是有一定道理的；但作爲科學研究來說，又不能說是好辦法，也不能說是完全正確的。它可能給人造成這樣的錯覺：既然詞和詞組沒有絕對的界限，既然有一些語言形式被主觀地定爲詞組或單詞，對於祖國語文的純潔不至惹起損害，區別詞和詞組的工作就沒有意義，也沒有必要了。事

實遠不是這樣嚴重，詞和詞組的界限是客觀存在的，在絕大多數情況下，我們還是可以劃清詞和詞組的界限，而且作爲語言研究，這種劃界工作是很有意義、很有必要的。

1) 從語法分析上說，區別開詞和詞組，在講詞法時，可以根據詞的語法特點劃清詞類。比方，動詞的特點是：大多可以在後面加「了」、「著」或「過」等後綴，大多可以帶賓語，大多可以重疊，如：「注意著他們」、「動員過群衆」、「參觀參觀」、「說明說明」等。如果把詞組也當作詞，就會模糊動詞的這些特點，辨認動詞就得另尋標準。如「唱歌」、「走路」等就不能說成「唱歌著」、「走路過」、「唱歌唱歌」、「走路走路」，也不能再加賓語。如果能把這種沒有動詞特點的動詞組合劃到詞組裡，動詞的特點就可以成立。當然，根據動詞的這些特點來區分動詞與詞組也並非普遍有效的，只不過適用於大多數動詞罷了。

如果不分清詞和詞組，構詞法也無從講起。比方，如果把「唱歌」也當作詞，就得說它是由一個動詞性詞素加上一個名詞性詞素構成的動賓式合成詞，那麼遇到「唱山歌」、「寫歌」等也必須說它們是詞才成。這樣一來，不僅取消了詞和詞組的界限，實際上也取消了構詞法和造句法的區別。

區別開詞和詞組，對句法結構的分析也很重要。比方，分析「在教室裡唱歌」，如果把「唱歌」當作一個詞，這個句法結構就是以動詞爲中心的偏正詞組，它的結構層次是「在教室裡/唱歌」。如果把「唱歌」當作詞組，按照先切出賓語後切出狀語的分析方法，這個結構就是動賓詞組，它的結構層次應該是「在教室裡唱/歌」。

2) 從詞典編纂工作上說，能否區別開詞和詞組，是一部詞典成功與失敗的關鍵。一般地說，除了一部分固定詞組，不是詞的單位，不該收進詞典，如果把詞組也當作詞，我們的詞典就不知要有多少萬頁了。而現在我們所以還沒有一部十全十美的詞

典，同詞和詞組的界限不明也不無關係。

3）從漢語拼音化研究上說，區別開詞和詞組，對於確立正字法的規範有重要意義。很多人都說，漢語裡所以存在著詞和詞組的劃界問題，根子是在方塊漢字上，使用拼音文字以後就不會有這樣的問題了，它可以拿連寫或分寫作標準：連寫的是一個詞，分寫的是一個詞組。我們覺得這種說法恰好把事情弄顛倒了：不是先有連寫或分寫的拼音文字，而是先劃清詞和詞組的界限才有了拼音文字的連寫或分寫的正字法。即使在遙遠的將來漢語能夠實現拼音化，如果不分清詞和詞組的界限，在書寫形式上必然要出現兩種情況，不該連寫的詞組而連寫，不該分寫的詞而分寫。漢語之所以在相當長的時期內不能實現拼音化，除了其他原因，跟詞和詞組的界限不清也不無關係。

4）從實用上說，區別開詞和詞組，有助於從語言中消除亂拆合成詞的不規範現象。詞一般是不能拆開的，如「他動你的員」、「我努了半天力」等都是不規範的說法；而詞組一般是可以自由拆開的，如「唱了一支美妙的歌」、「走了二里路」等。

我們所以要把詞和詞組算作兩個大小不同的語法單位，正是因為絕大多數詞和詞組的界限是清楚的。例如：

1）所有的單音節詞，只能是詞，不可能是詞組，如「山、人、走、好、和、從、啊」等。

2）所有的聯綿詞，只能是詞，不可能是詞組，如「吩咐、鞦韆、傀儡、窈窕、蝌蚪」等。

3）所有的象聲詞，不管有幾個音節，只是一個詞，不會是詞組，如「呼呼、叭叭叭、嘩啦嘩啦」等。

4）所有的譯音詞，不管有幾個音節，也只是一個詞，不可能是詞組，如「坦克、維他命、坦桑尼亞、阿爾巴尼亞、英特納雄耐爾」等。

5）所有的疊音詞和重疊式合成詞，只能是詞，不會是詞組，

如「媽媽、哥哥、剛剛」，「人人、看看、好好、收拾收拾、大大方方」等。也有的語法學者想把重疊式合成詞算作詞組。這種意見能否為大家接受，還值得懷疑，因為從這種重疊裡實在找不出詞組的任何特點。

6) 所有的綴加式合成詞，也只能是詞，不會是詞組，如「第一、老王、椅子、石頭、跑了、來過」等。其中的「了」和「過」雖然很多人叫助詞，但它們同動詞結合以後也都算一個詞，沒聽誰說過這是詞組。

7) 由兩個不能獨立成詞的詞素或由一個能獨立成詞的詞素和一個不能獨立成詞的詞素構成的合成詞，一般也沒有人算詞組，如「語法、衣裳、朋友、健康」，「進行、熱烈、巨大、雨衣、便飯」等。

8) 許多由兩個能獨立成詞的詞素構成的合成詞，由於它們共同表示了一個特定的意義，也沒有人認為是詞組，如「火車、白菜、忘記、拍馬、動靜」等。

詞和詞組在劃界問題上有爭議的主要是以下幾種雙音節的語言單位，其中多是由兩個能獨立成詞的單位構成的：

1) 父母、母女、夫妻、大小、買賣（公平）

2) 羊肉、海魚、江水、土牆、工人階段

3) 打倒、推翻、說明、吃飽、放大、擺齊

4) 唱歌、讀書、寫字、說話、洗澡、發言

1) 組各例涉及聯合詞組和聯合式合成詞的劃界問題，2) 組各例涉及偏正詞組和偏正式合成詞的劃界問題，3) 組各例涉及前正後偏的偏正詞組和前正後偏的偏正式合成詞的劃界問題，4) 組各例涉及動賓詞組和動賓式合成詞的劃界問題。總起來看，範圍並不算大。

二　區分詞和詞組的幾種標準

上述幾種詞和詞組所以存在著劃界問題，主要是因爲大家採用的標準或方法不同。區分詞和詞組的標準和方法，目前通行的大致有下面幾種：

㈠意義鑒定法

所謂意義鑒定法，就是憑概念（或觀念）的簡單或複雜來確定一種語法單位是詞還是詞組。這種方法直接同詞的定義有關，可以拿黎錦熙《新著國語文法》和王力《中國語法理論》作代表。

《新著國語文法》說：「詞就是說話的時候表示思想中一個觀念的『語詞』。」什麼叫「觀念」呢，該書又解釋說：「一切外界的感覺、反映的知覺、想像、乃至概念等，凡是由認識作用而來的，都可叫做觀念。」（2－3頁）這是詞的定義，但也牽涉到同詞組的劃界問題。如果按照這種定義去鑒定詞和詞組必然要極大地擴大詞的範圍，縮小詞組的範圍：「刀子」、「人民」、「火車」等固然都可以說是一個觀念，但「北京大學」、「工人階段」、「中國人民政治協商會議」，甚至「演話劇」、「打毛衣」也不能說不是一個觀念，結果還是劃不清詞和詞組的界限。

《中國語法理論》說「語言學家對於詞的定義，本來就有許多不同的意見；而我們對於中國的詞，更感覺得確當的定義實在不容易想出。中國語既沒有屈折作用，輕重音又爲華北（北京）所獨有，而且不足爲憑，我們只好從意義上著想了。我們可以暫時把詞認爲：『語言中的最小意義單位』。」（上冊，17－18頁）如果按《新著國語文法》的「觀念」去理解這裡的「意義」，再加上「最小」二字，必然要極大地縮小詞的範圍，擴大詞組的範圍：「人」、「水」、「鐵」等固然都是最小的意義單位，但「人民」、「水車」、「鐵路」都是有兩個最小意義的語言單位，豈不都成了詞組嗎？同樣也劃不清詞和詞組的界限。

可見，意義鑒定法是一種不可捉摸的靠不住的標準，既不能

作爲詞的定義，更不能用作區別詞和詞組的標準。

(二)功能鑒定法（或同形替代法）

功能鑒定法就是根據是否「最小的、能夠自由運用的語言單位」來區別詞和詞組，是最小的、能夠自由運用的語言單位，就算詞；不是最小的、能夠自由運用的語言單位，就算詞組。採用這種標準的可以以初中《漢語》和呂叔湘《語法學習》爲代表。比如「看書」的「看」和「書」都是最小的、能夠自由運用的詞，可以說「這本書我看」，也可以說「看的書很多」，還可以說「你別看這本書」，因而「看書」就是一個比詞大的詞組。但按這種標準和方法去劃分詞和詞組的結果，也要擴大詞組的範圍，縮小詞的範圍。比如「火車」的「火」和「車」都能自由運用，有時意義也可以不變，如「火車是火發動的」、「火車停穩以後再下車」。這麼一來「火車」豈不也成詞組了嗎？如果不附加別的條件，這種關於詞的定義是劃不清詞和詞組的界限的。

和功能鑒定法相類似的，還有同形替代法，這是陸志韋《北京話單音詞詞彙》提出來的、後來作者又聲明放棄的一種方法。如果說功能鑒定法所說的自由運用是在任何句型中的一種替代法，那麼同形替代法就是只限於相同句型中的替代法。比如要證明「吃飯」是兩個詞，可以用幾個相同句型中的某個成分相互替代的辦法，如「我吃飯——我吃麵——我盛飯」。這種同形替代法所遇到的問題同功能鑒定法是一樣的，比如「火車」的「火」和「車」在相同句型中也都可以被別的成分替代，如「我坐火車——你坐汽車——他坐火輪」。如果不附加別的條件同樣劃不清詞和詞組的界限。

(三)隔開法（或擴展法）

隔開法是說能夠用別的詞語隔開的是詞組，不能隔開的是詞。這是王力《中國語法理論》提出來的，他說：「第一、複音詞是不能被隔開的，仂語則可以被隔開：例如『老婆』是複音

詞，因爲咱們不能說『老的婆』而意義不變；『老人』是仿語，不是複音詞，因爲咱們還可以說成『老的人』，而意義不變。第二、仿語是可以轉爲連繫式的，複音詞則不能：例如『老人』可以轉成『這人是老的』，『老婆』不可以轉成『這婆是老的』。有時候，兩個標準應該同時並用，例如『黃河』雖可以轉成『這河是黃的』，但咱們不能把黃河稱爲『黃的河』，所以『黃河』只是複音詞，不是仿詞。這種試驗是容許加字的，如『馬車』可以說成『用馬拉的車』，又可以轉成『這車是用馬拉的』，所以『馬車』是仿語，不是複音詞。」（55－56頁）

　　用隔開法來鑑定某一個語言單位是詞還是詞組，結果同功能鑑定法或同形替代法差不多：能隔開的不一定是詞組，如「馬車」、「老人」，很多人都認爲是詞——「馬車」是一種類型的車的專用名稱，這種車就是用人拉或用驢拉，還是叫「馬車」；「老人」是指長輩人，父母或叔伯即使只有四五十歲，對晚輩來說也是老人，不一定是很老的人。而那些能隔開的動賓式合成詞，如「站了半天崗」、「鞠了一個躬」、「革他們的命」，「站崗」、「鞠躬」、「革命」反倒都成了詞組。不能隔開的不一定都是詞，如「北京大學」、「工人階段」、「中國人民政治協商會議」，都不能被隔開，硬說它們是詞，很多人也接受不了。

　　同隔開法相類似的還有陸志韋等《漢語的構詞法》提出來的「擴展法」，即能拆開插入別的詞語的不是詞，而是詞組；不能拆開插入別的詞語的不是詞組，而是詞。比如「金子」不能擴展，中間不能插進任何東西，所以是詞；「破壞了」的「破」和「壞」，中間不能擴展，「破壞」和「了」的中間雖然能插進別的詞語，如「破壞洋八股了」，但語法結構不同，實際上中間還是不能插入別的成分。「你去」能擴展成「你和我去」，所以是詞組；「羊肉」也能擴展成「羊的肉」，按理應該是詞組。

　　擴展法是目前比較有效的方法，在一般情況下它可以把大部

分詞和詞組劃開。但這種方法也不是萬能的，它同樣解決不了
「站崗」、「鞠躬」、「革命」、「中國農業銀行」、「北京大學」是詞
還是詞組的問題：「站崗」等能擴展，但公認是詞；「北京大學」
不能擴展，但公認是詞組（固定詞組）。看起來，要想運用這種
方法來區別詞和詞組，還得附加別的條件。

(四)意義和形式相結合的方法

上面提到的幾種劃分詞和詞組的標準和方法，都是從語法分
析的實踐中總結出來的，因而或多或少都有適用的一面。但由於
漢語的詞和詞組的劃分是一個非常棘手纏夾的問題，再加上這些
標準或方法自身的局限性，哪一種都不是一把伸縮自如的刀子，
遇到任何現象都可以迎刃而解。

從語法學方法論的原則出發，劃分詞和詞組的界限，應該從
詞和詞組相對立的詞彙意義、語法意義和詞彙形式、語法形式特
點上去尋求基本上能夠解決問題的標準或方法。

從詞這一方面說，它除了是一種詞彙單位，有特定的詞彙意
義——表示一個簡單的概念（實詞），還是一種語法單位，有一
定的語法形式特點——一般不能拆開插入別的成分。可見，詞不
同於詞組的特點是：詞義的特定性和結構的不可擴展性。

從詞組這一方面說，它只是一種語法單位，只有一定的語法
意義和語法形式特點——其中的每個成分（實詞）都有獨立性
（獨立造句、獨立表示概念），並且一般可以自由拆開插入別的成
分（固定詞組除外）。可見，詞組不同於詞的特點是組成成分的
獨立性和結構的可擴展性。

從詞和詞組相對立的意義和形式特點出發，在意義鑒定法、
功能鑒定法以及隔開法（或擴展法）的基礎上，我們建議採用意
義和形式相結合的標準——意義是否特定和結構能否擴展。比
如：「白菜」不是指一切白顏色的菜，而是指一種特定的蔬菜，
黑顏色、綠顏色的白菜仍叫「白菜」；不能拆開在中間插入別的

成分，如果拆開說成「白的菜」或「白顏色的菜」，就不再表示特定的意義，或者說，這根本就不是「白菜」的擴展式。可見，「白菜」是一個偏正式合成詞。又如：「高樓」是指一切高的樓房，沒有特定的意義；也可以拆開說成「高高的樓」，而且拆開之後原意不變。顯然這是個偏正詞組。這兩個方面的標準在一般情況下應該是統一的：沒有特定意義的，可以以原意擴展；可以以原意擴展的，沒有特定意義。但例外還是有的，有時咱們會遇到以下三種情況：

1）有些合成詞（主要是動賓式合成詞），意義雖然是特定的，但可以擴展。如「發言」可以擴展成「發了一次言」，「拍馬」可以擴展成「拍他的馬」。因此，在上述標準之內還須另找一些更具體的變通標準。

2）有些詞組，意義雖然不是特定的，但在一定的語言環境中卻不能擴展，如「解決了讀書問題」，「讀書」在別的地方可以擴展，在這個結構裡不能擴展。是讓「讀書」分屬於詞組和合成詞呢，還是算詞組的特殊用法？這也須要作出圓滿的解釋。

3）固定詞組是一種特殊的詞組，一般不能擴展，而且它的意義很難說是不是特定的，爲什麼不叫合成詞？這也須要找出更具體的變通標準來。

三　幾種詞組和合成詞的區別

下面咱們就根據意義是否特定和結構能否擴展的標準，以及根據具體情況變通出來的更具體的標準，把前面說過的幾種有爭議的語言單位逐項加以分析，看看它們到底是詞還是詞組。

㈠聯合詞組和聯合式合成詞的區別

聯合詞組的特點是：有兩個或兩個以上的實詞，表示不止一個簡單概念，在不改變原意的前提下中間可以加「和」、「又…又…」等連詞。如「你我──你和我」、「報紙雜誌──報紙和雜

誌」、「好壞──好與壞」、「白胖──又白又胖」、「高大──又高
又大」。聯合式合成詞的特點是: 有兩個詞根, 這兩個詞根共同
表示一個簡單概念, 中間不能加「和」、「又…又…」等連詞 (有
的即使能加, 也要改變原意)。如「根本≠根和本」、「尺寸≠尺
和寸」、「矛盾≠矛和盾」、「貴重≠又貴又重」、「熱烈≠又熱又
烈」。因此一般地說聯合詞組和聯合式合成詞的界限是清楚的。
最難處理的是下面兩種情形:

1) 牛羊、飯菜、寬窄、教學 (相長)、買賣 (公平)、大
　　小 (不勻)
2) 父母、夫妻 (倆)、兄弟 (兩個)、文理、理化、工農
　　兵、衣食住

1) 組各例, 每個成分都能獨立, 聯合起來以後每個成分仍
然保留原意, 即整個結構仍然代表兩種簡單概念, 但有時似乎又
有一種特定的意義。因此有人說是詞組, 有人說是詞。我們認爲
還是把它們算作詞組比較恰當。它們中間都可以在不改變原意的
前提下加「和」字, 它們聯合在一起只是意義比較緊湊, 並沒有
明顯的特定意義, 而且都保留原來的讀音。就是說,「牛羊」是
指「牛」和「羊」兩種動物,「飯菜」是指「飯」和「菜」兩種
東西,「教學」是指「教」和「學」兩種行爲,「大小」是指
「大」和「小」兩種狀態, 等等。但其中的「教學」、「買賣」、
「大小」、「寬窄」都是多義單位, 有時具有特定意義, 是合成詞:
「教學」如果是指「傳授知識」或「教書」, 只有「教」的意思,
是合成詞, 不是詞組;「買賣」如果是指「商店」或「交易」(做
買賣) 時, 後一音節讀輕聲, 是合成詞, 不是詞組;「大小」如
果是指大小的程度或尺碼, 就是合成詞, 不是詞組;「寬窄」如
果是指寬度, 第二音節可以兒化, 是合成詞, 不是詞組。

2) 組各例, 其中至少有一個成分不能獨立成詞 (大部分都
不能獨立成詞)。根據構詞法的要求, 一種結構裡有一個不能獨

立成的成分，這種結構只能是合成詞，而不是詞組。但這些例子中的每一個成分都代表一種簡單的概念，「兄弟」很明顯是指「哥哥和弟弟」兩個簡單概念，「工農兵」也是指「工人、農民和士兵」三個簡單概念。是不是可以把其中的每個成分都當作文言詞，或者把整個結構看作詞組的簡稱？即「父母」的「父」是個文言詞，或者說是「父親」的簡稱；「母」是個文言詞，或者說是「母親」的簡稱。但其中的「兄弟」、「夫妻」也是多義單位，也應該分屬於合成詞和詞組。即「兄弟」只指「弟弟」時，第二音節讀輕音，是合成詞，不是詞組；「夫妻」只指一種婚配關係時，如「咱們總算夫妻了一場」，第二音節讀輕音，是合成詞，不是詞組。

㈡定中偏正詞組和前偏後正的偏正式合成詞的區別

定中偏正詞組的特點是：兩個或兩個以上的實詞沒有凝固成特定的意義，中間可以加「的」或別的成分，如「我的書」、「學校的樓房」，讀音不變；前偏後正的偏正式合成詞的特點是：兩個或兩個以上的詞根凝固成一個特定的意義（各個詞根失去獨立意義），中間不能加「的」或別的成分，有的後一個音節要讀輕聲，如「甜瓜」、「酸菜」、「科學」。一般說來這也沒多大問題。爭論較多的是以下幾種語言單位：

1) 羊肉、海魚、布鞋、土牆、槍把子、馬尾巴

2) 工人階級、圓桌會議、封建制度、降落傘部隊

1) 組各例兩個成分都能獨立成詞，結合起來以後仍然保留原意，雖然中間能加「的」字，但在實際語言中經常不加「的」，很像一個詞。是詞還是詞組，是爭議最多的一類。這種單位，無論當作詞，或是當作詞組，都有纏夾不清的問題。特別是「羊肉」，是一種牽連左鄰右舍的單位：如果把它當作詞，那麼「兔子肉」、「耗子肉」、「水鴨子肉」、「羊耳朵」、「羊骨頭」、「羊蹄子」、「羊肋條骨」等，甚至包括 2) 組各例，也都應該是詞；如

果把它當作詞組，那麼「羊毛」、「羊皮」，甚至「電車」、「方凳兒」也都應該是詞組。權衡利弊，還是把它們當詞組處理問題少一些。「海魚」是指一切海裡的魚，不是某一種魚，像「帶魚」、「黃花魚」等；「布鞋」是指一切用布作的鞋，同「涼鞋」、「拖鞋」等具有特定意義的詞不一樣。但「羊毛」、「羊皮」由於經常用作紡織原料或製革原料，可以按合成詞處理，並且可以收進詞典。至於對能擴展，但是經常不擴展這個問題的認識，也應該從漢語音節對稱的特點出發，即漢語裡有這樣一種習慣，一般三個或五個音節的語言單位，在不改變原意的情況下往往說成兩個或四個音節，如「紅的花——紅花」、「老虎肉——虎肉」、「木頭的房子——木頭房子」。這種情況，也有人想採取折衷的辦法，說「羊肉」之類語言不擴展時是一個詞，擴展時是詞組。但是，這同「白菜」擴展成「白的菜」或「白顏色的菜」是不一樣的。前面說過，「白的菜」實際上不是從「白菜」擴展出來的，因為擴展不擴展意義完全不同。要是採取這種折衷的辦法，上面說的「木頭房子」之類單位，也必須說不擴展時是詞，擴展時是詞組，否則理論不能一貫。但這麼一來，不僅沒有解決問題，反而會人為地製造許多具有兩重性（即是詞又是詞組）的多義單位。

　　2）組各例兩個成分也都能獨立，結合起來以後仍然保留原意，但中間經常不加「的」字（加上也說得通）。這種單位是詞還是詞組，也難以判斷。這些語言單位之所以經常不加「的」字（有的也很難加進「的」字），是因為它們已被用作專門術語，但其中的每個成分都保留著原來獨立的意義，因此應該把它們當作固定詞組來處理。

㈢中補偏正詞組和前正後偏的偏正式合成詞的區別

　　中補偏正詞組的特點是：兩個或兩個以上的實詞沒有凝固成特定的意義，中間可以加入「得」或「不」，如「跑得快」、「記不清楚」；前正後偏的偏正式合成詞意義特定不特定有時雖然很

難判斷，但肯定不能加進別的成分，如「煽動」、「注重」，都不能說「煽得動」、「注不重」等。這也都是不成問題的，最難處理的是以下三種語法單位：

1）擴大、改善、說明、立正、決定
2）修好、吃飽、提高、寫完、住下
3）攻破、氣壞、叫醒、打開、推動

1）組各例，兩個成分之間永遠不能插進「得」或「不」，也不能插入其他成分。這當然是偏正式合成詞的特點，應該算合成詞。

2）組各例，兩個成分之間能插進「得」或「不」，也能插進別的成分。如「修好」可以擴展成「修得好」、「修不好」，也可以擴展成「修得非常好」、「修不很好」，等等。任何一個合成詞都不能這樣擴展，應該算詞組。

3）組各例，兩個成分之間只能插進「得」和「不」，不能插進別的成分。如「攻破」可以說成「攻得破」、「攻不破」，但不能說成「攻得非常破」、「攻不很破」。就是說，這兩個成分雖然能擴展，但局限性很大，不那麼自由。權衡利弊，還是把它們看作偏正式合成詞好一些，「得」和「不」是詞綴（中綴）。

㈣動賓詞組和動賓式合成詞的區別

動賓詞組的特點是：兩個成分各自保留獨立的意義，二者合在一起，表示的是複雜概念；整個結構不能再帶賓語，在動詞和賓語之間可以插入別的成分，動詞和賓語的次序往往可以顛倒成主謂詞組，動詞一般可以重疊，可以帶「了」、「著」或「過」。如：「買書」可以說成「買幾本書」、「書買」、「買買書」、「買了書」等。動賓式合成詞的特點是：兩個成分凝固成一個特定的意義，表示一個簡單的概念；有的整個結構可以再帶賓語，兩個成分的次序不能顛倒，有時中間雖然也能插入別的成分，動詞性詞素雖然可以重疊，但其中的一個成分不能獨立成詞，而且擴展形

式是有限的。如：「動員」不能說成「動你的員」、「員動」，「發言」雖然可以說成「發了一次言」，但不能顛倒成「言發」，而且其中的「言」永遠不能單獨成詞。這一般說來也沒有多大問題。但在語法學界對下列幾種語言單位是詞還是詞組，意見卻很分歧。

　　1）唱歌、吃飯、說話、走路、讀書
　　2）留意、擔心、出席、列席、進口
　　3）放心、當權、冒名、見笑、搗鬼
　　4）鞠躬、洗澡、結婚、造謠、打賭

　　1）組各例，兩個成分都保留了原來的獨立原義，如「唱歌」的「唱」表示動作，「歌」表示事物，二者合起來表示了一個複雜概念，並且可以以原意擴展，如「唱一支歌」、「唱唱這些歌」。顯然這是詞組所具有的特點。正因為它們是詞組，不是動詞，所以都沒有一般動詞所具有的語法特點，如不能再帶賓語，整個結構不能按「ABAB」的格式重疊等，「唱歌國歌」、「唱歌唱歌」都不成話。跟大家公認為合成詞的「得罪」、「報怨」等大不相同。這一組應該劃歸詞組。

　　2）組、3）組 4）組各例，有人只根據能擴展的形式標準，把它們劃歸詞組。前面說過，動賓式合成詞比較特殊，除了意義標準，在形式方面還須要在總標準之內再找一些更具體的標準。這三組語言單位，從意義上說，其中兩個成分至少有一個失去原意，二者合起來表示一個特定的意義，這是合成詞的特點。從形式上說，它們雖然都能擴展，但擴展形式是有限的：在名詞性詞素前面絕對不能加形容詞（如「留意」不能說成「留好意」、「留大意」等），這同動賓詞組裡的名詞賓語是不一樣的；在動詞性詞素後面雖然可以加「了」、「著」、「過」、（如「放了心」、「洗過澡」），但這算不算擴展，還值得研究。我們認為把這些詞綴當作嵌在動詞中間的中綴也是符合漢語實際情況的；除此之外，能擴

展進去的成分是很少的，主要是數量詞、形容詞，個別的可以加進個「什麼」，如「鞠了一個大躬」、「結過兩次婚」、「擔什麼心」。2）組各例後面都能再帶賓語，如：「留意火車」、「出席會議」等合成詞的特點更明顯。

（原載《漢語語法問題》，中國社會科學出版社，1987年）

【註　釋】

① 《詞和仂語的界限》，載《中國語文》1953年4月號。

析句方法研討

句子是由詞或詞組按照一定語法規則構成的，具有一個說明語調、表達一個完整意思的語法單位。句子的分析，有廣義的，有狹義的。廣義的分析，是對構成句子的全部因素的分析。比如：

我們的明天更美好啊！

這個句子除了充當句子成分的結構實體（表義成分）還有語氣詞「啊」和一個表示感嘆語氣的低降語調（表情部分）。分析這個句子，第一步可以把結構實體跟語氣詞、語調分開，並且可以按照語氣把句子分為疑問句、祈使句、感嘆句、陳述句等，第二步再分析它的結構實體。狹義的分析，是超越第一步，捨棄語氣詞和語調，只分析句子的結構實體。比如上面那個句子，只分析「我們的明天更美好」是如何結構起來的。本文所說的句子的分析，是專指這種結構實體的分析。

一個句子捨棄了語氣詞和語調，剩下的結構實體，只有極少數是一個詞（獨詞句），大多數是由兩個以上實詞構成的詞組。因而所謂句子的分析，主要是對入句以後的詞組的分析。句中詞組和句外詞組雖然是兩種句法功能不同的語法單位，但它們是密切相關的，有時甚至是不分彼此的。

析句方法是從屬於方法論的一種具體方法，它必須跟方法論的總原則相一致，並服務於方法論的總原則。

一　層次分析法和中心詞分析法的利弊

現行的析句方法雖然多種多樣，但概括起來，不外兩大類：

一是層次分析法，一是中心詞分析法。

1.層次分析法

層次分析法，也叫直接組成成分分析法，非正式的名稱又叫二分法。這種分析方法的特點是：遇到一個句子，先一刀兩段，把整個結構分爲兩個最大的有直接聯繫的片斷，被分出來的每個片斷，各自再一分兩段，分爲兩個最大的有直接聯繫的片斷。這樣一分二，二分四，四分八，一直分析到詞素爲止。例如：

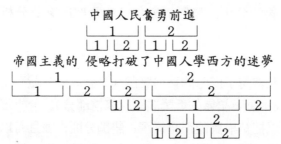

這都是分析到單詞爲止的單句。第一句可分出兩個層次，第二句可分出五個層次。一個單詞如果有兩個以上的詞素，還可以用一分爲二的辦法分析到詞素爲止，如「帝國主義」可以再分爲「帝國」和「主義」兩個片斷，「帝國」還可以分爲「帝」和「國」，「主義」還可以分爲「主」和「義」。如果是複句，也可以用一分二，二分四的辦法先分出有直接聯繫的分句，各分句再用一分爲二的辦法分析到單詞或詞素。

層次分析法在結構主義語言學裡是一種被廣泛採用的方法，而且差不多是被當作方法論的總原則提出來的。這種分析方法是從「語言的結構是有層次的模式」這一觀點出發的。如果不是作爲語法學方法論的總原則，而是作爲從屬於語法學方法論的一種具體方法，或者只作爲切分語言單位的一種步驟，引用到漢語語法分析中來，無疑是有實用價值的。因爲漢語句子的構造同樣具有鮮明的層次性，抓住這種客觀存在的層次，層層剖析，逐步深入，既符合句子本身的結構規律，又符合由淺入深，由近及遠的

原則，有助於劃清各語法單位之間的界限和它們的結構層次。

　　但是，層次分析法在漢語裡的應用有很大的局限性，片面性，析句的結果往往不能令人滿意。

　　第一，析句的前提缺乏客觀根據。嚴格的層次分析法是從形式到形式的分析方法。用這種方法析句的結果，句子的第一層只有「1」和「2」兩個直接成分，第二層分出的「1」和「2」都是第一層直接成分的直接成分，第三層分出的「1」和「2」又是第二層直接成分的直接成分。至於兩個直接成分之間以及第一層的直接成分和第二層的直接成分之間是什麼關係，它根本不管，至少是不感興趣的。這就把事情弄顛倒了。沒有對各成分之間在意義上的相互關係的觀察和分析，句子結構的層次是劃不出來的，至少也是劃不準確的。在某種意義上甚至可以說，越是認眞地貫徹這種方法，某些結構分析的結果離客觀事實越遠。例如：

他　們　非　常　可　愛　　　一　個　戰　鬥　英　雄
└ 1 ┘ └ 　　2　　┘　　└ 1 ┘ └ 　　2　　┘
　└ 1 ┘ └ 2 ┘　　　　　　└ 1 ┘ └ 2 ┘

這兩種結構意義和形式都不相同，但層次完全一樣，能說它們是相同的結構嗎？

　　還有不少多義結構，離開關係意義的分析，層次分析法是無能爲力的，即使勉強進行切分，也是沒有客觀根據的。比如「喜歡我的孩子」，代表兩種結構，可以分出兩種不同的層次：

喜　歡　我　的　孩　子　　　喜　歡　我　的　孩　子
└ 1 ┘ └ 　　2　　┘　　└ 　1　 ┘ └ 　2　 ┘
　└ 1 ┘ └ 2 ┘　　　　　　└ 1 ┘ └ 2 ┘

這兩種結構，一般都說前一種是動賓結構，後一種是偏正結構。人們要問，這兩種外型完全相同的結構，根據什麼說它們是兩種不同的結構呢？層次分析法的回答是「層次構造」。再問，這層次構造又是根據什麼來判斷的呢？回答可能還是「層次構造」。這就是等於什麼也沒有說。很明顯，在這種情況下，辨別兩種結

構是異是同的根據，首先是成分和成分之間的關係意義，離開這種關係意義，就無所謂層次。很多採用層次分析法的著作早已意識到這種矛盾的存在，因而也不得不引進主語、謂語、賓語，主謂關係、動賓關係、偏正關係等概念，而實際上是憑著這種關係來劃分結構層次的。但這樣一來，所謂層次分析法實際上是接受了脫胎換骨的改造，已經不是真正的層次分析法了。

第二，析句步驟是機械的。句子構造是有層次的，這是客觀存在。但把各種各樣不同質的句子一層套一層的特點，都機械地看成是一分為二的雙成分模型，就違背了客觀實際。語言中大量存在的多項聯合結構，如「祖國、人民和榮譽」，既不能切分成「祖國、/人民和榮譽」，也不能切分成「祖國、人民/和榮譽」，一開始就得三分，雙賓語結構，如「給我兩本書」，既不能切分成「給/我兩本書」，也不能切分成「給我/兩本書」。一般所說的「兼語式」，如「有個哥哥在北京學習」、「幫助我捆行李」，按「兼語式」的理論，也無法二分。有獨立成分的句子，如「老王，咱們回去」，「看樣子，他不會回來了」，「你快走吧，啊」也都不能二分。一些跟單句、複句劃界有關的結構，如「他向老師行了個禮，默默地走去了」，一般都認為這是一個複句，應該切在兩個分句之間，但按層次切分可以是「他/向老師行了個禮，默默地走去了」，是個單句。此外，還有一些變式句（如果承認漢語裡有一種由於修辭的需要而改變詞語次序的句子），如「慢慢地他醒悟了」、「學生們都跑了出來，從教室裡」，同是採用層次分析法的著作，也有不同的切分方法。

我們必須強調，上述現象並不是個別的，而是大量存在的，一種分析方法對那麼多句子不適用，不用說作為方法論的總原則，就是作為一種析句步驟，在漢語句子的分析中也決不是唯一的和萬能的，而是有很大的局限性。

第三，析句的結果簡單化，並且在分析的基礎上無法歸納句

型。嚴格的層次分析法認爲句子只有「1」、「2」兩個直接成分，不徹底的層次分析法引進了句子成分的概念，也認爲句子只有主語和謂語兩個成分，再往下分，賓語、定語、狀語、補語都不是句子成分，而是詞組成分（直接成分的直接成分），這就取消了句子的次要成分。層次分析法沒有句型的概念，不僅析句開始沒有考慮到句型的綜合問題，而且根據析句的結果也不能綜合句型。即使強行綜合，也只能綜合出「主語＋謂語」這麼一種句型（再往下分就是下位概念了），只有一種句型，等於沒有句型。只有分析沒有綜合，沒有達到析句的終極目的，無助於認識句子的結構整體，也無助於語言的實際運用。

　　2.中心詞分析法

　　中心詞分析法，也叫句子成分分析法，簡稱成分分析法，非正式的名稱是多分法，中心詞分析法是根據中心詞確定句子成分。這種分析方法的原則是：⑴句子有六個成分，分爲兩個等級，第一個等級的是主要成分——主語、謂語，第二個等級是次要成分——賓語、定語、狀語、補語。這六個成分雖然等級不同，但都是獨立的，不是從屬關係。可見，所謂「等級」只指主要、次要而言，並不是「層次」。⑵一個句子成分原則上應當由一個詞充當，盡可能讓一個詞對一個成分，一個成分對一個詞。具體地說，詞組（特別是偏正詞組和動賓詞組）不能作句子成分，遇到詞組，必須再找中心詞，才算找到了句子成分。例如：

中　國　人　民　奮　勇　前　進
　　定　　　主　　　狀　　　謂
帝　國　主　義　的　侵　略　打　破　了　中　國　人　學　西　方　的　迷　夢
　　　定　　　　　　主　謂　補　定　主　謂　賓　　　賓

　　中心詞分析法是一種建立在邏輯關係基礎上的分析方法，它很重視詞和詞之間的關係意義，因而使用了主語、謂語、賓語、定語、狀語、補語以及聯合關係、主謂關係、動賓關係、偏正關

係等概念。所謂「成分分析法」就是從這兒得名的。毫無疑問，
這個出發點是完全正確的，沒有建立在邏輯關係基礎上的語法關
係，句子的分析將無法進行。尋找中心詞的辦法，有助於認識句
子的骨架。有人打比方說，好比一條魚，層次分析法是從腰部一
刀兩段，分出頭部、尾部，雖然可以看出這兩部分的聯繫，但不
能看出這條魚的粗線條；中心詞分析法是剝去皮肉，剩下骨架，
雖然不是原魚的樣子了，但仍能看出這條魚的粗線條。比如「帝
國主義的侵略打破了中國人學西方的迷夢」，骨幹成分（中心詞）
是「侵略打破了迷夢」（我們認為「打破了」是一個詞）。有分析
有綜合，分析的開始就考慮到了句型的綜合；分析的結果，看到
了句子成分，也看到了句型。這種分析方法可以幫助人們掌握句
子的特點，也可以幫助人們鑒別某個句子結構是否完整，是否合
乎規範。此外，層次分析法不能分析的多項聯合結構、雙賓語
句、兼語式，以及多義結構等，中心詞分析法都可以分析。可
見，這種分析方法適應性較強，局限性不太大。

　　但是，中心詞分析法也有致命的缺點。

　　第一，只顧尋找中心詞，忽略了句子構造的層次性，結果是
層次不清、關係不明、雜亂繁瑣。如「我們學校的一個學生昨天
從書店裡買回來了一本法國小說」，分析的結果是「定─定─定
─主─狀─狀─謂─補─定─定─賓」。還有一些動賓詞組入句
以後的分析問題，如「坐飛機比坐火車快得多」，「坐飛機」是分
析成「動─賓」，還是分析成「主─賓」？「坐火車」是分析成
「動─賓」，還是分析成「賓─賓」？中心詞分析法不承認動賓詞
組可以作句子成分，「坐飛機」是主語部分，「坐」才是主語；
「坐火車」是介詞「比」的賓語部分，「坐」才是介詞的賓語（整
個介詞結構「比坐火車」又是「快」的狀語）。如果把它們分析
成「動─賓」，就是不自覺地承認動賓詞組可以作成分了；如果
把它們分析成「主─賓」或「賓─賓」，不僅要重新考慮賓語的

定義（主語可以帶賓語，賓語也可以帶賓語），而且必然要出現這樣的令人不安的分析結果：

坐　飛　機　比　坐　火　車　快　得　多
主　　賓　　介　賓　　賓　　謂　　補

讓六個成分處在同一個平面上，不僅層次沒有劃淸，而且結構關係也不明確，叫人眼花繚亂，不得要領。

　　第二，既規定了句子有六個獨立的成分，又說主語和賓語屬於不同的等級，但是它們都可以有定語。這就是說，同是定語，放在主語前面的是第二等級的，放在賓語前面的是第三等級的，放在賓語的定語前面的又可以是第四等級、第五等級的。狀語、補語也是這樣。可見，次要成分並不都屬於同一個等級。既然不屬於同一個等級，句子成分就不止是六個了，可以分出幾十個，這實際上又否定了六個成分兩個等級的理論，矛盾。

　　第三，漠視詞組的地位，在詞組能否作句子成分的問題上矛盾重重。比較徹底的中心詞分析法把詞組叫短語，如黎錦熙《新著國語文法》給短語下的定義是：「兩個以上的詞組合起來，還沒有成句的，叫做『短語』，簡稱『語』。」這就是說，短語只是詞和詞在句子之外的組合，這種組合一進入句子立刻解散，不能以「構件」的形式充當句子成分，而是由其中的各個單詞分別充當句子成分。一般所說的主謂詞組，他們叫「子句」，聯合詞組入句以後，他們叫「複成分」（即兩個以上的成分），如「複主語」、「複謂語」等。這樣處理，似乎可以避免短語作句子成分的說法，但根據他們給短語下的定義來看，所謂「子句」、「複成分」都合乎短語的條件，不叫短語是說不通的。這不僅漠視了詞組的造句材料的性質，而且也給語法單位的區分帶來了很多麻煩。不徹底的中心詞分析法，把短語改成了詞組，《暫擬漢語敎學語法系統簡述》說：「實詞和實詞按照一定的方法組織起來，作爲句子裡的一個成分的，叫詞組」。但詞組入句以後，只承認

聯合詞組、主謂詞組可以作句子成分，偏正詞組、動賓詞組、動補詞組等都不能作句子成分，既跟詞組的定義有矛盾，又跟語言實際相悖扭。更重要的是，同是詞組，採取了兩種不同的處理辦法，這都反映了他們對詞組認識的矛盾性和析句方法的矛盾性。爲了緩和這種矛盾，又採用了「主語部分」、「謂語部分」等分析方法，遇到句子先一分兩段，前面的是主語部分，可以是一個詞組，後面的是謂語部分，也可以是一個詞組。但必須指出，這「主語部分」、「謂語部分」並不是句子成分，主語部分的中心詞才是主語，謂語部分的中心詞才是謂語。這種畫蛇添足的辦法，不僅解決不了句子分析中的矛盾，反而會給句子分析帶來許多不必要的麻煩和混亂。平白無故地在句子成分之上又增加了一套「超句子成分」的「部分」。而且這樣一來，有些句子裡不止有主語部分和謂語部分，還可以找出賓語部分、定語部分、狀語部分，甚至還可以找出主語部分的謂語部分，謂語部分的主語部分，定語部分的狀語部分。事實上已經有人在這麼作。

二　能不能採用意義和形式相結合的析句方法
——結構中心分析法

　　層次分析法和中心詞分析法，各有所長，各有所短，不能全盤肯定，也不能一概否定。能不能揚其所長，抑其所短，採用第三種析句方法? 這種析句方法，可以說是層次分析法和中心詞分析法相結合的方法，也可以說既不是層次分析法，也不是中心詞分析法，而是根據句子結構的特點所採用的一種意義和形式相結合的析句方法，我們暫時把它叫結構中心分析法。

　　有人認爲，句子分析只有層次分析法和中心詞分析法這兩種方法，沒有第三種，並且認爲這兩種分析方法是水火不相容的，要麼是這，要麼是那，二者不能靠近，更不能結合。我們認爲層次分析法和中心詞分析法儘管是兩種不同的析句方法。但從發展

趨勢來看，它們不是從一個出發點背道而馳，而是從兩個出發點相向前進，朝著一個中心地帶靠攏。層次分析法一引用到漢語句子的分析中來，就吸收了中心詞分析法的長處，使用了主語、謂語、賓語，以及主謂結構、動賓結構、聯合結構、偏正（向心）結構之類的概念。比如，遇到「這孩子很勇敢」，一刀兩段，接著就說這是一個主謂結構，遇到「一個晴朗的早晨」，一刀兩段，接著就說這是一個偏正結構。這實際上已經不是純粹的層次分析法了，而是自覺不自覺地摻進了中心詞分析法的因素。中心詞分析法也不是一點也不講層次，而是越來越向層次分析法靠攏。遇到一個句子一刀兩段，分出主語部分和謂語部分，雖然這不是句子成分，實際上是自覺不自覺地吸收了層次分析法的因素，也不是純粹的中心詞分析法了。這些相互靠攏的現象，實際上也是一種取長補短、逐漸結合的嘗試。但由於對句子結構實質的認識不同，兩種分析方法仍然各有特點——層次分析法是一種從形式出發的分析方法，中心詞分析法是一種從意義出發的分析方法，它們雖然正在相互靠攏，但在它們之間還有一個分水嶺：層次分析法只承認句子有主語和謂語兩個成分，各種詞組都可以作句子成分；中心詞分析法承認句子有六個成分，詞組原則上不能作句子成分。

　　語言是意義和形式的統一體。句子的結構是有層次的，必須突出這種層次；而層次又是有中心的，必須緊緊抓住這種中心。就是說，句子的模式不是一次組合而成的，而是按照層次組織起來的，這種層次是建立在以邏輯為基礎的語法關係之上的，沒有這種語法關係，就談不上層次，沒有層次，語法關係也無從表達。在一個層次裡或層次和層次之間的語法關係，有的互為中心，並處於一個結構整體之中，如複句是由兩套以上彼此不作句子成分的結構中心（單句形式）構成的，單句裡的主謂結構、動賓結構、聯合結構，都是由兩個以上中心成分（基本成分）構成

的，這樣的結構一般都叫「離心結構」；有的以一個為中心，另一個是附加於中心的，如各種偏正結構（包括動補結構），這種結構一般都叫「向心結構」。「離心」也好，「向心」也好，都有個「心」——中心，沒有中心，這些結構都無法存在。因此我們認為，從句子結構的特點和分析句子的目的出發，以結構中心分析法為基礎，盡量吸收中心詞分析法和層次分析法的長處，是符合語法意義和語法形式相結合的總原則的。具體處理辦法如下：

1.承認句子有六個成分，但六個成分不能各自獨立，而是分為兩個層次。

前面說過，嚴格的層次分析根本不用句子成分的概念，遇到句子，一刀兩段，分出的是「1」、「2」兩部分：比較開明的層次分析法雖然引進了句子成分的概念，也只承認以「1」是主語，「2」是謂語。這兩個成分如果各是一個詞組，再往下分，第二層的「1」、「2」就都是詞組成分，而不是句子成分了，因而取消了句子次要成分的分析。這樣處理，簡單倒是簡單了，但在理論上還是站不住腳。你說一般句子只有主語和謂語兩個成分，別人就可以根據層次分析法的理論把你推向極端，說句子去掉語氣詞和語調，剩下的往往是一個主謂詞組，你所說的主語、謂語，也正是這個主謂詞組的主語和謂語。這樣一來，連一個句子成分也沒有了，還得回到「無句子成分論」的老路上去，而且這個極端非走不可。等你一走到極端，必然要跟複雜拉在一起，還得在詞組這一級承認有六個成分：主謂詞組裡有主語、謂語，動賓詞組裡有賓語，偏正詞組裡有定語、狀語、補語。這些「語」雖然可以不叫「句子成分」，但還得叫「句法成分」，而且在「句法成分」裡還得講層次、講關係。

中心詞分析法遇到句子先摘出主語和謂語，然後再根據詞性分出賓語、定語、狀語、補語，雖然承認句子有六個成分，但這六個成分各自獨立，沒有一層套一層的從屬關係，這就抹煞了句

子結構的層次性。

　　分水嶺兩側兩種不同的分析方法，在這個問題上針鋒相對，壁壘分明，怎麼統一起來呢？以結構中心爲基礎，吸收中心詞分析法的基本觀點，承認句子有六個成分（獨立成分除外），排除中心詞分析法讓六個成分各自獨立的觀點，把六個成分分爲兩個層次。主語、謂語、賓語是基本成分，是第一個層次裡的三個互爲中心的平行成分；定語、狀語、補語分別包括在主語、謂語、賓語裡，是基本成分的「二級機構」，可叫附加成分，分別跟基本成分的中心語構成一對矛盾。具體分析方法如下：

我們的人民從勞動中學到了許多知識

第一層	主		謂		賓	
第二層	定・中	・狀	中		定	中

　　基本成分中心語是句子的骨幹，既跟第一個層次裡的平行成分有直接聯繫，又跟第二個層次裡的附加成分有直接聯繫。從這種聯繫中，可以看出整個結構的層次性，也可以看出各成分之間的關係意義。

　　連詞、介詞都是結構實體內部的虛詞，是專門表示詞和詞或成分和成分之間的語法關係的，是一種純粹的語法手段，不能充當句子成分。連詞「和」、「並且」等是聯合關係的標誌，「的」、「地」等是偏正關係的標誌；介詞是介紹一個成分作中心語的附加成分，是偏正關係的標誌。這種語法手段，在作句法分析時，應該有所表示：用橫線標明層次，可以把虛詞劃在線外，下面加圓點。用豎線切分，要照顧語音停頓，聯合結構中的連詞可以切到後面一段裡，下面加圓點，如「討論/並且通過」，偏正結構中的連詞，可以切到前面一段裡，下面加圓點，如「偉大的/人民」，偏正結構中的介詞，可以切到前面一段裡，下面加圓點，如「從南方/來」。

　　這裡還有一個值得討論的問題；層次分析法和中心詞分析法

都把賓語看成次要成分，我們讓賓語升了級，算作基本成分，跟主語、謂語平起平坐，行不行？層次分析法把賓語看成次要成分（詞組成分）是爲了二分的需要，中心詞分析法把賓語看成次要成分就沒有多少道理了，至多是爲了突出動詞的重要性。我們把賓語看成基本成分，是從漢語句子的實際狀況出發，按照句子結構的表意需要和綜合句型的需要確定的。句子作爲一種結構，都應該是完整的。句子結構完整不完整，必須以表意的需要爲根據：能表達完整意思的句子才是結構完整的句子。在漢語裡，有的句子，如「他們回來」，只有主語和謂語兩個基本成分就可以表達完整的意思；但也有不少句子，除了主語、謂語，還必須再加上賓語才能表達完整的意思，如「我們熱愛」、「他們當了」，都沒有把意思說清楚，必須加上賓語，說成「我們熱愛祖國」、「他們當了代表」，才是完整的結構。因此賓語是直接涉及結構是否完整的基本成分。正因爲賓語有這樣重要的作用，在漢語裡才能跟主語一樣，以動詞謂語爲軸互相轉換，轉換以後，詞形、詞義都不改變。如「我看你──你看我」、「我騎自行車──自行車騎我」、「于福的老婆是小芹的娘──小芹的娘是于福的老婆」。這也算是漢語賓語的一個特點吧。還有很多賓語，在不改變基本語義的情況下，可以提到主語的位置上，如「你要認眞寫作業──作業你要認眞寫」、「你不懂這個道理──這個道理你不懂」。同樣，由於賓語跟主語地位相當，賓語裡的定語也跟主語裡的定語地位相當，如「一個教師表揚了一個學生──一個學生表揚了一個教師」。如果把賓語降爲次要成分，賓語裡的定語就是第三個層次裡的東西。層次不同，性質也不一樣。同樣的數量詞作定語，放到主語裡是第二個層次的，放到賓語裡又成了第三個層次的東西，這樣講語法，對於語法的實際運用未必有多大的裨益。

　　主、謂、賓三分，不能適應層次分析法二分的需要，怎麼辦？我們認爲方法是爲對象服務的，不能讓對象遷就方法。多項

聯合結構、雙賓語句、兼語式等都不適應二分的需要，層次分析法也沒有削足適履，千方百計尋找二分的邏輯基礎，而是能二分的二分，必須多分的多分，這才是眞正的邏輯基礎。此外，把賓語提升爲基本成分還有利於綜合句型。如果把賓語看成次要成分，除了獨詞句，漢語裡就只有「主語＋謂語」這樣一種基本句型，只有一種，等於沒有，跟不分一樣。要是把賓語看成基本成分，根據基本成分的多少，還可以分出「主語＋謂語＋賓語」、「謂語＋賓語」、「主語＋謂語＋賓語＋賓語」等基本句型。這對學習和掌握漢語句子的結構都有很大的幫助。

　　遇到句子是二分還是多分，應以句子的結構中心爲標準。第一層有兩套結構中心的聯合複句和偏正複句，一開始就二分；有三套以上結構中心的聯合複句，一開始就得多分。第一層只有主語、謂語或謂語、賓語的單句，一開始就二分；有主語、謂語、賓語的單句，一開始就得三分。遇到變式句，像狀語放在主謂句句首或放在句末，補語放在賓語後面，也要按結構中心（基本成分）的多少進行切分。如「今天我們開會」或「我們開會，今天」，只有主語、謂語兩個基本成分，只能切在主語和謂語之間，「今天」是由於修辭的需要提到句首或移到句末的，應作爲修辭現象來說明它們在意義上細微差別。「我看了他三次」，有主語、謂語、賓語三個基本成分，一開始就在主語、謂語、賓語之間切成三段，「三次」在這種句子裡雖然經常放在賓語後面，但比起補語的一般用法來，仍算變式的補語，也按修辭現象來處理。

　　總之，層次的概念不是表現在第一層的二分上，而是表現在第一層和第二層（或第二層和第三層，第三層和第四層）一層套一層的關係上。單純的二分，並不代表層次。見了句子一刀兩段，分出的主語和謂語只是同一個層次裡的兩個平行成分，並沒有看到層次；再往下分，讓第二層獨立於第一層之外，二者沒有從屬關係，仍然看不出層次。只有讓六個成分分爲兩個層次，處

於兩個平面，以結構中心爲樞紐，才能看出句子結構的層次性。

　　2.承認各種詞組都能作句子成分，但又不讓詞組成分的分析代替句子成分的分析。

　　層次分析法不管多麼複雜的句子都要一分爲二，分出主語和謂語，作主語和謂語的往往各是一個詞組，因而承認各種詞組都能作句子成分。再往下分，賓語、定語、狀語、補語就不是句子成分，而是詞組成分了，因而又讓詞組成分的分析代替了句子次要成分的分析。如「我們的明天更美好」，「我們的明天」是偏正詞組作主語，「更美好」是偏正詞組作謂語，「我們的」是偏正詞組裡的定語，「更」是偏正詞組裡的狀語。

　　中心詞分析法不管多麼複雜的句子都要先找中心詞，摘出主語和謂語，主語、謂語之外的都是句子的賓語、定語、狀語、補語，因而原則上不承認詞組可以作句子成分。如「我們的明天更美好」，不說是「我們的明天」作主語，「更美好」作謂語，而是說「明天」作主語，「美好」作謂語，「我們的」是定語，「更」是狀語。

　　在詞組，特別是偏正詞組（包括動補詞組）、動賓詞組能不能作句子成分的問題上，兩種分析方法也是針鋒相對的，跟句子是有兩個成分，還是有六個成分，是一個問題的兩個方面，怎麼統一起來呢？

　　在這個問題上吸收層次分析法的基本觀點，承認詞組可以作任何句子成分，但又排除層次分析法取消句子次要成分的觀點，採取詞組入句既保留作爲結構材料的自身的意義中心，又接受句子的制約，被改造成相應的句子成分的分析方法。

　　句子成分和詞組成分是兩種不同的，但又密切相關的句法成分。句子成分是整個建築物的成分，從整個建築物裡分析出來的各個部分都是句子成分，在句子之外分析句子成分是不可能的。詞組雖然是從句子裡分析出來的，但詞組成分是建築材料的成

分，一經分出，就有一定的獨立性，因而離開句子只要有實詞和實詞的組合，就可以分析出詞組成分。比如「勇敢的孩子」作為一個詞組，我們可以說「孩子」是中心項，「勇敢」是偏項，二者發生偏正關係。但是，另一方面，詞組一進入句子，都要受句子的制約，充當一定的句子成分，詞組成分之間的各種關係，特別是向心的偏正關係，既要保持原來的聯繫，又要被改造成句子成分之間的關係，正像詞進入句子既要保持自身的詞性，又要充當一定的句子成分一樣。或者說，在句子裡詞組是一種結構材料，作為句子的組成部分，都要顯示一定的句法功能。如「他喜歡勇敢的孩子」，在這個句子裡，「勇敢的孩子」被改造成了整個句子的賓語，「孩子」被改造成了賓語中心語，「勇敢」被改造成了賓語中心語的定語。「勇敢的孩子回來了」，在這個句子裡，「勇敢的孩子」被改造成了整個句子的主語，「孩子」被改造成了主語中心語，「勇敢」又作了主語中心語的定語。一個詞組在一個句子裡可以充當這個成分，也可以充當那個成分；可以充當一個成分，也可以充當幾個成分。比如：「堅決完成學習任務」是一個詞組，它在「我們堅決完成學習任務」這個句子裡，第一層有兩個成分——「堅決完成」是謂語，「學習任務」是賓語，第二層又出分謂語中心語「完成」和狀語「堅決」，賓語中心語「任務」和定語「學習」。而在「他們一致表示堅決完成學習任務」這個句子裡，只是一個賓語，在「堅決完成學習任務的意志戰勝了重重困難」這個句子裡，只是主語中心語的定語。可見詞組成分的分析代替不了句子成分的分析，句子成分的分析也代替不了詞組成分的分析。

跟這個問題有關的還有兩個值得討論的的問題。

第一個問題，附加成分有的也是一個偏正詞組，如「我哥哥的朋友（是一個中學教師）」、「（這是）多麼光榮的稱號」，層次分析法認為「我哥哥」是偏正詞組作「朋友」的定語，「多麼光

榮」是偏正詞組作「稱號」的定語；中心詞分析法認爲「哥哥」是「朋友」的定語，「我」又是「哥哥」的定語，「光榮」是「稱號」的定語，「多麼」是「光榮」的狀語。這種附加成分的「附加成分」，是算句子成分呢？還是算詞組成分？爲了避免層次分析法使句子成分的分析過於簡單化的缺點，我們認爲不能取消句子附加成分的分析，即不能把附加成分算作詞組成分；但爲避免中心詞分析法使句子成分的分析過於繁雜化的缺點，我們認爲附加成分的「附加成分」雖然也是句子成分但也可以算作詞組成分，就不必再從句子成分裡劃出第三個層次，甚至第四、五個層次，說它們是定語的定語或定語的狀語了。這樣作雖然帶有很大的人爲性，但人爲性是有條件的──句子成分分析的任務已經完成，兩個層次也已經鮮明。願意再往下分，作爲詞組成分還可以繼續分出第三層、第四層。

　　第二個問題，中心語有的也是一個偏正結構，如「我們的學習任務（很重）」、「（這是）一朵小紅花」，層次分析法認爲「學習任務」和「小紅花」都是偏正詞組分別作「我們」和「一朵」的中心語，再往下分析，「任務」和「紅花」又分別作「學習」和「小」的中心語，「花」又是「紅」的中心語；而中心詞分析法認爲這類結構是一個中心詞有兩個以上各自獨立的、分別附加於中心詞的定語，即「學習」是「任務」的定語，「我們」也是「任務」的定語，「一朵」、「小」、「紅」都是「花」的定語。在這種結構面前，層次分析法顯得繁瑣，按這種方法層層二分，必然要出現中心語裡又有中心語，中心語的中心語裡還有中心語，這樣分析的結果，句子成分同樣要分出四五個，甚至七八個層次；中心詞分析法雖然簡明扼要，但忽視了句子結構的層次性。怎麼辦？爲了方法一致，還是採用兩個層次的分析方法，承認偏正詞組作中心語，不必再從中心語裡找中心語，需要再往下分析，也按詞組成分處理。

3.改變各種附加成分的定義

跟上面兩個問題有關的是定語、狀語、補語的定義問題。

不管是層次分析法，還是中心詞分析法，都說定語是修飾名詞（代詞）的，狀語是修飾動詞或形容詞的，補語是補充動詞或形容詞的。兩種分析方法在講基本成分時採用的是「成分決定論」，即主語是對謂語說的，謂語是對主語說的，或者說主語是謂語的表述對象，謂語是表述主語的。而講附加成分時卻又換成了「詞性決定論」，即定語是由名詞（代詞）決定的，狀語、補語是由動詞或形容詞決定的。標準不一，混淆了句子成分和詞性的概念。這種定義對層次分析法來說，問題不大，因為層次分析法不講或可以不講句子成分，所謂定語、狀語、補語都是詞組成分；而對中心詞分析法來說，則會帶來很多矛盾，講句子成分為什麼又冒出個詞性來呢？

我們認為句子成分的不同層次仍然是由句子成分本身的關係決定的，句子成分的定義應該落腳到句子成分上。

近年來不少語法論著看出了這個問題，試圖改變各種附加成分的定義，說定語是修飾主語或賓語的，狀語是修飾謂語的，補語是補充謂語的。這種定義不完全適合於中心詞分析法，因為中心詞分析法認為定語、狀語、補語也都可以有定語、狀語、補語；更不適用於層次分析法，因為層次分析法不承認定語、狀語、補語是主語、謂語之外的句子成分。

如果可以採用意義和形式相結合的析句方法，各種附加成分的定義也應該體現這種相結合的精神——附加成分的定義既要求落腳到句子成分上，六個句子成分又不能各自獨立，而是分為兩個層次。這樣的定義應該是：定語是限定、修飾名詞性中心語的，狀語是摹狀、修飾動詞或形容詞性中心語的，補語是補充、說明動詞或形容詞性中心語的。

中心語，是句子成分的概念，是基本成分的骨幹，又是附加

成分的核心。所謂「名詞性中心語」，包括名詞、代詞和以它們
爲中心的詞組充當的主語、賓語中心語以及一部分動詞、形容詞
活用爲名詞的主語、賓語中心語；所謂「動詞或形容詞性中心
語」，包括動詞、形容詞和以它們爲中心的詞組充當的謂語中心
語和一部分數量詞充當的謂語中心語。如果大家不同意句子成分
只分爲兩個層次，所謂名詞性中心語和動詞、形容詞性中心語，
也適用於附加成分的中心語，如「我從中國的首都回來」，「首
都」是名詞性的狀語中心語，「中國」是它的定語。

　　如果大家同意句子成分只分爲兩個層次，遇到定語、狀語、
補語又是一個偏正詞組，就不再往下分出定語的定語、狀語的定
語，或者遇到中心語又是一個偏正詞組，就不再往上分出中心語
的中心語，也可以更乾脆地說，定語是限定、修飾主語、賓語中
心語的，狀語是摹狀、修飾謂語中心語的，補語是補充、說明謂
語中心語的。

　　4.綜合句型應該以結構中心爲標準

　　句子的分析是把一個句子切成比較簡單的組成部分，指出這
些組成部分之間的關係意義。句子分析的結果發現的是句子成
分。但從句子中分析出各個結構成分來，並不是析句的終極目
的。析句的終極目的是從個別的、感性的具體句子進而把握一般
的、共同的規律性的東西，也就是必須借助於抽象和概括的邏輯
方法，歸納出句子的結構類型或模式。例如：

　　　　你們完成了任務。

　　　　他們都在屋子裡。

　　　　我們可不是工人。

這幾個句子經過分析，可以發現都包括主語、謂語、賓語三個互
爲中心的基本成分，把它們用抽象和概括的方法歸納成「主語＋
謂語＋賓語」這樣一種模式，就能形成對於這類句子的整體的認
識，這就是句型的綜合。

　　分析和綜合雖然是兩種不同的邏輯思維方法，但它們有著不可分割的必然聯繫。沒有分析就沒有綜合，沒有綜合也就沒有分析。雖然在認識過程中一般說來是先分析後綜合，但這並不意味著分析和綜合是兩種各自孤立的方法。事實上，往往在分析句子之前就有了關於那個句子的初步的綜合——有一個對於那個句子的整體的大概的了解，不然，分析也無從著手。因而在分析句子的時候，就應該考慮綜合句型的問題，在綜合句型的時候，也不要忘記那個句子是怎樣分析的。

　　句型的綜合是在結構實體分析的基礎上對句子的結構模式的綜合。不同的句子可以綜合成同一個句型，根據同一個句型，自然也可以用類推的辦法造出許許多多不同的句子來，並且能聽懂許許多多不同的句子，包括從來沒聽到過的具體句子，這就是所謂「生成」(generate) 的能力，這才是句子的語法分析的眞正目的。語法的抽象性和概括性集中地表現在句型上。

　　句型的綜合方法跟句子的分析方法，都是以句子結構的實際狀況爲根據的，二者應該相互照應。分析的方法是從整體到部分，是把一個完整的結構分解成一個一個的因素，分析的結果見到的是句子的六個成分和它們之間的句法關係；綜合是從部分到整體，是把各個因素有機地聯繫起來，尋找各因素連接成句的規律。好比一部機器，分析時，如何從大到小把它拆成各個部件，綜合時就要從小到大再把各個部件結構成完整的機器。分析句子的結果，發現了六個處於不同層次的句子成分，綜合句型也要從這六個不同層次的句子成分入手，單句按基本成分的多少確定某一句型的基本式，再以附加成分的有無確定是否擴展式；複句是在單句分析的基礎上綜合出來，單句是有一套結構中心（多由互爲中心的基本成分構成）、表示簡單的表述關係的句子，複句是有兩套以上彼此不作句子成分的結構中心（分句或叫單句形式）、表示複雜的表述關係的句子，可根據每套結構中心的第一層確定

複句的基本式，再以第二層的有無確定是否擴展式。根據這些原則，我們認爲漢語有以下幾種句型：

(1)「主語＋謂語」

基本式──包括單詞和主謂詞組、動賓詞組、聯合詞組之類離心結構作主語或謂語的句子。

擴展式──主要是指偏正詞組作主語或謂語的句子。

(2)「主語＋謂語＋賓語」

基本式──包括單詞和各種離心結構作基本成分的句子。

擴展式──主要是指偏正詞組作基本成分的句子。

(3)「主語＋謂語＋賓語＋賓語」

基本式──同(2)

擴展式──同(3)

(4)「謂語＋賓語」（無主句）

基本式──包括單詞和各種離心結構作謂語和賓語的句子。

擴展式──主要是指偏正詞組作謂語或賓語的句子。

(5)無謂句（獨詞句）

基本式──只有一個單詞或一個名詞性聯合詞組的句子。

擴展式──只有一個名詞性偏正詞組的句子。

(6)「分句＋分句＋……」（複句）。

基本式──只有一個層次的複句。

擴展式──有兩個以上層次的多層複句。

句型和句法結構基本類型是兩種格局：句型是從句子的模式出發的，構成句子的可以是一種句法結構，也可以是一個單詞；句法結構基本類型是從詞和詞相結合的關係出發的，一種句法結構至少有兩個以上實詞。但它們之間的關係是極爲密切的。「主語＋謂語」、「主語＋謂語＋賓語」、「主語＋謂語＋賓語＋賓語」等句型，都是由主謂結構或主謂賓結構構成的，「謂語＋賓語」的句型是由動賓結構構成的，無謂句是由偏正結構或聯合結構構

成的，「分句＋分句」的複句是由複句形式（包括兩個以上單句
形式或分句）構成的。

（原載《岳陽師專學報》1980年第4期）

有關「句子成分」的幾個問題

——《新編現代漢語》語法體系簡介

　　教育部委託鄭州大學等十七所院校二十二位同志合寫的高等學校文科統編教材之一《新編現代漢語》（張靜主編，以下簡稱《新編》；上海教育出版社，1980 年 6 月），本著趨簡避繁、簡而不陋，精要、好懂、有用的精神，從漢語的實際狀況出發，兼採各語法著作之所長，草擬了一個很不成熟的語法體系，待廣泛徵求意見後，再作進一步修改。爲了討論方便，僅就本書有關句子成分的問題作些簡要介紹。

　　《新編》認爲句子有六個一般成分，分爲兩個層次：主語、謂語、賓語是基本成分；定語、狀語、補語是基本成分內部的附加成分，跟基本成分中心語構成一對矛盾。從整體（第一個層次）來看，實際上句子只有三個成分——主語、謂語、賓語。此外還有一類獨立成分——呼語、插入語、感嘆語。

　　句子成分的分析在整個語法分析中是非常重要的，但問題最多，分歧最大。

(一)主語、賓語的範圍和界限

　　主語和賓語的範圍以及它們之間的界限，一般來說，是比較明確的，但在下面幾類句子裡，哪是主語，哪是賓語，各種語法著作的說法是不一致的。

　　(1)這件事，我早就知道。

　　(2)什麼事情他也不幹。

　　(3)他什麼事情也不幹。

　　(4)這個人，我認識他。

　　(5)她的東西，我可以派人給送去。

(6)一頂帽子，哥哥戴了，弟弟再戴。

例(1)，《新著國語文法》（黎錦熙）、《漢語語法敎材》（黎錦熙、劉世儒）、《中國現代語法》（王力）、《中國文法要略》（呂叔湘）、《漢語語法論》（高名凱）、《語法學習》（呂叔湘）等，都叫賓語前置的倒裝句或變式句。《現代漢語語法講話》（丁聲樹等）、《漢語語法常識》（張志公）、《暫擬漢語敎學語法系統簡述》都算「正裝句」或「常式句」。根據語法意義和語法形式相結合的原則，而不是邏輯上的施受關係，《新編》採納了後一種意見。從語法意義上說，「這件事」可以是「我早就知道」的表述對象，二者可以發生主謂關係；從語法形式上說，它是以名詞爲中心的詞組，放在句首（謂語前面），這是漢語主語的一般格式，而且這種句子在現代漢語裡並不少於所謂「正裝句」。意義和形式都符合主語的特點，就不一定非把它叫前置賓語不可。更重要的是，如果根據施受關係把這個句子叫倒裝句，遇到下面的句子就不好分析了：

這件事，早就知道。

這張紙，我寫字。

這些話，我不感興趣。

有的東西，他不知道。

第一句如果說「這件事」是前置賓語，必須說整個句子省略了主語。如果說這個句子省略了主語，遇到「自行車騎壞了」、「船燒毀了」、「碗打破了」等句子，也得說省略了主語。這就等於取消了被動句。彎子繞得太大，引起的麻煩更多。第二句、第三句「這張紙」、「這些話」既不是施事者，又不是受事者，永遠不能「正裝」到動詞後面，不承認它們是主語是行不通的。第四句「有的東西」雖然是受事者，但永遠不能顚倒在動詞後面，也就是說，永遠沒有「正裝」形式。

例(2)，許多著作認爲「什麼事情」是前置賓語，「他」是主

語，只有《現代漢語語法講話》、《漢語語法常識》、《暫擬》認為「什麼事情」是主語（或主語部分）。《新編》採納了後一種意見。理由是：第一，語法意義和語法形式特點跟例(1)相同；第二，一般所說的前置賓語都能以原意放回動詞之後，而這類句子的「什麼事情」不能以原意還原。

例(3)，許多語法著作，包括《暫擬》在內，都認為「什麼事情」是前置賓語，只有《現代漢語語去講話》和《漢語語法常識》承認「什麼事情」是主謂謂語的主語。這是當前意見最分歧的一類句子。我們還是同意後一種意見。理由是：第一，這種句子的「什麼事情」不能以原意放回動詞之後，如果說成「他也不幹什麼事情」，「什麼事情」就由原來的泛指變成了虛指。第二，如果肯定「什麼事情他也不幹」的「什麼事情」是主語，在「什麼事情也不幹」裡，「什麼事情」也應該是主語，句首加上「他」說成「他什麼事也不幹」之後，是主謂謂語的主語，否則，遇到「我事情幹完了」之類句子，也必須說是倒裝句。這個口兒一開，跟認為例(1)是倒裝句的後果一樣——取消被動句。第三，認為這是倒裝句，也是從施受關係出發的。如果根據語法意義和語法形式相結合的原則把例(1)、例(2)算作「正裝句」，又根據施受關係把例(3)看作倒裝句，就不符合語法分析中的標準一致的原則。

當然，我們也必須看到「什麼事情也不幹」之類結構有自己的特點：一般不能獨立成句，必須再說出全句的主語才是一個完整的句子。因此主張賓語前置的著作認為不承認賓語前置，遇到「我上海到過，天津也到過，就是沒到過北京」之類句子，將無法分析。其實這類句子很容易分析：「我」是主語，「上海到過，天津也到過」是個複句形式詞組作第一個大分句的謂語，「就是沒到過北京」是承前省略主語（我）的第二個大分句。

例(4)，《新著國語文法》、《漢語語法教材》、《中國文法要略》、《語法修辭講話》等都把「這個人」叫「外位賓語」，跟

「他」地位相等，「我」才是全句的主語；《中國現代語法》認爲「這個人」是複目的位（賓語）；《暫擬》說這種句子是特殊的句子，「他」是特殊的複指成分，至於「這個人」是主語還是賓語，迴避不說；《現代漢語語法講話》認爲這是「正裝句」，「這個人」是主語，「他」是主謂謂語裡的賓語。《新編》採納了最後一種意見。從語法意義上說，被表述的對象是「這個人」而不是「我」；從語法形式上說，「這個人」居於主語的位置。這類句子跟「這個人我認識」，結構基本相同，只是在動詞後面多了一個重指主語的賓語，把這個賓語去掉，基本語意不變。我們不能因爲主語和賓語所指的對象相同，就認爲它們是同一個成分。如果把這類句子叫「外位賓語」或「複指成分」遇到下面的句子也不好解釋：

　　這些人，我只認識那個學生。

　　這本書，我看了五十頁。

這兩個句子裡的「那個學生」是「這些人」裡的一個，「五十頁」是「這本書」的一部分，不能說「這些人」、「這本書」是外位賓語，也不能說「那個學生」、「五十頁」是重指它們的。但就整個句子的構造來說，這兩個句子跟「這個人，我認識他」完全相同。

　　例(5)，「她的東西」，許多著作認爲是前置賓語，只有《現代漢語語法講話》、《漢語語法常識》、《暫擬》認爲是主語（或主語部分）。我們也是採納了後一種意見。除了語法意義和語法形式符合主語的特點外，還因爲這個所謂「前置賓語」永遠不能還原。

　　例(6)，「一頂帽子」也有人叫前置賓語。我們認爲是主語，「哥哥戴了，弟弟再戴」是複句形式詞組作謂語。

(二)漢語裡有沒有「合成謂語」

　　「合成謂語」是《暫擬》提出來，包括「判斷合成謂語」、

「能願合成謂語」、「趨向合成謂語」。爲什麼要在一般謂語之外另立「合成謂語」呢？「合成謂語」的實質是什麼？根據《暫擬》來推斷，「合成謂語」是跟一般謂語相對立的概念，是一般謂語不能概括的一種特殊的謂語。特殊在哪裡？一般謂語是由動詞、形容詞或以它們爲中心的詞組構成的，而「合成謂語」則是由這些材料之外的另一些旣不是詞，又不是詞組的材料——「附類詞＋實詞」構成的，它像「合成詞」一樣，是不可分割的整體。

　　漢語裡眞有由這種材料構成的不可分割的謂語嗎？這取決於對動詞「附類」的認識。《新編》認爲，在漢語詞類的劃分中，不應該在「正類」之外另立「附類」，所謂「附類詞」是不存在的。

　　這樣，所謂「附類詞＋實詞」構成的材料，就不是特殊材料，而是跟其它詞組一樣，是一般材料；由一般材料構成的謂語，當然就不是「合成謂語」，而是一般謂語了。因此在漢語裡不應該另立「合成謂語」。

　　「合成謂語」的理論，破綻很多：

　　第一，模糊了句法結構的界限。比較：

　　　他是工人——他像工人——他愛工人

　　　你必須回去——你一定回去——你今天回去

　　　我跑過去——我跑了過去——我跑不過去

這三組句子，硬說每一組的第一句是合成謂語句，第二句和第三句是一般謂語句，它們詞類不同，成分不同，是不同的句法結構，恐怕說不過去。除了具體的詞義不同，誰能一清二楚地證明它們在結構上有什麼區別？

　　第二，破壞了句法結構系統的分析。漢語裡實詞和實詞結合在一起，可以發生聯合、偏正、動賓、主謂等關係，可以構成詞組；虛詞和實詞雖然連在一起，也不能發生聯合、偏正、動賓、主謂等關係，不能構成詞組。那麼「合成謂語」裡兩個以上的詞

有沒有結構關係？是不是詞組？如果有結構關係，如果是詞組，它們構成的應該是一般謂語，不會是「合成謂語」；如果沒有結構關係，如果不是詞組，它們怎麼能「合成」一個「謂語」呢？「合成謂語」學說回答不了這個問題，因為兩種答案，無論是肯定的，或是否定的，都得不出「合成謂語」應該成立的結論來。在這個意義上說，這種說法帶來了句法結構系統分析的混亂。

第三，所謂「合成謂語」並不總是作謂語，有時也可以作別的成分。如「我知道是你」、「是學生的青年都過來」、「應該休息的人都休息了」、「廠長說可以試驗」、「振作起來好啊」、「跑出去的人又都回來了」，等等，顯然這些所謂「合成謂語」只是一種造句的構件，是一個詞組，不在謂語的位置上，還能叫「合成謂語」嗎？不叫「合成謂語」，作為造句材料進行分析時，是不是還得仿效「連動詞組」、「兼語詞組」的辦法另立一種「合謂詞組」呢？近些年來有人看出了這個問題，為了解決這種矛盾，真的提出了「判斷結構」、「能願結構」、「趨向結構」。這種辦法雖然可以解決這一種矛盾，但其它問題仍然不能解決，而且還會在別的方面帶來新的矛盾，比如確定結構類型的標準是否一致的問題。

第四，所謂「合成謂語」並不是不可分割的合成體。如「他一定是一個教師」、「你應該早一點回去」、「我跑不過去」等都是把「合成謂語」拆開，在中間加上了別的成分。①

(三)「複雜謂語」的取捨問題

「複雜謂語」，作為語法學裡的一個專門術語，也是《暫擬》正式提出來的。它的含義不是指任何「複雜的謂語」，而是指區別於一般謂語的一種特殊謂語，包括「謂語的連續」和「謂語的延伸」。也就是一般所說的「連動式」和「兼語式」。一般謂語是由單詞或聯合、偏正、動賓、主謂等詞組構成的，而「複雜謂語」則是由這些造句材料之外的「連動式」和「兼語式」構成

的。

　　在漢語裡，在一般詞組之外究竟有沒有不講結構關係的「連動式」和「兼語式」呢？在一般謂語之外，究竟有沒有這種「複雜謂語」呢？這取決於對「連動式」和「兼語式」的認識。

　　《新編》根據語法意義和語法形式相結合的標準，取消了「連動式」這個術語，把它所概括的句法結構分別合併到聯合、偏正、動賓、複句等結構裡。

　　劃歸聯合結構的「連動式」有三種：

　　(1)開門出去　　　　去看看他

　　(2)倒杯茶喝　　　　借了一本書看

　　(3)唱歌唱得好　　　做工做出了成績

(1)組，是表示一先一後兩個動作的，是各種語法著作都承認的「連動式」。根據單句結構和複句結構相對應的特點，《新編》認為這一組應該算承接關係的聯合詞組。如果擴展一下，說成「他開了門，出去了」就是承接關係的聯合複句。這種結構，從語法意義上說，兩個動詞（或以動詞為中心的詞組）結合在一起可以發生直接的結構關係———一先一後的承接關係；從語法形式上說，在兩個動詞中間可以增補上表示承接關係的連詞或關聯詞語「一…就…」、「就」等，增補上這些連詞或關聯詞語以後仍是承接關係的聯合詞組，不是緊縮句。正像有並列關系的兩個動詞中間可以增補上「既…又…」、「和」，有遞進關係的可以增補上「不但…而且…」、「並且」，有選擇關係的可以增補上「是…還是…」、「或者」一樣。應該重視這種客觀存在的對應性特點。(2)組，有人叫「兼語式」，也有人叫「連動式」，其實這是多義結構：如果是「我倒杯茶我喝」的意思，前後兩個動詞是一先一後的承接關係，劃入聯合結構；如果是「我倒杯茶你喝」的意思，就有兩套結構中心了，應劃入複句，因為有「緊」有「縮」，可算「緊縮複句」（但不叫「緊縮句」）。(3)組，比較特殊，有人叫

重複動詞的「連動式」，也有人叫「動補結構」，即後一個動詞連同它後面的補語或賓語是前一個動詞的補語。《新編》著眼於兩個重複的動詞，把這種結構算作重複關係的聯合結構，跟「來來來」合成小類。但我們也考慮過把它劃入緊縮複句。請比較：「他唱了一隻歌，唱得很好——他唱歌唱得很好」：前一句是解說關係的聯合複句，說後一句是前一句的緊縮形式，也說得過去。

　　劃歸偏正結構的「連動式」有四種：

(1)笑著説　　　　　　　　　騎著馬上山

(2)身體好不休息了　　　　　幹得好就幹

(3)走過來　　　　　　　　　跑了下去

(4)用筆寫字.　　　　　　　 在揚州住家

(1)組，是前一個動詞（或以動詞爲中心的詞組）表示後一個動詞（或詞組）的方式，後一個動詞是前一個動詞的目的。但許多人認爲很難分辨哪個重要，哪個不重要，因此這種結構代表什麼語法意義，回答是不肯定的。《新編》把這種結構劃入「狀語＋中心語」的偏正結構。從語法意義上說，方式和目的的關係本身就是偏正關係——方式永遠爲目的服務，可以回答「怎麼樣」所提出的問題，表示方式的詞語都可以用「怎麼樣」來替換。就是說，「怎麼樣說」和「怎麼樣上山」是偏正結構，「笑著說」和「騎著馬上山」也應該是偏正結構。從語法形式上說，表示方式的詞語在前，表示目的的詞語在後，符合漢語「狀語＋中心語」的詞序特點。如果改變這種詞序，兩個動詞之間的關係必然發生變化，表示方式的動詞往往變成表示「結果」的中心語，表示目的的動詞往往變成目的賓語，比較：「他騎著馬上山——他上山騎著馬——他爲了上山而騎著馬」。(2)組，有人叫「緊縮句」，有人叫「連動式」。我們認爲在漢語的單句和複句之間不存在第三種「緊縮句」，一般所說的緊縮句不是屬於單句就是屬於複句。這一組都是複句緊縮以後變成單句的，應按單句分析。作爲單句

它們也不是特殊的「連動式」，而是偏正詞組作謂語的一般單句。從語法意義上說，「身體好」和「不休息」、「幹得好」和「就幹」都有附加被附加的關係，可以互為句子成分，「身體好」可以回答「為什麼」所提出的問題，「幹得好」可以回答「什麼條件」所提出的問題。從語法形式上說，可以增補上表明原因或條件的連詞「由於」、「因為」、「如果」、「要是」等，符合「狀語＋中心語」的特點。(3)組，「走過來」等叫「連動式」的不多，我們同意把它劃入前正後偏的偏正結構。(4)組，也很少有人叫「連動式」了，我們把它劃入了前偏後正的偏正結構。

劃歸動賓結構（動賓詞組作賓語）的「連動式」只有一種：「喜歡唱歌」、「愛做針線活兒」。這種結構現在也很少有人叫「連動式」了。我們認為「喜歡」是動詞，「唱歌」是動賓詞組作賓語，「愛」是動詞，「做針線活兒」也是動賓詞組作賓語。

劃歸複句的「連動式」也只有一種：「(我)跳下車，跑了過去，把他抱在懷裡。」這種結構有人叫「連動式」，也有人叫承接複句。根據劃分單句和複句的標準，這個句子有三套結構中心，可看作由三個分句構成的承接關係的聯合複句。

同樣，《新編》也取消了「兼語式」這個術語，把它所概括的句法結構，分別合併到雙賓語、偏正、複句等結構裡。

劃歸雙賓語結構的「兼語式」有三種：

(1)告訴他小心點　　　鼓勵他參加競賽
(2)命令我們開炮　　　禁止兒童入場
(3)叫他蕭政委　　　喊你朋友

這三組「兼語式」有一個共同的特點：第一個動詞可以分別跟後面的名詞（代詞）和動詞（形容詞）發生直接的動賓關係。例如：

你告訴他小心點——你告訴他——你告訴小心點
他命令我們開炮——他命令我們——他命令開炮

　　　我們叫他蕭政委──我們叫他──我們叫蕭政委

去掉中間的名詞（「兼語」）仍是典型的動賓結構，因此我們認爲
它們跟一般所說的雙賓語結構相同，應該劃入雙賓語結構。

　　這樣分析，可能有人要用兩個理由來反駁：一個理由是，雙
賓語結構是「動‧名‧名」，而這種結構則是「動‧名‧動（形）」；
另一理由是，雙賓語的「名‧名」沒有主謂關係，而這種結構的
「名‧動（形）」有主謂關係。第一個理由似乎是從動詞（形容詞）
不能作賓語的前提出發的，而現在多數語法著作都承認動詞（形
容詞）可以作賓語了，語言中已經存在著「動‧動（形）」的動賓
結構，爲什麼加上個接受動作的名詞（代詞）就又不承認動詞
（形容詞）可以作賓語了呢？憑意義，後一個動詞（形容詞）是
前一個動詞涉及的對象，二者可以發生動賓關係；憑形式，跟一
般公認爲雙賓語的結構相同。只要承認「禁止入場」是動賓結
構，就沒有理由不承認「禁止兒童入場」是有兩個賓語的動賓結
構。其實，公認的雙賓語結構早就衝破了「動‧名‧名」的形式，
如「通知他明天開會」，就有人說是雙賓語結構，而這種結構正
是「動‧名‧動」。第二個理由是只看到了表面現象，沒有認準結
構內部的層次關係：「名‧動（形）」雖然可以發生主謂關係，但
在這種結構裡卻不是主謂關係，因爲它們已經分別跟第一個動詞
發生了動賓關係。即使「名‧動（形）」之間有主謂關係，那也是
第二層的。這種現象在漢語裡是屢見不鮮的。

　　劃歸偏正結構的「兼語式」有三種：

　　　幫助他捆行李　　　帶他上樓
　　　把書丟了　　　　　被狗咬了
　　　使他高興　　　　　叫人振奮

(1)組，一向被看作典型的「兼語式」，「（我）幫助他捆行李」，意
思是：「（我）幫助他，他捆行李」，「他」是兼語，「（我）帶他
上樓」，意思是「（我）帶他，他上樓」。我們認爲硬說後一個動

詞只屬於「兼語」，是不完全符合語言實際的。這種結構的第一個動詞都有「偕同」意義，「我幫助他捆行李」，在語言中的實際意義一般是「我和他都捆行李」，也可能只是「我」捆行李，決不會只是「他」捆行李。「我帶他上樓」，「我」必須也同時「上樓」。（有一些句子後一個動詞確實只屬於「兼語」，如「他幫助我上學」，這種句子跟「我推薦你當代表」一樣，也可以考慮劃入複句。）根據這種情況，最好還是把這一組「兼語式」劃入偏正結構，即「幫助他」是動賓詞組作「捆」的狀語，「帶他」是「上」的狀語。這一組爲什麼不劃入雙賓語結構呢？因爲第一個動詞不能跟後面的動詞發生動賓關係。(2)組，現在很多著作都說是偏正結構，「把」和「被」都是介詞，只有少數不承認有介詞的著作叫「兼語式」。我們同意把它們看作偏正結構。(3)組，所有的語法著作都認爲是典型的「兼語式」，因爲他們把「使」字看作動詞。《新編》根據劃分詞類的標準，認爲「使」沒有任何動詞的特點，不能單獨作句子成分，不能帶「了」、「著」、「過」，不能重疊，跟「把」、「被」一樣，是典型的介詞。這個「使」跟「使鋼筆」、「使使鋼筆」的「使」意義毫不相干，只是同音同形而已，並不是同一個詞。同樣「叫人振奮」的「叫」跟「叫他蕭政委」的「叫」意義也不一樣，不能混爲一談。「使」字既然不是動詞，而是介詞，「使人高興」就是一種偏正結構，「使」介紹「人」作「高興」的狀語，整個句子是跟主動句、被動句相對應的使動句。把「使」字叫介詞，理由比較充分，但在作句法分析時，特別是按中心詞分析法作句法分析時，說「使」字結構是偏正結構，在語義和語感上顯得很別扭，比如分析「他使人高興」，按中心詞分析法，第一步分出的是「他」（主語中心詞）──「高興」（謂語中心詞），跟原意大不相同。這個問題怎麼解決？我們認爲結構分析和語義分析雖然有密切關係，但畢竟不是一回事。語義分析是指結構的整體意義，結構分析是有層次、有步驟

的，在分析的過程中，而不是等到分析完畢就苛求語義的完整性，是不切實際的。這種現象在漢語裡並不少見，比如「這個孩子被狗咬了」，第一步找出的中心詞是「孩子咬了」，「于福的老婆是小芹的娘」，第一步找出的中心詞是「老婆是娘」，不都是跟原意相悖嗎？同樣的情形，為什麼不能同樣對待？這種現象只能說明中心詞分析法本身是不完善的，也說明句子的狀語或其它附加成分，在結構上雖然是可有可無的，但在語義表達上卻不是可有可無，有時甚至是必不可少的。「這個孩子被狗咬了」，「被狗」不能缺少，同樣「他使人高興」，「使人」也不能缺少。

　　劃歸複句的「兼語式」有兩種：

　　(1)有個哥哥住在北京　　　買一本書放在家裡

　　(2)選你當代表　　　　　　推薦我考大學

這兩組也是公認的「兼語式」。《新編》認為在一個單句的同一個平面上允許「兩個主謂結構套在一起」或「一個動賓結構和一個主謂結構扣在一起」，必然要得出這樣一個錯誤結論：漢語的單句可以有兩個不分主次的謂語；因為有一個兼主語和賓語，所以也可以有兩個不分主次的主語和賓語。這不符合單句只有一套結構中心的特點，因而也容易混淆單句和複句的界限。所以都把它們劃歸複句，因為有「緊」有「縮」，可算緊縮複句。從意義上說，「（我）有個哥哥住在北京」，「（群眾）推薦我考大學」，跟被公認為複句的「我有個哥哥，他住在北京」、「群眾推薦我，（我）考大學」一樣，第二分句承前省略了主語。從形式上說，它們都有兩套結構中心，而且在「兼語」後面隨時都可以加上逗號，有逗號沒逗號，在這種句子只有停頓長短的區別，沒有意義和結構上的不同。就是說，逗號（停頓）在這裡不能作為區分單句和複句的標準，因為單句中間也可以有逗號，複句中間也可以沒有逗號。

　　拆散「兼語式」，把它歸並到相應的結構類型裡去，這樣就

減少了一種結構類型和「兼語式」內部、外部糾纏不休的劃界問題，更重要的是可以使漢語句法結構的分析符合漢語的實際情況，有利於劃清各種結構類型的界限。當然，把它們歸並到別的結構裡之後，仍然有一些劃界問題，如劃歸雙賓語的跟劃歸偏正結構的界限，以及跟主謂詞組作賓語的界限等。但這些問題不是由於拆散「兼語式」造成的，而是「兼語式」本身的特殊性造成的。不拆散問題更多，拆散了，問題少一些。②

㈣狀語的範圍

1）狀語和主語的劃界問題

放在句首的地位名詞，是狀語還是主語，一直是有爭議的問題。例如：

桌子上放著一碗水。

東邊來了一個人。

村裡死一頭牛。

這三個句子裡的「桌子上」、「東邊」、「村裡」，《現代漢語語法講話》叫主語，《漢語語法教材》把第一句（賓語是受事）叫主語，其它叫狀語，《漢語語法常識》叫準主語（即形式上是主語），《新著國語文法》、《中國現代語法》、《中國文法要略》、《漢語法論》、《語法學習》以及《暫擬》，都叫狀語（修飾語或副詞性附加語）。《新編》接受了後一種意見，把這些句子裡的地位名詞都當狀語。從語法意義上說，這些句子都不是說明地位名詞本身怎麼樣，而是說明存在、出現或消失了什麼；地位名詞跟後面的動詞沒有表述和被表述的主謂關係，只有附加和被附加的偏正關系。從語法形式上說，這些地位名詞都放在動詞前面，而且大都可以在不改變原意的情況下加上「在」、「從」等介詞，比較：「桌子」上放著一碗水——在桌子上放著一碗水」，這種句子的賓語一般都可以提到主語的位置上，說成「一碗水在桌子上放著」、「一個人從東邊來了」。如果賓語是受動者，地位名詞前面

還可以再加主語，如「我（在）桌子上放著一碗水」。這都是狀語的形式。

　　如果在具體的句子裡地位名詞前面不能加「在」、「從」等介詞，或者加上以後跟原意大不相同的，這個地位名詞就不是狀語，而是主語。例如：

　　村裡不同意這件事。

　　北方很冷。

第一句的意思是「村裡的人不同意這件事」，第二句的意思是「北方這個地方很冷」，雖然前面都能加「在」，說成「在村裡不同意這件事」、「在北方很冷」，但加「在」以後，變成了「某某人在村裡不同意這件事」、「某某人在北方很冷」，跟原意大不相同，而且前面必須再加主語，句子的結構才完整。也就是說，謂語是表述地位名詞本身怎麼樣的，這個地位名詞才是主語。

　　如果不顧具體句子的語法意義和語法形式特點，把放在句首的地位名詞一律看成主語，遇到時間名詞放在句首，或時間名詞和地位名詞同時使用的情況，將無法自圓其說。因為許多語法著作，如《現代漢語語法講話》、《暫擬》等都把放在句首的時間名詞叫狀語。試看：

　　今天來了一個人——東邊來了一個人

　　——今天東邊來了一個人——東邊今天來了一個人

時間名詞和地位名詞語法特點完全相同，把地位名詞當主語，而把時間名詞當狀語，這是很不公平的，在作句法分析時必定遇到很多麻煩。

　　不同意地位名詞作狀語的人，往往拿下面兩類句子作依據：

　　(1)臺上坐著主席團，很熱鬧。

　　(2)家裡有客人——我家裡有客人——我有客人。

　　例(1)，如果把「臺上」當狀語，前一分句就是無主句，那麼後一分句怎麼分析呢？說它也是無主句，不合適；說是主謂句，

主語是什麼？我們認為後一分句的主語是承前一句的狀語「臺上」省略了。如果把這個主語補出來，就是「臺上坐著主席團，臺上很熱鬧」。後一個「臺上」跟「北方很冷」的「北方」一樣是主語。（在漢語裡，後一分句的主語可以承前一分句的狀語而省略，如：「你對我好，非常感激」，後一分句的主語「我」承前一分句狀語省略。）

　　例(2)，有三個句子，如果把第一句的「家裡」當狀語，就得把第二句的「我家裡」也當狀語，那麼第三句的「我」豈不也是狀語了嗎？如果把「我」看作主語，也得把「家裡」和「我家裡」當作主語。這一類句子，關鍵在第二句上。我們認為第二句是多義結構，代表兩種意義：一是「我/家裡有客人」，這個「我」是主語，「家裡」是狀語，一是「我家裡/有客人」，「我家裡」是偏正詞組作狀語。「我有客人」屬於前一種意義，「家裡有客人」屬於後一種意義。拿多義結構的一種意義來論證第一句的「家裡」跟第二句的「我」都是主語，在方法論上站不住腳。漢語裡類似這樣的多義結構很多，在進行語法分析時必須區別對待。例如：

　　　　我們手裡/有槍──我們/手裡有槍

　　　　你們學校/等著我──你們/學校等著我

2）變式狀語問題

　　狀語的正常位置是在動詞或形容詞前面，但有時也可以提到句首，或移到句末。提到句首的狀語，《漢語語法論》、《語法學習》、《語法修辭講話》、《現代漢語語法講話》、《漢語語法常識》等都叫「全句的附加語」或「全句的狀語」，但範圍各不相同。有的把一部分插入語和一部分連詞也當全句的附加語。這裡我們只談能夠移回主語後面、謂語前面的句首狀語。先看：

　　　　突然，火車停住了。

　　　　今天，我很高興。

對於他的死，我很悲痛的。

這些放在句首的狀語，都可以移到主語後面，移動之後，雖然所表示的意思跟原來不全相同，但基本意思沒變。爲了減少「變式」之說和照顧語義上的細微差別，把這種狀語就叫「全句狀語」也未嘗不可。但還有別的問題，如果承認有「全句狀語」，那麼移到句末的狀語，如「他們都跑出來了，從敎室裡」，是否叫「全句補語」？以此類推，放在句首的定語，放在句末的定語，又叫什麼呢？權衡利弊，爲了減少句子成分的數量，《新編》一律把提前和移後的狀語看作變式的狀語，變式和不變式的條件是基本語意不變，只是語意重點不同，這是一種修辭上的差別。

在一般狀語之外，另立「全句狀語」的著作認爲，不立全句狀語，遇到下面的句子不好分析：

今天，我回來了，他也回來了。

「今天」是管著後面的複句的，只把它看作「我回來了」的變式狀語不合適。從語意上說，這種見解不無道理，但漢語裡有這樣一種規律——狀語在第一分句出現，後面的分句可以不再重複，如「我今天回來了，他也回來了」，在語意上「今天」同樣是管著後面分句的，但作結構分析，只能說它是第一分句裡的狀語。同樣，狀語提到句首，在結構上也可以說是第一分句的狀語。否則會出現標準不一的現象。

(五)定語和補語的範圍

1) 定語和主語的劃界問題

定語的範圍一般是清楚的，但跟一部分主謂謂語句的主語存在著劃界問題。先看：

她性格和藹。

他身體好。

這兩個句子裡的「她」和「他」是定語，還是主語？初學語法的人往往分辨不清。許多語法著作都認爲這是主謂詞組作謂語的句

子，「她」和「他」都是主語，但這類句子的主語跟領屬性定語確實容易混同。比較：「她性格和藹——她的性格和藹」、「他身體好——他的身體好」，兩種結構，帶不帶「的」字基本意思相同，爲什麼不可以說「她」、「他」都是定語呢？因爲這類句子還有別的語法特點——主語和主謂謂語之間經常可以加上副詞或其他詞語作狀語，如「她從前性格和藹」、「他的確身體好」，而領屬性定語和中心語之間是不能加上副詞或其它詞語作狀語的，如「我哥哥很好」不能說成「我的確哥哥很好」。

　　2）變式的定語

　　《新編》除了承認有變式的狀語，也承認有變式的定語。例如：

　　⑴荷塘四面，長著許多樹，蓊蓊鬱鬱的。

　　⑵她到年底就生了一個孩子，男的，新年就兩歲了。

　　⑶我們修好機車十八臺，客車十六輛。

這四個句子裡加著重號的，我們認爲都是變式的定語。例⑴⑵的「蓊蓊鬱鬱的」、「男的」，前面有逗號，後面有「的」字，它們都可以移回名詞前面作一般定語，如「長著許多蓊蓊鬱鬱的樹」，第二句由於音節和習慣的關係，需去掉「的」字，說成「生了一個男孩子」，移動之後基本意思不變，只是修辭上的語意重點有了變化。這兩個句子也有人算承前省略主語的分句。這樣分析，第一句問題不大，因爲「蓊蓊鬱鬱」是形容詞，可以作謂語，當然也可以構成一個分句，但第二句就不行了，「男的」是名詞性的，不能作謂語，即使補出主語來，也構不成分句。如果「男的」前面再加個「是」字作謂語，就是一個分句了。例⑶也有人叫「兼語式」，理由是數量詞可以作謂語，這裡的「十八臺」、「十六輛」正是「機車」和「客車」的謂語，我們認爲數量詞只有在記賬式的句子裡才能作謂語。如「桌子十八張，椅子二十把」，如果把數量詞移到名詞前面，說成「十八張桌子，二十把

椅子」就不成爲句子了，只是以名詞爲中心的偏正詞組。而「修好機車十八臺，客車十六輛」裡的數量詞可以以原意放回名詞之前，說成「修好十八臺機車，十六輛客車」。凡是具備這種條件的，還是當後置定語比較合適。

3) 補語和賓語的界限

補語的範圍一般也是清楚的，但在下面的句子裡，哪是補語，哪是賓語，意見並不一致：

(1)我坐火車。

(2)我坐火車上。

(3)你們住賓館。

(4)你們住賓館裡。

這幾個句子裡的「火車」、「火車上」、「賓館」、「賓館裡」，有的語法書都叫補語，《新編》認爲(1)(3)的「火車」和「賓館」是賓語，(2)(4)的「火車上」、「賓館裡」才是補語。爲什麼要這樣處理？它們的界限是什麼？「坐火車」、「住賓館」，「坐」、「住」都可以帶「了」、「著」、「過」，說成「坐了火車」、「住過賓館」，這是動賓結構的特點；而「坐火車上」、「住賓館裡」，「坐」、「住」後面不能帶「了」、「著」、「過」，但能加「在」，說成「坐在火車上」、「住在賓館裡」，這是偏正（動補）結構的特點。如果把「坐火車」看作偏正（動補）結構，也必須把「走路」、「去上海」等當偏正詞組。這麼一來，補語和賓語的界限更亂了。

(1)他跑下大堤。

(2)他摘下帽子。

(3)大家走出學校。

(4)大家畫出場地。

這四個句子的「大堤」、「帽子」、「學校」、「場地」也有人都叫賓語，這樣「跑下」、「摘下」、「走出」、「畫出」就都是同樣的偏正（動補）結構了。《新編》認爲它們雖然外形相同，但結構關係不

同，「下大堤」、「出學校」是動賓詞組作「跑」和「走」的補語，
而「帽子」和「場地」是「摘下」、「畫出」的賓語。爲什麼？因
爲「大堤」不是「跑」的對象，而是「下」的對象，「下大堤」
是「跑」的結果，「學校」也不是「走」的對象，而是「出」的
對象，「出學校」是「走」的結果，符合補語的定義。而「帽子」
是「摘」的對象，不是「下」的對象，「下」是先跟「摘」構成
偏正結構，是「摘」的補語；「場地」是「畫」的對象，而不是
「出」的對象，「出」是先跟「畫」構成偏正詞組，是「畫」的補
語。這是兩種很難區分但可以區分的結構，關鍵是看最後的名詞
能和哪一個動詞搭配。

　　也有人想把「跑下」、「摘下」、「走出」「畫出」都看作動詞，
後面的名詞一律看成賓語。這種辦法在句法分析中可以減少麻
煩，但在詞法分析中必須指出它們是不同的結構——「跑下」、
「走出」是前偏後正的，「摘下」、「畫出」是前正後偏的，而且這
樣處理必然還要牽涉到許多別的問題，如「坐在教室」、「跑到操
場」、「走向生活」、「生於北京」的「坐在」、「跑到」、「走向」、
「生於」都得看作前偏後正的合成詞，介詞在這些合成詞裡就成
了中心詞根。

（原載《語言教學與研究》，1981年第3期）

【註　譯】

①我在《關於「動詞的附類」和「合成謂語」》（《文史哲》，1979年第5
　期）一文中對「合成謂語」有較詳細的論述，這裡從略。

②我在《「連動式」和「兼語式」應該取消》（《鄭州大學學報》，1977年第
　4期）一文中對這個問題作過詳細分析，這裡從略。

關於「動詞的附類」和
「合成謂語」①

　　《暫擬漢語教學語法系統簡述》以及初中《漢語》、《漢語知識》（以下簡稱《暫擬系統》）在劃分詞類時，於動詞的「正類」之外，設立了三個「附類」：判斷詞、能願動詞、趨向動詞，為了安排這些「附類」在句子中的位置，在分析句子成分時，於一般謂語之外，另立了三種「合成謂語」：判斷合成謂語（是＋名）、能願合成謂語（能願動詞＋動形）、趨向合成謂語（動形＋趨向動詞）。②

　　「附類」學說，由來已久。一九四九年以後出版的影響較大的語法著作，在實詞的「正類」之外，大都設有「附類」，少則一個，多則六個，眾說不一。但就動詞的「附類」來說，都沒有《暫擬系統》多。

　　為什麼要在一般動詞之外另立「附類」？「附類」的實質是什麼？儘管有「附類」的著作說法不一，但概括起來，不外是：附類詞既屬於所附的詞類，又不屬於所附的詞類；附類詞既是實詞，又是虛詞，既不是實詞，又不是純粹的虛詞，或者說它們是實詞裡的虛詞。漢語裡真有這種不倫不類的詞嗎？根據語法意義和語法形式相結合的原則，我們認為答案應該是否定的。

　　「合成謂語」學說，是《暫擬系統》根據王力《中國現代語法》、呂叔湘《中國文法要略》、張志公《漢語語法常識》的「共同作謂語」的提法，仿效外國語法書提出來的。為什麼要在一般謂語之外另立「合成謂語」？「合成謂語」的實質是什麼？根據《暫擬系統》來推斷：「合成謂語」是跟一般謂語相對立的概念，是一般謂語不能概括的一種特殊的謂語。特殊在哪裡？一般謂語

是由動詞、形容詞，或以動詞、形容詞爲中心的聯合、偏正、動賓、主謂③等詞組構成的，而「合成謂語」則是由這些材料之外的另一些既不是詞，又不是詞組的材料構成的，它像「合成詞」裡的「合成」一樣，是不可分割的整體。漢語裡真有這種由兩個詞構成的不可分割的特殊材料嗎？我們認爲答案也是否定的。下面分別討論。

一　判斷詞和判斷合成謂語

所謂「判斷詞」，在漢語裡只有一個「是」字；所謂「判斷合成謂語」，主要是「是＋名（代）」，也包括「是＋動（形）」。

「是」字在漢語詞類的劃分中是一個難處理的詞，「是」字連同它後面的成分在句子成分的劃分中也就成了難處理的成分。唯其難處理，才出現了五花八門的處理意見。

丁聲樹等《現代漢語語法講話》把「是」字叫動詞，它後面的成分叫賓語；呂叔湘《語法學習》把「是」字也叫動詞，它後面的成分叫表語；黎錦熙、劉世儒《漢語語法敎材》把「是」字叫同動詞，算動詞的附類，屬於實詞，它後面的成分叫足語；王力《中國語法理論》、高名凱《漢語語法論》都把「是」字叫繫詞，屬於虛詞，它後面的成分是謂語；張志公《漢語語法常識》把「是」字也叫系詞，算動詞的附類，是虛詞性質，跟它後面的成分共同作謂語。《暫擬系統》採取了有傾向的折衷辦法，把「是」字叫判斷詞，算動詞的附類，是實詞裡的虛詞，「是」字跟它後面的成分構成一個不可分割的「合成謂語」。看，一個「是」字，從純粹的實詞（動詞），到純粹的虛詞（繫詞），再到實詞裡的虛詞，或虛詞性的實詞（動詞的附類），「是」字後面的成分，從一般賓語、足語，到一般謂語、表語，又到包括「是」字在內的「合成謂語」，這是多大的懸殊啊！爲什麼會有這種現象？「是」字本身難纏，它跟一般動詞有相同點，也有不同點，側重

相同點，就說它是動詞，側重不同點，就說它是繫詞，想折衷一下，就說它是判斷詞，是動詞的附類，這是原因之一；但更重要的原因還是缺乏嚴格的劃分詞類和句子成分的標準。

「是」字在漢語裡有許多不同的用法。如：

1.他是學生。

2.他是出去了。

3.是你去，是我去。

4.是活兒他都不幹。

5.這地方好是好，就是交通不方便。

6.是，我馬上就去。

這些不同用法的「是」字，究竟是不是一個詞，是不是屬於一個詞類，還值得研究。這裡我們只談前兩種。

1.「他是學生」的「是」，跟一般動詞一樣，在一定的語言環境中可以單獨作謂語，可以回答問題，比較：

　　他是學生嗎——他是——是

　　他看電影嗎——他看——看

表示疑問時可以肯定否定相疊，比較：

　　他是不是學生——他是學生不是

　　他看不看電影——他看電影不看

可以受能願動詞或副詞修飾，比較：

　　他應該是學生——他大概是學生

　　他應該看電影——他大概看電影

「是」字的這些特點都是一般動詞具有的主要特點，如果咱們不是根據詞彙意義，而是根據語法意義和語法形式特點來劃分詞類，就沒有理由把它排斥在動詞之外，專為這麼一個詞另立一個繫詞詞類或動詞附類。

「繫詞」這個名稱的英語原文是 Copula，是邏輯學上的術語，直譯是「把……聯繫在……上」的意思，被語法學家搬到語

法裡之後，在英語裡叫 Linking verb，在俄語裡叫 связка-глагол，在漢語裡有人譯成「繫詞」。但是在英語和俄語裡它們都不是獨立的詞類，而是包括在一般動詞之內，因爲它們有一般動詞的形態變化；在漢語裡，「是」也有一般動詞的語法特點，爲什麼硬是撇開「動」字，讓一個詞離群索居，獨成一個虛詞詞類呢？可能基於這種理由，《現代漢語語法講》、《語法學習》等著作才把「是」字乾脆算實詞，包括在一般動詞裡。應該肯定這是漢語語法學的一個很大進步。

《暫擬系統》在兩種對立意見的夾縫中提出了「判斷詞──動詞的附類」學說，看起來不偏不倚，怪公允，實際上帶來了許多新問題：既模糊了實詞和虛詞的界限，又混淆了「附類」和小類（詞類再分）的界限。

實詞、虛詞，是概括了各個一般詞類的共同點之後劃分的更大的類別。不消說，這種分類也是詞的語法分類，也應該以詞的語法特點──更具概括性的異類詞的相同特點爲標準。實詞和虛詞相對立的語法特點，從語法意義（句法功能）上說，應該是可以不可以作一句子成分（不包括特殊的獨立成分）；從語法形式（結合形式）上說，應該是可以不可以跟別的詞結合成詞組。可以的是實詞，反之，是虛詞。作爲一個詞，在一定的語言環境中，不是屬於實詞，就是屬於虛詞，不可能騎牆。而所謂「附類」，正是一種人爲的騎牆現象──既是實詞，又是虛詞，或者是實詞裡的虛詞，虛詞性的實詞。這樣一來，實詞、虛詞的劃分，不僅失去了明細的界限，而且毫無實用價值。

把各個一般詞類再分爲若干小類，是以同類詞在大同中可以有小異的原則爲根據的。這也是詞的語法分類。譬如把名詞分爲事物名詞、指人名詞、時地名詞等，把動詞分爲及物動詞、不及物動詞、存在動詞、能願動詞等。每個小類都可以看作它所從屬的大類的變體，在這些變體之中，有的小類體現大類的共同特點

明顯些，有的不那麼明顯。但比起另一大類或另一大類的某個小類來，同類詞裡的各個小類的共同特點還是主要的。譬如存在動詞，跟形容詞、時地名詞、及物動詞比較起來，必定跟及物動詞特點相近，否則它就不屬於動詞。如果一種詞跟任何一類詞的特點都不相近，就應該自成一類。根據這個原則，「是」字為什麼不可以跟「像、叫、當、叫做」等團結起來另成一個動詞的小類呢？這個小類可以叫聯繫動詞，也可以叫判斷動詞。在小類之外另設附類的理論，與其說是混淆了小類和附類的界限，不如說是否定了劃分小類的必要性和可能性。你強調「是」字跟一般動詞的不同點，把「是」字打入「附類」，別人要是根據不同點（譬如動作意義不具體，不能直接重疊）把「有、在」等也列為一個附類，把「像、叫、當」等再列為另一個附類，行不行？安排了一個詞，傷害了一大片，帶來了一大堆糾紛，足可以說明這種安排是不得人心的。

2.「他是出去了」、「他是勇敢」的「是」，怎麼安排？《暫擬系統》仍把它叫判斷詞，「是」字連同它後面的動詞或形容詞構成「合成謂語」。理由是什麼？未見說明。可能因為這個「是」跟用在名詞前的有相同點：都表示肯定，都可以肯定否定相疊，都可以受副詞修飾。我們認為這個「是」字應該劃歸副詞，它雖然跟用在名詞前的有相同點，但也有許多重要的不同點。第一，名詞前的「是」一般不能去掉，而動詞、形容詞前的「是」去掉之後毫不影響結構的完整，請比較：「我是學生——我學生」，「他是出去——他出去」，「你是勇敢——你勇敢」。第二，名詞前的「是」起聯繫主語和賓語的作用，只表示肯定判斷，動詞、形容詞前的「是」沒有聯繫作用，除表示肯定，一般都表示強調語氣，請比較：「他是學生」，「他」可以是「學生」，「學生」也可以是「他」；「他是出去」，「他」不會是「出去」，「出去」也不會是「他」。第三，名詞前的「是」永遠不能用別的副詞來替換，

動詞、形容詞前的「是」可以用意義相近的副詞來替換，請比較：「他是出去了──他確實出去了──他的確出去了──他一定出去了」。如果我們可以把「他在家呢」和「他在家看書」的兩個「在」分爲動詞和介詞，爲什麼不能把兩個不同用法的「是」分別劃歸動詞和副詞呢？

把「是」字連同它後面的成分叫「判斷合成謂語」，在很大程度上是爲了解決「今天國慶節」、「他上海人」之類句子的分析問題，即不說中間省略了「是」字，就說是名詞直接作謂語。這樣處理，也是解決了一個小問題，帶來了一堆大問題。

第一，模糊了句法結構的界限：

(1)他是軍人。　　　　他是軍人不是？

(2)他像（當）軍人。　　他像（當）軍人不像（當）？

(3)他愛軍人。　　　　他愛軍人不愛？

(1)桌子上是書。　　　桌子上是不是書？

(2)桌子上有書。　　　桌子上有沒有書？

(3)桌子上放書。　　　桌子上放不放書？

(1)他是出去。　　　　他是勇敢。

(2)他的確出去。　　　他的確勇敢。

(3)他一定出去。　　　他一定勇敢。

要是有人硬說這三組句子的(1)是「合成謂語」句，(2)(3)都是一般謂語句，它們結構不同，成分不同，不能處於同一個平面上，恐怕說服不了人，甚至會有人說這不像是講語法，而是像變戲法。

第二，破壞了整個句法結構系統的分析：

漢裡實詞和實詞結合在一起，可以發生聯合、偏正、動賓、主謂等關係，可以構成詞組；虛詞和實詞結合在一起，不能發生

聯合、偏正等關係，不能構成詞組，其中的虛詞只是一種語法標誌，不能作句子成分。這是大家公認的。那麼「合成謂語」裡兩個以上的詞有沒有結構關係？是不是詞組？如果有結構關係，如果是詞組，它們所構成的應該是一般謂語，不會是「合成謂語」。如果沒有結構關係，如果不是詞組，它們怎麼能「合成」一個「謂語」呢？「合成謂語」學說回答不了這些問題。因為兩種答案，無論是肯定的，或是否定的，都得不出「合成謂語」應該成立的結論來。在這個意義上說，這種學說破壞了漢語句法結構系統的分析，製造了句法結構系統分析的混亂。至於像「大概是新學生」，這種既有狀語又有定語的現象，用「合謂」學說分析起來，就更叫人為難了。

　　第三，「是＋名」等並不是總是作謂語，有時也可以作定語、賓語等，如「是會員的同學都過來」、「我知道是他」。這該怎麼分析呢？是不是說這是「合成謂語」作定語、「合成謂語」作賓語？或者仿效「連動詞組」、「兼語詞組」等術語，再創造個「合謂詞組」來解決句法分析中這個仍然解決不了的矛盾？

　　取消「判斷合成謂語」遇到「今天國慶節」、「他上海人」之類句子怎麼分析？應按省略「是」字處理。正像黎錦熙、劉世儒在《漢語語法教材》裡所說：「判斷句不用『是』字，是在很少數的場合偶然不用的，除了『我中國人』『今天端午』一類句子外，在嚴正的交際場合和理論文件中，再也不好找出更多的例來，如：『這是書』，能說成『這書』嗎？『力量是鋼』能說成『力量鋼』嗎？用『是』字是常規，不用是特例。」在現代漢語裡，就是這極少數可以不用「是」字的句子，也隨時隨地可以加上「是」字。為了照顧這麼幾個特殊的例證而說名詞可以直接作謂語，顯然會帶來很多麻煩。譬如在圖書館，管理人員問：「你借什麼書？」答：「我《三國演義》，他《紅樓夢》。」能不能說這也是名詞謂語句？沒人這麼說，因為這是特殊現象，不是常規。

二　能願動詞和能願合成謂語

能願動詞，一般也叫助動詞，包括下面兩種特點不同的詞：

(1)能、能夠、可以、應該、願意、會

(2)必、須、必須、須要、得（dei）

這些詞怎麼歸類？有爭議。黎錦熙、劉世儒《漢語語法教材》和呂叔湘《語法學習》、呂叔湘、朱德熙《語法修辭講話》都算實詞，是動詞的一種；呂叔湘《中國文法要略》叫限制詞（副詞），也是實詞；丁聲樹等《現代漢語語法講話》和《暫擬系統》都算虛詞，是動詞的附類。

我在《論漢語副詞的範圍》（《中國語文》1961年8期）一文中曾強調這兩種性質不同的詞，應該劃歸兩類：

第一種除了用在別的動詞或形容詞前面，有時也能單獨作謂語，回答問題，能受副詞修飾，能肯定否定相疊，如「這可以嗎？」「這可以不可以？」「我不應該。」「我很願意。」這比某些動詞，像「希望、要求、繼續、加以、開始、準備」等，動詞的特點還明顯些，應該劃歸動詞。由於它們所表示的意義不如別的動詞那樣明顯，不像別的動詞那樣經常作謂語，可以根據大同中的小異把它們算動詞的一小類，叫能願動詞。

第二種不能作謂語（也不能單說），只能放在別的動詞或形容詞前面（作狀語），不受副詞修飾（「不必」、「不得」等都是合成詞，不是詞組），不能肯定否定相疊。這跟許多副詞，像「一定、必定、的確、別、不」等特點完全相同，應該劃歸副詞，不應該算動詞的附類。副詞能作狀語，當然也是實詞，不是虛詞。

《暫擬系統》把「能願動詞＋動詞（形容詞）」也叫「合成謂語」，帶來的麻煩更多。

《暫擬系統》說虛詞不能作句子成分，能願動詞是虛詞或虛

詞性的，卻可以跟另一個實詞作「合成謂語」，是不是矛盾？

即使把能願動詞當實詞，解決了上述矛盾，又帶來了別的矛盾：實詞和實詞結合之後，都要發生直接的結構關係，可以構成詞組，那麼「能願動詞＋動詞」是什麼結構關係？是什麼詞組？如果是偏正關係，偏正詞組，它們就是一般謂語，何必用「合成謂語」？如果不是偏正關係，偏正詞組，是不是眞得另立一套「合謂關係」、「合謂詞組」？

在這個問題上，《暫擬系統》完全拋開語言習慣，硬把一般人都認爲是偏正關係的語言結構，拉到「合成謂語」裡去，同樣也會造成句法結構分析的混亂。請比較：

(1)你必須完成任務。

(2)你一定完成任務。

(1)我要回去。

(2)我準備回去。

(1)他應該學習。

(2)他經常學習。

這三組句子的(1)和(2)，誰能說淸它們的句法區別？硬說(1)是「合成謂語」句，(2)是一般謂語句，即使可以找出一些理論根據，我們斷定它也是不得人心的，因爲它嚴重違反了人們的語感。

「能願合成謂語」（動詞合成謂語），也是仿效印歐語言的動詞合成謂語提出來的。但我們必須看到，印歐語言的助動詞跟漢語的助動詞（能願動詞）情形很不相同。譬如俄語的助動詞跟動詞結合以後就可以代替動詞進行形態變化，動詞因有了助動詞就只用不定式，失去變化能力，如，я могу читать（我能讀），很顯明，這種助動詞是謂語的一個重要部分，是實詞，把它叫合成謂語的一部分是可以的。在漢語裡，能願動詞不能幫助動詞進行

形態變化，只是表示可能和意願的，除了具體意義跟副詞、形容詞不同，它們的句法功能跟副詞、形容詞是相近的。如果我們承認「一定去」、「堅決去」是偏正結構，就沒有理由不承認「可以去」、「須要去」也是偏正結構。因此，「能願合成謂語」在漢語裡是完全可以取消的。

三　趨向動詞和趨向合成謂語

趨向動詞是指「來、去、上、下、進、出、過、回、開、起」以及由它們構成的「上來、上去、下來、下去、進來、進去、出來、出去、過來、過去、回來、回去、起來」等二十幾個詞。這些詞，很多語法著作叫不及物動詞（自動詞），也有的叫詞尾；只有《暫擬系統》叫趨向動詞，算動詞的附類。

趨向動詞具有動詞的主要特點，在句子裡可以充當各種成分：⑴作謂語，如「你過來」；⑵作定語，如「出去的人」；⑶作狀語，如「來回走動」；⑷作主語，如「去容易、回來就難了」；⑸作賓語，如「我要求回去」；⑹作補語，如「站起來」。充當前五種成分時，包括《暫擬系統》在內，都承認它們跟不及物動詞完全相同，是實詞性質，只有充當補語時，才說它們不表示動作，只表示趨向，讀輕聲，意義比較虛靈，性質上近於虛詞。拋開那麼多跟動詞完全相同的特點不管，只抓住一種作補語的用法而把全部趨向動詞打入「附類」，未免不公。況且作補語時有時也兼表結果，讀重音，意義並不虛靈，如「站得起來—— 站不起來」。

語言中任何一個實詞都不會只有一種用途（譬如只作主語，或只作謂語），而是往往有幾種用途，並且由於用途不同，由於跟它相結合的詞不同，意義必定也有所不同，譬如作主語的名詞跟作定語的名詞，意義就不完全一樣，如「松木很好——松木箱子」，前一個「松木」指事物本身，能受數量詞修飾，後一個指

事物的性質，不受數量詞修飾（「一個松木箱子」的「一個」是修飾「松木箱子」的）；作謂語的動詞和作狀語的動詞，意義也有差別，如「他站著──他站著喝酒」④，前一個「站著」表示動作，後一個表示「喝」的方式。能不能因此而得出結論說，作主語的名詞是名詞，作定語的名詞就形容詞化了，作謂語的動詞是動詞，作狀語的動詞就副詞化了呢？不能。因為隨著這種理論而來的必然是詞無定類，類無定詞。只根據趨向動詞的一種用途而把它劃為動詞的附類，這不是比詞無定類的理論還厲害嗎？其實，趨向動詞不論作哪個成分，都有一個共同的意義──表示趨向，這「趨向」本身就帶有動作意義。要是根據這種意義和能夠直接作補語，把它們劃為動詞的一小類，不是也說得過去嗎？

把趨向動詞連同它前面的動詞或形容詞叫「合成謂語」，跟把「是＋名」、「能願動詞＋動詞」等叫「合成謂語」一樣，麻煩很多。

第一，別的動詞放在另一個動詞或形容詞後面時，如「撥拉倒」、「高興死」、「站立住」，為什麼都叫動補式或後補式而不叫「合成謂語」？它們跟「搬起」、「躲開」、「拉來」等「合成謂語」有什麼句法上的區別？不容易說清楚。

第二，說「站起來」是「合成謂語」，那麼「站得起來」、「站不起來」是什麼結構？說它們也是「合成謂語」吧，中間有個討厭的「得」和「不」，尤其是那個「得」字，明明是個補語的標誌，跟「撥拉得倒──撥拉不倒」、「站立得住──站立不住」是同類結構；說它們是動補式吧，跟「站起來」一比，又不能自圓其說。左右為難。

第三，「站起來」的「站」和「起來」究竟有沒有結構關係？是不是詞組？有結構關係，是詞組，算什麼關係，是什麼詞組？沒有結構關係，不是詞組，怎麼能「合成」一個「謂語」？「合成謂語」學說，還是回答不了這些問題。

　　權衡利弊，我們同意《現代漢語語法講話》的說法，把動詞、形容詞後面的趨向動詞一律看作補語。

　　最後，我們強調這樣一個原則：在任何一門科學中，任何一個術語都應該是別的術語不能代替的。如果一個術語能被另一個術語代替，或者說一個術語所概括的現象跟另一個相同，其中準有一個是多餘的，它既是語言中的累贅，又是科學中的癰疽。語法學裡的術語也不能例外。一個術語要想成立，它所概括的語法現象必須是別的術語不能概括的。語法教學的實踐證明，動詞的三個「附類」和三種「合成謂語」，都可以包括在別的術語裡，都是漢語語法學裡的累贅，還是下決心把它們取消吧！

（原載《文史哲》1979年第 5 期）

【註　譯】

①我在《鄭州大學學報》1963年第 1 期發表過《漢語實詞的「附類」》一文，其中分析了九種「附類」，包括三種動詞的「附類」。本文爲了論述「合成謂語」應取消的問題，又談到了動詞的三種「附類」，雖然論述角度和詳略不同，仍難免有重複之處。

②「判斷合成謂語」、「能願合成謂語」、「趨向合成謂語」的名稱是胡裕樹主編的《現代漢語》提出來的。有人把前一種叫「名詞合成謂語」，把後兩種叫「動詞合成謂語」。

③《暫擬系統》不承認偏正詞組、動賓詞組可以作謂語。

④「站著喝酒」，有人叫「連動式」，「站著」和「喝」共同構成「複雜謂語」。

「連動式」和「兼語式」應該取消

一

　　「連動式」和「兼語式」，在漢語語法學裡都是作爲專門術語提出來的。它們出世以後，許多人覺得很新鮮，把它們當作「新生事物」，倍加愛護。它們的「職權」越來越大，它們的範圍越來越廣。但也有人覺得那是唬人的，不是什麼新玩意兒，老想從語法學裡把它們攆走。可它們有恃無恐，硬是賴著不走。我二十年前對它們有過懷疑，主張取消，今天，經過再三思考，我態度更堅決——它是累贅，應該取消！

　　先談兩個原則性問題。

　　在任何一門科學中，任何一個術語都應該是別的術語不能代替的。如果一個術語能被另一個代替，或者說一個術語所概括的現象跟另一個相同，其中準有一個是多餘的，它既是語言中的累贅，又是科學中的癰疽。語法學裡術語也不能例外。一個術語要想成立，它所概括的語法現象必須是別的術語不能概括的。我想這是大家都能同意的原則。

　　根據什麼標準來判斷這一術語跟另一術語所概括的語法現象的異同呢？這得從語法現象本身談起。任何一種語法現象都是內容和形式的統一體，或者說，都是語法意義和語法式相結合的產物。各種語法現象之間的區別，表現爲語法意義和語法形式的不同。「連動式」和「兼語式」都是代表句法上的一種結構類型而出現的，判斷它們跟別的結構類型，如聯合式（聯合結構）、偏正式（偏正結構）、動賓式（動賓結構）、主謂式（主謂結構）等

是否相同，也必須看它們的語法意義和語法形式是否相同。我想
這也是大家都能同意的原則。

各種結構類型的語法意義和語法形式是什麼？怎樣把意義和
形式結合起來去判斷這種結構和那種結構的異同？這都是大問
題，大家可能有不同的認識。爲了使討論有根據，有必要先提出
個語法意義和語法形式的輪廓。

我認爲各種結構類型的語法意義大體上有以下幾個方面：

1.各結構成分的功用。如謂語是用來表述主語的；狀語是用
來修飾或限制謂語（中心語）的；賓語是用來表示謂語（動詞）
的對象、結果、目的、工具、地點等的。

2.各結構成分能回答什麼問題。如主語能回答「誰」、「什
麼」等問題；狀語能回答「怎樣」、「爲什麼」、「何時」、「何地」
等問題。

3.各結構成分之間的關係。如「土地遼闊」是主謂關係，
「遼闊土地」是偏正關係，「拍攝電影」是動賓關係，「電影和話
劇」是聯合關係。

各種結構類型的語法形式大體上有以下幾個方面：

1.詞序。如主語後面、謂語前面的成分一般是狀語（「我明
天從這裡出發」）；謂語（動詞）後面的成分一般是賓語或補語
（「我們歡迎你」，「我們歡迎一下」）；主語、賓語（中心語）前面
的成分一般是定語（「偉大的人民創造偉大的事業」）。

2.虛詞。如前面有介詞或有連詞「地」字的是狀語（「從北
京來」，「慢慢地散開」）；前面有連詞「得」字的是補語（「表演
得很好」）。

3.其它詞類形式。如前面有副詞或能願動詞的動詞，大都是
謂語（「我馬上就回去」、「你應該回去」）；後面有趨向動詞的動
詞或形容詞，大都也是謂語（「大家走了進去」，「這倆人好起來
了」）；後面有方位名詞的，大都是定語或狀語（「春節以後的工

作」，「桌子上頭擺著各種畫報)。

　　這只是語法意義和語法形式的一個輪廓，很不細緻。同時其中每一項往往都有交叉和混同現象，因而不能單憑其中一項標準來判斷各種結構類型之間的異同，必須把語法意義方面的幾項標準和語法形式方面的幾項標準結合起來，全盤考慮。下面分別討論。

二

　　先說「連動式」。「連動式」是李榮先生根據趙元任的《國語入門》編譯《北京口語語法》的時候提出來的，原文是「動詞結構連用式」。一九五三年以後，從中國科學院語言研究所語法小組的《語法講話》（即《現代漢語語法講話》的初稿）開始，許多語法論著都採用了這個術語，後來有人改名爲「謂語的連續」，有的叫「連謂式」，有的叫「承遞式」。這個術語所概括的語法現象範圍有多大，在採用「連動式」的論著當中，意見也是異常分歧的。累計起來，至少有以下十八種類型：

1.我往東走。
2.他用筆寫字。
3.他笑著説。
4.我看了不舒服。

5.我一隻手打不過你。
6.我有力量完成這個任務。
7.他開門出去。
8.他站起來就走。
9.他説話説得不清楚。

10.大家都走進來。
11.她愛做針線兒。
12.你見一見他嗎？
13.他不敢再看了，茫然地低下頭去。
14.他説了又説。
15.我身體好不休息了。
16.顏色太雜不好看。
17.我倒杯茶喝。
18.打得贏就打。

好傢伙！「連動式」幾乎成了「萬能式」，簡直要包羅萬象。這些例句爲什麼一定要用「連動式」來概括呢？提出和採用「連

動式」的人會說：因為在漢語裡聯合式、偏正式、正補式、動賓式、主謂式等術語都不能包括這些內容。根據什麼標準來判斷「連動式」所概括的內容不能包括在別的結構類型裡呢？有的根據意義，認為只要前後兩個或幾個動詞同屬於一個主語，就是連動式；或者連用的動詞就語意看沒有輕重之分，就時間看有先後之別的就是連動式或承遞式；有的根據意義並結合形式，認為兩個或幾個動詞同屬於一個主語，讀起來中間沒停頓，並且中間沒有連詞的才是連動式；有的根據形式，認為能連著主語單說，並且中間沒有停頓的是連動式或連謂式。

　　「連動式」是作為一種結構類型提出來的。任何一種結構類型都應該是語法意義和語法形式相結合的產物，要想判斷各種結構類型之間的異同，必須用語法意義和語法形式相結合的標準。採用「連動式」的論著雖然也提出了意義或形式標準，但都不是句法結構特有的意義或形式。譬如只憑兩個或幾個動詞是否同屬於一個主語這種意義，或者憑語意上沒有輕重之分、時間上有先後之別這種意義，必定要把許多承接句劃歸「連動式」。只憑兩個或幾個動詞同屬於一個主語，中間沒有停頓或沒有連詞這種意義和形式相結合的標準，而不考慮動詞和動詞之間的結構關係，也不能劃清各結構類型之間的界限，如「吃飯穿衣」可以同屬於一個主語，中間也沒有停頓、沒有連詞，但誰都承認這不是連動式，而是聯合式。只憑能連著主語單說、中間沒有停頓這種形式，必然要把許多別的結構也拉到「連動式」裡來。如「他參加了工作」，「他聰明伶俐」，中間沒有停頓，可以連著主語說成「他參加了，他工作」，「他聰明，他伶俐」。連提出這個標準的人也不會承認這是「連動式」。

　　現在咱們拋開這些標準，根據各種結構類型特有的語法意義和語法形式特點，對上面歸納出來的十八種不同的例句逐項加以分析，看看「連動式」所概括的內容能不能並入其它結構類型。

　　1.「我往東走」。這種結構，從語法意義上說，「往東」表示「走」的方向，可以回答「何地」所提出的問題，跟「走」發生偏正關係；從語法形式上說，「往東」是個地道的介詞結構，放在「走」前面作狀語。完全符合偏正結構的條件，應並入偏正式。

　　2.「他用筆寫字」。這種結構，跟「我往東走」基本相同，只是「往」是個純介詞，「用」可以是動詞。退一步說，即使把「用筆」當作動賓結構，從語法意義上和語法形式上也都符合偏正結構的條件，是表明「寫字」的方式的狀語。

　　3.「他笑著說」。在這種結構裡，「笑著」的語法意義是表示方式或狀態，可以回答「怎麼」所提出的問題，跟「說」發生偏正關係；它的語法形式是帶「著」，並且放在另一個動詞前面，也符合偏正結構的特點。說它是「連動式」的論著，一再強調，「笑著」是「說」的方式，「說」是「笑著」的目的，很難分辨哪個重要哪個不重要。因此，這種結構代表什麼語法意義，回答是不肯定的，有時代表這種意義，有時像那種，並且根本說不出在什麼條件下是這，在什麼條件下是那。這些理由，我覺得都不足以使「連動式」成為特殊的結構類型。不論把「笑著」當作「說」的方式，或是把「說」當作「笑著」的目的，前後兩個動詞總是有輕有重。即使在某種情況下方式和目的是並重，兩個動詞在語法關係上仍然有輕有重，有偏有正。哪個輕，哪個重？誰個偏，誰個正？表示方式的輕，表示目的的重。表示方式的動詞是狀語，表示目的的動詞是謂語中心語。這是由方式和目的兩種意義本身決定的——方式永遠是為目的服務的。如果想讓表示目的的動詞變成狀語，必須改變結構，說成「他說著笑了」。這也是漢語詞序的表義作用的一個顯著特點。

　　4.「我看了不舒服」。這是一個動詞加一個形容詞構成的結構，不能叫「連動式」，只好叫「連謂式」。我認為，「看了」是

「不舒服」的時間，可以回答「何時」所提出的問題，前後兩個成分是偏正關係；「看了」後面可以加上「之後」、「以後」等詞，原義不變。可見這也不是什麼「連謂式」，而是有偏正的偏正式。

5.「我一隻手打不過你」。這是一個名詞加一個動詞的結構，當然只能叫「連謂式」了。「一隻手」可能有兩種意義：一是「用一隻手」，表示方式，可以回答「怎麼」所提出的問題；一是「因爲一隻手」，表示原因，可以回答「爲什麼」所提出的問題。但不管是哪種意義，都符合狀語的語法意義。從形式上說，它放在動詞前，並且可以加上介詞，組成介詞結構，原意不變，也符合狀語的語法形式。因此，整個結構應包括在偏正式裡。

6.「我有力量完成這個任務」。「有力量」是「完成」的條件，有「能夠」的意思，二者可以發生偏正關係，中心語是「完成」。除了詞序的形式之外，雖然沒有其它特殊形式，但變成複句時可以說成「我如果有力量，就能完成這個任務」，「我因爲有力量，所以能完成這個任務」，這也能旁證「有力量」和「完成」是有主有次的偏正結構。

7.「他開門出去」。這種結構一向被認爲最典型的「連動式」，也是「連動式」存在的主要依據。採用「連動式」的人都說，「開門」和「出去」既沒有偏正關係，也沒有聯合關係和其它關係，只是表示一先一後兩個動作。根據單句結構和複句結構的對應性特點，我認爲「開門」和「出去」是承接關係，整個謂語應算承接關係的聯合結構。如果眞想表示一先一後兩個沒有直接結構關係的動作，只有用複句的形式或者乾脆用兩個句子，說成「他開了門，出去了」，「開門！出去！」

8.「他站起來就走」。這種結構跟「開門出去」基本相同，不同的是多了一個副詞「就」字。有人認爲連用的兩個動詞，中間有關聯詞（主要是副詞）的是複句，沒有關聯詞的是「連動式」單句。我認爲副詞「就」字在這裡主要是表示迅速、匆忙等

意義，如果能作為一種語法形式，它也只能是單句的標誌，而且表示前後兩個動詞的承接關係，中間沒有停頓。如果想表示一先一後不發生直接結構關係的兩個動作，一般是用兩個句子。試比較「站起來就走──站起來！走！」

9.「他說話說得不清楚」。這種結構，一般都叫動補結構，即動賓結構帶補語時，須要重複動詞。第二個「說」在結構中不是獨立的結構成分，沒有地位。這種意見，只從意義上說，倒也講得過去，比把它包括在「連動式」裡也好一些；可是跟形式結合起來看，顯然跟一般動補結構不同。因而我覺得還是把它劃歸重複關係的聯合結構作謂語更合理一些，即「說話」和「說得不清楚」構成的是聯合結構。

10.「大家都走進來」。這種結構應劃入正補式（後補結構）。從意義上說，「進來」雖然是個獨立的動詞，但在這裡主要是表示前一個動詞的趨向，跟前一個動詞並不是不分主次的一先一後的兩個動作；從形式上說，在「走」和「進來」之間可以加上「得」和「不」，這個特點跟別的正補結構是相同的。沒有理由，更沒有必要另給它一個「連動式」的名稱。

11.「她愛做針線活」。這種結構，有人叫「連動式」，也有人叫動賓詞組作賓語的動賓結構。即「愛」是謂語動詞，「做針線活」是它的賓語。我同意後一種意見。既然符合動賓結構的條件，偏要說它是「連動式」，沒有任何好處，這無須多說。能不能提出另一種意見：把「愛」當作「願意」之類的能願動詞，作「做」的狀語？

12.「你見一見他嗎」。把這種結構叫「連動式」的很少，多數人叫動補結構，即「一見」是第一個「見」的數量補語，「見一見」是「見一回」、「見一次」的意思。我認為「見一見」是動詞的重疊形式，仍是一個詞，即「見一見」是「見」的一種形態變化，表示「見」的試行體或暫行體。所謂「連動式」起碼有兩

個獨立的動詞，表示兩種獨立的動作，把「見一見」叫「連動式」顯然是不合適的。但把它叫動補結構也說不過去：動詞後面的數量詞是很靈活的，可以說「看一回」，也可以說「看兩回」、「看一百回」，但「見一見」卻沒有「見兩見」、「見一百見」的格式。

13.「他不敢再看了，茫然地低下頭去」。這種結構牽涉到單句和複句的劃界問題。爲了不致造成句法分析的混亂，我認爲應該作出硬性的但也是合乎情理的規定：凡是兩個或幾個動詞謂語之間有句法上的停頓的，一律劃歸複句。譬如「他走過去，把門開開」，意思是，先走過去，然後開門，是兩種互相不作句子成分的動作。說到這裡，可能有人說，這不是以語音停頓爲判斷單句、複句的標準嗎？我說，不是，仍然是以關係意義和結構形式爲標準的。即這種句子都可以有兩套不作句子成分的結構中心，由於語音的停頓，前後兩個動詞的獨立性就更明顯了。語音停頓只是關係意義和結構形式的派生物，只能作參考。

14.「他說了又說」。這種結構應該劃歸重複關係的聯合結構作謂語的單句，即「說了」和「又說」是重複關係。

15.「我身體好不休息了」。這種結構，有人叫「緊縮句」，有人叫「連動式」。我認爲是複句緊縮以後變成單句的，應按單句分析。從語法意義上說，「身體好」可以回答「爲什麼」所提出的問題；從語法形式說，可以在「身體好」前面加上表示原因的「由於」、「因爲」等連詞，符合狀語的特點。

16.「顏色太雜不好看」。這是由兩個形容詞組成的結構，一般都叫緊縮複句，意思是「因爲顏色太雜，所以不好看」，或者是「顏色如果太雜，就不好看」。我覺得這種結構跟「我有力量完成這個任務」相類似，前後兩個形容詞有條件或因果關係，是由複句緊縮而成的，應該算偏正結構作謂語的單句，決不是沒有主次之分的所謂「連謂式」，更不是「連動式」。

17.「我倒杯茶喝」。這是一種爭論較多的結構。有人叫「連動式」，有人叫「兼語式」，有人叫後補結構。我認爲這種結構是多義的：可以是「我倒杯茶自己喝」，也可以是「我倒杯茶別人喝」，應按多義結構分屬兩類：屬於前一種意義的，應劃入承接關係的聯合結構作謂語的單句；屬於後一種意義的應劃入緊縮複句。

18.「打得贏就打」。這種結構也應該劃歸偏正結構。從語法意義上說，「打得贏」是假設的條件，如果沒有這個條件，就沒有後面的「打」；從語法形式上說，可以在「打得贏」前面加「如果」、「要是」等連詞，也可以在「就打」前面加個主語，說成「如果打得贏，咱們就打」，擴展成複句以後，基本意義不變。

總之，根據語法義和語法式相結合的原則，上述十八類結構，都沒有區別於其它結構類型的特點，有的可以劃歸偏正結構，有的可以劃歸複句，有的可以劃歸正補結構，有的只是一個單詞。因此，「連動式」（「連謂式」）的存在完全是多餘的，對語法分析有害無益。

三

再說「兼語式」。「兼語式」也是《語法講話》正式提出來的。在這以前有人叫「遞系式」，在這以後有人叫「遞謂式」、「連環句」，也有人叫「謂語的延伸」。但採用「兼語式」的居多。「兼語式」的範圍有多大？各家意見也是異常分歧的。累計起來，可用十五個例句來代表：

1.大家鼓勵他參加競賽。　　9.我覺得他很好。

2.祝你身體健康。　　　　　10.他老懷疑別人別人瞧不起自己。

3.告訴她小心點兒。　　　　11.這是同志們批評他呢。

4.人們叫他蕭政委。　　　　12.你把它拿來我看看。

5.大家叫他做蕭隊長。　　　13.買了個桌子三條腿。

6.碗讓他打破了。　　14.人們給他送了個外號叫「大炮」。

7.我會使你滿意的。　　15.有一本書，叫做《鏡花緣》。

8.有人找你。

　　也夠厲害啦！「兼語式」的「權限」未免太大了吧？它簡直也要無所不包，無所不管。這些例子為什麼一定要用「兼語式」來概括呢？提出和使用「兼語式」的人也會說：因為漢語裡聯合式、偏正式、正補式、動賓式、主謂式等術語都不能包括這些內容。根據是什麼？有的根據意義，認為兩個動詞共同表述一個主語，第一個動詞的賓語是第二個動詞的主語；有的根據意義並結合形式，認為「兼語式」是兩個主謂結構套在一起，一個主謂結構的賓語兼做後一個主謂結構的主語，並且中間沒有停頓、不能加副詞或副詞性修飾語；有的只根據形式，認為凡是有「動‧名‧謂」的詞序，或者「名‧謂」之間沒有停頓、名詞後面可以加別的成分的，是「兼語式」。

　　「兼語式」也是作為句法上的一種結構類型提出來的。要想判斷這種結構類型跟別的結構類型的異同，也必須用句法結構特有的語法意義和語法形式特點作標準。只憑兩個動詞共同表述一個主語，第一個動詞的賓語是第二個動詞的主語這種意義，遇到具體問題，大家可以有不同的理解；只憑「動‧名‧謂」的詞序並輔以語音停頓這種形式，相同的結構，可以得出不同的結論。譬如「擊落敵機十架」，從意義上看，你可以說「敵機」是「擊落」的賓語，又是「十架」的主語；他也可以說「十架」是「敵機」的後置定語或補語。從形式上看，詞序是「動‧名‧謂」，「名‧謂」之間沒有停頓，名詞後面可以加「整整」、「總共」等成分，完全符合「兼語式」的條件。但連提出這種標準的人也不會承認它是「兼語式」。把意義和形式結合起來是對的，但這種意義和形式必須是這種結構特有的。只說「兼語式」是兩個主謂結構套在一起，前一個主謂結構的賓語兼做後一個主謂結構的主語，並且中

間沒停頓、不能加副詞或副詞性修飾語，這種標準會模糊許多緊縮複句和單句的界限。從理論上說，在一個單句裡允許「兩個主謂結構套在一起」，或「一個動賓結構和一個主謂結構扣在一起」，會得出這樣一個錯誤結論：漢語裡的單句可以有兩個不分主次的謂語；因為有一個是兼主語，所以也可以有兩個不分主次的主語。這不符合單句只有一套結構中心的特點。至於語音停頓更不能作為區別單句和複句的唯一標準：因為單句中間也可以有停頓（加逗號），複句中間也可以沒有停頓（如緊縮複句）。

現在咱們拋開這些標準，根據各種結構類型特有的語法意義和語法形式相結合的特點，看看上面十五種「兼語式」能不能併入其它結構類型。

1.「大家鼓勵他參加競賽」。這一向被看作最典型的「兼語式」，也是「兼語式」賴以存身的支柱。我認為這種結構可以並入雙賓語結構。第一個動詞「鼓勵」是謂語中心語，動詞後面的「他」是近賓語（副賓語），「參加競賽」是遠賓語（正賓語）。這種意見，可能有人要用兩個理由來反駁。一個理由是，雙賓語的結構是「動·名·名」，而這種結構則是「動·名·動」；另一個理由是，雙賓語結構的「名·名」沒有主謂關係，而這種結構的「名·動」有主謂關係。第一個理由是站不住腳的：大家都承認動詞在漢語裡可以直接作賓語，既然動詞可以作賓語，為什麼偏偏在這種結構裡又不承認動詞可以作遠賓語呢？我們根據什麼說「鼓勵參加競賽」裡的「參加競賽」不是賓語呢？憑意義，它是動詞涉及的對象，跟動詞可以發生動賓關係；憑形式，它放在動詞「鼓勵」後面，跟「怕參加競賽」、「希望回來」等是同類結構。第二個理由同樣是不充足的：「名·動」雖然可以發生主謂關係，但在這種結構裡卻不發生主謂關係，因為它們已經分別跟第一個動詞發生了動賓關係。換言之，「參加競賽」在這裡不是表述「他」幹什麼，而是「鼓勵」的對象。試比較：「鼓勵他什麼——鼓勵

他參加競賽」。我們不能因爲「名‧動」可以發生主謂關係，就斷定他們必然是主謂關係。許多事實都會證明這個看法是不對的：「學習」和「材料」可以發生動賓關係，但在「這是學習材料」裡卻是偏正關係，「兩個」和「大學」可以發生偏正關係，但在「兩個/大學教師」裡卻沒有任何直接關係。此外，在「兼語式」裡有不少這樣的句子：第二個動詞並不只屬於兼語，同時也屬於全句的主語。如「我幫助他捆行李」，就是「他」捆行李，「我」也捆行李；「我扶他進屋裡去」，「他」進屋裡去，「我」也必須同時進屋裡去。如果說「捆行李」和「進屋裡去」只屬於「兼語」是不合適的。

　　2.「祝你身體健康」。這是「動‧名‧主謂」的結構，也被看作比較典型的「兼語式」。我認爲也應該並入雙賓語結構。即「你」是近賓語，「身體健康」是遠賓語。因爲主謂結構也可以單獨作賓語。如果不承認它是雙賓語結構，遇到「祝身體健康」時，必須說動詞後面省略了一個名詞「兼語」。這麼一來，所謂「省略」的現象就太多了。如果承認它是雙賓語結構，遇到「祝身體健康」時，頂多跟遇到「送一本書」、「授予英雄稱號」一樣，都可以說是應該有而沒有近賓語的結構。請比較：「祝身體健康──祝誰身體健康──祝你身體健康」、「送一本書──送誰一本書──送你一本書」。即便從意義上說，似乎也看不出這兩種結構的區別。

　　3.「告訴她小心點兒」。這種結構也應該併入雙賓語結構。即「小心點兒」是「告訴」的遠賓語，「她」是近賓語。如果說雙賓語的遠賓語表示事物，能回答「什麼」所提出的問題，近賓語表示人，能回答「誰」所提出的問題，如「送誰什麼──送他一本書」，那麼我們也完全可以說「告訴誰什麼──告訴她小心點兒」。

　　4.「人們叫他蕭政委」。這種結構，無論是語法意義還是語

法形式，都跟雙賓語結構相同。「送他一本書」的「他」能回答「誰」所提出的問題，「一本書」能回答「什麼」所提出的問題，兩個名詞分別作動詞「送」的近賓語和遠賓語，詞序是「動·名·名」，停頓可以在「名·名」之間，這是典型的雙賓語結構。「叫他蕭政委」的「他」也能回答「誰」所提出的問題，「蕭政委」也能回答「什麼」所提出的問題，詞序也是「動·名·名」，停頓也可以在「名·名」之間，應該承認這也是雙賓語結構。

5.「大家叫他做蕭隊長」。這種結構跟上面不同的是多了一個「做」字。的確，如果把它當作現代漢語的材料來處理，不叫「兼語式」是有困難的。但這種材料實際上已不是現代漢語材料，而是近代漢語的材料。在現代漢語裡，這種句子一般都說成「管他叫蕭隊長」或「把他叫做蕭隊長」。要是一定給它歸類，也只能劃到緊縮複句裡。

6.「碗讓他打破了」。這種結構，只有少數論著叫「兼語式」，許多人都叫被動式單句。我同意後一種意見：「碗」是被動的主語，「打」是謂語動詞，「讓他」是介詞結構，表示對象或施事者。硬把它塞到「兼語式」裡，一沒道理，二沒好處，只能給語法分析帶來混亂。從意義上說，這句話不是由「碗讓他」和「他打破了」兩層意義扣在一起的；從形式上說，單說「碗讓他」不成話，但是單說「碗打破了」可以。可見，「讓他」不是動賓結構。

7.「我會使你滿意的」。這種結構，從意義上說，也不是由「我會使你」和「你滿意的」兩個主謂結構套在一起的，即「你」不是「使」的賓語，也不是「滿意」的主語；從形式上說，單說「我會使你」不成話，單說「我滿意的」可以。但就整個句子來看，「滿意」的不是「我」，而是「你」，這該怎麼處理？仿效漢語裡的被動式單句，按使動式單句處理。如「我被他批評了」，「被他」是介詞結構，作「批評」的狀語，整個句子的主幹是

「我批評了」,「我」是被動主語;「我會使你滿意的」,「使你」也是介詞結構,作「滿意」的狀語,「我」是使動主語。

8.「有人找你」。這種結構是不是「兼語式」,關鍵問題在於「有」字是不是動詞。我認爲它不是眞正的動詞,而是標誌名詞作無定主語的虛詞,正像「所」字是標誌動詞作定語的虛詞一樣(這個「有」字跟「有一本書」的「有」字意義和作用都不一樣,應分別對待)。關於這個問題,呂叔湘先生曾經論述過,他說:「我們要問這些句子裡的『有』字有什麼作用呢? 一般地說來,有一種介紹作用,因爲主語是上文沒有提過的,帶有或多或少的無定性質,需要介紹一下。……例如『有人敲門』這句話實在只是一個敍事句,他的意義都在『人』(起──主),『敲』(動),『門』(止──賓語)這三個詞上,『有』只是一個形式詞,……表示起詞(即主語)是無定或有定。例如:『有客來了』,『客來了』,前句的客人是不速之客,後句的客人是約好了的客。所以,爲權宜計,也未嘗不可把『有』字作爲一個表示無定的指稱詞,把『有人』當作和文言的『或』字相等……」(《中國文法要略》,101-102頁)這個意見是値得重視的。如果一定要把「有」字當動詞來處理,這類句子只好歸緊縮複句。

9.「我覺得他很好」。這種結構,一般都認爲是主謂詞組作賓語的句子,即「他很好」是「覺得」的賓語。但也有人說這是兼作「主謂賓」和「兼語式」的句子:停頓在「覺得」之後時是「主謂賓」(即主謂詞組作賓語),停頓在「他」之後時是「兼語式」。我認爲,這個句子不管停頓在什麼地方,都只能是「主謂賓」,不會是「兼語式」。因爲從意義上說,「覺得」的賓語只能是「他很好」,不會是「他」,這是由「覺得」這個動詞本身的意義以及詞和詞的關係所決定的;從形式上說,單說「我覺得他」不成話,可見「他」不是賓語。不可否認,由於停頓的地方不同,有時同一個句子可以表示兩種意義,成爲兩類不同的結構。

如「他問｜你媽媽姓什麼」，停頓在動詞後，「你媽媽姓什麼」是
主謂詞組作賓語，「你」是定語；「他問你｜媽媽姓什麼」，停頓在
名詞後，「媽媽姓什麼」是主謂詞組作遠賓語，「你」是近賓語。
但這不是絕對的，特別是在「我覺得他很好」之類結構裡，不管
停頓在什麼地方，原意都不改變。

10.「他老懷疑別人瞧不起自己」。這類結構一般也都叫主謂
詞組作賓語的句子，只有個別論著叫兼作「主謂賓」和「兼語
式」的句子：停頓在「懷疑」之後時，是「主謂賓」，停頓在
「別人」之後時，是「兼語式」。這類句子由於停頓的地方不同，
的確會改變結構和意義。停頓在「懷疑」之後，的確是「主謂
賓」，而且這是一般的用法；但停頓在「別人」之後，卻不是
「兼語式」，而是複句，意思是「他老懷疑別人，（他老）瞧不起
自己」，不會有別的意思。

11.「這是同志們批評他呢」。把這種結構當作「兼語式」（遞
謂式）的論著，認為「同志們」是「是」的賓語（表位），又是
「批評」的主語。我認為這也是個「主謂賓」的句子，「這」是主
語，「是」是謂語動詞，「同志們批評他」是賓語。

12.「你把它拿來我看看」。把這種結構叫「兼語式」（遞謂
式）的論著，認為「它」是「拿」的賓語（提前），又是「看看」
的主語。這種分析拋開了語法意義，又不管語法形式，在方法論
上是有問題的。我認為這是一個緊縮複句：「你把它拿來」是第
一個分句，「我看看」是第二個分句。整個句子表示是一個複雜
的完整的意思，有兩套結構中心（主謂結構），符合複句的條件。
另外，「它」已用介詞「把」提到狀語位置，讓前一個主謂結構
裡的狀語兼作後一個主謂結構的主語（實際也可以是賓語），是
少見的，也是不符合「兼語式」（遞謂式）的定義的。

13.「買了個桌子三條腿」。這是「動‧名‧數量名」的結構。
這種結構中間沒有逗號，但在「桌子」後頭實際上是有停頓的，

意思是「買了個桌子，這個桌子三條腿」。也就是說，這個句子有兩套彼此不作句子成分的結構中心，表示的是一個複雜的表述關係。應該歸入緊縮複句。

14.「人們給他送了個外號叫『大炮』」。因爲中間沒逗號，所以許多人把它叫「兼語式」。我認爲這也是個「緊縮複句」，意思是「人們給他送了個外號，這個外號叫『大炮』」，第二個主語承前省略了，跟中間有逗號的「送了個外號，叫『大炮』」意思一樣。從形式上說，它有兩套結構中心，而且在「外號」後面可以隨意加上逗號，加上逗號跟不加逗號，只有停頓長短的區別，沒有意思上的不同。

15.「有一本書，叫作《鏡花緣》。」這是個中間有逗號的「兼語式」(遞系式)，打破了「兼語式」中間沒有停頓的界限，明顯地擴大了「兼語式」的範圍，因而也模糊了「兼語式」和一些複句的界限。要說把這種句子攆出「兼語式」，多數人是會同意的，不再詳加分析。

總之，用語法意義和語法形式相結合的標準來衡量，上述十五種結構，都沒有區別於其它結構類型的特點，有的可以劃歸雙賓語結構，有的可以劃歸主謂詞組作賓語的動賓結構，有的可以劃歸複句。因此，「兼語式」的存在也是多餘的，應該取消。

(原載《鄭州大學學報》〔哲學社會科學版〕1977年第 4 期)

「使」和「使動句」

①他把我撞倒了。

②他被我打敗了。

③他使我動搖了。

這三個句子裡的「把」、「被」、「使」是否同屬一個詞類？這三個句子的結構類型（句型）和意義類型（句類）是否相同？本文想論證兩個問題：⑴「使」跟「把」、「被」的詞性相同，都是介詞；⑵這三個句子的結構類型相同，都屬於「主語＋謂語」句型中的「主語＋〔狀語＋謂語中心語〕」，從謂語的意義上說，都屬於動作句，不過①是用「把」作標誌的主動句，②是用「被」作標誌的被動句，③是用「使」作標誌的使動句。

詞類是詞的語法分類，劃分詞類的標準應該是詞和詞相對立的語法特點（語法意義和語法形式相結合的特點），這是多數語學者都能同意的原則。

「把」和「被」，一般語法著作都認為是典型的介詞，它們不同於動詞和其他詞類的語法特點：⑴不能單獨作謂語，只能引介別的詞語作附加成分；⑵不能帶表示時態的「了、著、過」；⑶不能跟趨向動詞「起來」、「下去」等結合；⑷沒有表示試行意義的重疊形式，一般也不能肯定否定相疊。根據這些語法特點，將「把」和「被」劃歸介詞，是完全正確的。

但是，根據同樣的標準，幾乎是所有的語法著作卻都把「使」字劃歸動詞，自覺不自覺地又悄悄否定了劃分詞類的這種語法特點標準，造成了語法分析中的矛盾。我們認為「使」字沒有任何動詞的語法特點，卻具有「把」和「被」等介詞的上述全

部語法特點，甚至比某些被公認爲介詞的，如「在」、「朝」、「向」等，意義更虛，介詞的特點更鮮明，應該而且必須劃歸介詞，才能把劃分詞類的語法特點標準貫徹始終。

十七院校合編張靜主編的《新編現代漢語》把「使」字劃歸介詞之後，引起了強烈的反響：有的認爲言之有理，持之有故；有的認爲理智上可以接受，但感情上通不過；更多的人認爲不見經典，純屬標新立異。爲什麼會有這麼多不同的議論呢？原因是多方面的，有歷史的原因，有同音異義的原因，也有習慣問題，更重要的是我們沒把問題交代清楚。

在古代漢語裡，「使」字有多種意義和用法。常見的是用作「派遣」、「命令」意義的，如：「秦使王翦攻趙，趙使李牧、司馬尚御之」。(《國策·趙策》) 這是典型的動詞，作句子的謂語。其次是用作「使得」、「致使」意義的，如：「維子之故，使我不能餐兮」。(《詩經·狡童》)，這也是由「派遣」、「命令」意義分化出來的，它們明顯地保持著同源聯繫 (至於用作「使者」、「假使」、「使用」等意義的，跟上述兩種意義比起來，不是詞性不同，就是詞義也有明顯的差別，應按同音詞處理，不在本文討論之列)。到了現代漢語，「使」字的「派遣」、「命令」意義消失了 (被別的詞代替了)，古代的那兩種常用意義只剩下了「使得」、「致使」一種意義了。人們大概就是這樣因襲了歷史上的意義和用法，一直把這個「使」字看作動詞。在古代漢語裡還沒有明確地把介詞從動詞裡分化出來的時候，也把表示「使得」、「致使」意義的「使」看作動詞，那是很自然的，也是無可非議的。如今語言發展了，語言研究也有了進步，介詞已經從動詞裡分化出來成了獨立的詞類，應該按照「使」字在現代漢語裡的實際意義和語法特點從新考慮它的詞性。也有一些初學語法的學生拿「使用」意義的「使」來證明「使得」、「致使」意義的「使」是動詞而不是介詞，如「我使鋼筆」的「使」具有動詞的全部語法特點。這是兩

個意義迥然不同的同音詞，正像「把大門」的「把」跟「把門開開」的「把」是兩個意義不同的同音詞一樣，不能相比，也不能混爲一談。至於習慣問題，那就是另一回事了。語法是有理性的，而理性又是發展的。習慣往往是在理性中形成的，但隨著理性的發展，習慣也是可以改變的。

　　也有人說，「使」字雖然沒有動詞的語法特點，但有兩種現象可以證明它的動詞身份：一、在現代漢語裡「使」和「使得」是同義詞，可以換用，如「這件事使他頭疼——這件事使得他頭疼」，意思相同，「使得」是動詞，把「使」劃歸介詞行嗎？二、在現代漢語裡「使」和「叫」、「讓」也是同義詞，也可以換用，如「你使他放心了——你叫他放心了——你讓他放心了」，意思也是相同的，「叫」、「讓」是動詞，把「使」當成介詞合適嗎？是的，「使」和「使得」是同義詞，甚至可以說是同一個詞的兩種語體形式，「使」多用於口語，「使得」多見於書面語，它們都應該劃歸介詞，因爲「使得」也沒有動詞的語法特點，是專門引介別的語詞作附加成分的。「叫」和「讓」都是多義的，都代表幾個不同的詞，在語法分析中必須排除多義現象的干擾，不能混然相談。比較：

①他叫你了。　　　他讓你了。
②他叫狗咬了。　　他讓狗咬了。
③他叫人放心。　　他讓人放心。

①組的「叫」是「呼喊」的意思，「讓」是「禮讓」、「讓步」的意思，都是典型的動詞。②組的「叫」和「讓」都是「被」的意思，是表示被動意義的介詞。③組的「叫」和「讓」都是「使」的同義詞，是表示使動意義的介詞，決不是什麼動詞。不能拿動詞意義的「叫」、「讓」去統一表示介詞意義的「叫」、「讓」，也不能拿表示被動意義的「叫」、「讓」去否定表示使動意義的「叫」、「讓」。混然相談，雖然省事，但達不到語法分析的目的。

　　一般語法著作，由於「把」和「被」的介詞性質，都認爲「把」字句和「被」字句是偏正結構作謂語或謂語部分的句子，即「他把我撞倒了」、「他被我打敗了」，「把我」、「被我」都是狀語，「撞倒」、「打敗」都是謂語或謂語中心語，整個句子是「主語＋〔狀語＋謂語中心語〕」的格式。而由於把「使」看作動詞，一般語法著作都把「使」字句叫「兼語式」或「謂語的延伸」，即「他使我動搖了」，「使」是謂語動詞，「我」是它的賓語，「動搖」又是「我」的謂語，或者是「使」的延伸。整個句子是「主語＋謂語＋賓語＋謂語」的格式。

　　我們認爲，分辨不同的句子成分，歸納句子的結構類型，也應該以語法特點（語法意義和語法形式特點）爲標準。句子成分的分析是歸納句型的基礎，歸納句型是句子成分分析的終極目的。它們在語法意義方面的特點主要是關係意義，即詞和詞相結合所發生的結構關係；在語法形式方面的特點主要是虛詞和詞序，即詞和詞相結合的語法手段。「把」字句、「被」字句裡的「把」和「被」就是表示偏正關係的介詞，把它們所引介的成分看作狀語，跟後面的動詞發生偏正關係，整個句型是「主語＋〔狀語＋謂語中心語〕」，就是以語法特點爲標準的。而把「使」字句劃歸「兼語式」或「謂語的延伸」，整個句型是「主語＋謂語＋賓語＋謂語」，實際上是改換了標準，因爲從這裡看不出詞和詞之間結構關係，「兼語」關係是一種什麼關係？而且更重要的是忽略了「使」字作爲語法手段的介詞特點。標準不一致，相同的句子成分，相同的結構類型，也可以變成不同的成分，不同的類型。

　　「使」字沒有任何動詞的特點，而是跟「把」、「被」一樣具備了介詞的全部特點，應該劃歸介詞；「使」跟「把」字、「被」字一樣，它後頭的詞語不是賓語，而是狀語的一部分，整個句子

的結構形式都是「主語＋〔狀語＋謂語中心語〕」，根據謂語的意義或表述性質，都應該劃歸動作句。

　　根據謂語的意義或表述性質，現代漢語的單句可以分為動作句、存現句、判斷句、形容句四類。動作句（動作動詞作謂語的句子）為數最多。根據主語和動詞謂語的關係，一般語法著作都把動作句分為主動句和被動句兩小類。主動句，動詞謂語所表示的動作或行為是由主語直接發出的，如「他散步」，「散步」這個動作是「他」發出的，「領導表揚了他」，「表揚了」這個動作是「領導」發出的。「把」字句是典型的主動句，「把」字是主動句的明顯標誌。許多「主謂＋謂語＋賓語」的句子，在不改變主動關係和基本語意的條件下，賓語可以用「把」字提到狀語的位置上，如「領導表揚了他──領導把他表揚了」。被動句，動詞謂語所表示的動作行為不是主語發出的，而是主語所承受的，如「船開走了」，「開走」這個動作不是「船」發出的，而是「船」所承受的。「被」字句是典型的被動句，「被」字是被動句的明顯標誌。許多「主語＋謂語」格式的句子，往往可以用「被」字引出主動者作狀語，在不改變被動關係和基本語意的條件下，變成「主語＋〔狀語＋謂語中心語〕」的格式，如「船開走了──船被他們開走了」。

　　除了主動句、被動句，在現代語裡還有沒有同它們相對應的使動句？如「他使我動搖了」，謂語動詞所表示的動作，既不是主語「他」發出的，也不是「他」所承受的，而是在「他」的影響下，由狀語「我」發出的。「使」字句應該是典型的使動句，「使」字是使動句的明顯標誌，是引介別的詞語作動詞謂語的狀語的。現代漢語裡還有兩種不帶「使」字，但在不改變使動關係和基本語意的條件下可以用「使」字把賓語提到狀語位置的「主語＋謂語＋賓語」的句子。一種是用「喜歡、討厭、怕、愁、振奮、鼓舞、發展、綠化、美化」等動詞作謂語的句子，如「這群

蒼蠅眞討厭人——這群蒼蠅眞使人討厭」；一種是「豐富、健全、充實、堅定、健康、淸醒」等形容詞活用爲動詞謂語的，如「運動可以健康身體——運動可以使身體健康」。

這種使動句，一般語法著作由於把「使」看作有「派遣」、「命令」等實在意義的動詞，而這些動詞所表示的動作又都是主語發出的，所以都劃歸主動句。從上面的例證裡可以看出「使」字不是動詞，「使」字句跟主動句意義也不一樣，應把它從主動句裡分出來，另立一種使動句。這樣有利於貫徹語法分析中標準一致的原則，也便於識別各種動作句的語法特點。

《新編現代漢語》把《使》字句從主動句裡分出來立爲使動句之後，也是有的贊成，有的不習慣，有的堅決反對。反對的理由主要是按中心詞分析法作句法分析時，在語義和語感上顯得很別扭。比如分析「他使我動搖了」，按中心詞分析法，第一步分出的是「他（主語）——動搖（謂語）」，跟原意大不相同。這種別扭跟習慣有關，也跟析句方法和對析句方法的理解有關。中心詞分析法也許是一種有用的析句方法，但尋找中心詞，只是分析句子的第一步，在這一步並不要求語義的邏輯性和完整性，只有等到分析完畢才能看出整個句子所表示的邏輯關係和完整意思。很多人往往在分析的過程中，而不是等到分析完畢就急於看出句子的本來意思，這不是中心詞分析法的精神實質。如果這樣理解中心詞分析法，現代漢語還有很多句子只看中心詞都會顯得很別扭。如「他不是優秀敎師」，中心詞是「他是優秀敎師」，跟原意大相徑庭；「于福的老婆是小芹的娘」，中心詞是「老婆是娘」，跟原意也大爲不同。最有說服力的恐怕還是被動句的分析：「他被別人暗算了」，「小王叫敵人打掉了門牙」，第一步分析出來的都是「他暗算了」、「小王打掉了門牙」，都跟整個句子的意思相悖，可所有採用中心詞分析法的著作都認爲對被動句的這種分析是順理成章的，並不感覺彆扭。使動句跟被動句情形相同。同樣

的情形，不同樣對待，恐怕就無「法」可言了。層次分析法（直接組成成分分析法）之所以堅決反對中心詞分析法，除了別的原因之外，中心詞分析法存在的上述弊端也是原因之一。如果按層次分析法分析「他使我動搖了」，第一步是「他」——主語，「使我動搖」——謂語，第二步才指出「使我」是狀語，「動搖」是謂語中心語。這樣就不致於感到別扭了。《新編現代漢語》就是用這種方法分析句子的。

　　以上論述，不一定周嚴，歡迎批評指教。

（原載《語文學習》1982年第 9 期）

單句、複句的定義和劃界問題

一　單句和複句的定義

多數語法著作都認爲漢語的句子按照結構可以分爲單句和複句兩類。但單句和複句各有什麼特徵，即單句和複句的定義是什麼，在許多語法著作中卻是眾說紛紜的。

㈠關於單句的定義

什麼是一個單句？許多語法著作都沒有定義，或者沒有正式的定義。

張志公《漢語語法常識》說；「能夠最簡單的表達一個完整意思的單位就是一個句子。這種句子叫作單句。」(29頁)

初中《漢語》說：「一般雙部句（即具備主語、謂語兩部分的句子）和單部句（即只有謂語沒有主語的無主句和獨詞句）都叫單句。」(第三冊，33頁)

丁聲樹等《現代漢語語法講話》說：「對複合句而言，單詞句、無主句、主謂句可以合稱簡單句。」(131頁)

呂叔湘《中國文法要略》說：「只包含一個詞結（即主謂詞組）的是簡句，含有兩個或更多的詞結的是繁句。」(89頁)

張志公關於單句的說法，是目前影響較大，並被廣泛採用的定義。但這只是從意義方面給單句下的定義，沒有指出單句在結構形式方面的特點，就不能揭示單句的本質特徵。說只包含一個主謂詞組的是單句，也不符合語言實際，因爲有的長單句可以包含兩三個、甚至四五個主謂詞組，如「我認識的人沒有你認識的人多」，包含了三個主謂詞組，現在大家都承認是單句了。至於

說「一般雙部句和單部句都叫單句」，或者說，「單詞句、無主
句、主謂句可以合稱簡單句」，這都不像給單句下定義，而是給
雙部句、單部句歸類。

　　作爲定義，我們認爲：單句是一套結構中心、表示一個簡單
的表述關係的句子。

　　「結構中心」是由句子的基本成分構成的結構整體。這個結
構整體，一般都有主語、謂語兩個基本成分（或者再加上賓語）。
在這套結構中心裡，詞或詞組互爲句子成分：主語是對謂語說
的，謂語是對主語說的，如果賓語也算基本成分，它就是對謂語
（動詞）說的。有時一個句子可以只有一個中心成分，如「無謂
句」（獨詞句），就單獨構成句子的一套結構中心。但有主語和謂
語的語言片段不一定都是句子的結構中心，只有充當句子基本成
分的主謂結構才能構成句子的結構中心。結構中心是從結構形
式，即語法形式方面說的，結構中心的多少是區分單句和複句的
重要語法標誌：有一套結構中心的是單句，有兩套以上結構中心
的是複句。

　　「表述關係」，是由結構中心加上統一全句的語調所表述的
完整的意思，也就是能夠簡單地肯定或否定某種事情，或者能夠
表達一種感情或意願。表述關係是從語法意義方面說的，光有結
構中心，沒有統一全句的語調，那只是一個詞組或單詞，不是句
子，因而也不能表達完整的意思。「簡單的表述關係」是針對複
句所表示的「複雜的表述關係」說的。什麼算簡單，什麼算複
雜，向來就很難說清楚，因而不能把它作爲區分單句和複句的唯
一特徵，還必須同「結構中心」結合起來一並考慮。

　　㈡關於複句的定義

　　王力《中國現代語法》說：「凡句子，由可以用語音停頓隔
斷的兩個句子形式構成者，叫複合句。」（上冊，127頁）

　　高名凱《漢語語法論》說：「有時兩個或兩個以上的句子可

以連成一氣，結在一起，彼此呼應。……各句子彼此分立而有關聯，並不是哪個句子被包含在另外一個句子裡。這種句子就叫複句。」（417頁）

黎錦熙、劉世儒《漢語語法教材》說：「凡句子和句子，以一定的邏輯關係，用（或者可能用）和邏輯關係相適應的連詞（或關連詞語，就是其它詞類或語句臨時起連詞作用的）聯接起來，因而有巨大的（或可能是巨大的）意義容量的語言單位，叫複式句，簡稱『複句』。」（第三編，1頁）

丁聲樹等《現代漢語語法講話》說：「複合句是由幾個在意思上有關係的句子組成的。」（131頁）

張志公《漢語語法常識》說：「兩三個甚至更多個可以成為單句的單位連起來，構成一個大句子。這種擴大的句子叫複句」。（29頁）

初中《漢語》說：「包含兩個或者好幾個小句子的大句子叫作複句。」（第三冊，33頁）

這些關於複句的定義，雖然都指出了複句的某些特點，但未能抓住複句的本質特徵。有的未能把複句跟數個單句的合用（句群）區別開來，有的未能把複句跟複雜的單句區別開來。像高名凱、黎錦熙、丁聲樹等三家的說法，都犯了前一種毛病。根據這些定義得出來的不是一個句子，而是（或可以是）由數個單句聯合而成的句群，甚至可以包括由數個複句聯合而成句群。因為在這些定義裡都把複句看成「句子＋句子」的語法單位，顯然這種語言單位是大於句子的。請看下面這段話：

　　這些知識在古人在外人是直接經驗的東西，如果在古人外人直接經驗時是符合於列寧所說的條件：「科學的抽象」，是科學地反映了客觀的事物，那麼這些知識是可靠，否則就是不可靠的①。所以，一個人的知識，不外直接經驗和間接經驗兩部分②。而且在我為間接經驗者，在人間仍為

　　　　直接經驗③。因此就知識的總體說來，無論何種知識都是
　　　　不能離開直接經驗的④。

這段話共有四個獨立的句子：①③是複句，②④是單句。①和②
之間有「關聯」或「邏輯關係」，並且有與之相適應的連詞「所
以」。②和③，③和④之間也都有「關聯」或「邏輯關係」，並且
都有與之相適應的連詞「而且」和「因此」。按照上述三家的定
義，這四個句子都應該算一個複句，但連這些語法著作的作者也
不會承認這種結論。問題何在？在定義上。

　　像王力、張志公、初中《漢語》三家的說法，雖然都是目前
比較通行的定義，但也都犯了後一種毛病。根據這些定義，從複
句裏排除不了主謂詞組作各種句子成分的長單句。如「我早就說
過這件事他辦不成」，有三個「可以成為單句」的「句子形成」
或「小句子」，而且中間有語法停頓，按照這些定義，也都應該
算複句。但在這些語法著作的複句裡並不包括這種複雜的單句，
問題也在定義上。

　　根據語法意義和語法形式相結合的原則，我們認為應該給複
句下這樣的定義：複句是有兩套或兩套以上彼此不作句子成分的
結構中心、表示複雜的表述關係的句子。

　　這裡所說的「結構中心」在整個句子裡只是一個半獨立的分
句，在結構形式上，這種分句跟一般單句相同，但從表義功能和
語調上說，卻不是真正的單句，因為兩套或兩套以上結構中心組
合起來才表示一個完整的意思，共有一個統一全句的語調。在這
裡是否可以把「結構中心」理解成「單句形式」呢？為了通俗易
懂，可以是可以，但「單句形式」也可以是一個作句子成分的主
謂詞組，所以還是叫「結構中心」更好一些。

　　「彼此不作句子成分」，是說各個分句之間沒有主謂、動賓
等結構關係，這跟單句的各個部分互為句子成分是不同的。複句
雖然也可以分為聯合和偏正關係兩大類，但這種「聯合」和「偏

正」主要是意念或邏輯上的關係，不是詞和詞在句子裡互爲句子成分的直接結構關係。

「複雜的表述關係」是針對單句提出來的。單句只能表示簡單的表述關係，而複句表示的卻是複雜的表述關係。

二　單句和複句的劃界問題

單句和複句的區別是客觀存在，一般說來，多數單句和複句的界限也是清楚的。但是有一些句子，在這種語法著作裡算單句，在另一種語法著作裡卻算複句，問題久懸不決。有的把中間有沒有語音停頓作爲判斷單句和複句的標準；有的以有沒有連詞（關聯詞語）作判斷單句和複句的標準；有的拿主謂結構的多少作爲判斷單句和複句的標準：有兩個以上主謂結構的是複句。標準不同，結論也不一樣。

我們認爲單句和複句是句子的語法分類，應該採用語法意義和語法形式相結合的標準——「結構中心」標準。這種標準已經體現在單句和複句的定義裡了：有一套結構中心的句子是單句，有兩套以上結構中心的句子是複句。這是總原則。但有時會遇到模棱兩可的情形，即由於複句裡有的成分可以省略，單句裡有的成分可以分句化，這樣的句子可以說是只有一套結構中心，也可以說是有兩套以上結構中心。遇到這種情形，可以再增加是否有「語音停頓」這個下位標準。雖然單純的語音停頓不能用來作爲劃分單句、複句的標準，但在兩可的情況下，語音停頓往往可以反映結構中心和表述關係的單複。至於語序的變化和關聯詞語的有無，都不能作爲區別單句和複句的標準，即使有的句子是語序變化以後由單句變成複句，或由複句變成單句的，那也是因爲結構中心發生了變化。

下面我們用這個標準來衡量一下目前幾種有爭議的句子。

㈠是並列詞組作謂語的單句，還是並列複句？

　　許多並列詞組作謂語的單句和並列複句的界限是清楚的，有爭議的是下邊的句子：

　　　　這孩子聰明，活潑。

　　　　他們愛祖國，愛人民，愛正義，愛和平。

這兩個句子，黎錦熙、劉世儒《漢語語法教材》叫複謂語，即並列詞組作謂語的單句；王力《中國現代語法》、丁聲樹等《現代漢語語法講話》、呂叔湘《語法學習》都叫並列關係的複句（只是名稱各不相同）；張志公《漢語語法常識》叫介於單句和複句之間的句子。

　　這類句子，尤其是結構較短，就是前面說的模棱兩可的句子，的確很難判斷是單句還是複句。《漢語語法常識》就是根據這種兩可的情況，把它算作介於單句和複句之間的句子。我們覺得在單句和複句之間另立一類騎牆的句子，並不是解決問題的好辦法。根本的辦法還是根據一定的標準，權衡輕重，看看它們是單句的特點多，還是複句的特點多。根據結構中心並輔以語音停頓，我們認為這兩個句子都應該劃歸並列複句。

　　從結構形式上說，這兩個句子都可以說有兩套以上的結構中心，即「這孩子聰明」是一套結構中心，「活潑」是省略主語的另一套結構中心。「聰明」和「活潑」雖然可以構成並列關係的聯合詞組，但在這個句子裡它們並不是先構成聯合詞組，然後去作謂語的。因為一般聯合詞組作謂語，這個聯合詞組中間沒有較大的語音停頓。語音停頓的長短在這種情況下可以作為區分並列謂語和並列分句的標誌：語音停頓較大的，可以說表示的是一個複雜的表述關係；如果語音停頓短或沒有停頓的，應看作單句，比較：「這孩子聰明活潑——這孩子聰明，活潑」，前者是單句，後者是複句。

　　㈡是承接詞組（連動詞組）作謂語的單句，還是承接複句？

　　許多承接詞組作謂語的單句和承接複句界限也是清楚的。有

爭議的是下面的句子:

　　①他走過去, 把門開開。

　　②龍老二在八仙桌前面立了一會兒, 向大家笑了笑, 走進
　　屋去。

這一類句子,《漢語語法教材》叫承接謂語的單句;《中國現代語
法》、《現代漢語語法講話》、《語法學習》、初中《漢語》等都叫
承接複句 (只是名稱各不相同);《漢語語法常識》叫介於單句和
複句之間的句子。

　　我們同意多數語法著作的意見, 一律把它們算作承接複句。
因為這種句子都可以說有兩套以上結構中心, 由於中間有較長的
語音停頓, 前後兩個部分的半獨立性就更明顯了, 可以說它們表
示了一個複雜的表述關係。「走過去」和「把門開開」是兩種互
相不作句子成分的單位, 跟「走過去開門」,「過去」和「開門」
是一先一後兩個單位聯合起來作承接謂語的情形有所不同。這是
不是單純以語音停頓作為劃分單句和複句的標準呢? 不是。仍然
是以結構中心為標準的, 語音停頓只是結構形式和關係意義的派
生物, 在模棱兩可的情況下, 它可以作為下位標準。

　　㈢是解說 (複指) 主語單句, 還是解說複句?

　　①母親同情貧苦的人, 這是樸素的階級意識。

　　②不動腦筋, 埋頭苦幹, 那是死做。

這一類句子, 差不多所有的語法著作都叫單句, 即「母親同情貧
苦的人」和「這」是複指主語,「不動腦筋, 埋頭苦幹」和「那」
是複指主語。我們認為這一類句子都是主語分句化的複句, 即
「母親同情貧苦的人」具有一套結構中心, 可以成為一個分句,
「這是樸素的階級意識」是另一套結構中心, 自然也是一個分句;
「不動腦筋, 埋頭苦幹」是兩個省略主語 (或不需要主語) 的分
句,「那是死做」是個總括性分句。前後分句之間有解說關係。
但是, 這兩個句子如果去掉「這」、「那」, 最後的分句就不再是

完整的分句，而是單句的謂語部分，整個句子也就變成只有一套結構中心的單句了：例①變爲主謂詞組作主語的單句，例②變爲複句形式（或聯合詞組）作主語的單句。請比較下面兩個句子：

①我看了兩本小説：一本是《紅樓夢》，一本是《西遊記》。

②我看了兩本小説：《紅樓夢》、《西遊記》

這兩個句子，許多語法著作都認爲例①是複句，例②是單句。這種看法是正確的，因爲例①是解說（複指）賓語分句化了，即「一本是《紅樓夢》，一本是《西遊記》」是兩個並列的分句，「我看了兩本小説」是另一個分句；而②「《紅樓夢》、《西遊記》」只是個名詞性聯合詞組，構不成結構中心，不是分句，而是同「兩本小説」共同構成解說關係（複指關係）的聯合詞組。

㈣是並列複句，還是複句形式作謂語的單句？

①這本書內容豐富，文字也生動。

②我上海也到過，天津也到過，幾個大商埠都到過。

這一類的句子，差不多所有的語法著作都認爲是並列複句，第一分句是主謂詞組作謂語，第二、第三分句都是承前省略主語的主謂謂語句。我們認爲這類句子都是複句形式作謂語的單句。例①「內容豐富，文字也生動」是個聯合複句形式（詞組）作「這本書」的謂語，例②「上海也到過，天津也到過，幾個大商埠都到過」也是個聯合複句形式作「我」的謂語。這樣處理比較符合語言實際，可以說它們只有一套結構中心；遇到複句形式作定語或別的成分時也容易分析，如「上海也到過，天津也到過，幾個大商埠都到過的人很多」，就說是複句形式作「人」的定語，標準一致，順理成章；遇到「我上海也到過，天津也到過，就是沒到過北京」，也可以說「上海也到過，天津也到過」是複句形式作第一分句的謂語，「就是沒到過北京」是承前省略主語的第二分句。

㈤是定語後置（或兼語式）單句，還是解說複句？

有些定語後置的單句，如「稿酬三十元已經收到」、「打落敵機三架」，後置的定語和中心語聯繫得很緊密，中間沒有停頓，大家都承認是單句。有爭議的是下面的句子：

①她一次生下三個孩子，都很強壯。

②她是祖國忠實的女兒，又堅決，又剛毅。

這一類句子，《漢語語法教材》都叫定語後置的單句（後附於名的「形附」），理由是：按照「成分劃定法」的標準，這些後附的詞語都可以劃定為單句裡的一個成分——形容性的附加語。《現代漢語語法講話》都叫兼語式單句，理由是：逗號前面的名詞既是前一個動詞的賓語，又是後一個動詞（或形容詞）的主語。其他語法著作大都把這一類句子叫複句。我們同意把這類句子都算作複句。

從結構形式上說，它們都有兩套結構中心，如例①的「她一次生下三個孩子」是一套結構中心，「都很強壯」是承前省略主語的另一套結構中心；從語法意義上說，它們都表示了一個複雜表述關係，「她一次生下三個孩子」說的是一回事，「都很強壯」說的是另一回事。如果把它們都叫單句，被省略的成分補出來的時候不好解釋，而且必須重新考慮「省略」的定義和範圍。但是，如果逗號後面是一個名詞或名詞性詞組，則應看作定語後置的單句。例如「他拿走了一本書，我的」，「我買了一本雜誌，新出版的」，這兩個句子裡「我的」、「新出版的」一般都叫「的字結構」，是名詞性的。名詞或名詞性詞組一般不能直接作謂語，因而構不成結構中心。

㈥是狀語前置的單句，還是偏正複句？

①因為天氣不好，我不上街了。

②為了我進一女師，媽已經受到了不少閒氣。

③為了鞏固我們的勝利，我們要加強冬季訓練。

這些句子，劉世儒《試論漢語單句複句的區分標準》（《中國語文》，1957年5月號），都叫狀語前置的單句；《漢語語法教材》把前兩例叫複句，把例③叫狀語前置的單句；《現代漢語語法講話》等多數語法著作，把這三個句子都叫複句。我們同意多數語法著作的意見。前兩例逗號前都是一套完整的結構中心，有資格成為一個分句，逗號後都是另一個分句，應該分別劃歸因果複句和目的複句。例③逗號前是一個動賓結構，雖然不是完整的結構中心，但可以看作借下省略主語的結構中心，也有資格成為分句，應看作目的複句。但是，如果逗號前、連詞後是個名詞或名詞性詞組，則應看作狀語前置的單句。如「因為你，他一夜沒睡覺」，「為了我，媽已經受到了不少閒氣」，其中的「你」、「我」都是代詞（名詞性的），不能單獨作謂語，也不能構成結構中心，都是提前的狀語，整個句子是單句。

三　「緊縮句」的歸屬問題

「緊縮句」是初中《漢語》正式提出來的名稱，在初中《漢語》以前有人叫「減縮句」，有人叫「緊縮式」，在初中《漢語》之後也有人叫「緊縮結構」。「緊縮句」是一種什麼樣的句子呢？用初中《漢語》的話說，是介於單句和複句之間的第三種句子：就意義看是複句，就結構看像單句，但考慮到對其他有關問題的處理情況，列入複句比較自然些。向若《緊縮句》（新知識出版社，1958年）就是全面系統闡述這種觀點的。在這本書裡，按照結構特點，把緊縮句分成了四大類：

　　㈠主語相同的兩個謂語間有關聯詞的

　　　①我擦擦手就來。

　　　②要組織起來才有力量。

　　　③成年住在這裡也沒有憂愁。

　　　④他擦過眼淚又接著說。

㈡**主語不同的兩個謂語間沒有停頓的**

①我發言大抵就反對。

②鐘壞了拿去修。

③說出來便放你了。

④就是孟先生給我出好主意也甜不了。

㈢**單句的形式前有連詞的**

①哪怕一根小小的火柴也會對他有好處的。

②就是本地人也活不了。

③不論什麼人都不准走過去。

㈣**用關聯詞語前後呼應的緊縮格式**

①我們大抵一起來就看報。

②你再說得好聽也不值一個錢。

③阿 Q 越想越氣。

從這四類例句來看，他們是把連詞或關聯詞語當作緊縮句的標誌了。許多句子如果去掉連詞或關聯詞語就不再是緊縮句。比如「就是本地人也活不了」說成「本地人活不了」就是一般單句了。我們認為連詞或關聯詞語是一種語法標誌，只表示詞語之間的關係，不能改變結構實體，不能把連詞或關聯詞語當作緊縮句的標誌。根據單句和複句的不同結構特點，上述四類緊縮句並不都是複句，有的變成了一般單句，有的仍是複句。

複句緊縮以後，只剩一個主語，這個主語可以跟後面的成分發生主謂關係的，即主語後面的詞可以互為句子成分，並能充當整個句子的謂語的，不管中間用不用連詞或其他有關聯作用的詞語，一律變成單句——多數是聯合詞組或偏正詞組作謂語的單句。這種句子常用「而且」、「或者」、「一…就…」、「越…越…」、「便」、「也」等連詞，但也可以什麼連詞都不用。例如：

①我們唱歌、跳舞。

②他聰明而且勇敢。

③咱們游泳或者划船。

④你出去轉轉。

⑤他一出門就跑了。

⑥大家越幹越起勁。

⑦你不理他不好。

⑧你有本事也不應該驕傲。

⑨他因爲風大而沒去醫院。

⑩他死也不回頭。

　　前四例差不多所有的語法著作都認爲是單句，例①是並例關係的聯合詞組作謂語，例②是遞進關係的聯合詞組作謂語，例③是選擇關係的聯合詞組作謂語，例④是承接關係的聯合詞組（一般叫連動詞組）作謂語。後六例許多語法書都認爲是典型的緊縮句（複句），我們根據結構中心的多少，認爲都是單句。例⑤是承接關係的聯合詞組作謂語的單句。例⑥是遞進關係的聯合詞組作謂語的單句。例⑦是解說複句緊縮而成的主謂詞組作主語的單句，原意是「你不理他，這不好」。例⑧是讓轉複句緊縮而成的，如果把讓轉關係算偏正關係的一種，可以說「有本事也不應該驕傲」是個偏正詞組作「你」的謂語。例⑨是因果複句緊縮而成的單句，「因爲風大而沒去醫院」可看作偏正詞組作「他」的謂語。例⑩是條件複句緊縮而成的單句，「死也不回頭」是個偏正詞組作「他」的謂語。

　　複句緊縮以後，凡是兩個動詞或形容詞謂語不能共用一個主語的，不管中間用不用連詞或其他有關聯作用的詞語，仍是複句，爲了跟一般複句有所區別，可叫「緊縮複句」。這種複句可以用「也」、「才」、「越…越…」等，也可以什麼都不用。例如：

①困難再多也不怕。

②別人問了才回答。

③打死我也不怨你。

④誰去批評誰。

⑤越不讓他哭他越哭。

⑥三仙姑有個女孩叫小芹。

⑦大家推薦我考大學。

⑧你們派人到上海去接他。

⑨是誰造出了這樣的謠言。

　　前五例一般都叫緊縮句，我們認爲這些都是由一般複句緊縮而成的「緊縮複句」，因爲這幾個句子都有或可能加上不同的主語。例①前一分句的主語是「困難」，第二分句被省略的主語應該是「我」或「他」等。例②第一分句的主語是「別人」第二分句被省略的主也應是「我」或「他」等。例③第一分句的主語應該是「你」或「你們」，省略了，第二分句的主語應該是「我」，也省略了。例④第一個主語是「誰」，第二個主語應該是「我」，省略了。例⑤第一分句被省略的主語應該是「我」或「別人」，第二分句的主語是「他」。後四例一般語法都叫兼語式單句或兼語詞組作謂語的單句，我們認爲它們也是複句的緊縮形式，緊縮以後都保留了兩套結構中心，不管中間有沒有停頓，都應該劃歸複句。爲了照顧習慣，也可以叫「兼語式複句」。

　　有一些句子雖然共用一個主語，但這個主語出現在第二分句裡，因而兩個動詞或形容詞不能直接發生聯合或偏正關係，這種句子也應該劃歸緊縮複句。例如：

　　①越看越愛看。

　　②不會幹你也得學著幹。

　　有的複句緊縮以後，只就字面看，可以有兩種以上意義：一是只有一個主語的單句，一是有兩個主語的複句。只有把它們放在一定的語言環境中才能確定是單句還是複句。例如：

　　①我一進門就不高興。

　　②他批評我也不生氣。

　　③他越説越糊塗。

　　例①可以是「我一進門我就不高興」，如果是這個意思，應劃歸單句；也可以是「我一進門別人就不高興」，如果是這個意思，應劃歸複句。例②可以是「他批評我我也不生氣」，也可以是「他批評我他也不生氣。」例③可以是「他越説他越糊塗」，也可以是「他越説別人越糊塗」。應根據在具體環境中的具體意思確定類屬。

（原載《中州學刊》1983年第3期）

困惑與突破
——論漢語語法教學問題

一　漢語語法教學正處在困惑之中

　　近二三年來，我接觸過一些中學教師。談到語法教學，意見各不相同：有人認爲語法內容繁瑣，體系不好掌握，而且學了沒什麼用處，建議取消；有人認爲目前中學語法教學是從理論到理論，難敎、難學，要求淡化；有人認爲《中學敎學語法系統提要》是專家學者和教學工作者集體智慧的結晶，好不容易編進了課本，教師也逐漸熟悉了，希望照舊；有人認爲課本裡的語法知識很不完整，看不出系統性來，主張加強。這些出發點和歸宿點各不相同的「建議」、「要求」、「希望」、「主張」雖然都有片面性，但也都有一定道理：它反映了一種嚴峻的現實——漢語語法教學正處在困惑之中。

　　目前我國中學生（包括一部分大學生）語文水平並不高，很多人急需要提高語文表達能力。學生語文水平不高表現在什麼地方？有人說主要是缺乏文采，講話寫文章不鮮明，不生動；有人說主要是缺乏基本功，有的中學畢業生連封信也寫不通。我說兩種意見都不錯：少數語文基礎較好的學生，按照更高的標準來要求，可以說是缺乏文采；多數（或者說「不少」）學生，是不能運用語言文字通順流暢地表情達意，不是用詞不當，就是語句不通，不是層次不清，就是結構混亂，至於讀錯字音、寫錯字形更是屢見不鮮。大家知道，不管是口頭的講話還是書面的文章，都是由讀音寫字、用詞造句、謀篇佈局等環節組成的。讀音寫字是語音文字問題，沒有人說不重要；謀篇佈局是辭章問題，也沒有

人說不重要。爲什麼用詞造句這個語法環節就不可以取消或淡化呢？用詞造句是承上啓下的中間環節，這一環是講話、文章通不通的關鍵部位。一般來說，整個講話、全篇文章不通，主要是用詞不正確不恰當或不清楚不明白，造句結構不完整，成分搭配不得當，分句和分句，句子和句子關係不明確，等等。所以我認爲語法教學是各級各類學校語文教學的重要組成部分，是提高學生語文素質的不可或缺的內容，旣不能取消，也不能淡化。

那麼是不是應該「照舊」，或者在現有格局的基礎上「加強」呢？這種意見也值得商榷。幾十年來，我國中學語法教學在社會上，在學生中間一直是毀譽參半——旣被看作不可缺少的重要內容，又被指責爲理論嚴重脫離實際，難敎難學，又不管用。只是有時「毀」多於「譽」，有時「譽」多於「毀」。這種毀譽有遠因，也有近因；有主觀因素，也有客觀根據。五十年代中期，中學把語文課分成漢語和文學兩門課。在漢語課裡語法佔據主要位置。由於過多地強調了語法知識的系統性、完整性，忽視了語言的實際運用問題，試行了兩年就被「毀」掉了。到八十年代初，中學講的雖然仍是綜合語文課，但許多人都意識到語法是管用詞造句的學問，正是中學生所需要，很有用處，非學不可。正是在這種氣氛中，原敎育部和人民敎育出版社於1981年7月在哈爾濱召開了工作性質的語法和語法敎學討論會。這個時候語法敎學似乎是「譽」多於「毀」了。《中學敎學語法系統提要》初稿就是在這次會議上產生的。會後經過幾次修改，於1984年正式出版發行，1987年正式編入初中課本。當前中學語文敎師對語法敎學的各種不同意見，就是針對現行的初中課本裡的語法內容提出來的。編進課本裡的語法內容雖然分量不多，但仍是著眼於語言結構形式的分析或語言結構的靜態描寫，沒有跳出五十年代漢語課從理論到理論，空談體系的窠臼，沒有克服脫離語言運用實際的弊端，難敎難學，學了不管用。敎師中取消語法敎學、淡化語法

教學的呼聲正是由這種弊端引發的。要是「照舊」硬著頭皮敎下去、學下去，甚至還要在這個格局的基礎上再「加強」——強調語法內容的完整性和系統性，那就越加強越脫離實際，加強的結果，是重蹈五十年代漢語課本舊轍，最後免不了還得被「毀」掉，「這不是跟「取消」論，「淡化」論殊途同歸了嗎?

我認爲漢語法敎學要從困惑中突破出來，必須從以下兩個方面進行改革。

二　現行的教學語法體系需要修改完善

現行的《中學語法敎學系統提要》(以下簡稱「提要」)作爲指導中學(包括高等師範院校)語法敎學的一個「共同綱領」，作爲解說各種語法現象的理論根據，是有它自身的存在價值。我參與了起草工作，我也是它的支持者。但我認爲其中尚有不盡人意之處，需要進一步修改完善，使之更具科學性。

一是不能自圓其說之處頗多，經不起理論推敲。例如:

把詞分爲實詞和虛詞兩大類，這差不多是大家一致的意見。但哪些詞類屬於實詞，哪些屬於虛詞，意見卻是分歧的。《提要》沿用了《暫擬漢語敎學語法系統簡述》的標準，把意義實在，能作句子成分，並且能單獨回答問題的詞畫歸實詞，反之是虛詞。根據這個標準，把名詞、動詞、形容詞、代詞、數詞、量詞畫歸實詞，把副詞、介詞、連詞、助詞、嘆詞、擬聲詞畫歸虛詞。在教學實踐中，人們發現有些實詞和虛詞與標準並不一致: 副詞都能作句子成分(如「非常聰明」、「快得很」、「剛才的事」)，有一半能獨立回答問題(如「什麼時候動身? ——馬上。你經常作早操嗎? ——經常。)，意義也不能說不實在的，爲什麼算虛詞? 擬聲詞不但都能作句子成分，而且都能單獨成句，這種詞所表達的聲音是可以聽到的，意義可以說是實在的，爲什麼不算實詞?反之，量詞一般不能單獨作句子成分(只有數詞是「一」時，「一」

可以不出現，讓量詞單作句子成分，如「來了個人」)，更不能單獨回答問題 (問「來了多少人」，只能回答「五個」、「二十個」，決不能單獨說「個」)，意義是實是虛也不好捉摸，爲什麼畫歸實詞。可見劃分實詞和實詞的標準跟它的結論是有矛盾的。

　　畫分一般詞類的原則跟它的結論也不盡一致。《提要》是根據有共同語法特點，有共同意義的詞畫歸大類的原則來畫分一般詞類的。但在學實踐中，人們發現《提要》畫出的三類「助詞」既沒有共同的語法特點，又沒有大致相同的意義，而是三種互不相干的語言單位。結構助詞「的、地、得」是專門用在附加成分和中心語之間表示偏正或後補關係的 (跟專門用在詞語之間表示並列關係的「和」、「而」、「以及」等在表示結構關係上倒是有共同點)；動態助詞「了、著、過」是專門用在動詞 (或形容詞) 後面表示動作的完成體，進行體，已行體的 (跟專門綴加在名詞、動詞後面構成同一個詞的不同語法形式的「們」、「兒」、「子」、「(翻) 騰」、「(踢) 達」等在沒有獨立性上倒是有共同點)；語氣助詞「嗎、吧、呢」等是專門用在句子末尾 (或句中停頓的地) 表示整個句子的語氣的，跟任何別的詞類都沒有共同點，完全有資格獨成一類語氣詞。如果能把這三個毫無共同點的詞畫歸一類，那麼，比它們更具有共同點的動詞、形容詞和一部分代詞 (如「這、那樣、怎麼樣」) 等，不是最有條件畫歸一類嗎？因爲這些詞都能作相同的句子成分。同一個原則得出的結論並不相同，這種原則的指導意義是值得懷疑的。在課堂上，學生不問，可以馬馬虎虎混過去；學生一問，教師就很尷尬。

　　確定句法成分的標準有時也帶有任意性。《提要》把放在句首的方位名詞一律看成主語，如「東邊來了個人」、「臺上坐著主席團」，「東邊」、「臺上」都是主語；而把放在句首的時間名詞卻看成狀語，如「今天來了個人」、「上午坐著主席團」，「今天」、「上午」都是狀語。方位詞和時間詞在漢語裡語法特點基本相同，在

在人們的習慣中對它們從來都是「一視同仁」的，爲什麼一個是主語，一個是狀語，沒有令人信服的理論說明，教師只好糊裡糊塗地教，學生也只好糊裡糊塗地學。就是執筆人有時也難免發生筆誤：前邊說方位詞在句首是主語，如「班裡剛才發生的不愉快的事情」，「班裡」應該是主語，但後面圖解時又把「班裡」跟「剛才」一樣看待，說是狀語。

《提要》取消了原來的「合成謂語」，我是完全贊成的。但取消之後如何安排和解釋這些句法結構，標準也不盡一致。原來的「趨向合成謂語」，如「走過來」，《提要》解釋爲「動＋補」，「走」是動詞，「過來」是趨向補語，這是應該的；但原來的「能願合成謂語」，如「應該回來」，《提要》卻不作結構分析，而是仍然讓它們合成著，說這是動詞短語。可學生在課堂上是要提問的——「應該回來」是什麼結構的動詞短語？是動賓，還是偏正？教師無法回答。如果按照標準一致的原則，把「應該回來」解釋成偏正（狀中）結構，不是更能順理成章嗎？

短語（詞組）的分類不合標準一致的原則。《提要》開宗明義把短語分爲七類：名詞短語、動詞短語、形容詞短語、主謂短語、介詞短語、複指短語、固定短語。七類短語，同時用了三個標準：名詞短語、動詞短語、形容詞短語是以中心詞的詞性爲標準的，主謂短語、介賓短語、複指短語是以短語內部詞與詞的結構關係爲標準的，固定短語是以能否自由擴展爲標準的。三個不同的標準同時用到一項分類上，違反了邏輯學關於分類標準一致的原則。這樣畫分的類別必然要出現交叉現象。複指短語，如「廠長老王」，也完全可以畫歸名詞短語；主謂短語，如「今天星期日」可以畫歸名詞短語，「桂花開」也可以畫歸動詞短語，「精力充沛」也可以畫歸形容詞短語；固定短語，如「移風易俗」可以畫歸動詞短語，「年富力強」也可以畫歸形容詞短語。至於名詞短語、動詞短語、形容詞短語，根據結構關係也都可以畫歸形

容詞短語。至於名詞短語、動詞短語、形容詞短語，根據結構關係也都可以分別畫歸並列、偏正、動賓、動補等短語。更令人費解的是，在七類短語之外，又加上了「動賓」、「動補」、「並列」等句法關係，以及「連動」、「兼語」兩種特殊句式。那麼按照這些句法關係組成的句法結構，以及充當特殊句式的謂語的句法結構算不算短語？算什麼短語？算短語為什麼不叫短語？不算短語它們是哪一級語法單位？這樣講語法，容易把教師和學生帶入糊塗境界。

　　此外，還有些地方也是前後不一。如「數詞＋量詞」有時叫「數量詞」，有時又叫「數量短詞」，但在短語的類型裡又沒有這一類，教師無所適從。前面說句子分為單句和複句兩大類，後面又出來個既不是單句，又不全是複句的「緊縮句」，如果把它看做第三類句子，與前面的分類有牴牾；如果把它算複句的一種，有些又不符合複句的標準，如「聲音越來越大」、「我非把功課做完不休息」，顯然都有單句的特點。這又是一種無形的矛盾。前面說單句和複句都是一個句子，後面又說複句是由兩個或兩個以上的單句組成的。一個句子裡又怎麼能同時有兩個或兩個以上的句子呢？這也是不能自圓其說的。

　　二是關鍵問題多有迴避，教師難於駕馭，學生難於理解。例如：

　　各種語法單位，如詞、短語、句子切分出來之後，應該指出它們的本質特徵，給它們以科學的定義，畫清各種不同單位之間的界限。這雖然是很困難的，但也是必須要做的。《提要》卻知難而退，迴避了這個問題，只是說：詞是由詞素組成的，短語是由詞組成的，句子是由詞和短語組成的。這麼說，簡單倒是簡單，但不能解決任何問題，因為這不是定義，未能指出各語法單位相互區別的本質特徵。

　　詞類活用現象，是漢語裡常見的現象。對這種現象應該怎麼

解釋，《提要》隻字未提。少數懸而未決的老大難問題，如動詞、形容詞放在主語、賓語位置上，並且前面帶有定語的，算不算活用為名詞，暫時（也只能是暫時）迴避，大家可以理解，但多數語法學者承認的活用現象，如名詞、擬聲詞用在謂中心語的位置上「你們總算夫妻了一場」、「這一切等，確是十分堂·吉訶德的了」、「你別呱達那扇破門」的「夫妻」、「堂·吉訶德」、「呱達」，是名詞、擬聲詞作謂語中心，還是活用為動詞、形容詞，《提要》也是避而不談。教科書裡不談，學生總是要問的，教師也不談行嗎？結果是各有所好，各取所需，一個學校一種解釋，一個教師一種解釋，五花八門，人為地製造了語法教學的混亂局面。

　　漢語裡有大量的複句形式和重複結構做某個句法成分的現象，如「你幫我，我幫你的精神」、「因為風大，球賽改期的消息」、「小王，來來來」，這種複句形式和重複結構當然都是短語，算什麼短語？《提要》又是避而不談。教師也只好根據自己理解去明確它們的類屬。

　　分析句法結構，《提要》基本採用了層次分析法，這是應該的。不盡人意的是它也迴避了一些很不應該迴避的問題。如：「已經完成了任務」，這種動詞前面有狀語，後面有賓語的常見的句法結構怎麼切分？也就是第一刀是切在「已經」之後，還是切在「任務」之前？這涉及整個結構是偏正關係，還是動賓關係，而《提要》卻避而不談。又如「正在走向光明」，這種動詞前面有狀語，後面有補語的常見的句法結構又怎麼切分？也就是第一刀是切在「正在」之後，還是切在「向光明」之前？這涉及整個結構是偏正關係，還是動補關係，《提要》也沒有明確的說法。而這些問題是任何語法書、任何教師都必須明確作答的。迴避了這樣的問題，層次分析法也就失去了主要功效，帶給教師和學生的只能是困惑不解。

　　倒裝句，或叫變式句，在漢語也是大量存在的。如：「怎麼

了，你?」「紅的、綠的、黃的，貼滿了標語。」「他們跑了出來，從教室裡。」「今天我不看電視。」「我不看電視，今天」對這種結構，雖然各語法學者解說不一，但作爲教學語法體系總應該有明確的說法。

語法現象是一種客觀存在的結構系統，在對這種結構系統進行解說過的程中，由於各語法學者對語法現象有著不同的認識，得出了不同的結論，因而形成了不同的語法體系。作爲指導教學的語法體系，要想讓各語法教學者都滿意，是很困難的，甚至是不可能的。但爲了教學的需要，又不能困惑在嚴重分歧之中裹足不前，也不該迴避那些不能迴避的關鍵問題，否則它將會失掉指導作用。矛盾是客觀存在，迴避矛盾不但解決不了矛盾，有時還會加重矛盾，加深困惑，使得廣大教師莫衷一是。

三　現行的教學語法內容必須徹底改革

《中學教學語法系統提要》即使修改得非常完善、非常科學，也只是爲教學語法提供解說依據的，決不是原封不動地教給學生，也決不是據以寫成詳盡的語法教材後，教給學生單純的系統完整的語法知識。而現行的語文課本裡的語法知識，正是《提要》的擴展，雖然很不完整，分量也不算大，但走的仍是理論嚴重脫離語言運用實際的老路，旣難教難學，學了又不管用。因此我認爲必須從語法教學內容入手，進行徹底改革。怎麼改革? 這是個大問題，需要群策群力，認眞總結經驗教訓。作爲語法教學的過來人，我願意重申我在《語言的學習和運用》（1980年上海教育出版社）一書中的不成熟的設想。針對學生運用語言時存在的實際問題，以「對不對」和「好不好」爲主線，建立一套語法與詞彙、修辭相結合的綜合運用體系。「對不對」（包括「通不通」）主要是語法問題，也有詞彙問題；「好不好」主要是修辭問題，但也有語法和詞彙問題。具體操作方法可以靈活多樣。解決

「對不對」和「通不通」的問題時，我覺得比較有效的方法是從學生語言運用的實例中選取典型的不規範的例子，分類排隊，歸納總結出一套反面規律來，然後用正面規律、正面例證說明爲什麼會出現這類不規範現象，應該怎樣糾正和防止類似現象的發生，並結合這些現象講授有關的語法知識。例如：

在用詞方面，亂拆合成詞的現象比較常見。如：「幾斤重的一個小鐵錘，又輕又巧的算得了什麼，還能讓它嚇住！」「思想搞不通，態度端不正，工作是不會出成績的」。「這個小伙子性非常急。」這是因爲學生不了解合成詞是一個不可分割的整體，除了一部分動賓式合成詞可以拆開使用（如「鞠躬」可以說成「鞠了一個大躬」），一般不能拆開使用。「輕巧」、「端正」、「性急」都是合成詞，中間不能插入別的成分。歸納了這類現象之後，就可以從正面講授什麼是一個詞，單純詞和合成詞的區別，合成詞的結構和用法等基本知識。同時也要結合修辭，說明有時爲了表示幽默詼諧，或是爲了某種特定的目的，故意把詞拆開使用，這種現象不能跟亂拆合成詞相提並論，而是一種修辭手法。如：「人家姑娘已經對上象了！」「不用去感動他了，沒等咱們「感」，他就「動」起來了！」。

誤用詞類的現象也不罕見。如：「他比你青春得多了。」「人們接受了失敗的敎訓，就會逐漸地智慧起來。」「她的錯誤行動，驚慌了敵人，給革命帶來了一定的損害。」「青春」、「智慧」都是名詞，不能誤用爲形容詞去作謂語中心語，應分別改爲「年輕」和「聰明」；「驚慌」是形容詞，不能誤用爲動詞去帶賓語，應改成「驚動」；「損害」是「損壞傷害」的意思，一般只用作動詞（如「損害人民的利益」），這裡卻把它誤用爲名詞了，應改成「損失」。又如：「我們應該把解決實際問題的能力來衡量一個人的業務水平。」「儘管條件多麼不好，我們還是能按期完成施工任務的。」「人的才能有大有小，這完全是由於社會實踐的多少決定

的。」這三個句子裡的虛詞都用錯了:「把」字是用來提前賓語作狀語的, 即「把」字後面的狀語在意念上必須是動詞的賓語, 而「……能力」不是「衡量」的賓語, 應改為「用」或「拿」;「儘管」表示承認某種事實的讓步關係, 有「雖然」的意思, 而這個句子裡的兩個分句是條件關係, 應用「不管」, 表示在任何情況都必然如此;「由於」是因果連詞, 用在這裡犯了有因無果的毛病, 應改為介詞「由」。在歸納了誤用實詞和虛詞的例證之後, 可以從正面講授詞的語法分類, 實詞、虛詞以及各個一般詞類的特點和用法。但有些詞類活用的現象, 不應看做誤用詞類, 而是一種修辭現象。如:「老栓, 就是運氣了你!你運氣, 要不是我信息靈……」「他呀, 比阿 Q 還阿 Q。」「運氣」是名詞, 一般不能作謂語, 這裡讓它作了謂語中心語, 並且帶了賓語, 是臨時活用為動詞了, 是「你有運氣」的意思, 一個詞起了兩個詞的作用, 既是語法上的詞類活用, 又是一種修辭手法。後一個「阿 Q」是名詞活用為形容詞。

　　在造句方面, 問題就更多了。句子結構殘缺不全的現象經常遇到。如:「我們要上好文化課, 培養成為有文化的建設人才。」這個句子第二分句缺少主語, 這是由於借用不當造成的。如果想借用第一分句的主語, 只能說成「使自己成為有文化的建設人才」。「他對工作認真負責的態度, 大家很尊敬他。」「態度」怎麼樣? 沒等說明就另換了主語。去掉「的態度」, 讓「認真負責」作前一分句的謂語, 句子結構才完整。「冬天的寒風吹在她們臉上, 她們不覺得。」這個句子的第二分句缺少賓語,「覺得」後面應該有個「冷」字。

　　與成分殘缺相反, 在句子裡詞語(成分)重複贅餘現象可以說在學生中是個通病, 這也許是因為語法教材裡從來不講這種內容造成的。如:「當前現階段我們的中心工作是抗旱種麥。」「當前」和「現階段」意思重複, 應刪掉一個。「我們的工作距離人

民的要求還有很大的距離。」兩個「距離」一個意思，同時用在一個句子裡，顯然是重複。「參加這次運動會只是我們學校全部同學中的一部分同學。」其中「全部同學中」是贅餘成分，應刪掉。「我就用腳踹開門，撲了進去。」「踹」的定義是「用腳底蹬」，顯然這個動作裡已經包含了「用腳」的意思。這雖然是一種習慣說法，不說「用腳」，不是顯得更簡練嗎？結合句子結構殘缺和詞語重複贅餘的現象，可以從正面講授句法結構方面的基本知識。

　　句子成分搭配不當，是最常見的不規範現象。如：「這種風格充滿了各個城市和鄉村，開遍了祖國的每一個角落。」「風格」既不能和「充滿」搭配，也不能和「開遍」搭配，不能相互搭配的詞語，在意義上都沒有任何聯繫。「歷史的指針已經證明了這種理論是極端荒謬的。」「指針」和「證明」不能發生主謂關係，應把「指針」改為「事實」。「我們取得經驗就是不斷進步的過程。」這個句子的骨幹成分是「經驗是過程」，「經驗」與「過程」不能發生類屬關係。要麼改成「我們取得經驗的過程就是不斷進步的過程」，要麼改成「我們的經驗是在不斷進步的過程中取得的」。「開學以來，許多同學克服了學習上的忙亂問題。」「克服」和「問題」不能發生動賓關係，應把「問題」改為「現象」，或者把「克服」改為「解決」。「每個單位都要節省不必要的開支的不應有的浪費。」單說「節省開支」可以，但單說「節省浪費」就不通了。在詞語搭配上犯了顧前不顧後的毛病。「他寫的字小得稀裡糊塗一大片。」「小」和「稀裡糊塗」也不能搭配：「小」的結果只能是「看不清」或肉眼看不見，怎麼會「稀裡糊塗」呢？句子成分搭配不當，有人說是邏輯問題，語法管不著。我認為這是地地道道的語法問題。成分和成分不搭配，就是意義上沒聯繫，不能發生語法關係的問題。講句法結構，不能光講格式，一定要講詞語之間在意義上的聯繫，這是最實用的內容。

　　在句子中，詞語次序不合理，分句和分句關係不明確，句子和句子層次不清的現象也是大量存在的。如：「他兩道濃眉鎖成了一個大疙瘩，臉上的笑容沒有一點。」「笑容」本應是賓語（中心語），放在「沒有一點」之後，這裡把它放在主語中心語的位置上，讀起來很別扭。「這件事，對我們大家當時教育很大。」「當時」表示時間，「對我們大家」表示對象，二者的位次應該顛倒一下，說成「……當時對我們大家教育很大。」「這次全校籃球比賽，眞想不到我們班會奪得冠軍，並且一連戰勝六個強勁的對手。」這個複句裡的兩個分句應是承接關係，不是遞進關係，硬是加上表示遞進關係的連詞「並且」，也還是沒有遞進關係。作爲承接關係，兩個分句的次序是不合適的，應該說成「……眞想不到我們班會一連戰勝六個強勁的對手，奪得冠軍。」「我們需要認眞總結一下幾個月來的學習經驗，因爲我們的學習目的是明確的。」這兩個分句不能發生因果關係，也不能發生其他關係，就是說，它們不能聯在一起構成複句。要想讓它們構成複句，必須改變次序，並且再增加一個分句，說成「我們的學習目的是明確的，但爲了進一步提高學習效率，還需要認眞總結一下幾個月來的學習經驗。」針對這種不規範的現象，可以用規範的例證，從正面講授句子的不同成分的一般排列次序，講授複句的構成以及分句與分句之間的各種關係等。

　　在多年的教學實踐中，我體會最深的是，學生在日常談話和寫作中絕大多數語句都是合乎語法規範的，只有少數是病句。單純從正面講授用詞造句的規則。而且舉的都是他們會用的例證，不容易引起他們的注意；如果能從反面把他們那百分之一二三不合語法規則的語句拿出來，並結合正面知識指出造成這類錯誤的原因，在下次的談話寫作中，就不會再出現類似的錯誤。不規範的語句讓學生憑感性認識改正過來比較容易，但讓它們說說爲什麼不規範，這種現象是怎麼產生的，就不那麼簡單了，還需要有

正面的語法知識作指導，使學生既知其當然，又知其所以然，而且可以舉一反三，觸類旁通。應該說這是立竿見影、理論密切聯繫實際的方法之一。這一點從呂叔湘、朱德熙二位先生的《語法修辭講話》的社會效果也可以得到佐證。但遺憾的是這樣的語法教學內容，在不少中學語文教師看來，不過是改改病句的雕蟲小技，是小玩藝兒，不屑於搬進課堂大講特講；至於語法專家更認為沒有理論價值，不是什麼大學問，不值得花時間去研究它。這可能就是語法教學長期脫離語言運用實際的一種根子。我總覺得改病句就像醫生治病一樣，是一種正二八經的學問，說淺就淺，說深大概也蹚不到底兒。

解決學生運用語言「好不好」的問題，雖然是修辭要管的事，但跟語法也有密切聯繫，也應該從學生的習作和優秀文章中選取典型的正面例證，針對學生在習作中運用得不好的現象安排教學內容。舉例來說，魯迅在《阿 Q 正傳》裡寫阿 Q 和小 D 扭打，各自用一隻手抓住對方的辮子，又各自用一隻手護住自己的辮根，相持約半點鐘之久。看熱鬧的人對這場「龍虎鬥」所持的態度各有不同，怎麼不同？魯迅是用「了」字來區別的：有的說「好了，好了！」有的說「好，好！」用「了」字的大概是看過癮了，不想再看了，因而帶有勸解語氣；不用「了」字的是還想繼續看下去，因而用「讚揚」的語氣進行煽動。一個「了」字的用與不用，在這樣一個具體的語言環境中，無須多費筆墨，就把阿 Q 所處的典型環境中的事態人情躍然紙上，讀起來如見其人，如聞其聲。在語法課裡除了說明「了」字的詞性，要是再結合具體的語言環境說明它的各種用法和表達作用，語法課是絕不會脫離實際的。其他像詞類活用、複句緊縮、句式變換、呼告感嘆、無疑而問，以及標點符號的使用等等，都是跟語法有關的修辭問題，語法不能不管這些內容。這也是我強調語法教學與修辭教學在一定範圍內相結合的理由。

　　總之，如果能有一個可以自圓其說、經得起理論推敲、簡明易懂的教學語法體系，又有一套理論密切聯繫語言運用實際的語法教材，我想不會有人說語法難教難學，學了沒用；漢語語法教學一定能從困惑中突破出來，走向陽光燦爛的新天地。

（原載香港第七屆國際語文教育研討會論文集：《語文教與學素質
的維持與達成》，1992年）

漢語教學語法體系建議方案

說　明

㈠本方案遵循語法意義和語法形式相結合的
　方法論原則

　　任何語法現象都是內容和形式的統一體。語法現象的內容就是語法意義，是事物之間的關係在人腦中的反映；語法現象的形式就叫語法形式，是表達語法意義的聲音結構。分析語法現象，只有把語法意義和語法形式兩個方面的特點結合起來，才有可能正確認識語法現象的實質。

　　語法意義多種多樣，但可以歸納爲三個類型，概括成三種特殊方法。

　　1.**抽象意義**——由具體的詞義、句義按照語法特點概括而成的語法意義。比如「學生」、「學校」、「北京」、「春天」都有具體的、不同的詞彙意義，在語法裡認爲這些詞都表示事物（包括人、時地），都可以稱數，便在具體的詞匯意義基礎上把它們概括成「名詞」這種抽象的語法意義。各類實詞的定義，如動詞是

表示動作、存在、判斷等，形容詞是表示性狀，數量詞是表示數量，等等，都是就它們的抽象意義說的。又如「你是學生嗎?」「誰在唱歌?」「咱們還去不去啊?」都有具體的、不同的句義，在語法裡認為這些句子都是表示疑問的，便在具體的句義基礎上把它們摡括成「疑問句」這種抽象的語法意義。其他各類按照句子語氣劃分的祈使句、感嘆句、陳述句，也都是按抽象意義命名的。

　　作為一種特殊方法，抽象意義分析法適用於實詞的分類和各類實詞再分，也適用於按照語氣劃分的句類。按照謂語的性質劃分的動作句、判斷句、存現句、形容詞等，除了功能意義，也跟抽象意義有關。

　　2.關係意義——各語法單位結合以後所發生的結構關係。這是一種比較典型、比較重要的語法意義。作為一種特殊方法，既適用於詞法結構（合成詞），也適用於句法結構（詞組和句子）。比如「火車」，「火」是修飾「車」的，是個偏正關係的合成詞;「看畫報」，「看」和「畫報」是謂語和賓語的關係，是謂賓詞組;單句的各種成分，如主語、謂語、賓語、定語、狀語、補語等，都是按照關係意義命名的;複句的各種類型，如聯合複句、偏正複句，以及並列、遞進、選擇、承接、解說、讓轉、因果、條件、目的等小類，也都是根據各分句的關係概括出來的。

　　3.功能意義——各語法單位的功用或在結構裡擔當某種成分的能力。作為一種特殊方法，功能意義分析法可以用來確定句子成分和劃分句類。比如詞和詞素在功能上的區別是: 詞是造句單位，詞素是構詞單位;實詞和虛詞在功能上的區別是: 實詞能作句子成分，虛詞只表示成分和成分之間的關係，或者表示語氣情態;名詞和動詞在功能上的區別是: 名詞不能作謂語，動詞可以;主語和謂語在功能上的區別是: 主語能回答「誰」、「什麼」所提出的問題，謂語能回答「幹什麼」、「怎麼樣」、「是不是」、

「有沒有」等所提出的問題。

　　語法形式也是多種多樣，但也可以歸納爲三個類型，概括成三種特殊方法。

　　1.結合形式——某一語法單位能在哪些環境中出現和不能在哪些環境中出現的差別的總和，也叫搭配能力。比如「了」、「著」、「過」可以出現在動詞後面，「們」、「子」、「頭」可以出現在名詞後面：因爲這兩類詞素各有不同的詞法結合形式，所以劃爲兩類。又如「教師」、「學校」、「現象」等詞前面可以搭配上「一個」、「兩所」、「三種」等數量詞，而「聰明」、「健康」、「美麗」等詞前面能搭配上「最」、「非常」、「很」等副詞：因爲它們各有不同的句法結合形式，也劃爲兩類。介詞只能出現在它所引介的附加成分前面，單個連詞只能出現在它所連接的成分或分句之間（成對連詞至少有一個出現在所連接的成分或分句之間），語氣詞只能出現在句末（少數也出現在句中停頓的地方），證明介詞、連詞、語氣詞是具有不同結合形式的詞類

　　2.增補形式——某一語法單位在某種結構裡可能增加上的語法形式。作爲一種特殊方法，增補形式可以用來劃分詞類和句子成分，也可以用來劃分句類（包括按結構劃分的單句、複句，按語氣劃分的疑問句、祈使句、感嘆句、陳述句）。比如「當了代表」和「代表工人」，兩個「代表」是不是屬於一個詞類？除了用其他方法，用增補分析法也可以得到答案：前一個「代表」前面可以增加上「一名」、「我們的」，這是名詞的特點；後一個前面可以增加上「可以」、「能夠」，後面可以增加上「了」、「著」、「過」等，這是動詞的特點。又如「南方來了人」和「南方很熱」，兩個「南方」是不是相同的句子成分？前者可以加上介詞，說成「從南方來了人」，原意不變，證明它是狀語；後者不能在不改變原意的情況下加介詞，如果加上介詞，就與原意大不相同，證明它是主語。再如「你有困難，我幫助你」這個句子根據

一定的上下文，要是能加上「如果……就……」，它是條件複句；
要是能加上「因爲……所以……」，它是因果複句。

3.轉換形式──在一定的情況下，按照一定的規則把某種語
法單位轉換結構形式，能按同一種結構形式轉換的，屬於同一種
結構類型，反之，就不是同類結構。轉換形式作爲一種特殊方
法，常用的有倒裝轉換式，主動、被動轉換式，肯定、否定轉換
式，疑問、陳述轉換式等。這種特殊方法可以用來區分某些外型
相同的或相似的語法單位，尤其適用於區分多義結構。例如：
「牆上掛著一張照片──區上支持這個工人」，這兩個句子外型相
同，都是「地位名詞──動詞──名詞性詞組」，它們是不是相
同的結構？前一句可以轉換成「一張照片掛在牆上」，後一句不
能這樣轉換；但可以轉換成「這個工人區上支持」。證明是不同
的結構。

在語法分析中，語法意義和語法形式的各種特殊方法怎麼結
合，可根據語法現象的具體情況靈活掌握：語法意義特點明顯
的，可以從意義入手，然後印證形式；語法形式特點明顯的，可
以從形式入手，然後歸結到意義上。因爲語法意義和語法形式是
絕對統一的。

(二)本方案採用「層次中心分析法」

現行的結構分析方法主要有兩種：一是從形式出發的層次分
析法（二分法），一是從意義出發的中心詞分析法（多分法）。這
兩種結構分析方法各有所長，各有所短。根據語法意義和語法形
式相結合的語法學方法論的總原則，本著揚長避短的精神，本方
案採用「層次中心分析法」或叫「結構中心分析法」。因爲語言
的結構是有層次的，這種層次都有一定的語法標誌，分析結構必
須突出這種客觀存在的層次；而層次又是有中心的，這種中心就
是建立在邏輯基礎上的語法關係，分析語法結構也必須緊緊抓住

這種客觀存在的中心。在一個層次裡或這個層次與那個層次之間，各個結構成分（包括詞法結構成分和句法結構成分），有的互為中心，如聯合、主謂、謂賓結構，都是兩個成分互為中心的「離心結構」；偏正結構是以一個為中心，另一個是附加於中心的「向心結構」。離心也好，向心也好，都有個「心」——中心，沒有中心，無論是詞法結構，或是句法結構，都無法存在。「層次中心分析法」的基本原則是（這裡只談句子結構的分析原則，詞組結構、合成詞結構可以類推）：

1.承認句子有六個成分，但六個成分不能各自獨立，而是分為兩個層次。主語、謂語、賓語是基本成分，是第一個層次裡的三個互為中心的平行成分；定語、狀語、補語是附加成分，分別包括在主語、謂語、賓語裡，是基本成分的「二級機構」，分別跟基本成分中心語構成一對矛盾。例如：

$$\text{我們的人民從勞動中學到了許多知識}$$

第一層	主		謂		賓	
第二層	定·中	·狀	中	定	中	

基本成分中心語，既跟第一個層次裡的平行成分有直接聯繫，又跟第二個層次裡的附加成分有直接聯繫。從這種聯係中，可以看出整個結構的層次性，也可以看出各成分之間的關係。

在漢語裡，有的句子，如「他們回來」，只有主語和謂語兩個基本成分就可以表達完整的意思；但也有不少句子，還必須再加上賓語才能表達完整的意思，如「我們熱愛」、「他們當了」，都沒有把意思說清楚，必須再加上賓語，說成「我們熱愛祖國」、「他們當了代表」，才是完整的結構。可見賓語是直接涉及結構是否完整的基本成分之一。正因為賓語有這樣重要的作用，在漢語裡才能跟主語一樣，以動詞謂語為軸互相轉換，轉換以後，詞形、詞義都不改變。如「我看你——你看我」、「于福的老婆是小芹的娘——小芹的娘是于福的老婆」。這也算是漢語賓語的一個

特點。由於賓語跟主語地位相當，賓語裡的定語也跟主語裡的定語處於同一個層次。把賓語提升爲基本成分還有利於綜合句型。如果把賓語看作次要成分，除了獨詞句，漢語裡就只有「主語＋謂語」這樣一種基本句型。只有一種，等於沒有，跟不分一樣。要是把賓語看作基本成分，根據基本成分的多少，還可以分出「主語＋謂語＋賓語」、「謂語＋賓語」等基本句型。

　　遇到句子是二分還是多分，應以句子的結構中心爲標準。第一層有兩套結構中心（單句形式）的聯合複句、偏正複句，一開始就二分；有三套以上結構中心的聯合複句，一開始就得多分。第一層只有主語、謂語或謂語、賓語等結構中心（基本成分）的單句，一開始就二分，有主、謂語、賓語的單句，一開始就得三分。遇到變式句，像狀語放在主謂句句首或句末，也要按基本成分的多少進行切分。總之，方法是爲對象服務的，不能讓對象遷就方法。層次的概念不是表現在第一層的二分上，而是表現在第一層和第二層（或第二層和第三層，第三層和第四層）一層套一層的關係上。單純的二分，並不代表層次。見了句子一刀兩段，分出的主語和謂語，或謂語和賓語只是一個層次裡的兩個平行成分，並沒有看到層次；再往下分，讓第二層獨立於第一層之外，二者沒有從屬關係，仍然看不出層次。只有讓六個成分分爲兩個層次，處於兩個平面，以結構中心爲樞紐，才能看出句子結構的層次性。

　　2.承認各種詞組都能作句子成分，但又不讓詞組成分的分析代替句子成分的分析。句子成分和詞組成分是兩種層次不同的，但又密切相關的句法成分。句子成分是整個建築物的成分，詞組成分是建築材料的成分，或者說是成分的成分。各種詞組（包括偏正詞組）一進入句子，都要受句子的制約，充當一定的句子成分，詞組成分之間的各種關係，既要保持原來的聯係，又要被改造成句子成分之間的關係。比如「勇敢的孩子」作爲一個詞組，

是偏正詞組，「孩子」是中心項（或者也叫中心語），「勇敢」是偏項（或者也叫定語）。在「我喜歡勇敢的孩子」這個句子裡，「勇敢的孩子」充當了整個句子的賓語，「孩子」被改造成賓語中心語，「勇敢」被改造成賓語中心語的定語；在「勇敢的孩子很多」這個句子裡，「勇敢的孩子」充當了整個句子的主語，「孩子」被改造成主語中心語，「勇敢」又作了主語中心語的定語。

　　附加成分有的也是一個偏正詞組，如「我哥哥的朋友（是一位教師）」、「（這是）多麼光榮的稱號」，這種偏正詞組的偏項，可以仍算詞組成分，不必再從句子成分裡劃出第三個層次，甚至第四個、第五個層次，說它是定語的定語或定語的狀語了。如果需要繼續往下分析，可算詞組成分。

　　中心語有的也是一個偏正詞組，如「（他有）一朵小紅花」，這個偏正詞組的正項，也可以算詞組成分，不必再從基本成分中心裡再找中心語，否則，句子成分同樣要分出四五個，甚至七八個層次。「（他）比我跑得快」，「跑」是中心語裡的中心語，也可以算詞組成分。

　　3.改變各種附加成分的定義。句子成分的不同層次是由句子成分本身的關係決定的，句子成分的定義應該落腳到句子成分上，而不應該落腳到詞性上。

　　定語是限定、修飾名詞性中心語的，狀語是摹狀、修飾動詞或形容詞性中心語的，補語是補充、說明動詞或形容詞性中心語的。

　　中心語，在句子裡是句子成分的概念，是基本成分核心。「名詞性中心語」包括名詞、代詞和以它們為中心的詞組充當的中心語，以及一部分動詞、形容詞活用為名詞的中心詞；「動詞或形容詞性中心語」包括動詞、形容詞和以它們為中心的詞組充當的中心語，以及一部分動詞、形容詞活用為名詞的中心語；「動詞或形容詞性中心語」包括動詞、形容詞和以它們為中心的

詞組充當的中心語，以及一部分數量詞充當的中心語。

4.綜合句型應以結構中心為標準。句子的分析是把一個句子切成比較簡單的組成部分，指出這些組成部分之間的關係意義。句子分析的結果發現的是句子成分。但從句子中分析出各個結構成分來，並不是析句的終極目的。析句的終極目的是從個別的、感性的具體句子進而把握一般的、共同的規律性的東西，也就是必須借助於抽象和概括的邏輯方法，歸納出句子的結構類型（句型）。

綜合句型應從六個句子成分入手。單句按基本成分的多少確定某一句型的基本式，再以附加成分的有無確定是否擴展式；複句按各分句的第一層關係確定基本式，再以第二層關係的有無確定是否擴展式。根據這個原則，漢語可以歸納出五種基本句型：

(1)主語—謂語　(2)主語—謂語—賓語　(3)謂語—賓語（無主句）

(4)無謂句（獨詞句）　　(5)分句—分句（複句）

㈢本方案對《暫擬漢語教學語法系統》提出了一些修改意見

1.合成詞的結構類型定為聯合、偏正、主謂、謂賓、綴加、重疊六種。綴加式可再分為綴加構詞和綴加構形，重疊式可再分為重疊構詞和重疊構形。合成詞是由兩個以上詞素構成的，構形詞綴和用來重疊的音節都應看作一個詞素。

2.調整了一些詞的類屬。副詞劃歸實詞。數詞、量詞合並為數量詞。象聲詞自成一類，算實詞。語氣助詞自成一類語氣詞。結構助詞「的、地、得」劃歸偏正連詞，時態助詞「了、著、過」劃歸動詞後綴。取消名詞、動詞的四個「附類」：方位詞跟時間詞合為一小類，叫時地名詞；判斷詞、能願動詞、趨向動詞各算動詞的一個小類。動詞、形容詞作主語、賓語並帶定語時算

活用為名詞。副詞起關聯作用時算活用為連詞。

3.**句法結構的基本類型（詞組）定為聯合、偏正、主謂、謂賓、複句形式五種**。取消「虛詞＋實詞」的「結構」，如「介詞結構」、「的字結構」、「所字結構」、「方位結構」，有的不成為「結構」，有的可以合併到別的結構類型裡。

4.**取消三種「合成謂語」**。「判斷合成謂語」按謂賓結構處理，「能願合成謂語」按偏正結構處理，「趨向合成謂語」劃歸前正後偏的偏正結構。

5.**取消兩種「複雜謂語」**。「謂語的連續」（連動式）分別劃歸承接關係和重複關係的聯合結構（如「開門出去」、「唱歌唱得好」）、偏正結構（如「笑著說」、「身體好不休息」）等；「謂語的延伸」（兼語式）分別劃歸謂賓詞組再帶賓語的謂賓結構，即雙賓語（如「命令我們開炮」、「叫他蕭政委」）、偏正結構（如「幫助他捆行李」、「使人高興」）、緊縮複句結構（如「有個哥哥住在北京」、「推薦我考大學」）。

6.**取消「複說」（複指成分）**。分別劃歸解說關係的聯合結構（如「交通員老李」、「他這個人」）、主謂結構作謂語和複句結構作謂語（如「這個人我認識他」、「梁志賢和楚明，一個是汽車司機，一個是火車司機」）、解說關係的聯合複句（如「我買了兩本書：一本是《李自成》，一本是《西遊記》」）。

7.**取消「賓語前置」**。賓語提到主語位置上一律看作主語，如「這個人什麼都不懂」，「這個人」是全句的主語，「什麼」是主謂謂語裡的主語。

8.**取消「緊縮句」**。複句緊縮以後只有一個主語，而且是放在句首的，劃歸單句；有兩個主語的，仍算複句。

9.**其他**。如各語法單位的定義，劃分詞類和句子成分的標準，各語法單位內部劃分的小類，以及結構分析的方法等，都提出了一些不同的意見。

㈣本方案的教學程序和内容詳略可以靈活掌握

本方案重在語法體系的實質性問題的描述，在教學中，章節的次序和内容詳略以及練習深淺，可根據學生的實際水平靈活安排。比如，是先講詞法，還是在講句法時帶講詞法；詞組是單列一個章節細講，還是在概說裡略講，然後結合句子成分的分析細講；句子成分的省略和倒裝是結合有關成分講，還是單列一節集中講，句子的語氣是在概說裡略講；還是專立一個章節細講；造句的基本要求是結合有關句子成分講，還是自成一節集中講，選煉句子的方法是在修辭裡講，還是結合在語法裡講；整個教材是分成四五章，還是分爲十幾章：都可以靈活掌握。

一　語法概說

㈠語法的性質

1.語法是語言的結構規則。 語言是一種結構。在這種結構裡有兩樣東西：一是詞彙，一是語法（語音包括在詞彙和語法之内）。詞彙是語言的建築材料，語法是語言的結構規則，包括詞的結構規則和詞組、句子的結構規則。詞的結構規則屬於詞法，詞組、句子的結構規屬於句法。

2.語法的抽象性。 任何一種語法規則是從許多具體的詞和句子裡概括出來的，因而每一種語法規則都有抽象性，它適用於所有根據同一規則構成的詞、詞組或句子。

一種語言裡具體的詞、詞組和句子是無數的，但可以概括出來的結構規則卻是有限的。掌握了有限的結構規則，就可以利用語言中現成的建築材料創造出無數新的詞、詞組和句子來，這就是運用語言的生成能力。

㈡語法分析的內容

語法分析的基本內容不外三個方面：

1.切分語法單位，劃清各單位之間的界限。詞素、詞、詞組、句子是四種大小不同的語法單位。詞素是有一定聲音和意義的最小構詞單位；詞是有固定聲音和特定意義的最小造句單位；詞組是兩個以上意義有聯繫的實詞按照一定規則組成的句子內部的語法單位；句子是由詞或詞組按照一定規則構成的具有一個語調、表達一個完整意思的獨立的語法單位。

2.分析各語法單位的結構，找出它們的結構規則。漢語的基本結構類型只有聯合、偏正、主謂、謂賓、綴加、重疊、複句形式等七八種，聯合、偏正、主謂、謂賓適用於詞法結構和句法結構，綴加、重疊只適用於詞法結構，複句形式只適用於句法結構。

結合在一起的語法單位必須在意義上有聯繫，這樣的結構才是合乎語法規則的。各語法單位的搭配能力也是語法結構分析的內容之一。

3.在各語法單位內部進行分類，找出這一類跟那一類不同的語法特點。詞素可以根據意義和功能分為詞根和詞綴。詞可以根據詞素的多少分為單純詞和合成詞；也可以根據詞的語法特點分為實詞和虛詞，實詞還可以再分為名詞、動詞、形容詞、數量詞、副詞、代詞、象聲詞，虛詞還可以再分為介詞、連詞、語氣詞、感嘆詞。詞組可以按結構關係分為聯合詞組、偏正詞組、主謂詞組、謂賓詞組，複句形式詞組。句子可以按照結構分為單句和複句，也可以按照語氣分為疑問句、祈使句、感嘆句、陳述句，等等。

二　詞和詞的結構

㈠詞的定義

詞是有固定聲音和特定意義的最小造句單位。如「人」、「玻璃」、「人民」、「發電站」、「桌子」、「看看」、「說一說」等。

「造句」單位，是針對構詞單位——詞素說的。詞素只能直接構詞，不能直接造句，詞都能直接造句，充當句子的某個成分，或者表示成分和成分之間的關係、句子的語氣、感情。

「最小」造句單位，是針對較大的造句單位——詞組說的。詞組裡至少有兩個詞，還可以再行分析，分析出來的單位仍能直接造句，如「偉大的祖國」，就可以分出三個詞來，詞不能再行分析，如果把「祖國」分成「祖」和「國」就不再是造句單位，而是構詞單位了，其中的「國」在別的語境中雖然是詞，但意義不完全一樣。

詞是聲和意義的統一體。每個詞都有固定的、不因情況不同而改變的語音形式；每個詞都有特定的、跟別的詞相對立的詞彙意義。在詞的定義裡加上「有固定聲音和特定意義」更能全面揭示詞的性質，並有助於劃清詞和非詞的界限。比如「東西」作為一個詞，只有一個重音，而且重音必須在「東」字上，中間不能停頓，指抽象或具體的物品；作為詞組，兩個詞都讀重音，中間允許有停頓，是「東邊和西邊」的意思。

㈡構詞單位——詞素

詞素是最小的構詞單位。根據意義和功能可以把詞素分為詞根和詞綴。詞根是意義比較實在的、表示最根本的詞彙意義的詞素；詞綴是意義比較空靈的、表示附加的語法意義的詞素。詞綴必須具備以下四個特點：第一，意義比較抽象、概括；第二，不能以它在詞裡的意義獨立成詞；第三，構詞時位置是固定的，有的只能放在詞根前面，有的只能放在詞根後面；第四，不能用作

簡稱代替整個詞。

(三)詞的構成——單純詞和合成詞

只有一個詞素的叫單純詞，有兩個以上詞素的叫合成詞。單純詞有單音節的，也有複音節的，複音節的可以根據語音特點分為聯綿詞、疊音詞、譯音詞、象聲詞。合成詞一般都是複音節的，可以根據結構分為聯合、偏正、謂賓、主謂、綴加、重疊六個類型。綴加式合成詞可細分為綴加構詞（如「桌子、作者、成活率」）和綴加構形（如「我們、走了、去過、說著」）；重疊式合成詞可細分為重疊構詞（如「婆婆媽媽」、「星星點點」）和重疊構形（如「人人」、「看看」、「大大方方」）。不必在合成詞構詞法之外另立「構形法」，但必須承認用來重疊的音節是個素，並改變合成詞的定義。

附：詞的結構表

類　　別		舉　　　　　　　　　　　　　　　　　例
單純詞	聯綿詞	枇杷　蜘蛛　澎湃　玫瑰　駱駝　哆嗦 燦爛　玻璃　馬虎　僥倖　迷糊
	疊音詞	爸爸　弟弟　猩猩　蟈蟈兒　嚷嚷 叨叨　吵吵　剛剛　僅僅　紛紛
	譯音詞	雷達　咖啡　法西斯　尼古丁　山道年 奧林匹克　阿爾巴尼亞　英特納雄納爾
	象聲詞	當　叭　撲通　咕冬　嘩嘩　叭叭叭 叮叮噹噹　稀裏嘩啦　劈裏啪啦

合成詞	聯合式	語言	思想	愛護	光明	東西	動靜
		來往	矛盾	國家	窗戶	忘記	乾淨
	偏正式	火車	電燈	輕視	熱愛	粉紅	果斷
		推翻	打倒	提高	紙張	物件	布匹
	謂賓式	司令	管家	動員	留神	滿意	安心
		缺德	埋頭	生氣	探親	失望	注目
	主謂式	地震	雪崩	心疼	民主	年輕	自信
		祖傳	民辦	法定	眼熱	手軟	肝炎
	綴加式	老張	老虎	小李	第一	可愛	總局 相信
		人們	畫家	思想性	利用率	說一說	看了看
	重疊式	人人	天天	回回	坑坑注注	婆婆媽媽	
		拉拉	試驗試驗	說說笑笑	紅紅	乾乾淨淨	

三 詞 類

㈠劃分詞類的標準

詞類是詞的語法分類。劃分詞類的標準是詞和詞相互對立的語法意義和語法形式特點，包括：(1)抽象意義，(2)功能意義，(3)句法結合形式，(4)詞法結合形式。這四項標準全部適用於實詞，功能意義、句法結合形式適用於虛詞。

㈡實 詞

根據詞和詞相互對立的語法特點，漢語的詞首先可以分為兩大類——實詞和虛詞。實詞是能作一般句子成分、能跟別的詞結合成詞組的詞，虛詞與之相反。實詞下分六類：名詞、動詞、形容詞、數量詞、副詞、代詞、象聲詞。

1.名 詞——表示人、事物、時地等抽象意義；能作主語、賓語等成分，但不能作謂語（「今天星期日」、「他江蘇人」可算省略「是」字的句子）；能跟事物數量詞構成偏正詞組，能用介詞介紹作附加成分；一般不能重疊，指人名詞後面可以加「們」

表示複數。

　　根據同類詞在大同中可以有小異的原則，名詞還可以細分為指人名詞、事物名詞、時地名詞等小類。

　　2.動　詞——表示動作、趨向、存在、判斷、能願等抽象意義；能作謂語，一般不能直接作定語（作定語時大都加「的」字）；一般都能跟名詞結合成謂賓詞組，能跟副詞結合成偏正詞組。都能肯定否定相疊，單音動詞大都可以重疊成 AA 式，第二音節讀輕聲，雙音動詞大都可以重疊成 ABAB 式。

　　動詞還可以細分為動作動詞、趨向動詞、存在動詞、判斷動詞、能願動詞。最能體現動詞特點的是動作動詞，為數最多。

　　3.形容詞——表示性質、狀態等抽象意義；一般都能作謂語和直接作定語；能肯定否定相疊，單音形容詞大都可以重疊成 AA 式，第二音節讀陰平，雙音形容詞有的可以重疊成 AABB 式。

　　形容詞也可以細分為性質形容詞和狀態形容詞。因沒有顯著特點，也可以不分小類。

　　4.數量詞——表示數量；表示事物數量的可以直接作定語，表示動作數量的可以直接作補語；不能跟程度副詞和時間副詞結合；可以按 ABAB 式重疊，數字是「一」時可以說成「一個個」、「一遍遍」，也可以省略數字說成「個個」、「遍遍」；數字前面可以加「第」、「初」等表示序數。

　　數量詞可以細分為事物數量詞和動作數量詞兩小類。

　　5.副　詞——表示程度、時間、範圍、估量、語氣等抽象意義；不能作句子的基本成分（主語、謂語、賓語），只能作附加成分（主要是作狀語，有的也能作定語、補語）；不能跟介詞結合，經常跟動詞、形容詞結合成偏正詞組；沒有任何詞法形式特點（沒有特點，本身就是特點，可以跟其他詞類對立）。

　　副可以細分為程度副詞、時間副詞、範圍副詞、估量副詞、

語氣副詞等小類。

6.代　詞——代替別的詞語的詞；沒有獨立的語法特點，一般都跟它所代的詞語特點相同。

代詞可按所代詞語的性質分為代名詞、代動詞、代數量詞、代副詞等小類。也可以考慮把「幾」、「若干」、「許多」劃歸數量詞，「多麼」、「那麼」、「這麼」等劃歸副詞，把「這樣」、「怎麼樣」、「這麼著」等劃歸動詞，把「我」、「你」、「他」、「誰」、「什麼」、「這裡」等劃歸名詞，算名詞的一個小類，叫代名詞。

7.象聲詞——表示物體的聲音；能作謂語，作定語時一般都帶「的」字；不能重疊（「呼呼」、「叮叮噹噹」都不是「呼」和「叮噹」的重疊形式，因為不表示附加的語法意義）。

(三)虛　詞

虛詞包括四個詞類：介詞、連詞、語氣詞、感嘆詞。

1.介　詞——介紹別的詞或詞組（主要是名詞或名詞性詞組）作附加成分，是附加成分的標誌；不能跟別的詞結合成詞組。

介詞可以細分為時地介詞和人事介詞兩小類。

2.連　詞　連接詞和詞、成分和成分、分句和分句表示聯合或偏正關係；不能跟別的詞結合成詞組。在一定的語言環境中，只有「的」字後面可以省略中心語，省略中心語以後，「的」字仍是連詞。

連詞可以分為聯合連詞和偏正連詞兩小類：「和、並且、或者、一…就…、不僅…而且…」等屬於聯合連詞，「的、地、得、而、雖然…但是…、因為…所以…」等屬於偏正連詞。

3.語氣詞——表示語氣的詞，只用在句末（有時也放在句中停頓的地方）。

語氣詞可分為疑問語氣詞、祈使語氣詞、感嘆語氣詞、陳述

語氣詞。

4.感嘆詞——表示強烈感情的詞；不能作一般句子成分，只能獨立成句或作句子結構成分之外的特殊成分。

㈣詞的兼類和詞類活用

詞有跨類現象，這些現象可分爲兼類和活用兩種。

1.詞的兼類。經常兼有兩三類詞的語法特點的詞，叫兼類詞。如「編輯」，在「他是報社的編輯」裡是名詞，在「他編輯了一本書」裡是動詞；「科學」，在「這是一門科學」裡是名詞，在「這種方法不科學」裡是形容詞。兼類詞是一個詞分屬於兩三詞類，雖然所屬的詞類不同，但詞義仍有聯繫，跟僅僅同音同形而意義毫無聯繫的同音詞，如「把門」的「把」和「一把刀」的「把」，不一樣。

2.詞類活用。一個詞經常具有某一類詞的特點，只是在一定的情況下臨時用爲另一類詞，這種臨時用爲另一類詞的現象叫詞類活用。如「運氣」經常具有名詞的特點，但在「老栓，就是運氣了你」裡，作了謂語，是動詞的特點。但這種用法並不常見，所以不說它是兼類詞，而是名詞活用爲動詞。活用詞既保留了原屬詞類的意義，又增加了活用詞類的意義，都有修辭作用。常見的詞類活用現象是名詞活用爲動詞，形容詞活用爲動詞，副詞活用爲連詞（如「又…又…」、「（只有）…才…」、「一…就…」等）。

動詞、形容詞經常作謂語、定語，在書面語言中用作主語、賓語的逐漸多起來，在一般情況下應該承認動詞、形容詞可以作主語、賓語。但有些動詞、形容詞（包括動詞、形容詞性詞組）作了主語、賓語之後，還帶有名詞特有的定語，如「這種批評對我們有好處」、「給了他許多方便」。帶定語雖然是動詞、形容詞作主語時可能增補上的形式，而且許多動詞、形容詞都有這種特

點，但從動詞、形容詞經常作謂語、定語，很少在作主語、賓語時再帶定語的特點來看，只好暫時也按活用處理。

附：詞類表

類　　別		舉　　　　　　　　　　　　　　　　例
實 詞	名　詞	人　教師　諸葛亮　書　電話　中國　哈爾濱 拖拉機　今天　晚上　屋裡　上邊
	動　詞	說　走　發表　來　下去　有　在　是　等於 叫作　能　可以　應該　願意
	形容詞	好　冷　優秀　直爽　高　快　美麗　誠懇 高高　大大　冷冷清清　大大方方　暖暖和和
	數量詞	一本　兩張　三條　四口　五尺　六根 一陣　兩回　三番　四趟　五下　六次
	副　詞	很　最　非常　稍微　已經　從來　剛剛　只 總共　大概　仿佛　偏別　難道　必須　得
	代　詞	我　你　他　誰　什麼　這裡　那會兒　這樣 這麼樣　怎麼樣　多少　幾　那麼　這麼　多麼
	象聲詞	呼　嘩　撲通　啪啪　噹噹噹　轟轟隆隆 幾裏光噹　稀裏嘩啦
虛 詞	介　詞	從　自從　打　朝　往　向　對　於　當 同　跟　比　被　把　使　對於　除了
	連　詞	和　並且　又…又…　既…又…　不僅…而且… 或者　不是…就是…　雖然…但是…　因為…所以…
	語氣詞	呢　嗎　麼　吧　啊　哇　哪　啦 的　了　罷了　似的　嘛　哩
	感嘆詞	啊　啊呀呀　嘿　唉　唉呀　噓 哈　哈哈　嘻

四　詞　組

(一)詞組的定義

詞組是兩個以上意義有聯繫的實詞按照一定規則組成的句子內部的語法單位。如「工人和農民」、「勇敢的戰士」、「身體健

康」、「糾正錯誤」、「你幫我，我幫你（的精神）」等。

　　詞組裡須有兩個以上的實詞。這是針對著單詞和「虛詞＋實詞」的現象說的。詞和詞組雖然都是造句材料，雖然都表示概念，但詞是最小的、不能再行分解的造句材料，是表示簡單概念的，而詞組是比詞大的、可以再行分解的造句材料，是表示複雜概念的。「虛詞＋實詞」或「實詞＋虛詞」的現象，如「因為你」、「向生活」、「我呢」，雖然都有兩個詞，但只表示簡單概念，都不是詞組。

　　詞組裡兩個以上的實詞在意義上必須有聯繫，並且是按照一定語法規則組織起來的。這是針對不合規範的詞組說的。如「已經學校」、「身體聰明」，雖然都有兩個實詞，但這兩個詞在意義上沒有聯繫，不能搭配，因而不是詞組；「回來已經」、「很得聰明」，其中兩個實詞雖然都有意義聯繫，但不合語法規則，因而也不是詞組。

　　詞組必須是句子內部的語法單位。這是針對獨立的句子說的。詞組是作為造句材料從句子裡分析出來的。在句子的哪一個層次開始發現詞組呢？一個句子捨棄語調和語氣詞，剩下的結構實體（包括單句結構和分句結構）就可以看作一個詞組。

(二)詞組的基本類型

　　詞組是一種句法結構。從漢語句法結構本身的特點和句法結構分析的目的出發，根據語法意義（關係意義）和語法形式（詞序、虛詞）相結合的原則，確定漢語的詞組只有五種基本類型。

　　1.聯合詞組。聯合詞組包括：並列聯合，如「工人和農民」；遞進聯合，如「聰明而且勇敢」；選擇聯合，如「去或者不去」；承接聯合，如「開門出去」、「一開門就出去」；解說聯合，如「交通員老李」、「兩本書：《李自成》、《西遊記》」；重複聯合，如「來來來」、「講話講得好」。

2.偏正詞組。偏正詞組包括前偏後正和前正後偏兩種。前偏後正的除了「偉大的國家」、「已經出去」之類結構，還包括：「笑著說」、「騎著馬上山」、「有力量完成」、「身體好不休息」、「使他高興」、「有本事也不驕傲」、「可以出去」、「桌子上頭」、「唱歌的」等；前正後偏的除了「跑得快」、「坐在屋裡」之類結構還包括「跑過來」、「跑下大堤」等。

3.謂賓詞組。謂賓詞組，除了「看畫報」、「下了雨」、「挖了洞」之類結構，還包括「是學生」、「給我一本書」、「命令我們開炮」、「喜歡他老實」、「叫他蕭隊長」等。

4.主謂詞組。主謂詞組，除了「我認識」、「他出去」、「身體健康」之類結構，也包括「（他）什麼也不懂」、「他買書」、「他給我一本書」等。

5.複句形式詞組。複句形式詞組，也叫複句形式，包括兩小類：一是聯合關係的，如「你幫我，我幫你（的精神）」、「（他們兩個人）一個是火車司機，一個是汽車司機」；一是偏正關係的，如「因為風大，球賽改期（的消息）」、「（他呀）頭腦聰明，什麼難題也能解答」。複句形式詞組獨立出來，加上語調，都是一個複句。

附：詞組基本類型表

類　別	舉　　　　　　　　　　　　　　　　　　　例
聯合詞組	工人和農民　批評表揚　既聰明又伶俐 討論並通過　越看越愛看　聰明而且勇敢 這樣或者那樣　好不好　開門出去　先想後做 廠長王文石　來來來
偏正詞組	偉大的祖國　同志們的幫助　他的同志和朋友 很大方　大膽地工作　應該批評　有事出不去 幹得好　打掃乾淨　坐在教室裡　生於一九二一年 走到學校　講得生動有力

謂賓詞組	看話劇　歡迎你們　挖防空洞　曬曬太陽 給我一本書　通知他開會　禁止兒童入場 有一個工廠　在上海　來了幾個人　丟了一本書 是學生　像工人　叫雷鋒　當代表
主謂詞組	性格和藹　身體健康　大家討論通過　上級批准 他參加工作　你有病　我當工人 他給我一本書　你通知他開會
複句形式詞組	你能看見我，我不能看見你（的地方）　　（我）上海也去過， 天津也去過　因為風大，球賽改期（的消息） 為了保衛祖國，他們報名參軍（的時候）

五　單　句

㈠句子的定義

　　句子是由詞或詞組按照一定規則構成的具有一個語調、表達一個完整意思的獨立的語法單位。如「我們完成了任務。」「你去哪兒?」「咱們趕快回去吧!」「哈哈!我們勝利了!」

　　句子不包括在其他任何語法單位之內，能夠獨立擔負交際使命。

　　句子能表達一個完整的意思。所謂完整的意思，是能簡單地肯定或否定一件事情，或者提出一個問題，或者提出一種請求，或者發抒一種感情，並能叫聽的人明白，起到交流思想的作用。

　　句子都有一個語調。語調是句子獨有的，一個孤立的詞和詞組是沒有語調的。詞或詞組一旦帶上語調，就能表達完整的意思，就是句子。

㈡單句的結構成分——句子成分

　　句子按照結構可以分為單句和複句兩大類。單句是有一套結構中心、表示一個簡單的完整的句子，也是句子的基本形式。

「一套結構中心」，是由句子的基本成分構成的結構整體。
只有一個基本成分的無謂句，這個基本成分就單獨構成一套結構
中心。

根據詞和詞、詞組和詞組在句子裡相互之間的關係（關係意
義）和能回答什麼樣的問題等功能（功能意義），以及詞序、虛
詞（結合形式）等，可把單句的結構成分分為基本成分、附加成
分和獨立成分。

1.基本成分——主語、謂語、賓語。基本成分是決定句子結
構是否完整的成分。一個句子在一般情況下都有主語、謂語才算
完整的句子，如「他聰明。」「隊伍出發了。」有的句子還必須再
有個賓語，結構才完整，如「她死了丈夫。」「工人製造機器。」
主語、謂語、賓語都是句子的基本成分。

⑴**主　語**。主語是一句話的話題，是謂語表述的對象。可以
回答「誰」、「什麼」等所提出的問題，跟謂語發生表述和被表述
的主謂關係；主語一般放在謂語之前，主語前面不能加介詞，後
面不能加「的」字（省略中心詞的除外）。

主語多由名詞、代詞來擔任，除副詞、象聲詞外，其他實詞
和各種詞組也可以作主語。

數量詞作主語一般是在表示數量判斷的句子裡，或者是用數
量詞指稱前面已經出現過的事物的句子裡。如「一斤是十兩。」
「（他買了兩本書），一本是《李自成》，一本是《西遊記》。」

動詞、形容詞作主語，謂語一般都是形容詞，或「是、進
行、停止、開始、加強、標誌、表示、給予」之類的動詞。如
「哭哭好。」「比賽開始。」「勤儉是一種美德。」

在對話或自述的語言環境中，或者主語在上下文中出現的情
況下，為了簡潔明快，主語可以省略。

有些說明自然現象的句子，如「下雨了」，泛論事理的句子，
如「種瓜得瓜，種豆得豆」，表示存在、出現或消失了什麼的句

子, 如「東邊來了一個人」, 根本沒有主語, 並且一般也不能加上主語。這種句子叫無主句, 跟省略主語的句子不同。

(2)**謂　語**。謂語是用來表述主語的。可以回答「幹什麼」、「是不是」、「有沒有」、「怎麼樣」等提出的問題, 跟主語發生主謂關係; 謂語一般放在主語後頭, 有的動詞謂語後頭還得有個賓語。

謂語多由動詞、形容詞來擔任, 一部分代詞、數量詞和各種詞組也能作謂語。

在對話的語言環境中, 或是借上下文, 或是由於習慣, 謂語(或謂語中心語) 也可以省略。如「他們幾個〔　〕呢?」「同志們叫他休息, 他不〔　〕。」「他〔　〕北京人。」

有的句子只有名詞或以名詞爲中心的詞組, 或者只有感嘆詞, 沒有作謂語的動詞、形容詞, 這種句子叫無謂句。如「火！」「好地方！」「唉呀！」

漢語主語和謂語的正常次序是主語在前, 謂語在後, 但爲了表達的需要, 在表示疑問、祈使、感嘆的句子裡, 或是爲了詩歌的押韻, 主語謂語也可以顛倒位次。如「多好啊, 這個地方」

(3)**賓　語**。賓語是動詞謂語所涉及的對象、處所、結果等。可以回答「誰」、「什麼」、「何處」等所提出的問題, 跟動詞謂語發生支配和被支配的謂賓關係; 賓語都放在動詞謂語後面, 在動詞謂語和賓語之間不能加「的」字。

賓語由名詞、代詞來擔當, 除副詞、象聲詞外, 其他實詞和各種詞組也能作賓語。

數量詞一般在說明數量本身的句子裡, 或者用來指稱事物時, 才可以作賓語。

動詞、形容詞作賓語的條件是: 動詞謂語一般是表示心理活動或使令意義的, 如「喜歡、表示、認爲、想、感覺、知道、命令、要求、禁止」等, 或者是表示學習、進展、處理的動詞, 如

「演習、研究、開始、進行、繼續、結束、給予」等。

　　有的表示交與、告知、稱謂、使令意義的動詞，像「給、送、問、告訴、請教、通知、稱叫、命令」等，常常先帶上一個指人的賓語共同作謂語，然後再帶一個指物品、事情、稱呼或行為性狀的賓語，即謂賓詞組作謂語，再帶賓語。這就是一般所說「雙賓語」。

　　賓語在對話或承上的條件下，也可以省略。如「我總想參加書法協會，可惜——我還沒有能夠參加〔　〕。」

　　由於表達的需要，把賓語提到句首或動詞謂語之前，這個賓語就不再是賓語。

　　2.附加成分——定語、狀語、補語。附加成分包括在基本成分之內，是對基本成分中心語說的。附加成分的有無只涉及語義是否周密明確，不涉及結構是否完整。定語、狀語、補語是句子的三種附加成分。

　　⑴**定　語。**定語是限定、修飾名詞性中心語的。可以回答「誰的」、「多少」、「什麼樣的」等所提出的問題，跟中心語發生附加和被附加的偏正關係；定語一般都放在中心語前頭，除一部分數量詞作定詞外，在定語和中心語之間一般都可以加「的」字。

　　各種實詞（包括一部分副詞）和各種詞組都能作定語。

　　定語有時也可以移到中心語之後，或動詞、謂語之前。如「荷塘四面，長著許多樹，蓊蓊鬱鬱的。」「牆壁上，紅的，綠的，黃的，貼滿了標語。」

　　⑵**狀　語。**狀語是摹狀、修飾動詞或形容詞性中心語的。可以回答「怎麼樣」、「何時」、「何地」、「為什麼」等所提出的問題，跟中心語發生附加和被附加的偏正關係；狀語一般都放在中心語前頭，除一部分動詞作狀語外，在狀語和中心語之間一般都可以加「地」，或者在狀語前加介詞。

狀語多由副詞、形容詞、代詞來充當，用介詞介紹的名詞和各種詞組也都可以作狀語。

爲了突出狀語的意思，有時也可以把狀語提到主語之前，或者放到句末。如「夜間，我們又談些閒天。」「老揚，去一趟吧，爲了我，也爲了孩子。」提前或移後的狀語仍是狀語。

(3)**補　語**。補語是補充、說明動詞或形容詞性中心語的。可以回答「怎麼樣」、「多少次」、「何時」、「何處」、「什麼結果」等所提出的問題，跟中心語發生附加和被附加的偏正關係；補語都放在中心語後頭，除了趨向動詞、數量詞和一部分形容詞可以直接作補語，一般都要用「得」字連接或用介詞介紹。

補語多由形容詞、數量詞、趨向動詞來擔任，「極」、「很」等少數單音副詞和各種詞組也常作補語。

數量詞作補語，賓語是代詞時，補語要放在賓語後頭，如「我看了他一眼。」合成趨向動詞作補語，可以一半放在賓語前頭，一半放在賓語後頭。如「你放出他來。」

3.獨立成分——呼語、感嘆語、插入語。獨立成分是獨立於一般句子成分之外，不跟任何句子成分發生結構關係，只是用來加強整個句子的語勢或表示感情色彩的特殊成分。包括呼語、感嘆語、插入語。

(1)**呼　語**。呼語是表示稱呼或打招呼的獨立成分。呼語一般放在句首，有的也可以放在句末，個別的還可以放在句中；呼語和句子的結構成分之間都有語音停頓，書面上用逗號或感嘆號表示。如「同學們！任務勝利完成！回去！」「你放著吧！祥林嫂。」「你呀，孩子，可要記住這個教訓！」

呼語總是由指人的名詞或詞組來充當（其他名詞作呼語，也都是擬人的）。

呼語不是分句，也不是獨立的句子，因爲它沒有具體的句義，只起加強語勢或表示感情色彩的作用。

(2)**感嘆語**。感嘆語是表示強烈感情的獨立成分。感嘆語一般都放在句首，有時也可以放在句末；感嘆語和句子的結構成分之間都有語音停頓，書面上有逗號或感嘆號。如「唉呀！你打算把大家的腳毀掉哇！」「老鄉，你放心吧，啊！」

作感嘆語的主要是感嘆詞，有些表示同意或反對的應對語，也可以看作感嘆語。如「是啊，是啊，人民勝利了。」「不不，子江講的，比酒還助興。」

感嘆語只表示句子的強烈感情，沒有具體的意義，用逗號隔開的不能看作分句，用感嘆號隔開的不能看作獨立的句子。但在一定的語言環境中，感嘆語前後沒有同它相關的句子成分，這個感漢語可以看作獨立的句子——只是一個感嘆詞的，算無謂句，是其他詞語的，可算省略句。

(3)**插入語**。插入語是表示對情況的推測、估計，或者表示某種態度的獨立成分。可以在放句中，也可以放在句首；插入語後面一般應有語音停頓，書面上用逗號表示。如「打那兒以後，你猜怎麼著，我可真想通了。」「說真的，你那兩手就不壞！」

插入語常由「看起來」、「你看看」、「照這麼說」、「看樣子」等動詞性詞組來充當。

附：句子成分表

類　　別		舉　　　　　　　　　　　　　　　　　　　例
基本成分	主　語	朱老忠呵呵笑著。　船，我們準備好了。 種成糧食合算。　中國人民站起來了。
	謂　語	她怎麼樣？　他大聲地喊著。　大貴十九歲。 這樣的好同學，我們喜歡他。
	賓　語	我應該幫助你。　老栓覺得爽快。 老百姓都知道北伐軍好。　我也曾送他兩樣東西。

附加成分	定語	故鄉的山水也都漸漸遠離了我。　這是多麼光榮的稱號。 有經驗的同志很多。　他們要守的加山頭不高。
	狀語	我急速地退了兩步。　他微笑著啓發大家。 他很高興地聽著。　他們天不亮就出發了。
	補語	大會開得怎麼樣？　大家急忙坐起來。 大楊樹長得比過去高得多了。　他激動得臉都紅了。
獨立成分	呼語	媽，你放心。　你放著吧，祥林嫂。 你呀，孩子，可要記位這個教訓。
	感嘆語	唉，我知道要出事啦？　得啦，得啦，你們別吵了。 你放心吧，啊！　不不，子江講的，比酒還助興。
	插入語	打那兒以後，你猜怎麼著，我可眞想通了。 說眞的，你那兩手就不壞！　看樣子，他們是不來了。

(三)單句的類型

1.**單句的形式類型**（句型）。從分析的角度來說，句子裡有主語、謂語、賓語、定語、狀語、補語等成分；從綜合的角度說，各種句子成分互相配合，就會產生多種多樣的句子格式。單句按基本成分的多少可分爲四個類型，每個類型再按附加成分的有無分爲基本式和擴展式，沒有附加成分的算基本式，有附加成分的算擴展式。

(1)**主謂句**。基本式：「咱們回去吧！」擴展式：「中國人民已經站起來了。」

(2)**主謂賓句**。基本式：「他們失去了靈魂。」擴展式：「他很關心這件事。」

(3)**謂賓句**（無主句）。基本式：「出太陽了！」擴展式：「桌子上放著一本書。」

(4)**無謂句**（獨詞句）。基本式：「飛機！」擴展式：「一個初春的早晨！」

　　2.**單句的意義類型**。根據謂語的意義或表述性質，可把單句分為動作句、存現句、判斷句、形容句四類。

　　(1)**動作句**。動作句是動詞性詞組作謂語，表示實際動作（包括內心活動）的句子。根據動詞謂語和主語的關係，還可細分為主動句、被動句、使動句三種。

　　主動句——動詞謂語所表示的動作或行為是由主語發出的。如「咱們回去」、「他騎走了自行車」。

　　被動句——動詞謂語所表示的動作或行為不是主語發出的，而是主語所承受的。如「水喝完了」、「他被狗咬了」。

　　使動句——動詞謂語所表示的動作或行為既不是主語發出的，也不是主語所承受的，而是在主語的使令或影響下由另一個成分（賓語或狀語）發出的。如「這鍋飯能吃飽十個人」、「他的講話使每個人都振奮起來。」

　　(2)**存現句**。存現句有兩種：一是存在動詞作謂語，表示主語有什麼、在何處的「主謂」句；一是表示存在、出現、消失了什麼的「謂賓」句（無主句）。如「我們還有缺點」、「她死了（沒有了）丈夫」、「來了一個人」。

　　(3)**判斷句**。判斷句是判斷動詞或以判斷動詞為中心的詞組作謂語，表示主語是什麼、像什麼等的句子。如「我是工人」、「他不像個教師」、「你可以當代表」。

　　(4)**形容句**。形容句是形容詞或形容詞性詞組作謂語，描寫主語怎麼樣的句子。數量詞作謂語的句子也可以包括在這一類裡。如「你太聰明了」、「他的文章文字清新」、「我已經三十了」。

附：單句類型表

類	別		舉　　例	
單句	形式類型（句型）	主謂句	咱們回去吧！　中國人民已經站起來了。	
		主謂賓句	他們失去了靈魂。　他很關心這件事。　我送他畫報。	
		謂賓句	出太陽了！　那張桌子上放著一本書。	
		無謂句	火！　一個初春的早晨。	
	意義類型	動作句	他在看書。　碗打破了。　虛心使人進步。	
		存現句	我有一個朋友。　東邊來了兩個人。　村裡死了一頭牛。	
		判斷句	他是工人。　她叫侍萍。　你可以當代表。	
		形容句	這裡溫暖。　他身體健康。　他可能很勇敢。	

六　複　句

(一)複句的基本類型

複句是有兩套以上彼此不作句子成分的結構中心（單句形式），表示複雜的完整意思的句子。

複句按照語法意義和語法形式特點──關係意義和連詞，可以分為兩類，每一大類還可以分為若干小類。

1.聯合複句。聯合複句之間的關係是平等的，沒有主從正副之分；常用或可能用表示聯合關係的連詞。可分為五小類：

(1)並　列。兩個以上分句在意思上有聯繫，彼此平行並列，分別敘述或描寫幾件事、幾種情況，或一個事物的幾個方面。在各分句之間常用或可能加上「又…又…」、「既…又…」、「也…也…」、「一方面…另一方面…」等並列連詞（包括副詞活用為連詞的）。如「太陽也不出，門也不開。」「她美，她年輕，她要強，她勤儉。」

(2)遞　進。兩個以上分句在語意上有輕重之別，後面的分句比前面的更進一層。在各分句之間常用或可能用「不但（不僅）…而且（並且）…」、「何況」、「甚至」、「尚且…何況…」、「不但

…反而…」等遞進連詞。如「他不但聰明，而且很用功。」「他們不但不支持熱情的群衆，反而向群衆頭上潑冷水。」

(3)**選 擇**。兩個以上分句所表示的事物不能同時並存，不是二者任選其一，就是二者必居其一。在各分句之間常用「或」、「或者」、「還是…還是…」、「要麼…要麼…」、「不是…就是…」等選擇連詞。如「你是賣茧子呢，還是自家作絲?」「不是魚死，就是網破。」

(4)**承 接**。兩個以上分句按時間先後或事情發生順序依次相承。各分句之間常用或可能用上「於是」、「然後」、「接著」、「一…就…」等承接連詞（包括副詞活用爲連詞的）。如「我先是詫異，接著是很不安。」「我們過了江，進了車站。」

(5)**解 說**。兩個以上分句，一個總括地提出一種現象，另一個或幾個對它解釋說明。解說複句可細分兩種：一種是解證式──一個分句解釋另一個分句，這種複句有的可以用「如」、「例如」、「即」等解說連詞，但多數不用連詞。如「母親同情貧苦的人，這是樸素的階級意識。」「我有個哥哥，他在北京學習。」一種是分說式──兩個以上分句分別說明另一個分句，或者一個分句總括說明兩個以上分句，這種複句裏一般都有數量詞或表示整體和部分的詞語。如「歷史上的戰爭分爲兩類：一類是正義的，一類是非正義的。」「有兩種不完全的知識，一種是現成書本上的知識，一種是偏於感性和局部的知識，這二者都有片面性。」

2.**偏正複句**。偏正複句各分句之間的關係是不平等的，有主從正副之分；常用或可能用上表示偏正關係的連詞。可分爲四小類：

(1)**讓 轉**。讓轉是讓步轉折的關係。在這種複句裡，兩個分句的意思往往處於對立的地位，先是承認或容許一個分句所表示的事實或理由的存在，然後轉入正意。表示讓步的分句是偏句，表示轉折的分句是正句。在讓步分句裡常用或可能用上「雖然」、

「儘管」、「即使」、「縱然」、「哪怕」等讓步連詞，在轉折分句裡常用或可能用上「但是」、「然而」、「卻」、「不過」、「可是」等轉折連詞。如「我雖然不高興他們的厚道，但我又愛他們的厚道。」「你們殺死一個工人，會有千百個工人站起來！」

(2)**因　果**。兩個分句有的表示原因，是偏句，常用或可能加上「因為」、「由於」、「既然」等原因連詞；有的表示結果，是正句，常用或可能加上「所以」、「因此」、「從而」、「以致」等結果連詞。如「因為那邊正有『武器的藝術』，所以這邊只能用『藝術的武器』。」「我初來到這裡，一切都很生疏。」

(3)**條　件**。兩個分句有條件和結果的關。偏句表示條件，正句表示結果。表示條件的分句常用或可能加上「如果」、「假如」、「倘若」、「若是」、「除非」、「只有」、「不管」、「無論」等條件連詞，表示結果的分句常用或可能加上「那麼」、「那就」、「才」、「都」等結果連詞（包括副詞活用為連詞的）。如「只有我們的政策和策略全部走上正軌，中國革命才有勝利的可能。」「不管我在哪裡，我還是拿北京作我小說的背景」。

(4)**目　的**。兩個分句，一個表示目的，是偏句；一個表示行為，是正句。在偏句裡常用「為了」、「為」、「以便」、「好」等目的連詞。如「為了祖國人民不受苦，我們多吃點苦又有什麼呢?」「你離間我們齊、楚兩國的邦交，好讓秦國來奴役我們……。」

附：複句類型表

類　別		舉　　　　　　　　　　　　例
聯合複句	並列	太陽也不出，門也不開。　　她美，她年輕，她要強，她勤儉。
	遞進	這孩子不但聰明，而且很勇敢。　　他不但不去，反而怪罪別人。
	選擇	你去，還是不去？　　不是魚死，就是網破。
	承接	我們過了江，進了車站。　　酒到了肚裡，話就多起來。
	解說	他肯幫助別人，這是好事。　　我有一個哥哥住在北京。
偏正複句	讓轉	他雖然笨，但很用功。　　即使有本領，你也不該驕傲。
	因果	因為雨大，試驗中斷了。　　既然你不答應，我就不勉強了。
	條件	如果你不能去，我就找別人去。　　只有你來，問題才能解決。
	目的	為了祖國人民不受苦，我們多吃點苦又有什麼呢？

(二)複句的擴展和緊縮

　　1.**多層複句**。由兩個分句構成的複句，只有一個層次，是複句的基本形式；由三個或更多分句構成的複句，除了只有一個層次的多項聯合複句，都是擴展了的複句，這種複句至少有兩個層次，叫多層複句。如「只要我們為人民的利益堅持好的，為人民的利益改正錯誤，我們的隊伍就一定會興旺起來。」「掌櫃是一副凶臉孔，主顧也沒好聲氣，教人活潑不得；只有孔乙己到店，才可以笑幾聲，所以至今還記得。」

　　2.**複句緊縮**。複句也可以緊縮成單句或緊縮複句。「緊」是緊湊，是取消各分句之間的語音停頓；「縮」是壓縮，是略去原來分句的一些詞語。有緊有縮才是複句緊縮。

　　(1)**複句緊縮成單句的**。複句緊縮以後，只剩一個主語，這個主語可以跟後面的語言單位發生主謂關係的，不管中間用不用連詞（包括活用為連詞的），一律變成單句。如「我出去走一走。」

「他一進來就坐下了。」「咱們不幹完不休息。」

　　(2)複句緊縮仍是複句的。複句緊縮以後，凡是兩個動詞或形容詞謂語不能共用一個主語，或者雖然共用一個主語，但這個主語出在第二個分句裡，兩個動詞或形容詞不能直接發生聯合或偏正等結構關係的，不管中間用不用連詞，仍是複句，可叫「緊縮複句」。如「我受了傷爲什麼不給治？」「越看我越愛看。」「大家選他當代表。」「三仙姑有個女孩叫小芹。」

七　句子的語氣

　　句子按照語氣可以分爲疑問句、祈使句、感漢句、陳述句四種。句子的不同語氣主要是靠語調來表示，也可以用語氣詞、代詞、副詞或其他形式來表示。

(一)疑問句

　　疑問句是向別人提出問題的句子。疑問句的語法形式特點主要是高升語調（句子末尾語調上揚，書面上用問號），有時也兼用代詞、副詞或動詞、形容詞的正反重疊形式。疑問句可以分爲正問、反問、半問。如「他是誰呀？」「中國人死都不怕，還怕討債嗎？」「你恐怕擡不動吧？」

(二)祈使句

　　祈使句是向別人提出要求或希望的句子。祈使句的語法形式特點主要是低降語調（句子末尾語調下降，書面上多用感嘆號），有時也兼用無主句、無謂句或語氣詞。如「你們出去吧！」「快下去！」「來人！」「不要亂動！」

(三)感嘆句

　　感嘆句是發抒某種強烈感情的句子。感嘆句的語法形式特點

主要是曲折語調（句子末尾語調先降後升，書面上都用感嘆號），有時也兼用倒裝句、某些代詞、副詞、感嘆詞、語氣詞。如「你幹的好啊！」「老王，英雄！英雄！」「喲，可會打扮啦！」

㈣陳述句

陳述句是告訴別人一件事情的句子。陳述句的語法形式特點主要是平直語調（書面上用句號），或者再用表示陳述的語氣詞。如「我們都回來了。」

八　造句的基本要求

語法不只是從正面講述語言中有什麼結構規則，還要從反面講述哪些現象不符合結構規則。正反兩個方面是相輔相成的，把兩個面結合起來，容易看淸語法規則的全貌，也有利於語言的實際運用。

造句的基本要求有以下四個方面：

㈠結構完整

1.主語不苟簡。一個句子的主語應該出現而沒有出現，使得語意不明，甚至引起誤解，就叫主語苟簡。主語苟簡的主要原因大致有三種：一是省略不當，如「那天，老師一遍一遍地給張洪講，直到他弄懂爲止，到深夜才回到宿舍」，誰「到夜深才回到宿舍」？二是濫用介詞，如「在老師傅的幫助下，使我認識到自己的弱點」，要麼去掉「在」和「下」，要麼去掉「使」。三是句式雜糅，如「我參觀了戶縣農民畫展是具有獨特民族風格的」。

2.謂語不疏漏。一個句子如果缺少應該有的謂語，結構就不完整，就叫謂語疏漏。造成謂疏漏的原因大致有三種：一是隨便轉換話題，如「蘇聯背信棄義，撤退專家，撕毀合同，周挺杉按捺不住怒火而撅折了樹枝這個動作，我認爲周挺杉不發火、不激

動、四平八穩是不行的，必須有棱有角」，只提出了「這個動作」，沒等說明它怎麼樣，就能轉換了話題，說「我認為…」去了。二是認錯了對象，如「他奮發圖強、積極為四化作貢獻的精神，全廠職工都認真向他學習」，「…奮發圖強、…作貢獻」不是謂語，而是「精神」的定語，把非謂語動詞誤認為謂語了。三是誤把介詞當動詞，如「後來，通過領導多次找他談心，進行教育，他提高了覺悟，認識了錯誤……」，「通過」是介詞，不能作謂語。

3.賓語不殘缺。有些句子缺少了賓語，結構就不完整。造成賓語殘缺的原因大致有兩種：一是不該省略而省略，如「他認真鑽研技術，大家都熱情地鼓勵和表揚」。一是用定語代替賓語中心語，如「不少青年人在四人幫的反動思想影響下，走上了犯罪」。

4.附加成分要完整。附加成分本身，除了只有一個詞的，也是一種句法結構，也有完整不完整的問題。附加成分不完整的現象很多：有的是定語不完整，如「這是一本對青少年進行愛國主義、道德品質的教材」，「品質」後缺少「教育」。有的是狀語不完整，如「在我遇到困難，他總是想方設法幫我解決」，「困難」後缺少「的時候」。有的是補語不完整，如「工人們的不同意見，表現在如何開展勞動競賽」，「競賽」後頭缺少「上」字。

(二)搭配當得

句子是由各種成分搭配而成的，在句子裡，各種成分，無論是主語和謂語、謂語和賓語、附加成分和中心語或者是聯合成分之間，都要彼此配合，互相適應。不能相互配合、不能相互適應的兩個成分，叫搭配不當。

1.主謂要相配。主語謂語的關係大致有四種類型：一、謂語表示動作，主語是主動者、被動者或使動者（動作句）；二、謂

語表示主語有什麼、在何處等（存現句）；三、謂語表示主語是什麼、像什麼等（判斷句）；四、謂語描寫主語怎麼樣（形容句）。凡是不能發生表述和被表述關係的，都算主謂配合不當。

主謂配合不當的原因大致有三種：有的是對表述者和被表述者的性質認識不清，如「這篇文章的主題要集中，要剪裁」，「主題」不能「剪裁」。有的是照應不周，如「現實主義文學的視野、道路、內容、風格，多麼廣闊，多麼豐富」，「視野」、「道路」不能說「豐富」，「內容」不能說「廣闊」，「風格」既不能說「廣闊」，也不能說「豐富」。有的是判斷不當，如「中國人民的勝利，實際上是一部偉大的革命鬥爭歷史」。

2.謂賓要相合。動詞謂語和賓語的關係包括：一、賓語是動作的對象；二、賓語是動作的結果；三、賓語是動作的處所；四、賓語表示動作的工具，如「蓋上被子」；五、賓語表示存在、出現或消失的事物；六、賓語是判斷對象，如「是學生」，等等。不符合上述條件的，一般都算謂賓不相合。

謂賓不相合的原因很多，歸納起來，大致有三種：一是不注意詞義或詞的習慣用法，如「中國選手分別擊敗朝鮮和日本，而贏得男女單打比賽」，「贏得」的對象應該是「冠軍」，不能是「比賽」。二是犯了顧此失彼的毛病，如「家大業大，更要注意節省不必要的開支和浪費」，「節省」和「開支」可以相配，但和「浪費」配不攏。三是不能帶賓語的動詞謂語硬帶上賓語，如「滿天繁星，相映萬頃燈海」，「相映」不能帶「萬頃燈海」。

3.偏正要相應。偏正關係包括定語、狀語或補語和中心語的關係。定語和中心語，狀語和中心語，中心語和補語的關係多種多樣（如果在句子成分裡沒講到，這裡可以補充講述），但兩個相關的詞語必須在意義上有聯繫，則是共同的要求。在意義上沒有聯繫的，都算偏正不相應。

偏正不相應大多是由於對附加成分的作用認識不清造成的。

如「他豐富而精彩的發言，吸引著所有的聽衆」，這是定語和中心語不相應，「豐富」不能單獨作「發言」的定語，同其他詞構成的聯合詞組同樣不能作「發言」的定語。「只要稍微深思熟慮一下，這個道理是不難領會的」，這是狀語和中心語不相應，「稍微」不能修飾「深思熟慮」。「他寫的字，小得稀裏糊塗一大片」，這是補語和中心語不相應，字寫得「小」，只能是「看不見」、「看不淸」，不能是「稀裡糊塗一大片」。

4.聯合要相當。什麼樣的詞語可以聯合，什麼樣的詞語不可以聯合，都有一定的規律（這裡可以補充講述）。聯合不當的現象主要是由三種原因造成的：一是詞語性質不同，如「一提起悲慘的往事，母親總是痛苦和流淚」，「痛苦」是形容詞，「流淚」是動詞性詞組，不能聯合，可改成「傷心和流淚」。二是概念大小不同，如「支援邊疆的幹部，許多人也把家屬、母親和孩子都帶去了」，「家屬」是個大類，「母親」、「孩子」是小類，不能聯合，應把「家屬」改爲「妻子」。三是概括詞語不恰當，如「農民飼養的牛、馬、驢、騾、豬、羊、雞、鴨等牲畜，比去年增加了將近一倍」，「雞、鴨」是家禽，不能用「牲畜」來概括。

(三)詞序合理

詞序是漢語的一種重要語法形式。漢語句子成分之間的關係，主要靠詞語在句子裡的排列次序來表示。詞序不同，詞語在句子裡的關係也就不同。詞序安排合理，關係就明確，語意就清晰；反之，關係就不明確，語意就含混。

1.主語在謂語前。在漢語裡，除了少數有修辭作用的「合法」的主謂倒裝句，一般都是主語在前，謂語在後。沒有任何修辭作用的主謂倒裝句是不合規範的。如「正沿著河堤察看水情，他和那些小朋友」，這是不必要的主謂倒裝句。「他漸漸陷了下去那隻有神的大眼睛」，這是錯把主語中心語放到了賓語位置上。

「《李自成》這本歷史小說對我是非常喜歡的」，這是錯把主語放到了狀語的位置上。

2.賓語在謂語後。某個詞語應該作賓語，而且應該放在謂語之後，卻當作主語放在謂語之前，犯了賓語錯位的毛病，如「在村裡改選時，村長又選上他了」。

3.定語位置要相宜。定語的正常位置是在名詞性中心語之前，只是爲了強調定語所表示的意義，或者爲了使句子緊湊精練時，才可以把定語放到中心語之後。不符合這個條件的，都算定語錯位。定語錯位現象，主要有兩種：一是不該後置的，如「雍正登基坐殿以後，就仇視他的政敵，把他原來的兄弟，同他奪位的，全部害掉的害掉，關起來的關起來」，「同他奪位的」應放在「兄弟」前面。二是定語錯占狀語位置的，如「監獄的小窗口，剛毅堅貞地露出一個臉膛」，「剛毅堅貞」應放在「臉膛」前面。

4.狀語位置要合理。狀語的正常位置是在動詞、形容詞性中心語前面，有時爲了突出狀語所表示的意義，也可以把狀語移到句首或句末。不必強調，或者不能挪位的狀語，硬是提前或移後，就會犯狀語錯位的毛病。狀語錯位現象，主要有三種：一是不該移位的，如「從『五四』前一直到『五四』後的我們，經歷了多少次鬥爭的風雨啊」，「從『五四』前一直到『五四』後」應放在「經歷了」之前。二是看錯了附加對象，如「只是在新年那一天在大家勸說下，他算是休息了痛痛快快的一整天」，「痛痛快快」應是「休息了」的狀語。三是狀語錯占賓語或補語位置的，如「他擦了一遍又一遍那個金光閃閃的紀念章」，「擦了」有一個較長的補語「一遍又一遍」，後面的賓語「……紀念章」應用「把」提到狀語的位置上。

㈣關係明確

關係明確，就是複句裡的幾個分句或句群裡的幾個句子之間

要有某種內在聯繫——就是有時間先後，或是有因果關係，或是有條件關係，等等，並且要正確運用表示關係的連詞，不能陰錯陽差，也不能張冠李戴。

1.先後要有序。客觀事物和現象的發生、發展都有一定的程序。有的同時發生，同時發展；有的在先，有的在後。語言是反映客觀現實的，先說什麼，後說什麼，也有一定的次序。如果不考慮時間和次序，說出話來就會先後無序，甚至零亂混雜。

跟先後次序有關的是並列、遞進、選擇、承接、解說等聯合複句，運用語言時常出毛病的是並列、遞進、承接三種複句。如「在這次撲滅森林火災的戰鬥中，同志們和烈火搏鬥了幾個晝夜，保住了森林，戰勝了烈火」，「保住了森林」和「戰勝了烈火」應顛倒位次。「在攀登科學高峰的道路上，他完成了一個又一個的任務，克服了一個又一個的困難」，應該是先「克服……困難」，後「完成……任務」。

2.因果要有據。客觀事物和現象的發生、發展，往往還有因果關係，表示這種關係的都是因果複句或有因果關係的句群。在語言的運用中經常遇到因果無據的現象：有強加因果的，如「他中學畢業以後，就下鄉參加農業勞動，所以這次考上了大學」，這是把沒有因果關係的分句，強加上因果連詞的句子。有因果顛倒的，如「這個工廠，由於生產搞上去了，因此各項政策也落實了」。有因果不全的，如「我們班的同學，因為年齡相差太大，有的三十歲了，有的二十多歲，有的才十幾歲，還帶著小孩脾氣」，只說了原因，沒說結果。

3.條件必須相符。客觀事物和現象之間，還有一種條件關係。表示這種條件關係的主要是條件複句、讓轉複句以及有條件、讓轉關係的句群。在語言的運用中也經常看到條件不符的現象：有強加條件的，如「雖然我們青年人沒有吃過舊社會的苦，可是經常受傳統教育是必要的」，「雖然」和「可是」應換成「因

為」和「所以」。有把甲條件當成乙條件的，如「不論我們作了很多過細的思想工作，他的問題還是解決不了」，應把表示無條件的「不論」換成表示讓步的「儘管」。

4.層次應該清楚。一篇文章都要有一個主題思想，一個段落也都要有一個中心意思，要想明確地表達思想，也必須根據事物之間的內在聯繫合理地安排句子。哪些先說，哪些後說，哪些是聯合關係，哪些是偏正關係，層次應該清楚，不能語無倫次。層次不清楚的語言現象，有的是把幾個毫無關係的句子堆在一起，上下語意銜接不起來；有的是一會說甲，一會說乙，乙還沒說完又去說甲。如「舊社會，一遇天災人禍，農民不是賣兒賣女，就是傾家蕩產，不是家破人亡，就是遠離家鄉以討飯度日。隨時都有家破人亡的危險，隨時都可以餓死在逃荒的路上。那時不知多少人餓死在路上、屋裡、屋外，不知有多少人流離失所，不知有多少人逃荒在外，少父無母，少兒無女。舊社會是人吃人的世界！如果遇到災害，窮人只有死路一條。」四個句子，一個意思，說的都是舊社會農民的悲慘生活。意思重複，關係不明，說到最後，語無倫次。

九　選煉句子的方法

語言中的句子是多種多樣的。各種句子有各種句子的用處，句子本身無所謂好不好。但在一定的語言環境中，哪種句子最能準確有效地表達思想感情，卻有個選擇和錘煉的問題。

同義句式的選擇和錘煉是修辭研究的對象，但各種句式的表達功能、同義句式的轉換方法等又是語法研究的內容（這些內容，可以放在修辭裡講，也可以放在語法裡講。下面只提示要點）。

選煉句子的方法，包括以下幾個方面：

㈠突出語意重點

在同義結構中可以選擇詞序不同的結構突出語意重點。包括：施動者前移、受動者後置、附加成分變位、分句變位。

㈡精煉句子結構

從繁簡不同的同義結構中選擇簡練的結構表達複雜意思的方法。包括：重複判斷，如「假的就假的」；重複緊縮，如「想走就走，想休息就休息」；相反相成，如「爲了進攻而防禦，爲了前進而後退」；簡短明快，如多用省略句、無主句、無謂句等。

㈢加強句子語氣

通過獨立成分、句子語氣的改變、肯定形式和否定形式的轉換加強句子的語勢。包括：呼語、感嘆語、插入語的選擇運用，設問和反問句式的選擇運用，肯定句式和否定句式的選擇運用。

㈣安排調整句式

選擇運用同語法章句有關的對偶、排比、蟬聯、回環、重複等句式，以提高語言的表達效果。

（原載《鄭州大學學報》〔哲學社會科學版〕1981年第3期）

論語言的內部矛盾

語言的內部矛盾問題，在語言學裡，是同語言發展的根本原因一起提出來的。我們認爲，語言的內部矛盾就是語言發展的根本原因（或叫內因，或叫根據）。這個問題不僅是研究語言發展的內部規律的基礎，而且也同研究語言特點的本質有著極爲密切的聯繫。

(一)對於當前有關語言內部矛盾的各種見解的分析

事物發展的根本原因不是在事物的外部而是在事物的內部，在於事物內部的矛盾性。事物內部的這種矛盾性是事物發展的根本原因，一事物和他事物的互相聯繫和互相影響則是事物發展的第二位的原因。語言也不例外，語言發展的根本原因決不是在語言外部，而是在語言內部，在於語言內部的矛盾性。沒有這種矛盾，語言就不會存在和發展。

但是，在承認語言發展的根本原因是語言的內部矛盾的學者當中，對什麼是語言的內部矛盾，意見是異常分歧的。有人認爲社會的發展是語言發展的內部矛盾；有人認爲語言的社會職能和語言的結構體系之間的矛盾是語言的內部矛盾；有人認爲語言和「言語」之間的矛盾是語言的內部矛盾；有人認爲語音、詞彙、語法之間的矛盾以及它們本身的矛盾是語言的內部矛盾。我覺得這些論點都有一定的片面性，都未能令人信服地揭示出語言內部矛盾的眞諦。

把社會的發展當作語言發展的內部矛盾，這是只看到了語言和社會不可分割地聯繫著的一面，而沒有看到語言和社會相互區

別的一面，沒有看到語言有其自身發展的動因和源泉的一面。

誠然，科學的語言學絲毫也不能忽視語言和社會密不可分的聯繫，因為語言是隨著社會的產生而產生，隨著社會的發展而發展的。社會以外，無所謂語言。也就是說，語言的生命同社會的生命是息息相關的，沒有社會和社會的發展，就沒有語言和語言的發展。在這個意義上說，社會的發展是語言發展的具有決定意義的條件。語言和社會的關係同其他社會現象和社會的關係有共同點——沒有社會就沒有一切社會現象；但也有不同點——其他社會現象對整個社會並不是不可或缺的。譬如沒有文學、藝術，同樣有社會存在，而沒有語言，社會將會停止生產，將會崩潰。語言和社會的這種特殊關係正是使得一些人認為社會發展是語言發展的內部矛盾的緣故。

但是，我們必須承認，語言和社會並不是一為二、二為一的，而是兩個迥然不同的東西。語言雖然存在於社會之內，但社會卻不能包括在語言之內，而是語言外部的東西。社會既然是語言外部的東西，怎麼能說它是語言內部的矛盾呢？社會的發展對於語言的發展雖然是一個巨大的推動力量，是一個必不可少的具有決定意義的條件，但也只是外部條件，是語言發展的外因，它必須通過語言的內部矛盾才能起到推動語言發展的作用。因為社會的發展只要求語言適應自己的需要，但用什麼方式來適應社會的需要，則是語言內部的問題。

把語言的社會職能和語言的結構體系當作語言內部的對立面，這是許多學者所支持的論點。這個論點是從語言的交際工具的屬性出發的，乍看起來，入情入理，但仔細推敲一下，則會發現它的危險性在於容易掉進外因論的泥坑。

什麼叫語言的社會職能？通俗點說，就是語言的社會作用。語言的社會作用就是充當形成思維、交流思想的工具的作用。誠然，語言的這種作用正是語言區別於其他社會現象的本質屬性。

沒有這種作用，語言就不成其爲語言，而語言本身也正是依靠這種本質屬性同社會發生聯繫的。但是，能不能由此得出結論說，語言的這種社會作用和語言的結構體系是語言內部的對立面呢？一種事物本身和它的本質屬性能不能構成內部對立面呢？我認爲這種對立面是不存在的。打個比方說，「人」之所以不同於其他動物，是因爲他具有區別於其他動物的本質屬性，這種本質屬性就是「能抽象思維、能製造勞動工具」。如果沒有這種本質屬性，人也就不成其爲人。但能不能說，人從出生到老死的變化的內因是「能抽象思維、能製造勞動工具」這一本質屬性和人的機體的矛盾呢？答案應該是否定的。因爲人的生老病死的變化，是有機體「新陳代謝」的結果。不可否認，語言的作用和語言的結構體系，是兩種相互制約和相互依賴的現象，在語言發生作用的過程中，語言的結構體系是會發生變化的，而語言的結構體系改變以後，語言的作用規律也要改變。正像人在進行抽象思維和製造勞動工具的過程中也會發生變化，而人發生變化以後，抽象思維和製造勞動工具的能力也要有所改變一樣。但是，語言的作用何以能夠推動語言結構體系的改變呢？它必須通過產生這種作用的語言結構體系內部因素的矛盾，正像人之所以發生變化，必須通過產生抽象思維、製造勞動工具能力的人的機體內部因素的矛盾一樣。

　　另一方面，我們也必須承認，語言的作用和語言的結構體系是語言研究的兩個不同方面，是從兩個角度出發的。語言的結構體系的發展過程，是由於語言內部音義的對立所引起的新質要素的積累和舊質要素的衰亡過程，也是產生語言內部規律的過程；而語言的作用過程則是依照一定內部規律的活動過程，這種活動過程必須在語言結構體系所固有的特點的基礎上才能實現。換言之，語言的作用是由語言的結構體系——內容和形式的矛盾統一體派生出來的，沒有語言的這種統一體，永遠也不會產生語言的

作用。

　　再一方面，語言之所以有作用，還必須有反作用的一面，這一面就是社會需要。離開社會需要，語言將失去它的作用。對語言本身來說，語言的作用是使語言同社會發生聯繫的紐帶；對社會來說，社會需要是使社會同語言發生聯繫的紐帶。可見語言的社會作用和社會需要才是直接的對立面，但不是內部對立面，而是外部對立面。畫個圖來看：

語言的作用		社會的需要
形式	內容	
語　言		社　會

當社會產生需要而要求語言適應自己的時候，語言是怎麼樣滿足這個需要而不斷改進自己的結構體系呢？決不是通過語言的作用，而是通過語言內部的內容和形式的矛盾統一來實現的。

　　把語言和「言語」當作語言內部的矛盾對立面，這個論點要想成立，必須過兩關：

　　第一關，語言和「言語」有沒有質的區別？有沒有一分為二的必要？主張語言和「言語」有質的區別的學者認為，語言是全民的交際工具，「言語」是對語言的使用（即言語行為）以及在語言使用中構成的產品（即言語作品），言語作品裡包括語言成分和非語言成分（即超語言的剩餘部分）。如果「言語」的含義真是這樣的話，當然同語言是有質的區別的。

　　可是，把「對語言的使用」和「言語作品」這些不相干的概念塞在一個人為的術語裡，名之曰「言語」，究竟有什麼必要呢？把「對語言的使用」就叫「對語言的使用」，把「言語作品」就叫「語言作品」，難道會有人把它們同「語言」混然相談嗎？為什麼偏要用「言語」來概括它們呢？有人開玩笑地說，要不要把

「對機器的使用」和「機器產品」也用「器機」來概括呢？事實上，社會上從未由於不分語言和「言語」而發生這種混亂現或感到不方便。據我所知，文學工作者在說「文藝作品的語言」、「作家的語言風格」之類話時，所用的都是「語言」，沒有一個用「言語」的。就連堅決主張區分語言和「言語」的語言學家，在剛剛講過「言語」的定義之後，在自己的同一部著作裡不是也說「老舍的語言特點」、「語言生動」之類的話嗎？可這些「語言」正是他們堅持要從語言裡分出來的「言語」。

　　其實，個人使用的語言或語言作品的語言是社會的語言存身之處。沒有個人使用的語言或語言作品的語言，社會的語言是空洞的，或者說是不存在的，正像離開具體人的勞動就看不到社會的勞動一樣。換言之，社會的語言是一般的，個人的語言是個別的。一般由個別來表現，個別包括在一般之內。個別語言可以帶有個人特點，但不能因此而說它不再是語言。因為這種個人特點是偶然性的，是在不致引起誤會、不致發生歧義的條件下出現的，並且必須有社會語言的構詞材料和語法規則作基礎。所以語言和「言語」是沒有質的區別，沒有一分為二的必要的，當然它們也就不是語言內部決定語言發展的對立面了。

　　第二關，退一步說，即使承認語言和「言語」有質的區別，可以分開，那麼它們是不是語言內部的矛盾對立面呢？主張把語言和「言語」分家並認為「言語」是語言發展的內部矛盾的學者，還有另一個重要理由，即：「言語」裡除了語言成分，還有「對語言的使用」以及「非語言成分」（主要是指創新成分），語言只有在使用中才能帶來創新成分，才能發展。不錯，語言的確是在人們的使用中發展的，語言的發展也的確表現為新成分的增加（其實還有舊成分衰亡），但是在人們的使用中語言為什麼發展，怎樣發展，為什麼增加新成分，怎樣增加新成分呢？如果仍拿「對語言的使用」和「非語言成分」來回答這些問題，就會陷

入外因論的泥沼。因爲，從他們給「言語」下的定義裡，我們已經可以看出「對語言的使用」是語言外部的東西，「非語言成分」也是語言外部的東西。旣是語言外部的東西，又是語言發展的根本原因，這不是外因論是什麼？這同德國的浮士勒和他代表的唯美主義學派，認爲由於個人對語言的使用所形成的風格因素是語言發展的根本原因，有什麼本質的不同呢？

其實，語言決不是靠「言語」來豐富和發展的，而是靠語言自身的結構體系，即內容和形式的矛盾統一體，以及由這種矛盾所派生的其他矛盾來豐富和發展的。對語言的使用是交流思想的手段，語言成分的創新是語言發展的一種表現形式，是語言內部矛盾統一的結果。也就是說，語言在人們的使用中之所以能夠發展，能夠創造新成分，必須是以基本詞彙和語法規則爲基礎，通過它們內部的內容和形式的矛盾統一來實現的。

把語言三要素——語音、詞彙、語法之間的矛盾和它們內部的矛盾當作語言發展的根本原因，也未能抓住語言內部矛盾的眞諦。

把語言分爲語音、詞彙、語法三要素，是從結構分析或靜態分析的角度出發的，並不是從構成語言整體的矛盾對立又互爲存在前提的兩個方面出發的，也就是說，不是從事物矛盾的法則——對立統一的法則出發的。我們只能說語言是聲音和意義的矛盾統一體，而不能說語言是語音、詞彙、語法的三角矛盾的統一體。誰都承認，即便是從結構分析的角度出發，語言也只能先分出詞彙和語法兩個部分，而語音必須是並且永遠是生存在詞彙和語法裡面，作爲構成詞彙成分和語法成分的物質外殼。把語音從詞彙和語法裡分出來同它們並列一席，作爲三要素之一，並不是語言特點本質的反映。因爲這樣一來，詞彙不成其爲詞彙，語法也就不成爲語法，剩下的只是詞彙意義（物質意義）和語法意義（關係意義），而語音離開意義，不結合成詞和語法成分，也就不

成其爲語音，只是一種物理現象，同自然界的風聲、水聲沒有什麼區別了。在語言學裡把語言從詞彙和語法裡分出來，只是爲了分析講述的方便。

那麼，可不可以只說詞彙和語法之間的矛盾是語言發展的根本原因呢？同樣不可以。即便把語言分爲詞彙和語法兩部分，這兩部分也不是永遠互爲存在前提的矛盾著的兩個方面：雖然沒有詞彙就沒有語法可談，但是沒有語法卻可以有詞彙存在，各式各樣的詞典就是證據。當然，我們也決不否認在語言的發展過程中，詞彙和語法可以相互影響，可以發生矛盾。但這對語言的發展來說，不是主要矛盾，而是次要矛盾。這種矛盾在語言的發展過程中是從屬於內容和形式這一主要矛盾的。沒有內容和形式這一主要矛盾，詞彙和語法本身就不能發展，它們之間也不會產生矛盾。因爲詞彙和語法本身都是內容和形式的統一體，它們之間相互影響、相互矛盾時都得通過它們本身的內容和形式發生作用。

話再說回來，把語言分爲意義和聲音，同把語音分爲詞彙和語法，仍是從兩個不同角度出發的。它們的關係可用下面的表來表示：

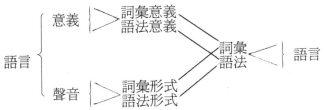

把三要素內部的矛盾當作語言發展的根本原因行不行呢？也不行。因爲這實際上不是談語言的內部矛盾，而是談語音、詞彙、語法的內部矛盾。這種矛盾對語言整體來說，還隔著一級，不是直接的矛盾，或者說，這是語言這一大系統內的各種現象的

語法內部的矛盾各有其特殊性。正如不能拿各種社會現象，譬如文學、藝術的內部矛盾去直接代替社會的內部矛盾一樣。再退一步說，即使承認三要素的內部的矛盾是語言內部的矛盾，那麼三要素內部的矛盾又是什麼呢？只能說，語音的內部矛盾是物理屬性、生理屬性同表義屬性的矛盾；詞彙的內部矛盾是詞的物質意義和詞的聲音的矛盾；語法內部的矛盾是語法意義和語法形式的矛盾。繞了半天，最後還都歸結到內容和形式的矛盾上來。

㈡內容和形式的矛盾是語言內部的主要矛盾

語言作爲一個完整的體系，它的內部不只有一對矛盾，而是存在著多種多樣錯綜複雜的矛盾。譬如內容和形式之間的矛盾，詞彙和語法之間的矛盾，文言和白話之間的矛盾，口頭語和書面語之間的矛盾，方言和共同語之間的矛盾，等等。這是大家公認的。但在這許多矛盾中，只能有一種主要的、起決定作用的矛盾。那麼，我們來看看，語言內部決定語言發展的永遠矛盾著的新舊兩個方面是什麼？答案只有一個——內容和形式。語言在發展過程中，永遠對立著又互爲存在前提的兩個方面是什麼？答案也只有一個——內容和形式。語言作爲一個統一體，是什麼統一體？答案還是——內容和形式。一句話，語言內部的主要矛盾是語言的內容和形式之間的矛盾。語言的內容就是意義，是事物、現象以及它們之間的關係在人的意識中有信號作用的反映，是語言的最重要和最本質的方面，語言主要是依靠這種反映同社會發生密切的聯繫，換言之，社會上的事物和現象一旦被人發現和認識，便立刻反映在人的意識中，成爲語言的內容；語言的形式就是聲音，是意義借以存在的物質外殼，是構成信號的條件刺激物，人們就是借助於這種聲音把對客觀世界的事物和現象在意識中的反映固定成詞和語。因此也可以直接地說，語言內部的主要矛盾是語言的意義和聲音（或表義性和符號性）之間的矛盾。正

是這一對矛盾，規定著和影響著其他矛盾的存在，決定著和促進著語言繼續不斷地向前發展。社會的發展之所以能成為語言發展的有決定意義的外部條件，也正是通過語言內部意義和聲音之間的矛盾起作用的。即社會的發展一方面要求言能夠迅速地全面地反映自己，一方面又要求表達這種反映的符號簡單、明確，便於人們使用，因而造成了語言的意義和聲音之間的不斷矛盾、不斷鬥爭和不斷發展。

　　語言的內容和形式同其他事物的內容和形式一樣，它們之間存在著複雜的辯證關係：內容決定形式，形式制約內容。當語言的形式暫時地、相對地適應於自己的內容時，它便促進內容的發展，當語言的形式不適應於自己的內容時，它便阻礙內容的發展，這時內容和形式就要展開鬥爭，而鬥爭的結果是內容和形式的暫時平衡。語言只有在這種不平衡——平衡——不平衡的鬥爭過程中才能發展。譬如：在漢語裡，由於在意識中有了「表小」或「表愛」的意義，為了適應這種意義的需要，便產生了兒化音（在一個音節後面帶上卷舌音－r），構成了兒化詞（如「花兒」、「盆兒」、「鳥兒」、「馬兒」），這是意義和聲音由矛盾到統一的結果；兒化音產生之後，製造了大批新詞，豐富了漢語的詞彙，這是由於形式適應了內容的需要而促進了內容的發展。但在今天，北京話裡的兒化音，在某種情況下對意義的發展又在起著阻礙作用，如由於用得太濫，影響了意義的鮮明性和準確性，在這種情況下，形式已經不能適應內容的需要而又同內容發了矛盾，這種矛盾的結果，是在漢語規範化的過程中，那些不該兒化和可以不兒化的音被淘汰。又如，「民主」這個詞的產生，也是意義和聲音矛盾統一的結果，即由於客觀事物在意識中有了某種反映，這種反映便要求用一定的聲音形式把自己表達出來，於是最初便在漢裡出現了 demokelaxi（德謨克拉西）五個音節的組合形式，矛盾得到了解決，後來由於這種形式不能很好地表達意義，而產生

了新的矛盾，於是又出現了 minzhu（民主）兩個音節的組合形式，使矛盾得到了統一。漢語的詞由單音向複音發展的趨勢，也是內容和形式的矛盾統一的結果，即日益複雜的社會生活在人的意識中有了反映，語言中就要大量地增加新詞，這些新詞必然要求有一定的音節形式作為物質外殼，但一種語言的音節數目總是有限的，雖然也可以增加，速度也不會快（這也是由語音的表義功能所決定的），都用單音節形式，詞多音節少，必然要使同音詞無止境地增加，而同音詞過多，必然要影響詞義的表達，這是意義和聲音矛盾的又一起點，為了解決這種矛盾，便利用現有的音節（或詞素）構成了大量複音詞。此外像一種語法成分的創新和衰亡，也都是意義和聲音由矛盾到統一的結果。

　　總之，語言中任何一種成分都是內容和形式的矛盾統一體，即都是音義結合物：詞和由詞組成的句子是音義結合物，表示詞與詞、句子與句子之間的關係的語法成分也是音義結合物（即語法意義和語法形式的結合物）。

　　語言內部矛盾的主要表現形式是語言的穩固性和變動性的矛盾。語言的穩固性來自語言的形式。如上所說，形式雖然取決於自己的內容，但由於語言的符號性和簡明性要求以少數形式表達複雜的內容，在形式形成之後，就必須以相對的穩固性來制約著內容的變動性。不這樣，語言將不能很好地充當人們的交際工具。語言的變動性來自語言的內容。任何事物的發展變化都是從內容這個非常活躍和富於變化的因素開始的。只要社會上一有新事物，就會在意識中有所反映，這種反映必然要求一定的形式使自己成為現實並且固定下來。內容的變動遇到了形式的穩固性，這就意味著鬥爭，意味著發展。任何事物都有穩固性和變動性的矛盾，而且穩固性是相對的，變動性是永恆的；但由於各個事物的本質屬性的不同，由於各個事物內容和形式的特殊性，穩固性的程度和變動性的方式卻是各不相同的。語言由於它的社會性的

原因，由於意義和聲音的特殊性，比起其他社會現象來，特別是比起上層建築來，穩固性要強大得無比。因此它制約著變動性的方式只能是漸變的而不會是突然爆發；而語言的變動性又不斷地衝擊著語言的穩固性，因此又決定了語言不是一成不變的。這就構成了語言發展的內部規律。如果語言沒有這種無比強大的穩固性，它的發展必然會採取突然爆發的方式，每一次爆發對人類來說都會是一次災難：人們將會飽嘗沒有語言、沒有交際工具的痛苦。如果語言沒有變動性，就不可能有像我們今天所使用的足以能夠交流思想的現代語言，也就不可能有現代的生產水平、文化生活和社會生活。石器時代的語言決不會適應電氣時代的需要，「詩經」和「楚辭」的語言決不會寫出「紅樓夢」和「暴風驟雨」來。

（原載《河南日報》1961年 9 月20月）

語文意識和語文教學

探討語文教學的含義，我認爲，根本在於強化語文意識。求得對「語文」本體的科學認識，是正確理解「語文教學」的先決條件。

「語文」和「語文教學」均屬於複雜層次的概念系統，這裡，不能做全方位的闡釋，僅就改革實踐中遇到的幾個問題談談語文意識對語文教學的導向作用。

一　從語文的工具性看語文教學的目標

「語文」是甚麼？有人理解爲「語言文字」，有人理解爲「語言文學」，我認爲應理解爲「語言文章」。因爲，文章是文字、詞語、句子、篇章的集合體，自然包括文字；同時，文章又是反映客觀事物、表達主觀情思、組成篇章結構的書面語言，還可以包容文學。所以，語文的「文」釋爲「文章」比釋爲「文字」或「文學」包舉性強，較爲準確。

葉聖陶先生說：「『語文』一名，始用於1949年華北人民政府教科書編審委員會選用中小學課本之時。前此中學稱『國文』，小學稱『國語』，至是統而一之。彼時同人之意，以爲口頭爲『語』，書面爲『文』，文本於語，不可偏指，故合言之。……其後有人釋爲『語言』『文字』，有人釋爲『語言』『文學』，皆非立此名之原意。第二種解釋與原意爲近，惟『文字』之含意較『文學』爲廣，緣書面之『文』不盡屬於『文學』也。課本中有文學作品，有非文學之各體文章，可以證之。第一種解釋之『文字』，如理解爲成篇之書面語，則亦與原意合矣。」（《語文教育書簡》）

　　既然，「語文」是口頭語言和書面語言的統稱，那麼，「語文課」必然是一門工具性課程，其基本任務是培養學生正確地理解和使用語言文章的能力。語文教學目標的確立，取決於語文學科自身的性質。無論口頭語言或書面語言，都是思想的直接現實，當然，語文課要進行思想品德教育。語文教材中有相當一部分文學作品，因而，語文課也要進行美感薰陶。語文既是交際工具，又是思維工具，所以，語文課還要進行智力開發。語文融工具性、思維性、文學性爲一體，其中，工具性是語文學科最基本的屬性，因此，語文課的思想教育、美感薰陶、智力開發，都要滲透在語文基礎知識教學和基本訓練之中。1949年以來曾經出現過「把語文課教成政治課或文學課」的偏頗，其思想根源在於抹煞了工具性這一本質特徵，因而導致語文教學一度走向歧途。可見，強化語文的工具意識是明確語文教學目標的前提。

二　從語文的學術性看語文教學的內容

　　語文教學的內容簡言之就是語文知識和技能。知識屬「學」科，技能屬「術」科，語文是「學而兼術」的科學。

　　語文知識包括哪些？流行的簡括說法是字、詞、句、篇、語、修、邏、文。這「八字體系」中，前四字和後四字呈現交叉，視角不一；其中的「文」，通常被理解爲「文學」，而極少被解釋爲「文章」。按著前面對「語文」的解說，必須確立文章知識在語文知識體系中的位置。我認爲，語文基礎知識包括語音學、文字學、詞彙學、語法學、修辭學、邏輯學、文章學、文學八個門類。語文知識教學應根據學校層次確定深淺不同的內容，但八個方面缺一不可。

　　語文技能包括哪些？流行的簡括說法是聽、說、讀、寫。這「四字體系」中，「聽」和「說」是口頭語言的吸收和表達能力，「讀」和「寫」是書面語言的吸收和表達能力，四者統屬於外部

語言能力。我認為，語文技能除了聽、說、讀、寫之外，還應加上看、記、思、想。因為觀察、記憶、思維、想像都屬於內部語言能力，統歸「理解和運用語言的能力」這個總範疇內。聽、說、讀、寫這些外在的語言活動，都離不開看、記、思、想這些內在的語言活動，它們表裡一致，構成完整的語文能力體系。按照這樣的理解，語文技術科學該有聽知學、演講學、閱讀學、寫作學、觀察學、記憶學、思維學、想像學八個門類。語文技能訓練，不但要堅持「聽、說、讀、寫」那重要的原則，而且要堅持「外部語言和內部語言相結合」的原則。沒有語文能力的整體觀，就會導致「重讀寫訓練、輕聽說訓練」，「重外部語言訓練、輕內部語言訓練」的偏向。

　　語文的學術意識，要求我們正確處理語文知識和語文技能的關係。過去長時期的重「講」輕「練」，把語文課視為單純知識課，是錯誤的；現在重視技能訓練了，但以為知識教學不值一提，有意無意貶低知識自身的價值，僅將它看成技能訓練的手段，那也是不對的。語言文章的教學，出發點是「知」，終點是「行」。不但語文能力的形成要以語文知識為前提，而且語文能力的發展仍然要以語文知識作指導。因此，必須按照「學而兼術」的觀點去建構語文教學的內容體系。以現行中學語文教材為例，人民教育出版社中語室編寫的通用本和試教本，體現了「一綱多本」，代表了綜合型和分科型兩種不同的新體系。通用課本把閱讀、寫作和語文知識綜合編入；試教課本把閱讀和寫作分開編出，漢語常識自成體系，二者各有特色，都注重了知識的系統性和訓練的序列化。

三　從語文的人文性看語文教學的功能

　　語文不是「上帝的創造」，而是「人類的作品」，它只能存在於人與人的關係之中，存在於社會之中，它是作為人類最重要的

交際工具和思維工具來為社會服務的。呂叔湘先生說：「語言是甚麼？說是『工具』。甚麼『工具』？說是『人們交流思想的工具』。可是打開任何一本講語言的書來看，都只看見『工具』，『人們』沒有了。語音啊、語法啊、詞彙啊，條分縷析，講得挺多，可都講的是這種工具的部件和結構，沒有講人們怎麼使喚這種工具。一聯系到人，情況就複雜了。」「要求把語言作為一種社會現象來研究，這可以說是語言學的一次解放。」（《語言作為一種社會現象》）從描寫型的結構語言學到人文型的文化語言學，標誌著語言從結構系統的研究到語言應用的研究，從小語言學到大語言學的過渡。在語言文章的背後，隱含著人文歷史特點，體現民族的文化傳統。羅常培說得好：「語言文字是一個民族文化的結晶，這個民族過去的文化靠著它來流傳，未來的文化也仗著它來推進。」（《語言和文化》）

　　了解語文是文化的載體，就能避免語文的「唯工具論」，而看到語文和人文科學的血肉關係，認清語文雙基教學的開智、立德、移情、審美等功能，一句話，注重語文課程對於「人的形成」的價值，變語文訓練為語文教育。中國語文教學的內容不是廣義的語言文章，而是漢語言文章，它和西方形態語言文章相比，具有更強的人文性，這集中表現在「神攝」，即以神統形。作為非形態語言的漢語，能量很大，讀文作文時往往需要反復領悟體味，方能把握文章表層和深層的含義。語文的人文性要求語文教學兼顧教材和學生，尊重學生自身的個性發展，順應學生自己的發展成長過程，使認知領域、技能領域的發展，與情感領域、意志領域的發展相融合。

　　強化語文的人文意識，將使我們深入認識語文教學在整個教育中的根基作用和在文化發展中的領先地位。語文是基礎學科。在各種形式的學校裡，教育有逐級上升的層次，第一層是語文教育，第二層是常識教育，第三層是專業教育。這個「寶塔式」教

育層級，語文教育屬基礎教育，語文教育提不高，其他學科都會失掉堅實的基礎。語文又是帶頭學科。語文學科擔負著掃除「文聾」、「文啞」、「文盲」、「文鈍」的歷史使命。提高所有學生的聽、說、讀、寫能力，對於提高整個民族的文化水平，具有戰略的意義。漢語文具有強大的內聚力，從秦代「書同文」統一文字後，這種書面民族共同語把中國鞏固團結爲一體，儘管方言各異，嗓音不同，而見形可以知意，雖遠處世界各地，用漢文可以通音息。漢語又有強大的擴散力，它把各民族的語言形式和文化內容溝通起來。古代中原民族和邊疆民族之間的語文滲透，形成了中華民族文化，又給東南亞、日本和朝鮮等民族的語文以強有力的影響，建立了國內外的文化親屬關係。語文的交際功能所造成的文化滲透，啓示語文教學必須實行開放，突破文化本位主義，從跨文化角度研究語文課程的發展；漢語文教學應發揮自己的威力，對世界各國的語文教學做出獨特的貢獻。

四　從語文的社會性看「大語文教育」

語文是特殊的社會現象。語言文章作爲思想的載體，文化的結晶，幾乎涉及一切學科和教育領域，介入社會生活的各個方面。從牙牙學語到著文傳世的人生旅程，從鏤刻甲骨到使用電腦的歷史長河，從個別交往到衛星通訊的大千世界，無處不見語文，衣食住行，學習工作，各行各業，收發訊息，到處都要用語文；讀書閱報，說話作文，聽歌看戲，旅遊參觀，隨處可學語文。語文的這種全社會性，超時空性、廣實用性，要求我們從社會文化的大背景來設計和組織整個語文教程。

語文教育本來就是一個面向人生，面向社會的開放系統，封閉性的單一課堂教學，絕對完不成語文教育的任務。我們必須從宏觀角度改革語文教學的舊模式，變小語文教育爲大語文教育，使學校語文教育和家庭語文教育、社會語文教育形成合力。爲

此，一定要開闢語文第二課堂，擴大語文教學陣地，從單一的課
堂教學轉變爲「兩個課堂」並舉，讓學生從課內、課外、校外廣
泛地獲取語文知識和技能。諸如語文集合和演出、語文講座和演
講、語文比賽和展覽、語文朗誦和練筆、語文編輯和採訪、語文
欣賞和研究，等等。展開這些社會性語文活動的前提是努力提高
語文第一課堂教學的效率。如果課內教學節奏快，語文信息量、
學生思維量、活動量都大，那麼課外語文學習的容量和效果也會
增大。此外，還要強化社會語文環境的積極影響，防止不規範語
文的污染。可見，實現大語文教育，必先樹立語文教育的整體
觀，要呼籲全社會（不光是語文教師和語文工作者）都來關心和
支持語文教育。

五　從語文的現代性看語文教學的現代化

語文作爲一種社會文化現象，必然隨著社會的發展不斷發
展，許多新的詞彙，新的句式，新的表達方法，新的傳播手段不
斷產生。從前，書面語言打破時空限制，濟口頭語言之窮；現
在，口頭語言借助傳聲技術也打破時空限制，在某些方面補書面
語言之不足。語文發展的新趨勢，要求書面語言和口頭語言一
致。現代漢語這個概念，書面語言和口頭語言一致是它的主要的
內涵。漢語規範化，書面語言和口頭言一致是它的主要的規範。
簡化漢字輸入電子計算機，證明表形文字也有自身的優勢，它也
有強大的生命力，正如香港安子介先生預言的：「二十一世紀應
是漢字發揮威力的時代。」（《劈文切字集》）

語文的現代化要求語文教學的現代化；爲了適應和促進語文
的現代化，語文教學現代化至少應包含以下六項內容：

(1)語文教學要進行信息傳播的全面教育，全方位地培養書面
　　語言和口頭語言的理解能力和表達能力，使學生善讀善
　　寫，善說善聽，成爲語言的「全能型」人才。

⑵語文敎學要落實開發智力的創造性敎育，每個語言訓練的步驟，都要深入思維價值中去衡量和設計，使學生掌握創造思維的技能，成爲「創造型」人才。

⑶語文敎學要求發揚「文道統一」的傳統，善於在傳授知識、訓練技能、開發智力的過程中進行思想、政治、品德、情操和審美觀的敎育。

⑷語文敎學要貫徹多要素、多道渠、多層次的立體敎育，發揮語文的社會性特點，組織「大語文敎育」。

⑸語文敎學要創造條件實行電化敎育，敎師不但熟悉自然語言，而且懂得人工語言，不但會使用敎學硬件，而且能編寫敎學軟件，自覺運用現代化電敎手段。

⑹語文敎學要適應終身敎育（包括學前敎育、基礎敎育、專業敎育、研究生敎育、繼續敎育五級）的現代體制，發揮語文課的基礎敎育特點，著力訓練學生的自學能力，養成良好的聽說讀寫習慣，使之終身受用。

　　以上簡要地談了語文的工具意識、學術意識、人文意識、社會意識和現代意識，這些意識並非語文意識的全部內涵，但可以說是主要方面。強化語文的這些意識，對於轉變語文敎學的陳舊觀，樹立語文敎學的科學觀念，是至關重要的。總之，語文敎學科學化的根本出路，首先是求得對敎學內容——「語文」的科學認識，即建立現代語文學。

　　（原載香港第四屆國際語文教育研討會論文集：《本文化和跨文化的教與學方式：語文教學的含意》1989年）

關於語言教學和語言研究
問題的通信

編者按: 天津師範學院教授朱星先生給鄭州大學教授張
靜先生的信, 以及張靜先生的復信, 談論了高等學校
中文系科現代漢語課的教學內容以及有關語法教學、
語法研究和文學語言問題。這些問題都是語言學界一
直關注的, 值得認眞討論。二位先生的意見有相同之
點, 也有不完全一致的。徵得作者同意, 現予以發
表, 歡迎爭鳴。

朱星教授致張靜教授的信

張靜先生:

　　您好!

　　頃承惠賜尊著新作《文學的語言》一書, 拜讀之下, 甚爲欽
佩, 此書與您去年出版之《語言的學習和運用》一書正是雙璧。
可證您在語言學上已建立了一個新體系。我是同意的。我也曾寫
一稿名《文學語言發展史略》, 已在印刷中。是運動前寫成, 本
是給文研所出版的《中國文學史》作一補充。因爲我看到該書大
講文學而少講語言。不知文學是以語言爲媒介的藝術。沒有語
言, 何有文學? 寫文學史而不講語言, 就不是完全無缺的文學
史。當時我曾交何其芳同志評閱, 他很同意。而語言又分語言形
式體系與語言的文學藝術。前者指文字語音詞彙語法等, 古代稱

之爲小學。因爲是一般人學文化中最起碼之事，是小學中的課程。（作爲語言科學研究，當然是例外。）五八年敎育部曾印發《漢語課本》共四本（?），從文字、語音、詞彙到語法修辭，試用了兩三年而作罷，大家甚爲驚訝：旣一再強調語文知識的重要性，今旣編出課本在全國初中試敎，何以虎頭蛇尾，以失敗而告終？後來也沒有作一交代說明眞實原因。我一九七九年寫《漢語語法學的若干問題》一書（河北人民出版社印行）曾專章談此事，但我沒有下結論。現在大學開設《現代漢語》課，講文字、語音、語法、詞彙等，其實是初中漢語課本的擴大提高。全國有三套：一套是上海復旦大學胡裕樹先生主編的，一套是河南鄭州大學張靜先生主編的，一套是甘肅蘭州大學黃伯榮先生和廖序東先生主編的，都各有特點，爲全國各大學文科所採用，但我一九七九年在昆明會上曾公開說過，這些現代漢語課本，數年之後，學生程度提高了，要求在高中都學了。到大學就可講提高課，講漢語發展史，中外語法比較研究，或《馬氏文通》研究等。一九七八年，北京市曾譯印馬克思恩格斯中學畢業時評語，用以鼓勵高中畢業生努力學習。評語中說馬恩二人中學畢業時已精通拉丁文，希臘文也學的不錯。還學好了其他幾種外語。說馬克思博士論文就是用拉丁文寫的（其實他們的拉丁文，等於我們的文言文）。因此他們升到大學，再沒有學現代語的必要，應當在初中就學好了（所以五八年左右的漢語課本還是正確的、必要的）。應當在初中畢業寫語體文就該文法無誤，文理通順，還頗有修辭；至於錯別字更不用說了。這說明我國的學生語文水平太落後了。呂叔湘先生也曾爲此驚嘆（他收到學生一封信錯別字很多，語法不通，毛病太多了）。這說明目前還要強調語文敎學（在小學中學，在大學今天還要提，但事實上不應該，因爲到大學連祖國的基本語文還沒有解決，會引起外人恥笑。專搞語法的專家應該深思）。

　　但我們所講的語文，實指字音字形語法詞彙，舊稱小學的課程，是語言的形式體系，是初級的語言，決不是高級的語言。高級的語言是文學語言，不是語言形式。現在張靜同志提出來了。我也曾這樣提過。我六一年在大學講漢語史，就在末章寫了「漢語的文學語言」。有人見了還很反對，認爲語言研究只能研究其形式體系（這是一般的現象）。研究文學語言只能由文學家或在文學史中去研究，但搞文學的由於不懂語言的形式體系，因此也講不好文學語言。而毛主席教我們「要下苦工夫學習語言」，不全是指語言的形式體系，還是或更是指的語言的文學藝術。《反對黨八股》中所提出的數條，都是指這些，甚至還指思想內容、寫作態度，並沒有提語音語法。語音語法也是重要的，但決不是會說正確的普通話北京音，語法上沒有錯，「我吃飯」，不說「我飯吃」，就是已盡語言之能事了。其實中國人都先會說漢語，就合漢語語法。與外人學習漢語的情況不同。而且古今許多文豪都沒有學過語法，不能說在《馬氏文通》中國第一部科學的文法出版之前的所有文章都文法不通。相反，我在震旦大學遇到一位教國文的徐神父，精通拉丁文、法文等，又深鑽《馬氏文通》，但他寫一封信都寫不通順，因爲他腦中有拉丁文、文通等外國的、古人的文法在作怪，獨獨不信自己從小就學好的活漢語。眞是可笑！還有歐洲最早的語法書始於西元前五十年左右、特拉克斯 Dionycices Thrax 的《希臘語法》，但他前三百年的亞里斯多德大哲所寫的著作被人奉爲楷模，可見語言在先，語法書在後。語言中自有語法。因此搞語法研究的、寫語法書的過於強調：不學語法書就寫不好文章（「語法」與「語法書」這兩個詞不同義），這是不對的。我們平時所說的「要學點語法修辭與邏輯」。這語法即指語法書，邏輯也是指邏輯學一類書。可見要學好語文，不能全學語法書。修辭學就比語法書高。如《語法修辭講話》講語法還講修辭，就是此意。而最要緊的倒是邏輯思維。如果邏輯思維

不通,雖然把語法規律條條都背熟了,還寫不通文章。這是一般常識,盡人皆知。主要在平日的說話訓練中,還有多讀典範的文章,加以思考觀察,才可使邏輯思維訓練完善。過去因爲過分強調語法的重要性,而所編語法書又分許多派別,甚至還宣傳美國的純形式主義的結構主義,造成混亂局面,如此而想加速提高語文教學水平,以及學生的語文水平,等於南轅而北轍。因此,今日要糾偏,要根據「學點」的精神,主要要打基礎,打基本工,多讀典範文章,多練寫作,多練有條理結構的有文學藝術的演講談話的語言,多讀政治思想哲學書、歷史書,還有歷史記叙體、文學描寫體等文章,這樣才可眞正提高學生的語文水平。單純分析語言的形式系統,等於解剖一個死屍,雖然分析很細,終非一個活人的全貌。我們要分析一個活人的全貌,又如考試語文,如果分開語法塡空,詞彙塡空,錯別字改正塡空,……終不如出題寫一篇文章,更可看到學生的語文水平。

　　足下寫了不少語法書,都有獨到創見,久爲全國所稱道。一九八〇年出版的《語言的學習和運用》一書,獨開生面,始標新途,已轉到文學的語言語言的實踐的方向。語言的實踐(又稱語言的作業,屬於「言語」(Parole),不是「語言」Langue),「言語」是基本,在言語中才可提出語音語法等形式規律。但單講語言的形式系統如語音語法文字詞彙的規律,不能體現文學的語言。修辭學才是文學語言的一部分。到您今年八一年出版的《文學的語言》,您在語言科學上的革命旗幟才突出鮮明。我可以說:張靜同志語言科學研究的道路是正確的,是我同意的。對我國急需提高學生的語文水平,正是一個好的實驗。我前年曾提出要寫《漢語語義學》(提綱發表在山東大學的《文史哲》上)也是我試走的又一方面的新途。我將努力寫出來,作爲語言科學界試闖新途的另一方面軍。而語法方面也有人在試圖突破,究竟如何突破,我們對張志公先生寄以很大希望。張志公先生曾親對我說過,

「語法要突破」。今天我在讀到您的新著《文學的語言》，有些感想，特寫此信與您商榷。希望您抽暇答覆我。事關語法界或語言學界一個大問題，我不能再緘默，希望能引起討論，對全國學生語文程度的提高很有關係。目前有些學報已提出許多新問題需要討論，如思維與語言同時產生問題，普通話以北方話爲基礎方言問題，詞義是否有階級性問題（北大石安石先生提出詞義也無階級性），否則語言無階級性一語要動搖，其實詞義本分一般的表層的，作爲全民交際所用；至於某些詞的特殊義實質義即有階級性）等，專此候教，順請

著安！

弟朱　　星　1981 年 9 月 13 日

張靜教授覆朱星教授的信

尊敬的朱星先生：

惠書拜讀。愧謝先生的關懷和鼓勵。一位古稀老人對現代語言的應用問題如此掛懷，更是令人至爲欽佩。您在信中提出的幾個問題都有現實意義，都值得語言工作者認眞研究討論。「卑之無甚高論」，僅就有關語言教學、語言研究的幾個問題，淺述個人管見。不當之處，望不吝賜教。

一、關於「現代漢語」的教學内容問題

「現代漢語」是高等學校中文系科的一門基礎課。所謂「基礎」，我理解應「基」於兩個方面：一是作爲工具課，進一步提高學生聽說讀寫的能力，特別是要求學生運用全民共同語把話說通，把文章寫通。沒有這種能力，或者這種能力不強，學習其他學科都會失掉堅實的基礎。對一個學生來說，沒有這種基礎，一生都要吃苦頭的。二是作爲語言研究的入門課，爲進一步研究漢語，以及爲進一步研究語言學打好基礎。漢語是漢族學生的母語，在母語的感性知識基礎上，系統地教給學生一些有關現代漢

語的理論知識，不僅可以進一步提高學生聽說讀寫的能力，而且也是從事語言研究工作的必備條件。

前一種基礎，正像您信中所說，本該在中學就打好，但目前我們國家的中學語文課還不能全部承擔這個任務。我總覺得現在的中學語文課還同幾十年前一樣，選百十篇文章，有文學作品，也有非文學作品，有白話的，也有文言的，再加點不系統的知識短文。我念中學時是這樣，我的老師念中學時也是這樣。幾十年如一日，沒有多大變化。別的課程一周不學就跟不上，可語文課半年不學照樣考及格。這樣的語文課雖然也能提高學生的聽說讀寫能力，但效果不理想，少慢差費，學生的語文水平同學習年限不成正比。說有些中學畢業生連信也寫不好，錯別字很多，用詞不當，語法不通等，這並不是誇張，而是事實。到了高等學校中文系科，只好通過「現代漢語」補打中學沒有打好的基礎。如果將來中學語文課能夠解決學生在運用語言中存在的主要問題，到了高等學校，就可以集中精力講授提高課或專題課，如文字學、語義學、詞彙學、語法學、修辭學，以及您所說的漢語發展史、中外語法比較、或《馬氏文通》研究等。

後一種基礎，也是「現代漢語」課的中心任務。這種任務只能在高校階段完成。由於專業化的要求，高校中文系科不僅要求學生具有一般的聽說讀寫的實際能力，而且要求這種聽說讀的能力必須有堅實的理論知識作指導。從這個意義上說，目前在高等學校中文系科的「現代漢語」課裡系統地講授文字、語音、詞彙、語法、修辭是很有必要的，將來的提高課文字學、語音學、詞彙學、語法學、修辭學也都是在這個基礎上「提高」的。

「現代漢語」課二十多年來是有成績的，但也存在著嚴重的缺陷。我們應該認真總結經驗教訓。從目前我國高校學生的實際狀況出發，為了兼顧兩種基礎，對非語言專業的學生來說，我一向主張建立一套語音、詞彙、語法、修辭、邏輯以及文學欣賞相

合的，以準確、鮮明、生動、精練爲主線的綜合運用的教學體系。我覺得過去的和現在的結構形式分析或靜態描寫的方法，過於強調語言各要素的系統性，即您所說的語言形式體系，忽視語言運用的實際，容易走上空談體系，從「理論」到「理論」的歧途。這種教學體系對非語言專業的學生，對從事文字工作的人員並不是最好的辦法。而綜合運用的體系，強調語言表情達意的實效，並適當講述有關的理論知識，可以克服理論脫離實際的缺陷。我編寫的《語言的學習和運用》就是這種想法的初步嘗試，而且是作爲一種讀物面向社會的，只涉及詞彙、語法、修辭和一部分邏輯問題，沒講文字，也很少談到語音，理論知識更不系統，因此還談不上什麼體系。至多可以說那是一本以實用爲主的語法修辭書。到我們編寫《新編現代漢語》時採取了「聯繫」和「並重」的辦法——理論知識密切聯繫語言運用的實際，講理論知識的篇幅和講實際運用的篇幅各占一半。爲了照顧二十多年來「現代漢語」五大塊的教學習慣，我們沒有採用全面綜合的辦法，只是把修辭、邏輯、文學欣賞的有關問題結合到語法、詞彙、語音三要素裡去。這樣做，也有不同的反映：有的教師認爲基本上解決了理論聯繫實際的問題，學生，尤其是師範院校和業餘院校的學生，覺得學了管用；有的認爲屬於語言運用的問題不必多講，這類問題雖然學問不深，但教師不好駕馭，不如單純講授理論知識順手。哪種意見合理，經過一段試驗之後，我們再討論修訂。望您多提寶貴意見。

二、關於語法教學問題

您說目前我國學生的語文水平不高，還要強調語文教學，我完全同意這種看法。中學生如此，大學生也不例外。語文水平不高的主要表現是不少學生不能運用語言文字通順流暢地表情達意，不是用詞不當，就是語句不通，不是層次不清，就是結構混亂，至於錯別字更是難免。語文水平不高，的確不能全由語法負

責，除了邏輯思維能力的訓練，語言的各個部分，如文字、語音、詞彙、特別是修辭（包括篇章結構）都有責任。但必須承認語法是語文的一個重要方面，爲了通順暢達地用詞造句，不僅中學生要系統地學點語法，大學生也需要補課。今年 7 月在哈爾濱語法和語法教學討論會上印發的呂叔湘先生的《怎樣跟中學生講法語》裡，有一段話，我認爲講得很中肯。他說：「要不要跟中學生講語法？很多人，包括一部分中學教師，不贊成跟中學生講語法。理由：一、沒用；二、接受不了。語法無用論在一部分知識分子當中是相當流行的。他們說，自古以來中國讀書人不講『文法』，可是出了很多能文之士。反之，現在很多人學了語法，可是文章寫不好，包括語法學家本人在內。這個話，聽起來似乎也有幾分道理，但是有很大的片面性，邏輯上有問題。正如同有些人說，有人不講衛生也不生病，有人講衛生，要生病照樣生病。事實怎麼樣呢？事實是，講衛生的人總比不講衛生的人少生病。文章的好壞，語法只是其中一個因素，還要多讀範文，講究作文法，講究邏輯思維。可是就拿語法這一件事情來說，學過語法的人比起沒學過語法的人來，文字通順的比例也總要大些。古時候不講語法，出了不少文人學士，一點不錯，可是同時也出了數不清的不通的讀書人，不過他們寫的東西都沒有傳下來，大家都忘了就是了。人們的各種技能很多是靠經驗得來的，是不知不覺學會的。可是如果能夠把經驗總結出來，懂得其中的道理，把不自覺的變成自覺的，不但知其當然，並且知其所以然，他的技能就會得到鞏固和提高。這個原則也適用於語言文字，語言文字的運用也是一種技能。

　　「中國學校裡講語法，雖然也有了幾十年的歷史，但一直是只有部分學校、部分教師講，也往往講得不很得法，效果不明顯。大規模的試驗只有過一次，就是五十年代中期把中學語文課分成漢語和文學兩部分，編成兩套課本，漢語課本裡邊有語法。

這樣的分科教學只試行了兩年就停止了，又恢復了綜合性的語文課，一直到現在。現在的語文課本裡也編進去一點語法知識，但只是蜻蜓點水似的點一點，起不了多大作用。分科教學那段的經驗沒有總結過，一般的印象是沒有取得很大成績，有人就說是失敗了。可是我這幾年裡邊接觸到好些比較年輕的教師，他們是五十年代當學生的時候經過這一分科教學的階段的，他們很懷念那兩年的語文課，說是從裡邊學到了系統的語法知識，對於他現在的教學很有用，這也證明語法無用論是站不住腳的。」至於學生能不能接受的問題，那就要看講什麼樣的語法和怎麼講語法了，這都跟語法書有關。過去我們所講的語法（語法書）條條框框太多，術語太多，而且脫離學生的實際，即使可以接受，也是用處不大。

　　中學生和大學非語言專業的學生學點語法主要是為了應用，他們所學的語法（包括語法書）應該是規範語法。除了簡明扼要地教他們一些必要的語法知識，如什麼是一個詞，詞分多少類，什麼是一個詞組，詞組的結構類型，什麼是一個句子，句子的種類等，應該著重講授各種語法單位的用法，各種句式的選擇。舉例來說，魯迅在《阿Q正傳》裡寫阿Q和小D扭打，各自用一隻手抓住對方辮子，又各自用一隻手護住自己的辮根，相持約半點鐘之久。看熱鬧的人對這場「龍虎鬥」所持的態度各不相同。怎麼不同？魯迅是用語氣詞「了」來區別的：有的說「好了，好了！」有的「好，好！」用「了」字的大概是看過癮了，不想再看了，因而帶有勸解語氣；不用「了」字的是還想繼續看下去，因而用「讚揚」的語氣進行煽動。一個「了」字，用在這樣一個具體的語言環境中，無須多費筆墨，就把阿Q所處的典型環境中的事態人情躍然紙上，讀起來，如見其人，如聞其聲。如果在語法課裡能夠多用具體的語例說明語氣詞「了」的各種用法，總比大講「了」字究竟是不獨立的詞素還是獨立的詞，究竟是結構

助詞還是語氣助詞更有用處，也更易於接受。講句子也是這樣，比如「臺上坐著主席團」，「臺上」是主語還是狀語，語法學家們爭論幾十年了，誰也沒說服誰。這種爭論是有必要的，但那是專家們的事，作爲學校教學語法可以不管或少管，主要應該講明這種句式表達什麼樣的語義，跟「主席團坐在臺上」、「主席團在臺上坐著」、「台上有主席團」、「臺上有主席團坐著」相比，有什麼細微的語義差別，在什麼情況下用這種句式，在什麼情況下用那種句式。

　　講規範語法，還應該採取對比的辦法，從運用語言的實例中選取典型的不規範的例證，如報紙上常常見到的「最好水平」之類說法，分類排隊，歸納總結出一套反面規律（爲什麼會出現不規範現象）。像結構不完整、搭配不得當、詞序不合理、詞語關係不明確等，都是常見的不規範的句子。不規範的句子讓學生憑感性知識改正過來比較容易，但讓他說說爲什麼不規範，這種現象是怎麼產生的，就不那麼簡單了，還需要學習一些必要的理論知識，學生才能既知其當然，又知其所以然。在多年的教學實踐中，我體會最深的是，學生在日常談話和寫作中絕大多數句子都是合乎規範的，只有少數是病句。唯其少，教師從正面講十個例句，也不如從反面講一個例句更能引起學生的注意。這是最能結合實際的一部分，不能不講，也不能少講，這一點從呂叔湘、朱德熙先生的《語法修辭講話》的社會效果也可以得到證明。給中學生和非語言專業的大學生講語法，或者說要想建立一套精要、好懂、有用的教學語法體系，不能不考慮這兩個方面的內容。如果眞能這樣講點語法，我想不會有人說「沒用」，學生也不會「接受不了」。不知先生意下如何？

三、關於語法研究問題

　　漢語語法的研究，在我國發軔很早。兩千多年前的春秋戰國時代就有人研究過漢語的詞類和詞序問題。在漢代，訓詁家們也

非常注意虛詞的解釋。到了唐代，對於虛詞的研究有了進一步的發展。到了宋代，張炎的《詞源》又把「字」明確地分爲「實字」和「虛字」兩大類（《馬氏文通》裡的「實字」和「虛字」就是從這兒承繼過來的）。到了清代，不僅出現了大量的研究虛詞的專著，如袁仁林的《虛字說》，劉淇的《助字辨略》，王引之的《經傳釋詞》，都對漢語虛詞作了較系統的研究，而且在朱駿聲的《說文通訓定聲》、俞樾的《古書疑義舉例》等著作裡還提出了「動字」、「靜字」等實詞的分類（這也是《馬氏文通》裡「動字」、「靜字」等術語的濫觴）。

　　這些有關漢語語法的研究，歷史雖然是漫長的，內容雖然也是豐富多樣的，而且其中有過許多有價值的東西，但是，由於他們研究的對象、目的、範圍和方法的限制，未能使這種研究成爲有系統的漢語語法學。換言之，他們研究語法不是爲了語法本身，而是把它作爲文獻學研究的一種手段，是爲了了解古代文學遺產、典籍文獻和風俗習慣；同時這種研究的範圍是非常狹窄的，不是研究全部語法問題，而是局限於訓詁學的範圍之內，研究一些零零碎碎僅僅同語法有關的問題。只能說，這種研究是科學的漢語語法學的醞釀階段，或者是「前科學」階段。我國第一部系統地研究漢語語法的著作《馬氏文通》，只是1898年才出版的，如果可以把《馬氏文通》看作漢語語法學著作的鼻祖，漢語語法學也不過八九十年的歷史，比起印度班尼尼（panin，紀元前四世紀）、希臘亞里斯多德（紀元前三世紀）以及羅馬瓦郎（varro，紀元前一世紀）的語法著作來，實在是太年輕了。可以說漢語語法學還是一門新興的、發展中的科學。對這門科學過去我們研究的不是多，而是太少了。雖然在三十年代後期、五十年代中期開展過有關語法問題的大辯論，但應該承認，直到現在，我們還沒有建立起完善的科學和教學語法體系來。最近幾年來有關漢語語法體系問題的討論就是佐證。爲了推動漢語語法的研

究，爲了使漢語語法學日益繁榮興旺，我們應該充分發揚學術民
主，熱情支持並積極參加這討論。

語法體系，一般的理解，是指人們對客觀存在的語法現象解
說的系統。由於各語法學者對語法現象持有不同的認識，採用了
不同的研究方法，得出了不同的結論，必然要形成不同的語法體
系。這種關於語法體系的討論，一般都有兩種目的：一是語法研
究本身的目的——建立科學地解釋漢語語法現象的基本理論和對
於漢語語法現象的具體描寫；一是爲學校教學語法製定出一個簡
明扼要、易教易學的「共同綱領」。目前，在我們國家「科學語
法」（專家語法）和「教學語法」（學校語法）尚未明確分開的情
況下，關於語法體系的討論目的往往也混雜在一起，很難劃出明
細的界限。一個發展中學科出現這種現象也是很自然的。在哈爾
濱召開的語法和語法教學討論會，就是想把科學語法和教學語法
分開，通過討論建立一套適合中學教學用的語法體系，但由於科
學語法衆說紛紜，教學語法也就不得安寧。對於如何建立教學語
法體系，大家的意見仍然異常分歧，可以說，沒有任何一個問題
大家認識是完全一致的，包括要不要把詞分爲實詞和虛詞，要不
要取消詞的附類和合成謂語問題。但大家都有一個共同的願望
——儘早結束中學語法教學中的混亂局面。最後還是寄希望於人
民教育出版社張志公等幾位同志，希望他們經過較深入的研究，
在廣泛徵求語法學者和中學教師意見的基礎上，整理出一套精
要、好懂、有用的教學語法體系來。至於科學語法，還可以而且
需要百家爭鳴，繼續深入地、長期地討論下去。

漢語語法要研究的課題太多了，大至語法學的方法論，小至
一個字的性質和用法，光是沒有定論的就有一二百個。在爭鳴過
程中，不管是傳統語法學的，還是結構主義語法學的成果，只要
有道理，適用於漢語語法的，都應該吸收，而不應該加以排斥。
我認爲傳統語法學派和結構主義語法學派都爲語法研究作出了貢

獻，而且都取得了值得珍視的成果。只是由於方法論的限制——
一個強調意義，一個強調形式，他們鑽進了一頭牛的兩個牛角
尖，因而都未能達到語法研究的預期目的。後來的語法學者發現
了他們的弊病，許多人都想另闢新航線，企圖在意義和形式兼顧
的道路上把語法研究推向新生。但由於立足點各有所偏，都沒有
完全跳出傳統語法學或結構主義語法學的窠臼，於是又形成了數
量不等的傳統語法學新派和結構主義語法學新派。這兩種新學派
雖然出發點和歸宿點各不相同，但都程度不同地、或明或暗地強
調意義和形式兼顧的原則，因而使得兩個各執一端的學派向一起
靠攏了一大步，只是他們所說的意義和形式並不完全是語法意義
和語法形式。比如傳統語法學新派（在中國可以拿《暫擬漢語教
學語法系統簡述》爲代表）所理解的「意義」是詞彙意義、邏輯
意義和語法意義的混合物，因而他們所理解的「形式」也必然不
全是語法形式，它雖然把語法研究推進到了新的階段，但也沒有
圓滿地解決語法分析中的關鍵性問題。結構主義語法學新派（在
中國還沒有代表人物和代表作，在西方可以拿美國喬姆斯基
（N.Chomsky）的轉換生成語法學作代表）所說的「深層結構」
（deep structure）主要也是邏輯意義，同他們所說的「表層結構」
（Surtace structure）不能構成一個統一體中的兩個矛盾方面，必
然要割裂意義和形式。他們雖然提出了許多新的見解，但未必會
開闢出語法研究的陽關大道。多年來，我總認爲語法是語法意義
和語法形式的矛盾統一體，只有取各派之所長，避各派之所短，
把傳統語法學的一部分意義分析法和結構主義語法學的一部分形
式分析法納入語法意義和語法形式相結合的方法論總原則，並從
這個總原則出發，歸納出一整套具體的特殊方法，才能使語法研
究走上獨立自主的、平坦開闊的語法道路，才能建立起符合漢語
實際的語法體系來。至於這個原則和一個一個的特殊方法如何運
用到具體的語法分析中去，當然還需要廣大語法學者群策群力，

進行深入細緻的研究。

四、關於文學的語言問題

「文學語言」有兩個含義：一是廣義的，指全民共同語的書面加工形式，包括文學作品和非文學作品；一是狹義的，專指文學作品的語言。這裡所說的「文學語言」是指後一種。為了不致引起歧義，我在「文學」和「語言」之間加了個「的」字，叫「文學的語言」。

我完全同意您的意見，「高級的語言是文學語言，不是語言形式」。因為文學是語言的藝術，文學的語言是藝術的語言，好的文學作品，它的語言都是準確、鮮明、生動、精練的典範，那是作家經過美的追求，用心血澆灌出來的藝術之花。多多學習這樣的語言，對於提高學生的表達能力，毫無疑義，是大有好處的，或者說是一條必由之路。1978年在蘇州召開的「批判『兩個估計』，商討語言學科發展規劃座談會」上，我在大會發言中曾建議加強文學語言的研究（見《中國語文》1978年第 2 期）。我國高等學校中文系，全稱是「中國語言文學系」，「語言」和「文學」是作為兩類課程開設的。雖然這兩類課程關係極為密切，但講語言的課程著重講述語言的發展規律和結構規律，即使從文學作品中選取一些範例，也是為說明語言形式規律服務的，並不是系統地分析文學語言的特點；講文學的課程著重講述文學的原理、文學發展史和作品分析，對語言只是作為文學的一種形式加以概括論述，也不是系統地、具體地分析文學語言的特點。這樣，「文學的語言」就成了「邊緣學科」，誰都管，誰都不多管。五十年代中期中學裡把語言課和文學課截然分開，沒有取得明顯的成效，後來又合起來，大大削弱甚至取消了有關語言的內容。我覺得要是把「文學」和「語言」既分開，又有機地結合起來，對於提高學生的語文水平，效果會更好一些。中學應該這樣做，大學也應該這樣做。1976年到1979年，我曾試開過這樣一門專題

課，效果還好。我寫的《文學的語言》，就是根據一部分專題課的講稿整理而成的。因限於篇幅和讀者對象，只是就文學語言的共同特點，以準確貼切、鮮明犀利、生動活潑、精練含蓄、節奏明快為主線，粗略地歸納、概括了一般文學作品對於語言的基本要求和幾種常見的運用語言的藝術技巧。雖然也有一點理論概述，但更多的是具體語言材料的分析，或者說還沒完全跳出一般修辭學中與「規範修辭」（消極修辭）相對而言的「藝術修辭」（積極修辭）的範圍，只是比一般修辭書更多地考慮到文學分析問題，而且內容比較單薄，遠遠談不上什麼「體系」。因為文學的語言所涉及的內容非常廣泛，比如，可以對有關文學語言的理論進行詳細論述，也可以對具體的作品做詳細的語言分析，還可以按照風格學的要求分析比較各種文學樣式的語言特點和作家運用語言的個人特點等，而這些內容都需要有更多的人做深入的專題研究。我寫這本小書，只是拋磚頭引玉塊，希望語言學界有更多的人重視這一邊緣科學的研究。只有語言工作者同心協力，才能建立起一門學科的科學體系來。您的《文學語言發展史略》，是一個很有意義的選題。關於這個問題的系統的研究，在我國還是一張白紙，熱切盼望它能早日問世，為祖國的語言科學填補空白。

您是語言學界的前輩，學識淵博，治學有方。您的許多專著在國內影響很大。從您的著述中我學到了許多知識和方法。希望您在語言的應用理論方面寫出更多更好的著作。

上述膚淺之見，難免主觀片面，望多所匡敎。

敬祝

身體健康！

後學　張　靜　1981年12月4日

（原載《鄭州大學學報》〔哲學社會科學版〕1982年第1期）

張靜語言學論著目錄

一、專　著

語法比較，湖北人民出版社，1955　　　＊書名／合作者

詞匯教學講話，湖北人民出版社，1957

語音教學講話，河南人民出版社，1957

漢語詞綴，河南人民出版社，1960

"是"字綜合研究，河南人民出版社，1960

語言學理論（上，下），鄭州大學，1961

漢語語音教學講話，河南人民出版社，1961

古今漢語比較語法／張桁，河南人民出版社，1964

漢語語法學說比較與研究（上，下），鄭州大學，1964

語言的學習和運用，上海教育出版社，1980，省社科二等獎

文學的語言，河南人民出版社，1981

詞・詞組・句子，黑龍江人民出版社，1984

語言簡論，河南人民出版社，1985，省社科二等獎

古代詩詞名句選注／葛榜欽，甘肅人民出版社，1985

漢語語法問題，中國社會科學出版社，1987，省社科一等獎

詞和詞匯／蔣蔭楠，東北師範大學出版社，1988

新編現代漢語（上，下），上海教育出版社，1980，省教材特等
　　獎

現代漢語自修教程（上下），山西刊授大學，1983

新編現代漢語教學自修手冊，上海教育出版社，1984

中學教學語法講話，河南教育出版社，1985

現代漢語（全國高等教育自學考試教材），高等教育出版社，
　　1988

修辭學教程，河南教育出版社，香港文化教育出版社，1989，省
　　教材優秀獎

修辭學論文集（第一集）／王德春，福建人民出版社，1983

修辭學論文集（第二集），福建人民出版社，1984

修辭和修辭教學／張壽康，上海教育出版社，1985

漢語論叢（第一輯），河南人民出版社，1985

漢語論叢（第二輯），河南大學出版社，1992

修辭學論文集（第三集），福建人民出版社，1985

新編大學語文，文心出版社，1986

通用寫作，文心出版社，1989

科技寫作，文心出版社，1987

名篇講析，文心出版社，1988

修辭學論文集（第四集）／王德春，福建人民出版社，1987

修辭學論文集（第五集）／王德春，河南大學出版社，1990

新編實用教師百科全書／張騰霄、靳有海，中國建材工業出版社，
　　1992

修辭學論文集（第六集）／王德春，河南大學出版社，1992

二、論　文

漢語語詞的"兒"化作用，教學業務通訊，1954.6

"副詞"，"副詞的附加成分"及其它，教學業務通訊，1954.6

詩歌的節奏，韻律及其它，教學業務通訊，1954.10–11

"說"字後頭的標點符號，教學業務通訊，1954.12

詞頭和詞尾，教學業務通訊，1954.16

朗讀中的幾個問題，教學業務通訊，1954.20–21

"得"字的用法及其與"的"字的區別，教學業務通訊，1954.24

賓語帶補足語與子句做賓語，教學業務通訊，1954.26

談詞性的轉換，教學業務通訊，1954.27

辨別詞性的方法，教學業務通訊，1955.1

音韻的十三道轍，教學業務通訊，1955 .10

"注音字母" 教學中的幾個問題，教學業務通訊，1955 .13

詩，歌，詩歌如何區分，教學業務通訊，1955 .14

語法的範圍，教學業務通訊，1955 .15

同義詞例解，教學業務通訊，1955 .15

中學語言教學講話㈠，教學業務通訊，1955 .18

中學語言教學講話㈡，教學業務通訊，1955 .19

中學語言教學講話㈢，教學業務通訊，1955 .20

中學語言教學講話㈣，教學業務通訊，1956 .1

中學語言教學講話㈤，教學業務通訊，1956 .2

中學語言教學講話㈥，教學業務通訊，1956 .3

中學語言教學講話㈦，教學業務通訊，1956 .4

iu和jw的用法與區別，教學業務通訊，1956 .5

中學語言教學講話㈧，教學業務通訊，1956 .5

中學語言教學講話㈨，教學業務通訊，1956 .6

中學語言教學講話㈩，教學業務通訊，1956 .7

中學語言教學講話㈪，教學業務通訊，1956 .8

中學語言教學講話㈫，教學業務通訊，1956 .9

中學語言教學講話㈬，教學業務通訊，1956 .10

中學語言教學講話㈭，教學業務通訊，1956 .11

漢語及其內容，語文教學通訊，1956 .1

再談聲調教學問題，語文教學通訊，1956 .6

談北京話的音位，中國語文，1956 .2

略談 "詞的定義" ，教學研究與通訊，1957 .1

現代漢語的詞根和附加成分，語言學論叢，1960 .4，上海教育出
　　版社

論漢語副詞的範圍，中國語文，1961 .8

論語言的內部矛盾，河南日報，1961.9 .20

論語法意義和語法形式相結合的原則，鄭州大學學報（人文科學
　　版），1962.1

漢語實詞的"附類"，鄭州大學學報（人文科學版），1963.1

從"是…的"結構看語法單位的同一性和示差性，鄭州大學學報
　　（人文科學版），1963.3

語法學的特殊方法，鄭州大學學報（人文科學版），1964.2

"連動式"和"兼語式"應該取消，鄭州大學學報（哲社版），
　　1977.4

爲革命下苦功學好語言，教學通訊，1978.1

批判"兩個估討"，商討語言學科發展規劃座談會發言紀要，中
　　國語文，1978.2

談語言的準確性，鮮明性㈠，河南教育，1978.11

談語言的準確性，鮮明性㈡，河南教育，1978.12

論漢語動詞的重迭形式，鄭州大學學報（哲社版），1979.3

關於"動詞的附類"和"合成謂語"，文史哲，1979.5

"疊字"和"疊詞"，語文學習，1980.11

析句方法研討，岳陽師專學報，1980.4

對從應性特點看漢語句法結構分析問題，岳陽師專學報，1980.4

是借喻還是借代，中學語文教學，1981.3，人民教育出版社

論詞組（上），中州學刊，1981.1

用詞要正確明白，作文，1981.2，河南人民出版社

互體、互文、參互，教學通訊（文科版），1981.6，全國語文教
　　學法研究會

論詞組（下），中州學刊，1981.2

文學語言的形象性，今昔談，1981.1

有關"句子成分"的幾個問題，語言教學與研究，1981.3，北京
　　語言學院

漢語教學語法體系建議方案，鄭州大學學報（哲社版），1981.3

漢語句法結構的基本類型，中國語文，1981.3-4，省社科二等獎

關於語言教學和語言研究問題的通信，鄭州大學學報（哲社版），
　　　1982.1

心靈美，語言也美，今昔談，1982.3，中州古籍出版社

祝賀與希望，中國語文通訊，1982.3

談象聲詞，漢語學習，1982.4

“使”和“使動句”，語文學習，1982.9

重視語語文教育，加強語文訓練，刊授大學廣播輔導講座㈢，
　　　1982

論劃分詞類的標準，教學語法論集，人民教育出版社，1982

刊大輔導《發刊詞》，刊大輔導，1983.1，刊授大學河南分校

論詞的跨類問題，鄭州大學學報（哲社版），1983.1

談談“現代漢語”的理論聯繫實際問題，漢語學習，1983.2

單句、複句的定義和劃界問題，中州學刊，1983.3

“現代漢語”第一單元教學說明和要點提示，河南刊大，1983.1

語法分析的基本內容，河南刊大，1983.2

語法單位和語法成分，教學通訊（文科版），1983.11

論幾種重要語法術語的定義問題（上），語文研究，1983.4，山
　　　西社會科學院

詞的語法分類，教學通訊（文科版），1983.12

語法學的方法論和特殊方法，信陽師範學院學報（哲社版），
　　　1983.3

短語的功能及結構，教學通訊（文科版），1984.1

論幾種重要語法的定義問題（下），語文研究，1984.1

單句的結構，教學通訊（文科版），1984.3

試論毛澤東語言學說的形成和發展，信陽師範學院學報（哲社版），
　　　1984.1

複句的關係及結構，教學通訊（文科版），1984.4

論"代詞"，信陽師範學院學報（哲社版），1984.4

《語文知識》發刊辭，語文知識，1985.1

談談語言的特性，語文知識，1985.1

話語中的"蛇足"，語文知識，1985.1

文字和語言的關係，語文知識，1985.4

語言與認知（諾姆·喬姆斯基談話錄），信陽師範學院學報（哲
　　社版），1985.4，譯文

語言學的領域問題（諾姆·喬姆斯基談話錄），信陽師範學院學
　　報（哲社版），1986.1，譯文

"小字眼兒"有大用處，語文知識，1986.2

爲開創語言文字工作的新局面而奮鬥，語文知識，1986.4

《大學語文叢書》序言，文心出版社，1986

語言是什麼，語文知識，1987.3

漢語方言，語文知識，1987.4

漢民族共同語，語文知識，1987.5

詞匯和詞匯的構成，語文知識，1987.6

詞和詞素，語文知識，1987.7

詞義及其特性，語文知識，1987.8

同音詞、同義詞、反義詞，語文知識，1987.9

語法和語法分析的內容，語文知識，1987.10

詞和詞的結構，語文知識，1987.11

詞的語法分類，語文知識，1987.12

詞類活用，語文知識，1988.1

詞組和詞組的類型，語文知識，1988.2

句子、句子成分、單句、單句類型，語文知識，1988.4

複句和複句的類型，語文知識，1988.4

聲、韻、調，語文知識，1988.6

修辭和修辭手段，語文知識，1988.7

修辭和語言材料的關係，語文知識，1988.8

修辭和語境，語文知識，1988.9

準確、鮮明，語文知識，1988.10

生動、精煉，語文知識，1988.11

語文意識和語文教學，香港第四屆國際語文教育研討會論文集，
　　1989

答疑九則，中學生閱讀，1992.9

社會用字要講究規範、標準，河南電大，1992.2

漢語的三類“助詞”沒有共同的語法特點，香港中國語文通訊，
　　1992.19期

漢語的“量詞”不是詞，香港語文建設通訊，1992.9

困惑與突破——論漢語語法教學問題，香港第七屆國際語文教育
　　研討會論文集，1992

《法制語文叢書》序，高教園地，1988.2

《與青年教師談教書育人》序，河南大學出版社，1990

《說文部首字典》序，中州古籍出版社，1990

《漢語詩歌的形式》序言，河南大學出版社，1990

《口才藝術概論》序，河南大學出版社，1990

《新編語法修辭講話》序，吉林大學出版社，1990

《俗語小典》序，河南教育出版社，1991

《句式及其運用》序，河南大學出版社，1991

此外還有關於高等教育等方面的論文多篇